사회과 교육을 위한

동양사상과 인간 그리고 사회

*본 연구는 2019년도 계명대학교 연구기금으로 이루어졌음.

사회과 교육을 위한

동양사상과 인간 그리고 사회

초판 1쇄 인쇄 2020년 2월 20일
초판 1쇄 발행 2020년 2월 28일

지은이 이현지
펴낸이 김승희
펴낸곳 도서출판 살림터

기획 정광일
편집 조현주
북디자인 꼬리별

인쇄·제본 (주)현문
종이 월드페이퍼(주)

주소 서울시 양천구 목동동로 293, 22층 2215-1호
전화 02-3141-6553
팩스 02-3141-6555
출판등록 2008년 3월 18일 제313-1990-12호
이메일 gwang80@hanmail.net
블로그 http://blog.naver.com/dkffk1020

ISBN 979-11-5930-139-1 93370

*가격은 뒤표지에 있습니다.
*잘못된 책은 바꾸어 드립니다.

사회과 교육을 위한

동양사상과 인간 그리고 사회

이현지 지음

살림터

들어가는 말

사회는 지속해서 변화해 왔으며, 앞으로 더 빠른 속도로 변화할 것이다. 이러한 사회 변화에 직면해서, 사회학은 어떤 역할을 해야 할까? 이 질문은 사회문제에 관한 관심이 폭발적이었던 시대에 사회학에 입문하여, 이제 중년의 사회학자가 된 저자가 어떤 사명감으로 사회학을 할 것인지에 관한 질문과도 직결된다.

사회학자 초년기에는 매우 치열하고 냉철한 삶을 살아야 한다는 자기 주문이 엄격했었다. 이론과 실천이 분리되어서는 안 되며, 더 좋은 세상을 만드는 일에 힘이 되어야 한다고 생각했다. 스스로의 포부와는 관계없이 이미 당시 한국 사회는 빠르게 진보하고 있었다. 누군가의 기준에는 미치지 못할지 모르지만, 오늘날 한국 사회의 변화와 진보는 세계 어떤 나라에서도 찾기 힘들 정도로 급속하게 이루어졌다고 평가할 수 있다. 그 과정에서 선구적인 노력을 기울이고 헌신한 시대의 선배들이 있었다. 가장 결정적인 힘을 발휘한 것은 대중의 사회의식과 수준의 향상이었다.

사회학은 무엇을 했는가? 사회학자와 사회학계는 새로운 비전을 제시하기보다는 당시의 문제를 분석하고 비판하며 개선하기 위한 정책과 제도를 수립하는 데에 골몰했다. 물론 이러한 노력도 사회 발전을 위한 중요한 요소로 작용했다. 그러나 서구 사회학의 이론 틀을 기준으로 한국 사회에 나타나는 문제를 분석하고 대안을 그 이론 틀 안에서 찾는 노력은 한계를 가지고 있다. 문제를 진단하는 기준에는 간과할 수 없는 폭력성이 있었고, 이론에 끼워 맞추며 지적인 권력을 등에 업고 해결책에 힘을 불어넣으려고 시도했다.

이러한 사회학계는 오늘날에도 크게 달라진 바는 없다. 다만 소수의 목소리이지만 오래전부터 한국적인 사회학을 수립해야 한다는 움직임이 있고, 다양한 사회문제로 시선을 돌리고 있으며, 사회문제에 대한 연구가 사회학자만의 전유물이 아니라는 점에서 변화를 찾을 수 있다. 더 좋은 세상을 만드는 일에 누구나 관심을 기울일 수 있고, 그 관심이 사회적인 힘을 형성하여 세상을 변화시킬 수 있는 시대가 되었다. 사회 구성원의 사회의식이 높아질수록 사회 변화가 더 빨라질수록 우리가 어디를 향해서 나아가야 할 것인지에 대한 비전이 더 절실히 필요하다. 사회학의 역할은 거기에 있는 것이 아닐까?

이 책은 그러한 문제의식에 대한 답을 찾는 과정의 산물이다. 사회학이 시대의 요구에 부응하기 위해서는 낡은 사회학의 틀을 깨고 변신을 두려워하지 않아야 할 것이다. 기존의 사회학의 패러다임에서 벗어나는 도전은 우리 안에 내재해 있는 아주 오래되었지만 새로운 답이 될 수 있는 동양사상에서 찾을 수 있다. 이러한 시도는 1997년 동양사회사상학회가 설립되면서 본격적으로 시작되었다. 그동안 많은 성과를 거두었고 현재도 활발하게 연구 활동을 이어 가고 있다. 현재 대구, 서울, 부산 등의 지역 모임이 활발하게 이루어지고 있다. 특히 대구를 중심으로 한 동양사상과 탈현대 연구회에서의 동서양 경전 강독과 서양사상 및 동양사상에 관한 공부는 이 책의 기초가 되었다.

이 책은 동양사상을 바탕으로 인간과 사회를 이해하고, 동양사상의 관점에서 미래 사회의 해답을 찾는 것을 목표로 한다. 사회학은 인간과 사회를 어떻게 인식하고 이해하는가에 따라서 다른 시대의 비전을 제시할 수 있다. 이때 가장 기초가 되는 것은 현대 사회에 대한 이해이다. 이 책은 사회학과 사회과 교육의 전공으로 진입하기 위해서 반드시 선행되어야 할 현대 사회에 대해 이해하고, 현대를 넘어서 탈현대 사회의 비전을 모색하는 데에 이바지할 것이다.

지금까지 사회학을 기반으로 사회과 교육의 역할은 사회 인식을 통한 시민적 자질을 교육하는 데 초점을 맞추어 왔다. 그러나 급격한 사회변화가 예상되는 제4차 산업혁명을 기반으로 하는 미래 사회에서는 사회, 사회관계, 삶에 대한 더 적극적인 비전을 제시하는 임무를 수행해야 한다. 이제 사회과 교육의 역할은 새롭게 주목받을 것이다. 새로운 시대적 사명감을 안고 있는 사회과 교육에서는 현대 사회와 탈현대 사회, 사회질서, 사회문화, 사회와 가족에 대한 새로운 조명이 필요하다. 이 책은 동양사상의 눈으로 이러한 조명을 전개했다.

이 책의 1부에서는 현대 사회와 탈현대 사회를 1장 논어와 탈현대적인 삶, 2장 노자사상과 현대 사회, 3장 장자사상과 탈현대, 4장 노자와 탈현대 사회로 구성하여 현대 사회를 분석하고 탈현대 사회의 비전을 모색했다. 2부에서는 사회질서를 1장 『격몽요결』과 사회화, 2장 음양론과 성역할, 3장 『주역』과 가족문제, 4장 동양사상과 노인문제를 중심으로 살펴보았다. 3부에서는 사회문화를 1장 『주역』과 다문화 사회, 2장 유교사상과 노년문화, 3장 노자사상과 죽음문화, 4장 통일체적 세계관과 가족문화를 주제로 다루었다. 4부에서는 사회와 가족에 대하여 1장 동양사상과 가족이론, 2장 유교와 행복한 가족, 3장 『노자』와 자녀교육, 4장 『주역』과 가정교육에서 답을 찾으려고 했다.

사회학자로서 동양사상에 관심을 기울이고 동양사상과 탈현대 연구회와 함께한 시간을 돌이켜 보면 뭉클하고 감사하다. 더 좋은 세상을 만들고 싶은 사회학자로서 세상과 자신을 사랑하는 방법보다는 냉철한 이성과 실천에 대한 부담에 주눅들 수밖에 없었던 사회학자로서의 삶에 동양사상과 탈현대 연구회는 전환점을 선물해 주었다. 저자가 거둔 사회학자로서의 성과는 모두 연구회에서 배우고 이룬 것이다. 그런 의미에서 부족한 점이 많지만, 이 책 또한 개인의 성과물이라고 할 수 없다. 23년을 훌쩍 넘긴 따뜻하고 행복했던 추억과 배움의 은혜에 대한 감사는 앞으로 더 진실하게 연구하고 살아가면서 나누고 싶다.

사회학이 사회과 교육의 현장에서 살아 있는 이론적인 기반을 제공하고 그것을 가르치는 교사와 학생이 자기 삶의 변화를 추구할 수 있는 실천적인 해답이 될 수 있기를 바란다. 인공지능 시대에 교육은 완전히 새로운 판짜기를 해야 할 것이다. 그 새로운 판짜기에 동양사상을 바탕으로 하는 사회학이 사회과 교육의 혁신에 이바지할 수 있기를 기대해 본다. 이 책이 출판되기까지 여러모로 애써 주신 출판사와 늘 응원을 아끼지 않는 가족에게 감사의 마음을 전한다.

2020년 2월

쉐턱관 연구실에서 이현지

차례

제3부 사회문화

제1부
현대 사회와 탈현대 사회

제1장
논어와 탈현대적인 삶

1.
현대 사회와 삶의 문제

현대인의 삶

현대인들에게 "잘 사는 삶을 위해서 최선을 다하고 있는가?"라고 묻는다면, 어떤 답을 할까? 선뜻 그렇다고 답할 수도 있을 것이다. 그러나 만약 "잘 사는 삶이란 어떤 것인가?"라고 묻는다면, 쉽게 답하기는 어려울지도 모른다. 그럴 수밖에 없는 이유는 잘 살고자 하는 목적의식은 가지고 있다고 하더라도 잘 사는 삶이란 무엇인가에 대한 성찰이 충분하지 못해서 그런 것은 아닐까? 어떻게 보면, 현대인들은 삶의 방향을 생각하기도 전에 많은 사람들이 가는 방향을 향해서 그냥 달리기만 하는 것은 아닐까? 그럴 경우에 잘 사는 삶에 대한 답을 하기는 쉽지 않을 것이다.

현대인들은 다수의 사람이 선택하는 삶의 방향을 선택함으로써, 잘 살고 있다는 위안을 받으려고 하는 것일지도 모른다. 그런 의미에서 현대를 살아가고 있는 현대인에게 잘 사는 삶이란 무엇인가에 대한 답을 찾는 것은 중요한 과제이다. 또한 이 질문에 대한 해답은 개인적인 취향이나 선택의 문제에 국한되는 것이 아니라, 시대를 지배하는 가치관과 세계관이 직결된 사회학적으로 의미 있는 주제이기도 하다.

현대적인 삶의 단상을 떠올려 보면 암울하기 짝이 없다. 현대 사회는 물질적인 풍요와 자유로운 사회질서를 인류에게 선사했음에도 불구하고, 현대적인 세계관의 한계로 인하여 현대 사회는 인간소외, 불평등, 환경파괴 등의 사회문제와 직면하고 있다.홍승표, 2016: 5-6 현대 사회를 지탱하고 있는 자유민주주의와 자본주의 경제체제가 배태하고 있는 본질적인 한계로 인하여 오늘날 현대인은 좌절과 불행에 쉽게 노출될 수밖에 없다.

현대 사회의 문제

자유민주주의와 자본주의 경제체제는 현대 사회 이전의 사회와는 질적으로 차별화되는 개인에 대한 존엄을 인정하고 민주적인 삶을 선택할 기회를 주었으며, 물질적으로 풍요로운 삶을 영위할 수 있도록 하였다. 그러나 자유민주주의는 개인의 자유와 민주적인 의사를 존중하는 장점이 실현되는 과정에서 개인 간 권익의 충돌과 갈등이 발생할 수밖에 없는 본질적인 모순을 안고 있다. 또한 자본주의 경제체제는 시장경제 아래에서 발생하는 냉혹한 경쟁에 구성원들이 노출되고 빈부격차의 심화라는 고질적인 문제를 피하기 힘들다.

현대 사회가 안고 있는 문제에 대해서는 다양한 관점에서 논의하고 있으며, 현대의 위기를 넘어서는 방법도 다각적으로 모색하고 있다.홍승표, 2008: 60 다수의 미래학자는 현대 사회에서 탈현대 사회로의 이행과정에서는 인류의 선택이 그 어느 때보다 중요하다고 한다. 인류의 공존을 지향하는 탈현대 사회란 그냥 도래하는 것이 아니다.[1] 인류가 현대 사회를

1. 이 글에서 다루는 탈현대 사회에 대한 논의는 '동양사상과 탈현대 연구회'의 '탈현대'에 대한 관점을 기반으로 한다. 이와 관련한 논의를 이해하기 위해서는 홍승표의 "동양사상과 탈현대 대안사회의 구상(2008)", "동양사상, 탈현대 세계관, 탈현대 사회(2016)" 그리고 정재걸·이현지의 "유학의 본성과 탈현대 교육(2014)" 등을 참고하기 바란다.

넘어서는 대안적인 사회에 대한 비전을 공유하고 지향하고자 하는 합의를 이룰 때 비로소 인류가 공존하는 탈현대 사회를 맞이할 수 있다.

그런 의미에서 탈현대 사회란 인류가 현대 사회의 문제를 자각하고 현대를 넘어서고자 하는 공감대를 형성하면서 만들어 가는 것이다. 따라서 탈현대 사회가 어떤 사회상을 추구해야 하는지, 탈현대 사회가 실현되기 위해서 인류가 어떤 삶의 방법을 선택해야 하는지에 대한 논의가 필요하다.[유발 하라리, 2017: 72]

오늘날 현대적인 삶의 한계는 분명하게 드러나고 있으며, 현대를 넘어서는 탈현대적인 삶의 비전에 대한 연구가 요구되고 있다. 제조업의 혁신이 야기될 제4차 산업혁명의 실현은 새로운 사고방식을 인류에게 요구하고 있다.[클라우드 슈밥, 2016: 34] 소득이 필요 없고 모든 것을 공유하는 협력사회가 현실이 되려면, 인류는 협력할 수 있는 역량을 갖추어야 한다.[사이언스타임즈, 2017년 11월 14일] 현재 인류의 사고방식으로는 협력을 바탕으로 하는 공유 사회의 실현이란 불가능하다.[이현지, 2017: 66]

2. 근본을 바로잡는 탈현대적인 삶

배움이 있는 탈현대적 삶

탈현대적인 삶이란 어떤 삶이라고 할 수 있을까? 『논어』에서 이 질문의 답을 찾는다면, 바로 근본을 잡는 삶이라고 답할 것이다. 현대적인 삶이란 삶의 근본에 대한 성찰을 간과한 채, 현대적인 세계관이 지향하는 가치관을 맹목적으로 추종하는 삶을 지향한다. 이러한 삶에 대한 문제의식에서 출발하여, 현대를 넘어서는 탈현대적인 삶의 목표를 삶의 근본을 바로 하는 것으로 삼을 수 있다.

『논어』「학이學而」편에서는 잘 사는 삶이란 근본에 충실한 삶이라고 명쾌하게 주장하고 있다. 유자有子는 효성과 우애로 인을 행하는 것이 삶의 근본이라고 말한다. 여기서는 「학이」편에서 말하는 배움, 수신修身, 사랑의 측면을 중심으로 그 의미를 살펴보도록 하겠다.

삶의 근본은 배움이다. 유가사상에서는 배움의 터전으로서의 삶을 강조하고 있다. 우리의 일상은 매 순간이 배움의 연속이다. 그래서 유학자들은 삶의 매 순간에서 배우고 그것을 익숙해질 때까지 익히는 삶을 살았다. 삶의 매 순간이 배움의 연속이라는 것을 자각하고 배운 것을 익히는 것[學而時習]에서 삶의 기쁨을 찾는다면, 근본에 충실한 삶이라고 할 수 있다.이현지·박수호, 2014: 181

배우려는 마음을 잃어버리면 군림하려고 하거나 지배하려고 하게 된다. 반면 삶이란 배움이라는 근본에 충실하면 이 세상 모든 존재와의 만남과 경험을 통해서 매 순간 큰 배움을 얻을 수 있다. 유가사상이 배움의 자세를 중시한 이유가 바로 여기에 있다.정학섭, 2010: 233

수신修身하는 탈현대적 삶

삶의 근본은 수신이다. 「학이」편에서 증자曾子는 수신을 세 가지 측면에서 말하고 있다. 날마다 자신을 살피는 수신을 통해서, 삶의 근본을 바로잡아야 한다고 한다. 남을 위하여 일을 도모함에 충성스럽지 못한가[爲人謀而不忠乎]? 벗과 더불어 사귐에 성실하지 못한가[與朋友交而不信乎]? 배운 것을 복습하지 않는가[傳不習乎]?

유가사상에서 수신에 대한 강조는 일반적이다.이현지, 2015: 482 유가사상이 삶의 근본을 배움으로 삼았던 이유도 수신을 통해서 구체화하고 실천할 수 있기 때문이다. 수신이란 무엇인가? 바로 자기 자신과의 진정한 만남을 의미한다. 증자가 말한 수신의 세 가지 측면 또한 외적으로 드러나는 결과에 초점을 맞추는 것이 아니라, 자신의 내적인 성찰이 주된 대상이다.

남을 위하는 일, 벗과의 사귐, 배운 것의 복습은 나 자신과 만날 수 있는 삶의 생생한 현장이다. 이때 나는 다른 사람으로부터 듣는 칭찬을 위해서 남을 위할 수도 있고, 벗의 마음을 얻으려고 달콤한 말을 할 수도 있으며, 머리로만 배우고 나의 삶에 실천하지는 않을 수도 있다. 그러나 그렇게 얻은 칭찬과 우정 그리고 지식은 나를 삶의 근본에 닿도록 돕지 못한다. 어쩌면 그것의 노예가 되어서, 자신을 속이고 다른 사람의 기준에 맞추는 삶을 살아야 할 수도 있다.

삶을 사랑하는 탈현대적 삶

삶의 근본은 사랑이다. 우리는 사랑을 체현한 공자의 모습에서 구체적인 해답을 얻을 수 있다. 공자는 삶에서 세상 사람이 원하는 부귀나 명예 등을 좇지 않았다. 그래서 공자의 뜻을 이해하고 숭상하는 곳에서는 공자가 머물다 간 후에 자연스럽게 교화되었고, 일반 사람이 추구하는 것과 다른 것을 지향했기에 그 뜻을 이해하지 못하는 곳에서는 받아들여지지 않았다. 그의 삶을 관통하는 근본은 사랑이었다.

공자는 사람을 대할 때, 온순하고 어질며 공손하고 검소하며 겸손한 다섯 가지 덕[溫, 良, 恭, 儉, 讓]을 드러냈다고 한다.[2] 이것은 인간관계의 바탕이 되는 덕목이라고 할 수 있다. 자신을 포함해서 세상을 사랑하지 않으면, 삶에서 위의 다섯 가지 덕목은 드러날 수가 없다. 자신과 세상을 깊이 사랑할 때, 온화하고 양순한 마음이 피어나고, 너그럽고 착하며 슬기로울 수 있으며, 말이나 행동이 예의 바를 수 있고, 사치하지 않고 꾸밈없이 수수한 모습일 수 있으며, 남을 존중하고 자기를 내세우지 않을 수 있다.

이와 같은 삶의 근본을 바로 세운 사람은 어떤 사람일까? 공자는 사람의 품격을 확인할 수 있는 다음 세 가지 측면을 말했다. 윗자리에 있으면서 얼마나 너그러운가? 예를 행할 때 공경을 담아서 하는가? 상喪을 당해서 애통한 마음으로 임하는가? 공자가 말한 사람의 품격은 바로 사랑으로 삶을 살고 있는지가 관건이다.

공자가 말했다. "윗자리에 있으면서 너그럽지 않으며, 예禮를 행함

2. 공자의 제자였던 자공은 스승의 덕이 높아서 그가 방문하는 나라의 임금들이 공자를 공경하여 스스로 정사를 물어왔다고 말한다. 이에 대한 자세한 내용은 유교문화연구소 편, 2005, 『논어』, 성균관대학교 출판부, 16쪽의 해석을 참고하기 바란다.

에 경敬하지 않으며, 초상에 임하여 슬퍼하지 않는다면 내가 무엇으로 그를 관찰하겠는가?"[3]

근본을 상실한 현대인의 삶

사랑이 없는 윗사람으로 사는 삶, 사랑이 탈락한 예의, 사랑이 실종된 상례는 품격을 상실한 현대인의 자화상이다. 그 모습을 살펴보자.

첫째, 윗자리에 있는 사람이 사랑으로 충만하면, 아랫사람에게 너그럽고 관용을 베풀 수 있다. 그러나 오늘날 현대 한국 사회의 윗자리에 있는 사람을 생각해 보면, 그들의 이미지는 암담하다. 최근 한국 사회에는 '꼰대'라는 말로 기성세대를 비하하여 표현하고 있다. '꼰대'란 자기 경험을 일반화하여 상대에게 강요하는 행위를 하는 사람을 말한다. 이것은 상대에 대한 사랑의 실종이며 자기가 옳다는 아집이다.

현대 사회의 윗자리에 있는 사람은 자기 자리를 지키기 위해서, 아랫사람에게 희생을 강요하기도 하고 무례한 요구를 서슴지 않는다. 조직의 리더는 성과를 더 내라고 경쟁을 부추기고 아랫사람의 밥줄을 쥐고 흔들려고 한다. 자신의 윗자리를 지키기 위해서 아랫사람에게 인색하고 엄격하며 혹독하게 굴지만, 그렇게 아랫사람을 닦달하면 할수록 그의 윗자리는 위태로워진다. 아랫사람을 사랑으로 대하지 않는 윗사람을 위해서 자신을 희생하고 더 노력할 아랫사람은 있을 수 없고, 권력의 힘으로 강요하는 희생은 오래가지 못하기 때문이다.

둘째, 현대 사회에서 예의 정신은 그 빛을 잃어버리고 있다. 힘이 있는 자가 없는 자를 얕잡아 보고 함부로 대하는 '갑질'이 사회적인 쟁점이

---

3. 『論語』, 「八佾」, "子曰 居上不寬 爲禮不敬 臨喪不哀 吾何以觀之哉."

되고 있다.연합뉴스, 2017년 11월 8일 사실 예가 완전히 파괴된 '갑질'을 통해서 그 사람의 인격에 문제가 있다는 것을 인식하기는 쉽지만, 공자가 말한 바와 같이 예를 행하는 데 공경이 빠져 있는 것에서 품격을 관찰하기란 쉽지 않다.

겉으로는 선생님의 권위를 존중하는 듯하지만, 근본적으로 교사를 신뢰하지 않아서 자녀 앞에서 교사를 험담하는 학부모는 자신과 자녀를 동시에 망친다. 그리고 표면적으로는 국가 간 협력을 표방하지만, 약소국에게 무기를 팔기 위한 전략을 펴는 강대국은 종국에는 세계를 파괴로 몰아갈 것이다.

셋째, 현대인의 상례는 그 어느 시대보다 화려하다. 집안의 위력을 과시하는 줄지어 선 화환과 넓은 영안실, 수많은 문상객, 고가의 수의는 있지만, 아이러니하게도 상례가 화려한 만큼 슬픔이 크지는 않다. 상례를 치르는 본질은 애도이며, 애도란 죽은 자에 대한 사랑이 드러나는 것이다.

3. 나는 누구인지 질문하는 삶

참나를 만나는 삶

공자는 사람의 됨됨이, 즉 그 사람으로서의 품성이나 인격을 알기 위해서는 그 사람이 하는 행동을 보고, 왜 그렇게 했는지를 살피고, 무엇에 편안해하는가를 관찰하면 된다고 한다. 다음 구절에 공자의 이런 관점이 잘 나타나 있다.

> 공자가 말했다. "그 하는 것을 보며, 그 이유를 살피며, 그 편안히 여김을 살펴본다면, 사람들이 어떻게 자신을 숨길 수 있겠는가! 사람들이 어떻게 자신을 숨길 수 있겠는가!"[4]

공자는 행동의 양상과 행동의 원인을 통해서 그 사람됨을 알 수 있다고 역설한다. 만약, 공자가 현대인의 됨됨이를 지켜보면 가장 소중한 것을 가벼이 여기는 행동에 놀라지 않을까? 현대인은 지금 삶에서 만나야 할 행복과 사랑을 희생하면서 미래의 경제적 안락과 풍요를 추구하는 삶을 선택하는 것을 현명한 삶이라고 착각하는 경향이 있다. 그래서 현

4. 『論語』, 「爲政」, "子曰 視其所以 觀其所由 察其所安 人焉廋哉 人焉廋哉."

대인은 더 많이 가지고 더 많이 소비하기 위해서 매우 분주한 삶을 산다.정재걸 외, 2014: 375

현대인은 세상이 제한된 자원으로 인해 경쟁하고 갈등해야 하는 전쟁터라고 인식하고 치열한 경쟁에서 살아남기 위해서 친구와 심지어 형제와도 경쟁하는 삶을 산다. 더 높고 견고한 에고의 탑을 쌓기 위해서 가장 소중한 사람과의 시간마저도 희생하기를 마다하지 않는다.

돌이 막 지난 유아부터 문화센터에서 사교육을 받고SBS 뉴스, 2017년 1월 9일, 학생들은 자신의 몸값을 높이려고 수많은 스펙을 쌓는 데 주력하며, 청춘들은 연봉이 높은 직장에 들어가기 위해 연애를 포기하기도 한다. 그런 대열에 합류하여 열심히 달리는 동안 현대인은 삶에 최선을 다하고 있다고 생각하며 안도감을 느낀다.

그 과정에서 자신의 본성을 상실하고 자신의 내면과 만날 기회를 스스로 포기하면서 무작정 달리기만 하는 에고의 탑을 높이 쌓는 현대적인 삶에 탐닉한다. 반면, 탈현대 사회는 현대의 물질적인 풍요를 토대로 현대 사회와는 다른 새로운 패러다임을 가진다. 탈현대 사회에서 사람은 노동으로부터 해방되고, 삶의 대부분을 여가로 활용할 수 있다. 이러한 삶의 조건은 공동체를 위해서 협력하는 것에 관심을 가질 수 있도록 한다. 또한 협력을 통해서 공존하는 이러한 사회에서 사람들은 더 많이 가지거나 더 많이 소비하는 것에 대한 관심이 약해질 수 있다.

자연스럽게 탈현대인은 '나는 누구인가'에 대한 해답을 찾는 일을 삶의 중심에 두게 된다. 즉, 탈현대인의 삶에서 가장 중요한 일은 자기 성찰이다. 이런 삶은 공자가 말한 군자의 삶이다.장영희, 2017: 139 탈현대인은 삶의 매 순간을 자기 자신을 만나고 경험하는 '나는 누구인가'에 대한 해답을 찾는 기회로 여긴다. 탈현대인은 에고가 '나'라고 착각했던 현대인의 삶과 달리 '참나'를 만나는 삶을 살 수 있다. 사회적 약자에 대해 관심을 가지고 그들의 직면한 삶의 무게를 공감하고 위로할 수 있다. 이때 '나는 누구인가'라는 스스로 질문하고 '나는 사랑이다'라고 답하는 삶을 살 수 있다.

현대 사회의 그릇된 행복

현대 사회는 인류의 역사상 '행복'에 대해서 가장 관심을 많이 가지는 사회라고 해도 과언이 아니다. 그만큼 현대인들이 불행하기 때문일까? 한 가지 아이러니한 사실은 현대인이 맹렬하게 '행복'을 원하지만, 그것에 다가갈 수 없는 방법으로 '행복'을 추구한다는 점이다.유승무, 2009: 287 현대인은 성공, 부, 명예, 지위, 학벌 등을 통해서 '행복'에 도달하려고 한다. 그러한 질주의 과정에서 공동체는 뒷전으로 밀리고 자연스럽게 모든 관계는 파괴된다.

모든 것을 걸고 질주하는 동안 자기 자신을 잃어버리게 되고, 어렵사리 성공, 부, 명예, 지위, 학벌 등을 손에 넣는다고 하더라도 그것들은 행복한 삶을 보장하지 않는다. 현대 사회에서는 최고의 성공, 부, 명예, 지위, 학벌 등을 손에 넣었음에도 불행으로 추락한 경우를 발견하기가 쉽다. 왜냐하면 현대인들이 '행복의 문'이라고 생각하는 것들은 '사랑의 희생'을 담보로 하기 때문이다. 『논어』에 다음과 같은 구절이 있다.

> 공자가 말했다. "마을의 인심이 인후한 것이 아름다우니, 인심이 좋은 마을을 선택하여 살지 않는다면 어떻게 지혜롭다 하겠는가?"[5]

공자는 행복한 공동체의 지혜로 인仁을 말하고 있다. '인仁한 마을을

---

5. 『論語』, 「里仁」, "子曰 里仁爲美 擇不處仁 焉得知."

선택하여 살지 않는다면 어떻게 지혜롭다 하겠는가?'라고 한 뜻은 행복을 이루는 지혜는 바로 인仁이라는 것을 역설적으로 강조한 것이다.장영희, 2017: 137 여기서 '마을'이란 공동체의 대명사이다. 가족에서부터 출발하여, 이웃, 기업, 국가 등의 모든 공동체가 행복해지는 지혜는 인仁, 바로 모든 것을 널리 평등하게 사랑하는 것이다.

4.
예禮로서 사는 삶

삶의 덕목

공자는 공손하고, 삼가며, 용맹스럽고, 강직한 삶의 덕목은 예를 실현함으로써 병통으로 빠지지 않을 수 있다고 한다. 공손하고 삼가며 용맹스럽고 강직한 삶을 살기는 쉽지 않다. 그러나 공자가 더욱 중요하게 강조한 것은 공손하되 예에 맞고, 삼가되 예를 잊어서는 안 되며, 용맹스럽되 예에 따라 절도를 지키고, 강직하되 예가 있어야 한다는 점이다.

> 공자가 말했다. "공손하되 예가 없으면 수고롭고, 삼가되 예가 없으면 두렵고, 용맹스럽되 예가 없으면 혼란하고, 강직하되 예가 없으면 너무 급하다. 군자가 친척에게 후하게 하면 백성들이 인仁을 일으키고, 친구를 버리지 않으면 백성들의 인심이 각박해지지 않는다."[6]

현대인들은 예를 잃어버린 상태에서 공손하고 삼가며 용맹스럽고 강직한 삶을 살기도 한다. 그런 현대인의 삶은 공자의 눈으로 보면 너무나

---

6. 『論語』, 「泰伯」, "子曰 恭而無禮則勞 愼而無禮則葸 勇而無禮則亂 直而無禮則絞. 君子篤於親 則民興於仁 故舊不遺 則民不偸."

헛된 것이다. 예를 잊은 채 겉모습으로만 공손한 것을 공자는 노勞라고 했다. '노'란 고달프고 애쓰며 수고로운 것에 불과하다. 예가 없이 삼가는 삶은 삶을 두려워하는 것에 불과하다. 그런가 하면, 어떤 일을 과감히 할 수 있는 용맹스러움에 예가 빠진다면 혼란을 일으키는 주범이 될 수 있다. 마음이 꼿꼿하고 굳어서 숨김이 없는 강직한 사람이 예를 잃으면 지나친 데로 빠지게 될 수 있다.

공자는 예를 상실한 공손, 삼가, 용맹, 강직은 오히려 병폐가 될 수 있음을 우려한다. 공자는 사람들에게 겉으로 공손한 척해서 안 되고, 삶에 너무 조심하여 정성을 잃어서 안 되며, 용기를 자랑하여 문제를 일으키지 말고, 강직함에 치우쳐 인정을 잃어서는 안 된다고 말한다. 자신과 상대를 향한 진정한 사랑이 없는 공손, 삼가, 용맹, 강직함이 무슨 의미를 가질 수 있겠는가?

이러한 삶의 덕목을 실천하는 데에서, 공자는 군자의 역할을 강조하고 있다. 군자란 어떤 사람인가? 백성들의 삶의 본이 되는 사람이라고 할 수 있으며, 그 시대의 지도자라고 할 수 있다.박병기, 2008: 12 군자가 친척에게 후하게 사랑을 베푸는 삶을 살고 친구와 좋은 관계를 맺는 것을 통해서, 자연스럽게 그 사회에 사랑이 실현되고 인심이 후한 공동체가 될 수 있다.

일상생활과 예禮

공자의 주장에서 주목할 점은 군자가 사랑을 베풀고 좋은 관계를 맺는 대상은 우리의 일상에서 가까이 있는 친척과 친구라는 것이다. 동아시아 사회에서 예의 실현은 자신과 가장 가까운 가족에서 출발한다.이희재, 2002: 288 멀리 있는 이웃에게 사랑을 나누고 베푸는 것도 쉬운 일은 아니지만, 늘 가까이 있어서 삶의 면면을 깊이 알고 있는 친척에게 후하게 베푸는 일이 더 힘들다. 가까운 친구와 좋은 관계를 유지하는 것 또한 마찬가지다. 너무나 가까워서 예를 잃기 쉽고 서로에게 기대하는 마음이 커서 실망하기도 십상이다. 그래서 마음 상하기 쉽고 미워하기 쉬운 친구를 버리지 않는 군자의 삶을 본받아 백성들은 훈훈한 인심을 잃지 않게 되는 것이다.

일상이 노출된 가족이나 친구 간에는 예를 갖춘 공손, 삼가, 용맹, 강직과 같은 삶의 덕목을 잘 실천하기가 매우 어렵다. 가깝고 사랑하는 관계라는 이유가 지나친 간섭이나 통제로 표출되기 쉽기 때문이다.

예禮로 돌아감

『논어』의 첫 구절은 "배우고 그것을 때때로 익히면 기쁘지 않겠는가!"[7]로 시작한다. 공자는 배움을 삶의 가장 큰 즐거움으로 꼽는 사상가이며 실천가이다. 그런 공자에게 노나라의 애공이 제자 가운데 누가 배우는 것을 좋아하는지 묻자, 공자는 안회가 바로 그런 사람이라고 답한다.

> 애공이 물었다. "제자 가운데 누가 학문을 좋아합니까?" 공자가 말했다. "안회가 학문을 좋아하여 노여움을 남에게 옮기지 않고, 잘못을 두 번 다시 저지르지 않았는데, 불행히도 명이 짧아 죽었습니다. 그리하여 지금은 없으니 아직 학문을 좋아한다는 자는 듣지 못하였습니다."[8]

7. 『論語』, 「學而」, "子曰 學而時習之 不亦說乎."
8. 『論語』, 「雍也」, "哀公 問 弟子孰爲好學 孔子對曰 有顔回者好學 不遷怒 不二過 不幸短命死矣 今也則亡 未聞好學者也."

안회는 어떤 사람인가? 안회는 스승인 공자가 말한 “자기를 이기고 예로 돌아가 인仁을 실천하고”[9], 도와 하나가 되는 삶을 살았던 사람이다. 공자는 안회의 인물 됨됨이를 “그 마음이 3개월 동안 인을 떠나지 않았고, 그 나머지 사람들은 하루나 한 달에 한 번 인에 이를 뿐이다”[10]라고 평했다.

불천노不遷怒와 불이과不二過

안회가 배우기를 좋아하는 근거로 공자는 두 가지를 말한다. 그 가운데 하나는 불천노不遷怒이다. 안회는 노여움을 남에게 옮기지 않았다. 다른 하나는 불이과不二過이다. 안회는 잘못을 두 번 저지르지 않았다. 안회가 배움을 좋아하는 근거로 공자가 주목하고 있는 불천노와 불이과에 녹아 있는 삶의 지혜를 자세히 살펴보면 다음과 같다.

노여움은 사람을 미치게 하기 십상이다. 그래서 대부분 사람은 노여움이 일어나면 자연스럽게 그것의 노예가 되어, 삶을 온통 노여움으로 물들이고 자신을 포함해서 주변 사람까지 불행으로 몰고 간다. 노여움에 미치면 자기 자신을 만나지 못하고, 자신을 미치게 한 대상으로 시선을 돌린다. 그리고 노여움의 원인을 그 대상에서 찾는 데만 주력한다. 결국, 노여움은 증폭되어 스스로의 삶을 망가뜨린다.

공자가 찬탄한 또 다른 안회의 삶의 자세는 잘못을 두 번 저지르지 않는 것이다. 즉, 누구나 잘못을 할 수는 있지만 배우기를 좋아하는 사람은 자신의 잘못을 아는 순간 다시 잘못을 반복하지 않도록 스스로 바로잡는다는 뜻이다. 배우기를 좋아하는 사람의 자세로 잘못을 저지르

9. 『論語』, 「顏淵」, “子曰 克己復禮爲仁.”
10. 『論語』, 「雍也」, “子曰 回也 其心三月不違仁 其餘則日月至焉而已矣.”

지 않는 것이 아니라, 잘못을 두 번 하지 않는 것을 말하는 뜻을 생각해 봐야 한다. 잘못을 알고 바로잡는 것이 그만큼 쉽지 않기 때문이 아닐까? 노여운 일이 없는 삶이 아니라 노여움에 지배되지 않는 삶과 잘못을 저지르지 않는 삶이 아니라 잘못을 두 번 하지 않는 삶이 배우기를 좋아하는 사람이 누릴 수 있는 삶의 경지이다.

탈현대 사회를 위한 선택

탈현대적인 삶의 내용과 방법은 인류가 공존할 수 있는 미래 사회를 건설하기 위해서 지향해야 할 것이다. 그렇게 건설된 미래 사회는 사랑이 실현되는 공동체로 정의할 수 있다. 인류에게 다가올 미래 사회는 현대 사회의 문제를 넘어설 수도 있고, 현대 사회의 문제로 인해 완전히 파괴로 귀결될 수도 있다. 양극단의 탈현대 사회에 대한 예측은 결국 이상적인 탈현대 사회의 도래가 저절로 이루어지는 것이 아니라는 점을 말하고 있다.

다시 말해서, 인류가 어떤 선택을 하느냐에 따라서 탈현대 사회는 행복한 미래를 선물할 수도 있고 정반대의 상황을 낳을 수도 있다. 탈현대 사회란 오늘을 사는 인류가 만들어 가야 하는 사회이다. 여기서 논의한 탈현대적인 삶이란, 인류가 공존하고 행복하기 위해서 추구해야 할 삶에 대한 지향을 고찰하는 것이다. 현대를 넘어서는 삶을 위해서는 어떤 자세를 가져야 할 것인가? 공자는 다음과 같이 말한다.

> 지혜로운 자는 의심하지 않고 어진 자는 근심하지 않고 용맹한 자는 두려워하지 않는다.[11]

누구나 살다 보면 의심, 근심, 두려움을 만나게 된다. 어떻게 보면, 우리 마음에 의심, 근심, 두려움이 피어나는 것은 자연스럽다. 따라서 의심, 근심, 두려움이 마음에 피어나는 것을 저항할 필요는 없다. 그렇다고 의심, 근심, 두려움이 마음에 피어났을 때 그것에 매몰되어서는 안 된다. 현대 사회는 삶의 모든 면에서 끊임없이 의심할 것을 요구하고, 무엇에 대해서든 근심하여 대비해야 한다고 부추기며, 삶에 닥칠 위험을 두려워할 수밖에 없도록 조장한다.

아이러니하게도 삶을 의심의 눈으로 볼수록, 근심할수록, 다가올 삶을 두려워할수록 불행이 커짐에도 불구하고, 현대인은 의심하고 근심하며 두려워하는 삶을 살고 있다. 그렇다면, 의심, 근심, 두려움이 마음에서 피어날 때 우리는 어떻게 해야 하는 걸까? 마음에 의심, 근심, 두려움이 피어나는 것에 대한 공자의 생각을 들어 보자.

공자는 지혜로운 자는 의심하지 않고, 어진 자는 근심하지 않으며, 용맹한 자는 두려워하지 않는다고 한다. 다시 말하면, 공자는 우리가 의심하게 되는 것은 지혜롭지 못하기 때문이고, 근심하는 이유는 어질지 못하기 때문이며, 두려워하는 이유는 용기가 부족하기 때문이라고 말한다. 지혜롭고 인하고 용기 있는 자는 삶에 대해서 의심하거나 근심하고 두려워하지 않을 것이라고 한다.

탈현대적인 삶의 주인이 되기 위해서는 현대적인 가치관과 세계관이 세상과 삶을 이해하는 하나의 방식에 불과함을 인식할 필요가 있다.홍승표 외, 2017: 17-18 또한 인류가 함께 공존하고 협력할 수 있는 사회를 만들기 위해서 공동체의 일원으로서 자신의 역할과 책무를 이해해야 한다. 나아가서 사랑의 존재로서의 자신을 자각하고 자기가 속한 사회에서 사랑을 실현함으로써 탈현대적 삶의 주인이 될 수 있음을 기억해야 한다.

---

11. 『論語』, 「子罕」, "子曰 知者不惑 仁者不憂 勇者不懼."

제2장
노자사상과 현대 사회

1. 현대 사회의 특징

위기사회

현대 사회는 위기사회라고 규정되고 있다. 오늘날 위기의식은 사회 전반적으로 팽배해 있다. 현대 사회를 지배하고 있는 위기감은 우리의 삶을 매우 불행하게 만들고 있다. 인터넷의 급속한 발전과 세계화로 인해, 언제부터인가 인류는 전 세계가 경험하는 재난과 재해를 같은 시간대에 공유할 수 있는 시대를 살고 있다.[정승안, 2011: 213] 이러한 삶의 변화는 세계의 소통에 이바지한 바가 크지만, 전 세계를 일순간에 위기감과 두려움으로 몰아가기도 한다.

최근에는 위기에 대해 다각적인 입장에서 논의되고 있으며, 위기에 대한 연구가 활발하다. 이러한 경향이 나타나는 이유는 무엇일까? 현대 사회 자체의 위험성에 의해서 위기에 대한 연구가 활발할 수밖에 없다는 해석과 근대인들의 역사 인식의 중요한 방식이 바로 위기의식이라는 점, 그리고 개별 연구자가 자기 연구 대상을 부각하기 위한 방법으로 연구 대상을 위기로 인식한다는 입장 등이 있다.[백영경, 2014: 252-253] 여기서 주목하고자 하는 점은 위기의식이란 그것에 대한 실체가 있든 없든 삶을 불행으로 몰고 갈 수 있다는 점이며, 현대 사회가 그런 영향 아래에 있다는 것이다. 위기의식은 위기의 실체와 무관하게 삶에 대한 두려움이 확산하도록 한다. 결과적으로 삶의 질을 저하하는 결정적인 요인으로 작용한다.

분노사회

현대 사회는 분노사회라고 설명되기도 한다. 다시 말해서, 현대 사회를 앵그리사회Angry Society라고 한다. '사회적 분노'라는 말은 오늘날의 사회가 직면한 구조적 한계가 사회 구성원들을 '화'로부터 자유롭지 못하도록 자극하고 있다는 것을 말한다. 현대인들이 삶의 많은 영역에서 스트레스를 호소하고, 자신이 처한 상황과 현실에 분노하고 있다.

심지어 초등학생들마저 학원, 과외, 숙제 등으로 스트레스를 호소하고 있다.헤드라인 제주, 2014년 10월 15일 그런가 하면, 청년들은 부족한 일자리 때문에, 장년들은 불안한 경기 때문에, 노인들은 건강과 경제적 어려움 등으로 인해서 스트레스를 호소하고 있다. 정지우2014: 19는 다수의 사람이 자기 삶에서 나오는 모든 불만, 갈등, 분노를 사회 탓으로 돌리는 경향이 있다는 점을 지적하고 있다. 이러한 스트레스가 만연한 사회적 분위기가 사회 구성원들의 화로 연결되고, 그 화가 팽창하여 사회 전체를 분노사회로 몰아가고 있다.

경쟁사회

현대 사회는 치열한 경쟁사회이다. 경쟁사회란 현대 사회의 단면을 가장 잘 보여 주는 수식어이다. 무한 경쟁사회는 경쟁에 노출되는 개인의 삶을 완전히 구속하고 지배하며 파괴적인 영향을 미친다. 고도 경쟁사회라는 사회의 구조적 조건은 노동자의 감정과 행동양식에 영향을 미치기 때문에, 노동자들은 상태가 나빠지고 공포감이 심화하는 양상을 볼 수 있다. 이러한 상황에서는 노동자들의 저항이 약화하는 현상이 나타나기도 한다.박형신·정수남, 2013: 205 이러한 주제는 오늘날 감정사회학 분야에서 흥미로운 주제로 부상하고 있다.

경쟁사회에 대한 인식의 바탕에는 유한한 자본을 획득하고자 하는 끊임없는 욕망의 존재로서의 인간에 대한 규정이 있다. 이러한 관점에서 보면, 인간은 더 많은 물질적 이익을 추구하기 위해서 무한 경쟁의 구도에서 생존하기 위해서 치열한 경쟁을 불가피하게 선택할 수밖에 없는 존재이다. 현대 사회가 경쟁사회로 치닫고 있고, 경쟁사회의 폐해가 현대인의 삶을 지배하는 것은 이러한 인간에 대한 관점이 현대를 지배하고 있다는 것을 잘 보여 준다.

다투는 삶

현대 사회의 특징에 의해서 드러나는 현대인의 삶은 투쟁의 삶이다. 현대인의 삶은 투쟁의 연속이라고 할 수 있다. 투쟁으로서의 현대인의 삶은 다툼을 통해서 주인공이 되려고 하고, 다른 사람과 비교하면서 불행을 키우며, '나'라는 생각에 사로잡혀서 '나' 아닌 것들과 투쟁하는 삶을 산다. 현대인의 삶은 다툼의 연속이며, 현대인은 다툼에 능한 사람이 되고자 한다. 이러한 현대인에게 세상 모든 사람이 적이 될 수 있다. 현대인은 상대에게 약해 보이지 않으려고 자신을 과장하고, 분노를 폭발하기도 하며, 조금만 거슬리면 맞붙으려 하고, 잘 다툼으로써 다른 사람을 지배하려고 한다.

이러한 현대인은 삶의 모든 순간에 자신이 주인공이 되어야 한다고 생각하여, 사람 앞에 한 치라도 나서고 자신을 내세우기 위해서 애쓰는 치열한 삶을 살고자 한다. 현대인은 주인공이 되려 하고 다른 사람보다 조금이라도 앞서려고 함으로써, 온 세상을 대상으로 이유 없는 전쟁을 치르면서 사는 경향이 있다. 이런 삶은 세상과 다른 사람을 존중하지 않고 가볍게 여기는 치열한 다툼의 연속으로 점철된다. 그런 다툼에 집중하다가, 자기가 소중하게 여기는 가족의 사랑, 건강, 일상의 행복 등을 잃어버리기도 한다.

욕망의 삶

현대인은 욕망을 충족시키는 삶에 집중함으로써, 진정한 삶의 의미를 상실하게 된다. 현대적인 욕망을 충족하기 위해서, 그리고 높은 목표를 설정하고 달성하기 위해서, 자기의 삶을 투자한다. 현대인은 더 나은 미래를 살기 위해서, 현재의 삶을 허비하는 어리석은 선택을 한다. 그리고 그것을 삶에 대한 투자라고 생각하고 잘 사는 삶에 대한 궁극적인 질문 없이 질주만 하는 경향이 있다.

이러한 현대인은 자기와 다른 사람과 견주어서 비교한다. 이때 자신의 삶을 온전히 살 수 없다. 비교하는 순간 다른 사람이 욕심내는 것을 소유하기 위해서 싸움을 시작할 수밖에 없기 때문이다.홍승표, 2005: 47 겉으로는 다른 사람과의 싸움으로 보이지만 사실은 자신의 삶을 파괴하는 전쟁이다.

욕망을 충족시키기 위한 삶을 사는 현대인들은 경쟁과 갈등을 당연시하면서 불행의 크기를 키우는 삶을 산다.홍승표, 2011: 27 삶의 진정한 의미를 발견하는 방법은 다툼을 멈추고 좋은 것을 차지하려는 집착으로부터 자유로워지는 것임에도 불구하고, 물이 처하는 가장 낮은 곳에는 아무도 머물려고 하지 않는다. 인간을 욕망하는 존재로 규정하고, 타자의 인정을 갈망한다. 그러나 이러한 욕망이 완전히 충족될 수 없으므로, 어느 정도의 긴장을 안고 살아갈 수밖에 없다.[스베냐 플라스푈러, 2013: 19]

삶으로부터의 소외

현대인들은 대상에 대한 지식을 쌓고, 자기가 알고 있다는 것을 과시하려고 하며, 그 지식을 바탕으로 자기가 옳다는 것을 주장하기 위해서 끊임없이 다른 사람과 다툰다.[정재걸, 2007: 252] '나'라는 존재를 인정받기 위해서, 그럴듯한 말로 포장하기도 하고 이런저런 지식을 쌓는 데 많은 시간을 투자한다. 이러한 현대인의 앎이 커질수록 다른 사람과의 다툼을 위한 더 강한 무기가 되어, 자신을 포함한 세상을 파괴할 수 있다.

이러한 현대인은 삶을 지키려고 죽음을 거부한다. 그래서 삶에 집착하여 잘 살려고 하고, 오래 살려고 발버둥을 친다. 현대인은 잘 살기 위해서, 더 많은 권력이나 부와 명예 등을 좇는다.[이현지, 2014: 261] 그리고 오래 살기 위해서, 몸에 좋다는 것을 먹고 죽음으로부터 도망치려는 사투를 벌인다. 이런 현대인의 잘 살려는 노력은 현대인을 권력, 부, 명예, 죽음의 노예로 전락하도록 한다.

현대 사회를 지배하는 현대 인간관에 의하면, 인간다움에 도달하는 것은 희소한 자원을 얼마나 쟁취하는가에 달려 있다. 이에 현대인에게 자아확장 투쟁으로서의 삶은 보편화되어 있다. 자신에 대한 내면으로 향하는 관심은 결여하고 외적인 성취를 키우는 데 관심을 기울임으로써 자신을 포함한 타인과 자연을 사랑하는 능력을 상실하게 된다.[홍승표, 2012a: 49] 결과적으로 이러한 삶을 사는 현대인은 삶으로부터 소외될 수밖에 없다.

2.
다투지 않는 삶

물의 도道

현대인들은 경쟁과 갈등을 당연시하면서 불행의 크기를 키우는 삶을 사는 경향이 있다. 삶의 진정한 의미를 발견하는 방법은 다툼을 멈추고 좋은 것을 차지하려는 집착으로부터 자유로워지는 것이다. 물이 처하는 가장 낮은 곳에는 아무도 머물려고 하지 않는다. 그러나 높은 곳에 머물고자 하는 마음을 멈추고 가장 낮은 곳에 머물고자 하는 순간, 다투어야 할 상대는 없다.이순연, 2011: 342 『노자』에서는 다음과 같이 말하고 있다.[1]

> 최상의 선은 물과 같다. 물의 훌륭한 점은 만물을 이롭게 하면서도 더불어 다투지 않으며 뭇사람이 싫어하는 바에 거처함에 있다. 그러므로 물은 도에 가깝다. 성인은 지극한 경계에 자리하며, 마음은 깊은 연못처럼 매우 화평하며, 함께 있을 경우에는 따뜻하게 감싸 주며, 말을 하면 그대로 믿게끔 한다. 정치를 하면 누구라도 편안하게 다스리며, 일을 할 경우에는 매우 능수능란하게 처리하며,

1. 이 글의 『노자』에 대한 해석은 정재걸의 『노자와 탈현대』(2017)에서 인용한 것이다.

세상에 나아갈 경우 시절의 변화를 그대로 탄다. 성인은 그저 남과 다투지 않을 뿐이다. 그러므로 허물이 없는 것이다.[2]

위의 구절에서 노자는 물의 속성이 도道의 특성과 가깝다고 한다. 첫째, 물은 끊임없이 아래로 내려가서 가장 낮은 곳에 가려고 자처한다[處衆人之所惡]. 둘째, 물은 모든 존재를 이롭게 하고 모든 존재가 본성을 잘 드러낼 수 있도록 도우며[利萬物], 간섭하거나 지배하고 억압하지 않는다. 셋째, 물은 유한한 가치를 서로 차지하려고 다투지 않는다[不爭].

분별하지 않음

도와 하나가 되는 삶이란 자신이 경험하는 매 순간이 경이로운 기적임을 자각하는 것이다. 이에 멀리 있는 사랑할 만한 우상을 사랑하는 것이 아니라, 나와 가장 가까이에 있는 사람을 있는 모습 그대로 사랑한다. 그리고 화려한 말로 나를 꾸미려고 하지 않고 있는 그대로 믿음으로 말하며, 보이기 위한 삶이 아니라 바름으로 삶을 대하고, 삶의 모든 순간에 최선을 다하며, 분별하는 마음을 가지지 않는다.신남순, 2001: 42 다투지 않는 분별함이 없는 삶에 대해서 『노자』의 다음 구절을 보자.

강과 바다가 능히 모든 골짜기의 임금이 되는 것은 그들 아래에 있기 때문이요, 그래서 모든 골짜기의 임금이 되는 것이다. 이런 까닭에 성인은 백성 위에 오르고자 할 때에 반드시 말로써 자기를 낮추고, 백성 앞에 서고자 할 때는 반드시 몸을 뒤에 둔다. 이런 까닭

2. 『老子』, 「八章」, "上善若水. 水善利萬物而不爭 處衆人之所惡. 故幾於道矣. 居善地 心善淵 與善仁 言善信 正善治 事善能 動善時. 夫唯不爭 故無尤."

> 에 성인은 백성 위에 오르지만 그들이 무거워하지 않고, 백성 앞에 서지만 그들이 해를 입히지 않는다. 이런 까닭에 온 세상이 그를 기꺼이 받들어 모시되 싫어하지 않거니와 다투지를 않으므로 세상에 그를 상대하여 다툴 자가 없다.[3]

현대인들은 무슨 일이든 시시비비를 정확히 가리고, 다른 사람 위에 오르며, 남의 앞에 서는 것을 능력이라고 여긴다. 이에 현대인들은 작은 일도 그냥 지나쳐서는 안 되며 따져야 한다고 생각하고, 사사로운 일에 대해서도 약삭빠르게 행동해서 뒤처지지 않으려고 하며, 자기를 분명하게 주장해서 다른 사람이 자기를 얕보지 않게 해야 한다고 생각한다. 이러한 현대인의 삶은 매 순간이 투쟁이다. 싸움에 몰입해서 결국 자기 자신과도 싸우면서 산다.

그러나 잘 사는 삶이란 스스로 가장 낮은 곳을 자처함[善下之]으로써, 시시비비를 가려서 다른 사람 위에 오르려거나 다른 사람에게 자기를 주장하려다 다투지 않는 것이다. 이런 삶을 살면, 누구와도 다툴 일이 없다[以其不爭, 故天下莫能與之爭]. 자기를 낮추고 사람과 다투지 않으면, 세상 사람은 이런 사람이 다른 사람의 위에 오르거나 앞에 나서도 누구도 그를 싫어하지 않는다[天下樂推而不厭].

비교하지 않음

다투지 않는 삶을 살면, 작고 소박한 삶을 사랑할 수 있다. 작고 소박

3. 『老子』, 「六十六章」, "江海所以能爲百谷王者 以其善下之 故能爲百谷王. 是以聖人 欲上民 必以言下之 欲先民 必以身後之. 是以聖人 處上而民不重 處前而民不害 是以天下樂推而不厭. 以其不爭 故天下莫能與之爭."

한 삶을 사랑하므로, 사람들이 대단히 여길 만한 것을 가지고 있어도 쓸 일이 없고 다른 사람보다 더 얻고자 갈등할 일이 없다. 마음은 늘 평화롭고 어떤 음식을 먹더라도 그 맛을 즐기며 무엇을 입어도 아름답고 거처하는 곳이 편안하다. 이런 삶을 살면 사람들과 가까이 지내지만, 이웃 사람의 삶과 비교하지 않는다. 노자는 비교하고 계산하는 이성과 지성의 위험성을 지적하고 있다.[강봉수, 2013: 111] 이런 삶을 『노자』에서는 다음과 같이 설명하고 있다.

> 나라는 작고 백성은 적어서 열 사람 백 사람 몫을 할 만한 그릇이 있어도 쓸 데가 없고, 백성이 죽음을 무겁게 여겨 먼 데로 옮겨 다니지 않게 한다. 배나 수레가 있어도 탈 일이 없고, 갑옷 입은 군대가 있어도 진을 벌일 일이 없다. 백성으로 하여금 노끈을 매듭지어 쓰게 하고, 그 음식을 달게 먹으며, 그 옷을 아름답게 입으며, 그 거하는 곳에서 평안하며 그 풍속을 즐기게 한다. 이웃 나라가 서로 바라보고 닭과 개 울음소리가 서로 들리지만, 백성은 늙어서 죽도록 서로 오가지를 않는다.[4]

자기의 삶을 이웃의 삶과 견주어서 비교하면 자신의 삶을 온전히 살 수 없다. 비교하는 순간 다른 사람이 욕심내는 것을 소유하기 위해서 다툼을 시작할 수밖에 없다. 겉으로는 다른 사람과의 싸움으로 보이지만 사실은 자신의 삶을 파괴하는 전쟁이다. 고로 늘 불행하고 무엇을 먹어도 진정한 맛을 느끼지 못하고 어떤 옷을 입어도 아름답게 느껴지지 않으며 어디에 있어도 편안함을 느끼지 못한다.

---

4. 『老子』, 「八十章」, "小國寡民 使有什佰之器而不用 使民重死而不遠徙. 雖有舟輿 無所乘之 雖有甲兵 無所陳之. 使人復結繩而用之. 甘其食 美其服 安其居 樂其俗. 隣國 相望 鷄犬之聲 相聞 民至老死不相往來."

느긋한 삶

다투지 않는 삶을 사는 자세는 어떠해야 할까? 노자는 다음과 같이 말한다.

> 큰 나라 다스리기를 작은 물고기 조리듯이 해라. 도로써 천하를 다스리면 귀신도 신통력을 부리지 못하니 그 귀신에게 신통력이 없어서가 아니라 그 신통력이 사람을 상하게 하지 못하기 때문이다. 그 신통력이 사람을 상하게 하지 못하기 때문이 아니라 성인 또한 사람을 상하게 하지 않기 때문이다. 그 둘이 서로 상하게 하지 아니하니 그러므로 덕이 차례로 백성에게 돌아간다.[5]

위의 이야기를 통해서 발견할 수 있는 삶의 지혜는 느긋함이다. 삶이라는 위대한 예술을 하는 데 있어서, 조급해서 얻을 수 있는 것이 없기 때문이다. 이를 노자는 "큰 나라 다스리기를 작은 물고기 조리듯이 하라[治大國 若烹小鮮]"고 했다. 삶을 위해서, 작위作爲하려고 하지 말라는 말이다.김대근, 2007: 57 삶이 대단하고 크게 느껴질수록 삶이 흘러가는 대로 바라보고 기다리면, 도와 합치된 삶의 경지와 만날 수 있다는 것이다.

삶이 소중하다는 생각에 사로잡혀서 조급한 마음으로 무엇인가를 더 얻으려고 다투고 작위하려고 하는 순간 삶은 욕망의 노예가 된다.이현지, 2010: 284 삶에 대해 한없이 느긋한 태도로 있는 그대로를 인정하고 수용하면 가장 평범하다고 간과했던 일상에서 삶의 진정한 의미를 발견할 수 있을 것이다.

---

5. 『老子』, 「六十章」, "治大國若烹小鮮 以道天下其鬼不神 非其鬼不神 其神不傷人. 非其神不傷人 聖人亦不傷人. 夫兩不相傷 故德交歸焉."

3.
있는 그대로 사는 삶

현재를 묵묵히 사는 삶

노자는 잘 사는 삶이란 있는 그대로 사는 삶이라고 말한다. 대부분 사람은 잘 사는 삶이라고 하면, 지금의 삶이 아니라 더 나아진 어떤 모습을 기대한다. 그러나 노자의 대답은 매우 역설적이다. 노자는 지금 우리의 삶을 있는 그대로 인정하고 묵묵히 살아가는 것이 잘 사는 삶이라고 답한다. 미래를 위해서 현재의 삶을 희생해 오던 현대인은 받아들이기 어려운 지혜이다. 노자는 왜 있는 그대로의 삶을 살라고 했을까?

도는 우리 삶의 가장 깊숙한 곳에 있는 것으로, 행복·기쁨·사랑 등에도 있고 불행·슬픔·미움 등에도 있다[道者 萬物之娛 善人之寶 不善人之所保]. 행복·기쁨·사랑 등이 좋다고 삶에서 그것만 취할 수 없고, 불행·슬픔·미움 등이 싫다고 삶에서 그것을 빼 버릴 수 없다. 이에 우리가 자신과 사랑하는 사람을 위해서 삶을 행복·기쁨·사랑 등으로 채우려고 하기보다는 있는 그대로 사는 도를 일러 주는 것이 낫다[不如坐進此道].

> 도라고 하는 것은 만물의 가장 깊숙한 아랫목이니 착한 사람의 보물이요, 착하지 못한 사람도 간직하고 있다. 아름다운 말이 세상에서 값진 것이 될 수 있고 고상한 행동은 남에게 보탬이 될 수 있

> 다. 착하지 못한 사람이라고 해서 어찌 도를 버릴 수 있겠는가? 그러므로 천자를 세우고 삼공을 두는데 아름드리 구슬을 네 필의 말이 이끄는 가마에 앞세워 바친다고 하더라도 그보다는 자리에 앉아서 이 도를 일러 주는 것이 낫다. 옛사람이 이 도를 귀하게 여긴 까닭이 무엇인가? 구하면 얻고 죄를 지어도 이로써 면한다고 말하지 않았던가? 그래서 천하에 가장 귀한 것이 된다.[6]

이 도를 알면, 삶에서 만나는 모든 것을 있는 그대로 살게 되고, 있는 그대로 살기 때문에 그것에 얽매이지 않음으로써 자유를 얻을 수 있다. 행복이 오면 행복을 그대로 산다. 즉 행복하지만, 행복에 집착하거나 행복이 사라질까 불안해하지 않는다. 불행이 오면 거부하거나 저항하지 않고, 불행에 담담히 살면서 불행을 두려워하지 않는다. 이처럼 있는 그대로 사는 삶은 삶에서 피어나는 모든 것을 있는 그대로 경험하고, 그것에 함몰되지 않고 경험하는 나를 자각하는 것이다.

일상의 행복을 발견하는 삶

있는 그대로의 삶을 산다면, 삶의 원대한 목표를 설정하고 추구하기보다는 일상이 주는 작은 행복을 발견하고[見小曰明] 감사하는 삶을 산다. 매일 먹는 밥, 매일 만나는 가족, 매일 반복되는 단조로운 일과, 매일 돌아가는 집 등 일상은 당연한 것처럼 느낄 수 있다. 하지만 있는 그대로의 삶을 살면, 그 소소한 일상에서 매일 빛나는 삶의 태양을 만난다.

---

6. 『老子』, 「六十二章」, "道者萬物之娛 善人之寶 不善人之所保. 美言可以市 尊行可以加人 人之不善 何棄之有 故立天下 置三公 雖有拱壁以先駟馬 不如坐進此道. 古之所以貴此道者何 不曰以求得 有罪以免邪? 故爲天下貴."

얼마나 경이로운가? 매일 먹는 밥이 그토록 고소한 맛이 난다는 것, 매일 만날 수 있어서 사랑을 잘 표현하지도 않지만 소중한 존재가 있다는 것, 매일 반복되지만 성취감과 행복을 주는 일과를 보낼 수 있다는 것, 매일 나를 쉬게 할 휴식처가 있다는 것! 『노자』에 다음과 같은 구절이 있다.

> 세상에 시초가 있어 세상의 어머니가 되었다. 이미 그 어머니를 얻었으면 이로써 그 아들을 알 수 있으니 이미 그 아들을 알고, 다시 그 어머니를 지키면 죽을 때까지 위태함을 모른다. 구멍을 막고 문을 잠그면 종신토록 고단하지 않고, 구멍을 열고 일을 만들어 보태면 종신토록 구제받을 길이 없다. 보이지 않는 것을 보면 이를 일컬어 깨달음이라고 하고 부드러움을 지키면 이를 일컬어 강하다고 한다. 내면의 슬기를 써서 깨달음에 돌아가면 몸에 재앙이 끼치지 아니하니 이를 일컬어 도에 든다고 한다.[7]

위의 구절은 있는 그대로의 삶을 사는 지혜를 다음과 같이 설명하고 있다. 삶을 개척하고 굳건하게 하고자 하지 않고, 삶의 매 순간을 부드럽게 수용하고 순응함으로써 진정으로 강한 삶을 살 수 있다.

수용하는 삶

일상에서 부딪치는 일들을 거부하고 저항하지 않으며 있는 그대로 인정함으로써, 삶에 휘둘리지 않는다. 왜냐하면 있는 그대로의 삶을 살면,

---

7. 『老子』, 「五十二章」, "天下有始以爲天下母. 旣得其母 以知其子 旣知其子 復守其母 沒身不殆. 塞其兌 閉其門 終身不勤 開其兌 濟其事 終身不救. 見小曰明 守柔曰强. 用其光 復歸其明 無遺身殃 是爲習常."

날씨가 맑았다가 흐렸다가 하지만 태양이 영원하다는 것을 이미 알고 있기 때문이다. 다음 구절을 보자.

> 세상 사람들이 말하기를 내 도는 크나 도 같지 않은 듯하다고 한다. 다만 크기 때문에 도 같지 않아 보이는 것이다. 만일 도 같아 보인다면 오래전부터 이미 작았을 것이다. 나에게 보물이 셋 있어서 소중하게 지니는데 하나는 사랑이요, 둘은 검소요, 셋은 스스로 우쭐대며 사람들 앞에 나서지 않는 것이다. 사랑하기에 용감하고, 검소하기에 넓으며, 사람들 앞에 스스로 나서지 않기에 뭇 관리의 머리가 된다. 오늘 사랑이 없으면서 용감하려 하고, 검소하지 않으면서 넓어지려 하고, 몸을 뒤에 두지 않으면서 앞에 나서려 하는데 그러면 죽고 만다. 무릇 사랑으로써 전쟁하면 이기고 사랑으로써 지키면 단단하다. 하늘이 장차 저를 구원하여 사랑으로써 지켜 주리라.[8]

노자는 삶의 세 가지 보물을 말하고 있다. 그것은 사랑, 검소, 사람 앞에 나서지 않는 것이다[我有三寶 持而保之 一曰慈 二曰儉 三曰不敢爲天下先]. 첫 번째 삶의 보물은 사랑이다. 자신과 다른 사람을 사랑하므로 용감한 삶을 살 수 있다[慈故 能勇]. 진정한 사랑이란 자신과 다른 사람을 있는 그대로 받아들일 수 있는 용기를 주기 때문이다. 자신을 사랑하지 않는 사람은 내가 아닌 다른 사람이 되고자 하는 것을 용기라고 착각하고, 다른 사람을 사랑하지 않는 사람은 상대의 문제를 밝히고 변화시키는 것이 용기라고 착각한다. 그러나 두 가지 모두 용기가 아니다.

8. 『老子』, 「六十七章」, "天下皆謂我道大 似不肖. 夫唯大 故似不肖. 若肖久矣其細也夫. 我有三寶 持而保之 一曰慈 二曰儉 三曰不敢爲天下先. 慈故能勇 儉故能廣 不敢爲天下先 故能成器長. 今舍慈且勇 舍儉且廣 舍後且先 死矣. 夫慈 以戰則勝 以守則固 天將救之 以慈衛之."

두 번째 삶의 보물은 검소이다. 노자는 검소하므로 넉넉한 삶을 살 수 있다[儉故 能廣]고 한다. 현대인은 넉넉한 삶을 위해서 많이 소유하려고 애쓴다. 그러나 많이 소유할수록 넉넉한 삶에서 멀어지고, 소유하기 위해서 모든 것을 희생해야 하는 노예와 같은 삶을 살 수밖에 없다. 반면 검소한 삶을 살면, 사치하지 않고 꾸밈없는 삶을 살기 때문에 언제나 넉넉한 삶을 누릴 수 있다.

세 번째 삶의 보물은 사람 앞에 나서지 않는 것이다. 사람 앞에 나서지 않으면 사람들의 우두머리가 될 수 있다[不敢爲天下先故 能成器長]. 현대인은 자신이 옳다는 것과 주장을 내세워서 다른 사람의 우두머리가 되려고 한다. 그러나 진정한 우두머리는 스스로 서고자 해서 되는 것이 아니라, 사람들이 믿음으로 따라야 할 수 있는 것이다. 사람들은 어떤 사람을 따르고자 할까? 뒤에서 묵묵히 힘이 되어 주고 진심으로 자기를 낮출 수 있는 사람이 아닐까?

4.
삶으로부터의 자유

계산하지 않음

노자가 말하는 잘 사는 삶의 해답 가운데 하나는 바로 삶으로부터 자유로운 삶이다. 삶을 깊이 사랑하므로 삶에서 부딪치는 모든 것을 있는 그대로 경험하고 유연하게 수용한다. 끝없이 부드러운 자세로 삶의 모든 국면을 받아들이므로, 삶은 평화롭고 행복할 수 있다. 반면, 현대인은 경직된 삶을 산다. 어떻게 살아야 잘 사는지, 손해 보지 않는지, 이길 수 있는지 등 끝없이 계산하고 따지는 삶을 산다. 이러한 현대인의 삶은 잘 살려고 하면 할수록 전쟁과 같은 삶이 되고 불행하다. 이런 삶에 대해서 노자는 다음과 같은 삶의 지혜를 말한다.

세상에 물보다 더 부드럽고 약한 게 없지만 단단하고 강한 것을 치는 데는 물을 이길 만한 것이 없다. 무엇으로도 물의 성질을 바꿔 놓을 수 없기 때문이다. 약한 것이 강한 것을 이기고 부드러운 것이 단단한 것을 이긴다는 사실을 모르는 사람이 없지만, 능히 그대로 하지는 못한다. 이런 까닭에 성인이 이르기를 나라의 허물을 받아들이는 사람을 일러 사직의 주인이라 하였고, 나라의 상서롭지 못한 일을 받아들이는 사람을 일러 천하의 왕이라 하였으니 바른

말은 거꾸로 하는 말처럼 들린다.[9]

삶에서 '절대 안 돼!', '반드시 이렇게 해야 해!', '무엇이 너무 싫다!', '이것이 아니면 안 된대!' 등에 집착하는 사람은 단단해진 자신을 자각해야 한다. 그것을 붙잡고 있는 자신이 당당하고 살아 있는 것같이 느껴진다면, 잘못된 삶의 길을 걷고 있는 것이다. 자기와 다른 생각을 하는 사람을 만났을 때 받아들이려는 틈이 생기는 순간, 즉 삶에 대한 경직된 잣대로부터 유연해지는 순간 삶은 빛나기 시작한다. 삶에 집착하는 사람에 대해, 노자는 다음과 같이 경계하고 있다.

> 사람이 살아 있으면 부드럽고 약하다가 죽으면 단단하고 강해지며 만물 초목이 살아 있으면 부드럽고 연하다가 죽으면 바싹 말라 단단해진다. 그러므로 단단하고 강한 것은 죽음의 무리요 부드럽고 약한 것은 삶의 무리다. 이런 까닭에 군대가 강하면 이기지 못하고 나무가 강하면 꺾이나니 강하고 큰 것은 아래에 있고 부드럽고 약한 것은 위에 있다.

위의 구절은 삶에 대해서, 어떤 원칙과 신념을 가지고 그것을 향해서 달려가는 현대인에게 주는 의미가 크다. 2014년 8월 한국을 방문한 프란치스코 교황은 존재 자체로 감동이었다. 끊임없이 낮은 곳으로 향하고 약자를 배려하고 상처에 공감하는 아름다운 삶의 모습을 보여 주었다. 가장 인상적이었던 것은 교황의 '행복 십계명' 가운데 "타인의 종교를 개종하려 하지 말고 다른 이의 신앙을 존중하라"는 구절이다.

사람은 자신의 신념 때문에 다른 사람을 공격하고 심지어 전쟁으로

---

9. 『老子』, 「七十六章」, "人之生也柔弱. 其死也堅强 萬物草木之生也柔脆 其死也枯槁. 故堅强者死之徒 柔弱者生之徒. 是以兵强則不勝 木强則共 强大處下 柔弱處上."

수많은 생명을 앗아 가기도 한다. 자기만 옳다는 생각에 사로잡혀서 삶을 불행으로 몰아가기에 십상이다. 이때 신념이 강하고 단단할수록 스스로 잘 살고 있다고 착각하지 않았던가? 신념을 지킨다는 명분 아래, 다른 사람을 적으로 몰고 비난하고 상처를 주고 내가 옳다는 생각에 사로잡혀서 자신을 괴물로 만들어 버린다.

유연함

삶에 대해 유연한 자세를 가지는 삶은 삶과 죽음에 대해서도 분별하는 마음이 사라지게 된다. 삶에 얽매이지 않는다면, 삶과 죽음은 분리되어 있지 않다. 따라서 죽음을 겁내지 않기 때문에, 죽음으로 인한 두려움이 없다[民不畏死 奈何以死懼之]. 반면, 현대인은 삶과 죽음을 대립적으로 생각하기 때문에 죽음을 겁내고 두려워한다. 죽음을 겁내는 이유는 삶이란 이룸으로, 죽음이란 상실로 생각하기 때문이다.

그러나 삶 속에 이미 죽음이 있고 죽음 속에 영원한 삶이 있다. 삶으로부터 자유로운 사람은 삶에 집착하지 않고 죽음을 두려워하지 않는다. 노자가 '죽임을 맡은 이가 따로 있다[常有司殺者殺]'고 한 말은 삶과 죽음은 인위人爲로 결정할 수 있는 것이 아니라는 말이다. 큰 목수[자연 또는 도]가 아니면서, 큰 목수가 하는 일을 하고자 하면 손을 다치게 되는 것처럼, 삶에서 인위로 할 수 없는 삶과 죽음의 문제를 마음대로 하고자 하면 불행해질 수밖에 없다. 『노자』의 다음 구절을 보자.

> 백성이 죽는 것을 겁내지 않는데 어떻게 죽이는 것으로 그들을 겁줄 수 있겠는가? 백성이 죽음을 두려워하게 하고 나서 못된 짓을 하는 자를 잡아다가 죽이면 누가 감히 그런 짓을 하랴? 언제나

죽이는 일을 맡은 자가 죽이는 법이니, 무릇 죽이는 일 맡은 자를 대신해서 죽이는 것을 일컬어 큰 목수 대신 나무를 벤다고 하거니와, 큰 목수를 대신해서 베는 자는 손을 다치지 않는 경우가 거의 없다.[10]

노자는 '단단하고 강한 것은 죽음의 무리요, 부드럽고 약한 것은 삶의 무리[堅强者 死之徒 柔弱者 生之徒]'라고 말한다. 신념을 강하게 붙잡고 스스로 더 단단해지려고 하지 않으면 자유로운 삶을 살 수 있다. 나를 강하게 주장하지 않음으로써 삶을 있는 그대로 진정으로 생생하게 살 수 있다.

삶의 용기

현대인은 삶의 용기란 도전하고 억지로 무엇인가를 이루고자 하는 것으로 생각한다. 현대인은 삶의 모든 국면에서 다투고 따지며 대가 없이 하는 바가 없고 인색하다. 그런데도 불구하고 현대인의 삶은 과감히 용기를 내어 보지만, 놓치는 것이 많고 고통스럽다.

억지로 하는 데 용감하면 죽고 억지로 하지 않는 데 용감하면 산다. 이 둘은 혹 이롭고 혹 해롭거니와 하늘이 미워하는바 그 까닭을 누가 알겠는가? 이런 까닭에 성인도 오히려 어렵게 여긴다. 하늘의 도는 싸우지 않고서도 잘 이기고, 말하지 않고서도 잘 응하며, 부르지 않아도 스스로 와 있고, 느릿느릿한데도 계획에 빈틈이 없

10. 『老子』, 「七十四章」, "民不畏死 奈何以死懼之 若使民常畏死 而爲奇者 吾得執而殺之孰敢 常有司殺者殺 夫代司殺者殺 是謂代大匠 夫代大匠斲者 希有不傷其手矣."

다. 하늘 그물은 넓고 성기어도 빠뜨리는 게 없다.[11]

노자는 위의 구절에서 진정한 삶의 용기란 억지로 무엇인가를 이루려고 하지 않는 것이라고 말한다. 있는 그대로의 삶을 받아들이고 다투지 않고[不爭] 따지지 않으며[不言] 대가가 없어도 스스로 하고[不召而自來] 너그럽다. 삶에 얽매이지 않는 삶은 계산적이지 못하고 허점투성이로 보이지만 삶의 의미를 아무것도 놓치지 않을 수 있다.

도는 만물을 낳지만 소유하지 않듯이, 삶으로부터 자유로운 삶을 살면 자기 삶을 살 뿐 소유하려고 하지 않는다[生而不有]. 삶을 살면서 여러 가지 결과물을 만들어 내지만, 그것에 대해서 우쭐대거나 뽐내지 않는다[爲而不恃]. 삶을 소유하려고 하면, 원하는 것과 그렇지 않은 것을 나누고 원하는 대로 만들고자 하게 된다. 그러나 삶이란 원하는 것으로만 채울 수는 없다. 누구도 실패, 실연, 표독, 짜증, 화 등으로 자기 삶을 채우기를 원하지 않지만, 이것들을 빼고 삶을 완성할 수는 없다. 다음 구절을 보자.

도가 낳고 덕이 기르고 물질이 형체를 만들고 기운이 이루어 주니, 이런 까닭에 만물은 도를 높이 받들고 덕을 귀하게 여기지 않을 수 없느니라. 도의 높음과 덕의 귀함은 벼슬자리를 얻어서 그런 것이 아니라 언제나 저절로 그러한 것이다. 그런 까닭에 도가 그것을 낳고 덕이 기르고 키우고 형체와 성격을 형성하며 길러서 덮어 주거니와 낳았으되 소유하지 않고 행하되 믿지 않으며 길렀으되 그것을 맘대로 부리지 않으니 이를 일컬어 그윽한 덕이라고 한다.[12]

11 『老子』, 「七十三章」, "勇於敢則殺 勇於不敢則活 此兩者 或利或害 天之所惡 孰知其故 是以聖人猶難之. 天之道 不爭而善勝 不言而善應 不召而自來 繟然而善謀 天網恢恢 疏而不失."

삶을 사랑하고 깊이 음미하며 충실하게 만들어 가고자 하지만, 삶을 사랑하기 때문에 그것에 휩쓸리지 않고 삶에 집착하지 않아야 삶으로부터 자유로울 수 있다. 진정한 사랑은 소유하지 않으면서 아낌없이 주는 넓은 대지와 같다. 사랑으로 상대를 키워 주고 지지하며 돕지만, 그 삶의 방향을 잡으려고 하지는 않는다. 누구의 삶이든 있는 그대로 존중하고 믿어 주므로, 그 사랑은 분별하고 밝히는 것이 아니라 그윽이 어둑한 데서 나오는 덕[玄德]이라고 할 수 있다.

12 『老子』, 「五十一章」, "道生之 德畜之 物形之 勢成之 是以萬物 莫不尊道而貴德. 道之尊 德之貴 夫莫之命而常自然. 故道生之 德畜之 長之育之 亭之毒之 養之覆之 生而不有 爲而不恃 長而不宰 是謂玄德."

제3장
장자사상과 탈현대

1.
사회 변동과 잘 사는 삶

웰빙 트렌드

현대 사회에는 웰빙Well-Being의 바람이 불고 있다. 웰빙 아파트, 웰빙 식품, 웰빙 다이어트 등 웰빙에 대한 관심이 사람들을 사로잡고 있다. 웰빙이라는 수식어가 붙는 상품이 증가하고 있으며, 웰빙은 새로운 소비의 키워드로 작용하고 있다. 이런 웰빙 현상은 현대적인 삶을 가장 잘 보여 주는 삶의 트렌드 가운데 하나이다. 이처럼 현대 사회를 지배하고 있는 웰빙의 바람이 현대인들의 삶의 질적 변화를 설명해 주는 기준이 될 수 있을까? 이런 웰빙에 대한 관심의 확대가 현대인들의 삶에 대한 새로운 지향을 반영하고 있는 것일까?

오늘날 웰빙에 대한 관심은 현대 사회의 사회구조의 변화를 반영하고 있다. 이 세계에는 현대로부터 탈현대로의 거대한 지각 변동이 일어나고 있다. 변동의 근원은 생산의 자동화이다. 전근대에서 근대로의 이행기에 인간의 근력이 기계력으로 대체되었듯이, 근대에서 탈근대로의 이행기라고 할 수 있는 지금, 인간의 지력이 인공지능으로 급속하게 대체되어 가고 있다. 그 결과, 동일 단위의 상품을 생산하는 데 소요되는 노동의 양은 급속하게 감소하고 있다. 따라서 노동과 생산을 중심으로 하는 삶과 사회관계, 집단생활의 형식이 현저하게 약화되고, 증대한 여가가 그

자리를 차지하고 있다.

사회구조의 변화는 사회 구성원들의 삶의 질에 관한 관심으로 확대되고 있다. 그리고 이런 삶의 질에 대한 관심이 웰빙으로 드러나고 있다. 이와 같은 시대적인 상황 속에서 웰빙에 대한 비판적 검토가 필요하다. 이 글에서는 웰빙이 새로운 삶의 지향인지, 현대 사회가 열망하는 웰빙의 내용은 무엇인지, 웰빙 즉 이상적인 삶의 지향이 무엇이 되어야 할 것인지에 대해서 고찰해 보고자 한다.

현대 문명의 위기

현대 문명의 위기 상황이 웰빙에 대한 관심을 확대하고 있다. 현대 사회는 급속한 기술의 발전을 이루어 왔다. 그 결과 인류의 삶은 물질적으로 풍요로워졌고 편리해졌다. 그러나 환경생태의 측면에서 보면 인류가 직면한 현실은 절대적인 위기의 상황이며, 이 위기 상황에 대한 문제인식이 일어나고 있다.

최근 현대인들은 '새집 증후군', '수질오염', '문명의 발전으로 인한 질병', '지구 온난화로 인한 재해' 등의 문제와 직면하고 있다. '새집 증후군'은 건물시공에 사용되는 방염처리제, 건축자재 마감재, 플라스틱 제품 등에서 발산되는 화학물질이 그 주된 원인이라고 한다. 신축 아파트에 입주한 후에 피부병, 어지럼증, 수면장애 등을 호소하는 사례가 늘어나고 있다. 그리고 현대 사회에는 문명의 발전으로 인해서 다양한 문제가 발생하고 있다. 현대 문명은 인류에게 물질적인 풍요를 선사해 주었다. 하지만 그 물질적인 풍요가 비만, 당뇨병 등의 다양한 성인병을 야기하고 있다. 또 현대 사회에는 지구 온난화로 인해서 거대한 자연재해가 빈번하게 발생하고 있다. 게다가 과학자들은 앞으로 이런 재앙이 더 자주 닥칠 것이라는 불안한 예고를 하고 있다. 이와 같은 상황 속에서 현대인들은 현대 문명에 대한 위기의식을 느끼고 있으며, 이런 위기의식이 웰빙에 대한 관심으로 확대되고 있다.

물질만능주의의 폐해

현대 사회를 지배하는 경제주의와 물질만능주의의 가치관은 인간소외의 결과를 초래한다. 그러므로 현대인들은 삶의 양적인 발전보다는 삶의 질에 더 많은 관심을 가지게 되며, 이런 관심이 웰빙 열풍으로 나타나고 있다. 왜냐하면 현대 사회를 지배하는 가치관에 충실한 삶을 살수록 인간 소외와 비인간화를 경험하게 되기 때문이다. 경제주의와 물질만능주의의 인간관은 인간을 끊임없는 욕망충족을 추구하는 존재로 규정하고 있다. 따라서 이런 가치관의 지배를 받게 되면, 개인은 삶에서 맹목적으로 경제주의와 물질만능주의를 추구하게 된다. 그 결과 개인들은 현대 사회를 지배하는 경제주의와 물질주의의 노예로 전락하는 삶을 살아가게 된다. 현대 사회에서는 얼마나 많은 연봉을 받는지, 얼마나 고가의 자동차를 소유하고 있는지가 그 사람을 판단하는 중요한 준거로 작용하고 있다.

그렇다면, 경제주의와 물질만능주의가 전제로 하는 인간관은 인간에 대한 정당한 평가일까? 기존 사회학의 인간관은 "인간의 특성과 본성을 개념적으로 규정하지 않고, 현실에서 관찰되는 인간의 특성을 인간의 본성으로 간주하는 오류를 범하고 있다."홍승표, 2002 그리고 인간을 사회구조의 피조물로 간주함으로써 인간의 자기실현이 사회의 구조적 요인에 의해서 결정되는 것으로 본다. 그리고 마르크스와 같은 사회학자는 인간을 노동하는 존재로 규정하고 있다. 이와 같은 기존 사회학에서의 인간에 대한 이해는 인간에 대한 단편적인 이해에 불과하다. 왜냐하면 인간의 도덕적이고 자기 초월적인 측면을 배제하기 때문에 온전한 인간을 이해를 하는 데 한계를 가지게 된다.

이런 문제점에 의해서 현대인들은 현대적 삶에 대한 회의를 경험하게 된다. 현대 사회를 지배하고 있는 경제논리의 지배를 받는 삶을 더 이상 원하지 않는 것이다. 높은 연봉보다는 삶의 여유를 추구할 수 있는 안정적인 직장을 선호하고 있으며, 일에서의 성공보다는 사랑이나 가족이 더 중요하다는 생각을 하는 젊은이들이 늘어나고 있다. 그들에게 삶의 질은 아주 중요한 의미를 가진다. 단순히 생존하는 것이 아니라, 잘 사는 것과 인생을 즐기는 것에 대한 관심이 증가하고 있다. 즉 웰빙을 추구하고 있다.

사회구조의 변화

현대 사회는 빠른 속도로 사회구조의 변화를 경험하고 있다. 이런 급속한 사회구조의 변화에 의해서 사회를 유지하는 축이 생산에서 소비로 이동하고 있다. 산업사회는 생산이 중심이 되는 사회구조였다. 산업사회에서는 얼마나 많은 상품을 생산해 낼 수 있는지가 중요한 의미를 차지하고 있었다. 그러나 현대 사회는 생산보다는 소비가 삶의 구조에서 더 중요한 위치를 차지하고 있다. 현대인의 삶에서는 유한한 시간과 물적 자원을 토대로 무엇을 어떻게 소비할 것인가가 중요하다.

이와 같은 사회구조의 변화는 새로운 삶의 방식과 가치관에 대한 관심을 유발하고 있다. 노동 이외의 여가시간을 어떻게 보낼 것인가에 대한 관심이 새로운 사회문화적인 트렌드를 만들고 있다. 이 또한 '웰빙, 즉 잘 사는 것'에 대한 해답을 찾고자 하는 노력의 하나라고 할 수 있다. 이상과 같이 웰빙은 현대 사회를 이해할 수 있는 현실적이고 구체적인 사회현상 가운데 하나이다. 현대인들이 웰빙에 대해서 가지는 관심과 웰빙의 사회적 영향에 비하면, 웰빙에 대한 사회학적인 관심이 매우 부족한 현실이다. 웰빙은 일시적으로 나타나는 사회적 현상으로만 치부하기에는 많은 사회적 함의를 담고 있다.

웰빙의 실태

현대인은 웰빙을 열망하고 있다. 현대적인 삶이 개인에게 주는 긴장과 부담이 극대화되면서 삶의 안녕과 건강, 행복에 대한 열망이 높아지고 있다. 이런 열망이 웰빙에 대한 욕구로 표출되고 있다. 웰빙하기, 즉 잘 사는 것에 대한 관심은 몸에 좋은 음식, 자연소재를 사용하는 주거환경, 자연친화적인 삶의 방식 등으로 나타나고 있다. 그러나 이런 경향은 웰빙 상품을 소비하는 것이 마치 잘 산다는 것을 말하는 것처럼 인식되기도 한다. 과연 웰빙 상품을 소비하는 것이 잘 사는 것의 답이 될 수 있을까? 여기서 한국 사회를 지배하는 웰빙의 실태에 대해서 살펴보자.

한국 사회의 웰빙 트렌드는 개인들이 주체적으로 선택한 적극적인 삶의 방식이기보다는 대중매체의 홍보와 기업의 전략적 상업화에 의해서 대중화되고 있다. 이런 현상은 서구사회에서 웰빙 개념이 확산되고 사회적인 의미를 가지게 되는 과정과 비교할 때, 매우 다른 양상을 보이는 것이다. 서구에서 웰빙은 1990년대 이후 대안운동의 하나로 등장하기 시작했다. 서구의 웰빙은 삶에 지친 현대인들이 대안을 모색하는 과정에서 삶에 대한 새로운 가치관을 형성하고 실천 운동을 전개하면서 웰빙이 확산되기 시작하였다. 따라서 서구에서의 웰빙은 사회 복지와 연관성을 가지면서 발전했고, 약자들의 복지와 관련한 실천적인 방안을 제기하는 데 많은 관심이 있다. 그러므로 웰빙 산업은 제한적인 시장을 확보하고 있을 뿐이다.전영옥 · 윤종언, 2005: 3

그에 비하면, 한국 사회에서는 대중매체와 기업의 적극적인 개입으로 웰빙 트렌드가 형성되었다. 2000년대 들어 한국의 대중매체들은 적극적으로 웰빙 개념을 소개하기 시작했고, 웰빙의 철학적 개념이 삶의 새로운 지향으로 도입되었다. 그리고 웰빙 트렌드의 확산에는 마케팅 전략으로 웰빙을 선택한 기업들의 영향을 간과할 수 없다. 이렇게 한국 사회에서는 웰빙을 추구할 주체인 개인들보다는 대중매체나 기업에 의해서 웰빙이 사회적인 조류를 형성하고 있다. 오늘날에도 한국의 대중매체들은 웰빙과 관련한 다양한 프로그램을 방영하고 있으며, 기업들은 기존에 생산하던 상품과는 가격 및 품질에서 차별화한 웰빙 상품을 판매하고 있다.배주영, 2005 이에 따라서, 한국 사회의 웰빙 트렌드는 소비양식의 변화를 야기하였다.

한국 사회의 웰빙 트렌드는 요가나 명상 등 정신적인 수양에 대한 관심이 확대되어 새로운 여가문화에 영향을 미치고 있다. 웰빙 트렌드의 대표적인 특징은 물질적인 것에 비중을 두던 삶의 가치를 정신적인 것으로 옮겨 가는 데 있다. 즉 생활양식의 변화가 일어나고 있다. 현대 사회를 지배하는 잘 사는 것의 기준이 되는 물질적인 풍요로움은 이제 더 이상 현대인들에게 만족감을 제공해 주지 못한다. 물질적 풍요보다는 여유로운 삶에 대한 욕구가 늘어 가고 있다.

2.
현대 사회의 웰빙 진단

현대 사회의 삶

현대 사회의 웰빙에 대한 관심은 본말이 전도된 현상을 보인다. 상업화된 웰빙의 소비는 외적으로는 삶의 수준을 높이는 것처럼 보일지 모르지만, 근본적으로 잘 산다는 것에 대한 가치관의 정립이 배제된 채로 맹목적인 웰빙 추구는 삶으로부터의 소외를 일으킬 것이다. 웰빙해야 한다는 강박관념은 웰빙하는 삶으로부터 점점 멀어지게 하는 결과를 초래할 것이다. 오늘날 한국 사회에서 추구하는 웰빙은 삶의 질을 높여 줄 수 있는 대안으로 의미가 있는가? 웰빙의 지향이 현대 사회가 직면한 삶에 대한 철학적 반성과 그 맥락을 같이하고 있는가?

잘 사는 것, 즉 웰빙을 실현하는 것은 진정한 자신과 만남을 통해서 가능하다. 그러나 오늘날 한국 사회의 웰빙은 주체가 결여된 채로 대중매체 혹은 상업주의의 영향으로 사회적으로 확산되는 경향이 있다. 그러므로 아주 짧은 시간에 사회적인 트렌드를 형성했지만, 웰빙을 실현하는 개인의 삶의 차원에서의 고민이 충분하지 못하다는 문제점이 있다.

그러므로 웰빙의 실현이 마치 개인이 일상생활에서 좋은 식품을 먹고, 친환경적인 공간에서 주거하고, 몸에 좋은 소재의 옷을 입는 등 웰빙 상품을 소비하는 것으로 인식되고 있다. 그러나 이런 웰빙의 양상은 개인적인 욕구를 충족시키는 데에는 충분할지 모르지만, 궁극적인 웰빙을 추구하지는 못하게 한다. 진정한 웰빙의 철학적 의미는 다른 것에 의미를 두고 있기 때문이다.

웰빙의 철학적 의미에 대한 논의를 통해서 보면, 웰빙에서의 좋음이란 주관적이고 사적인 것을 넘어서는 인식을 전제로 하고 있다. 따라서 웰빙이 단순히 개인적인 욕구를 충족시키고 만족감을 주는 것으로 달성된다고 인식하는 것에는 문제가 있다. 사회적 상황에 따라 웰빙이 어떤 형식으로 논의가 되고 실현되더라도 궁극적으로는 잘 산다는 것에 대한 아리스토텔레스가 제시하는 행복을 달성하는 데 대한 관심이라는 것을 의식해야 할 것이다.이태수, 2004

다시 말해서, 존재적 차원에서의 고민이 제외된 웰빙은 허구에 불과하다. 현대적 가치와 욕망에 빠진 개인이 아무리 좋은 음식을 먹고, 환경이 좋은 집에서 살고, 좋은 옷을 입고 있다고 해도, 삶의 가치와 지향이 '잘 산다는 것'에 초점을 맞추고 있지 않다면 무의미한 것이다. 오늘날 우리가 만나게 되는 웰빙의 양상은 자신의 존재적 차원의 웰빙은 결여한 채로 외적인 것에 그 관심이 집중되어 있다는 문제를 안고 있다.

소비하는 웰빙

현대 사회의 웰빙은 소비지향적이고 상품화되어 있다. 위에서 살펴본 바와 같이 웰빙을 실천해야 하는 주체의 문제의식에 의해서 웰빙 트렌드가 형성된 것이 아니라, 웰빙을 판매하는 대중매체와 기업의 주도로 웰빙 트렌드가 형성되었기 때문에 소비지향적인 경향이 강하다. 사회구조의 변화로 인해서 현대인들의 삶은 변화하고 있다. 그러므로 현대인들은 사회구조적 변화에 부합하는 웰빙에 대한 답을 찾고자 한다. 그러나 현대 사회에서 나타나는 웰빙의 양상은 그런 해답을 제시하지 못하고 있다.

오늘날 웰빙이라는 포장을 하는 상품들은 고부가가치를 창출하는 상품이다. 치열한 시장에서 소비자들의 시선을 끌기 위한 전략으로 웰빙이 사용되고 있다. 웰빙이라는 수식어를 달고 있는 식품, 인테리어, 여가 프로그램, 가전제품 등은 판매액이 증가하고 있다. 웰빙 트렌드는 웰빙산업과 결합하면서, 새로운 산업적 전략으로 부각되고 있다. 웰빙의 본래 의미와는 무관하게 일반적인 소비와 차별화하고 특별한 계층의식을 형성하는 데 웰빙 트렌드가 작용하고 있다. 웰빙을 추구하는 것이 자신을 타인과 차별화시켜 주는 욕구의 표출로 이용되는 경향이 있다.안정화, 2005

현대적 가치와 웰빙

현대 사회의 웰빙은 여전히 현대적 가치를 달성하는 데 목표를 두고 있다. 집중력을 높여서 업무를 더 잘 수행하거나 시험성적을 높이기 위해서 명상을 하고, 건강하게 장수하고 날씬한 몸매를 가지기 위해서 요가를 한다. 이런 목표를 가지고 명상을 하고 요가를 하는 것이 웰빙을 실현하는 길이 될 수 있을까? 웰빙의 진정한 목표는 이런 것에 국한되는 것이 아니다. 웰빙의 목표는 현대적 삶에서 추구하는 부, 명예, 권력 등의 세속적인 가치에서 벗어날 때 비로소 실현되는 것이다.

그러므로 오늘날 한국 사회에서 흔히 볼 수 있는 현대적 가치에 집착하면서 웰빙 상품을 소비하는 삶은 진정한 웰빙이라고 할 수 없다. 특히 웰빙의 왜곡된 지향의 하나인 '웰루킹Well-Looking'은 삶에서 스스로 만족을 추구하는 것보다, 다른 사람에게 잘 보이는 것에 더 많은 관심이 있다. 이런 현상은 한국 사회의 웰빙이 직면하고 있는 근본적인 문제점을 잘 보여 주고 있다.

3.
장자와 잘 사는 삶

웰빙의 요체

현대 사회의 웰빙의 요체는 무엇인가? 그것은 이 세계로부터 근원적으로 분리된 개아個我로서의 나의 웰빙이다. 장자莊子의 웰빙관은 이와 근본적으로 다르다. 장자의 웰빙관은 세계와 상통하며 궁극적으로는 하나인 나의 웰빙이다. 현대 사회의 웰빙의 목표는 건강하게 살기, 오래 살기에 대한 관심이다. 삶의 여유를 지향하거나 정신적인 풍요로움을 지향하는 웰빙과 만날 수도 있다. 이처럼 웰빙은 '작은 나'에 대한 관심을 벗어나지 않는다.

현대 웰빙의 주된 관심은 건강하게 장수하는 것이다. 이런 웰빙에 대한 관심은 장자 사상에도 잘 드러나고 있다. 양생養生에 대한 도가적 관심이 그것이다. 그러나 이런 육체적, 정신적 건강을 유지하고 장수하는 것에 대한 관심을 넘어서는 웰빙의 새로운 차원을 장자 사상에서 엿볼 수 있다.

그것은 세속적인 기준과 욕망으로부터 자유로운 삶을 살아가는 것이다. 시대를 지배하는 세속적인 기준과 욕망은 인간의 삶을 소외시킨다. 그것에서 벗어날 수 있다면 진정한 웰빙을 추구할 수 있을 것이다. 현대적인 삶의 많은 문제는 장자 사상에서 그 해답을 찾을 수 있다.

대자유의 삶

대자유의 삶을 사는 것으로 새로운 웰빙의 모델을 제시해 준다. 장자사상은 세상 어떤 것에도 구애되지 않는 자유로운 삶의 경지를 제시하고 있다. 부와 명예, 권력에 대한 가치부여는 인간의 삶을 구속한다. 이런 것들에 대한 집착에서 벗어났을 때, 인간은 비로소 참된 자유와 행복을 얻게 된다.[1]

『장자』, 「소요유逍遙遊」에는 다음과 같은 이야기가 있다. 기산箕山에서 은자隱者로 살던 허유許由는 자신을 대신하여 천하를 다스려 달라는 요堯임금의 요청에 다음과 같이 답한다.

> 그대는 천하를 이미 잘 다스리고 있소. 그런데 내가 그대를 대신하다니, 천자라는 명목名目을 얻기 위해서 대신한단 말인가요? 명목이란 실질의 손客[2]에 지나지 않습니다. 나더러 그런 손이 되란 말인가요? … 내게는 천하란 아무 소용도 없소.[3]

장자는 허유의 대답을 통해서 세속적인 부와 지위가 실질적인 것이 아니라, 일시적인 가상의 것이라고 충고하고 있다. 현대 사회에서는 삶의 가치를 부자가 되거나 높은 지위에 오르는 것에 두는 경우가 많다. 심지어 '부자 되세요'라는 말이 덕담으로 사용되기도 한다. 그러나 장자는 이런 현대적인 삶의 가치로부터 자유로운 새로운 삶의 차원을 제시하고 있다.

1. 왕선겸王先謙도 『莊子集解』에서 "사물에 얽매인 현실을 초월하여 대자연의 무궁한 품속에서 자유로이 노닒을 뜻한다"고 「소요유」편에 주를 달고 있다(안동림, 2001; 재인용).
2. 여기서 손客은 실질에 수반해서 찾아드는 일시적인 가상물을 말한다(안동림, 2001).
3. 『莊子』, 「逍遙遊」, "子治天下, 天下旣已治也. 而我猶代子, 吾將爲名乎, 名者實之賓也. 吾將爲賓乎, … 予无所用天下爲!"

지인至人에게는 사심私心이 없고, 신인神人에게는 공적功績이 없으며, 성인聖人에게는 명예가 없다.[4]

천하가 아무 소용도 없다고 할 수 있었던 장자가 추구한 것은 세상의 일에 어떤 집착이나 얽매임이 없는 삶이었다. 지인, 신인, 성인은 세속적인 부나 명예, 권력으로부터 자유로운 삶을 산다. 그런 삶이 바로 잘 사는 삶, 즉 장자의 웰빙이다.

『장자』, 「소요유」의 유遊는 마음의 유이며, 편안하고 한가롭게 마음이 자적自適하는 것이다. 따라서 유遊에는 정신적 자유라는 의미가 있다. 소요유하는 주체는 마음이며, 소요유의 실현은 속세에서 정신적인 평화를 가능하게 한다.[리우샤오간, 1998] 천치아오잉[陳敲應, 1997]은 소요유는 현실적인 차원의 삶을 정신적인 차원의 삶으로 확대할 수 있다고 한다. 즉 소요유란 '끝없이 광활한 내면세계와 비교할 데 없이 드넓은 정신 공간'에서 어떤 세속적인 가치에도 방해받지 않는 '정신의 해방을 통한 대자유'의 삶이라고 설명한다.

자기발견

장자는 외적인 성취를 지향하고 획득한 것을 즐기는 삶이 아니라 내적인 자기발견을 지향하고 '참된 자기'의 자연을 즐기는 삶을 주창함으로써, 새로운 웰빙의 모델을 제시하고 있다. 소요유에서 삶의 목적은 삶 그 자체를 즐기는 것이다. 장자에게 있어서 사회적 성공이나 업적 등은 더는 삶의 목적이 될 수 없다. 외물外物에 얽매이지 않으면서, 삶 그 자

4. 『莊子』, 「逍遙遊」, "至人无己, 神人无功, 聖人无名."

체를 향유하는 삶을 장자는 주창하였다.

> 저 열자列子는 바람을 타고 다니니 가뿐하고 좋다. 15일이 지나서야 비로소 돌아온다. 그는 편하게 복을 갖다 주는 것(바람)을 좇아 허둥지둥하지는 않는다. 이는 스스로 걷는 불편은 면했으나 역시 기대는 데가 있다. 그러나 만약 천지 본연의 모습을 따르고 자연의 변화에 순응하여 무한의 세계에 노니는 자가 되면 대체 무엇을 의존할 게 있으랴.[5]

위의 구절에서 장자는 열자의 경지가 세속적인 복을 구하는 데는 연연하지 않지만, '기대는 데가 있다'는 점을 비판한다. 장자가 말하는 최고의 경지는 세속적인 어떤 것에도 의존하지 않으며, 천리에 따르고 자연과 합일하는 경지를 말한다. 그것은 자연과의 합일을 통한 나의 실현을 통해서 경험할 수 있으며, '참된 자기'를 자유롭게 향유하는 높은 수준의 탈현대적 삶의 전형으로서의 가치가 있다.홍승표, 2002

> 송영자宋榮子는 이런 인물을 싱긋이 비웃는다. 그리고 세상 모두가 칭찬한다고 더욱 애쓰는 일도 없고, 세상 모두가 헐뜯는다고 기氣가 죽지도 않는다. 다만 내심內心과 외물外物의 분별을 뚜렷이 하고 영예와 치욕의 경계를 구분할 뿐이다. 그는 세상일을 좇아 허둥지둥하지 않는다.[6]

송영자는 세속적인 출세와 입신을 추구하는 사람을 보면, 그 덧없음

---

5. 『莊子』, 「逍遙遊」, "夫列子御風而行, 冷然善也, 旬有五日而後反. 彼於致福者, 未數數然也. 此雖免乎行, 猶有所待者也. 若夫乘天地之正, 而御六氣之辯, 以遊无窮者, 彼且惡乎待哉."
6. 『莊子』, 「逍遙遊」, "宋榮子猶然笑之. 且擧世而譽之而不加勸, 擧世而非之而不加沮. 定乎內外之分, 辯乎榮辱之境, 斯已矣. 彼其於世未數數然也."

을 인식하고 있기 때문에 가벼이 비웃는다. 그는 세상의 평가나 가치에 흔들림이 없는 사람이다.[7] 자신이 처한 상황 속에서 그 삶을 그대로 즐기는 것이 바로 소요유의 경지이다. 장자가 주창하는 소요하는 삶이란 '편안하고 한가롭게 자족'하는 것을 말한다. 자신의 삶 자체를 향유하며 노니는 웰빙의 지혜를 말하고 있다.

삶을 즐김

장자는 낙도樂道하는 삶으로서의 새로운 웰빙 모델을 제시하고 있다. 도道는 없는 곳이 없다. 낙도하는 삶이란 우주만물에 편재하는 도와 하나가 되어 이를 즐기는 삶이다. 자연과 조화를 이루는 삶, 자연의 이치에 따르는 삶, 이것이 바로 낙도하는 삶의 의미이다.

> 드넓은 들판, 그 주변을 아무런 목적 없이 자족하며 거닌다. 소요하다가, 편안히 나무 아래 몸을 눕힌다.[8]

문구에는 장자의 소요유가 잘 형상화되어 있다. 낙도하는 삶의 모습이 잘 그려져 있다. 현대의 우리는 자신과 아무런 관련도 없는 것을 부질없이 쫓아다니면서, 삶을 낭비하고 있다. 너무나도 소중한 시간을 흘려보내고 있다. 장자는 자신과 이 세계의 경이로움을 만나고, 그 안에서 즐기는 새로운 삶의 방식을 주창하고 있다. 이는 노동과 소비에 중독되어 인생을 허비하는 현대인에게 주는 값진 교훈이며, 새로운 웰빙의 의미이다.

---

7. 장자는 송영자의 경지가 세상의 평가에 흔들리지 않는 무명의 경지이기는 하지만, 내심과 외물을 분별하고 영예와 치욕을 구분하고 있음에 대해서는 비판을 한다(장윤수, 2000).

8. 『莊子』, 「逍遙遊」, "廣莫之野, 彷徨乎无爲其側, 逍遙乎寢臥其下."

4. 장자 웰빙관의 의미

잘 산다는 것의 의미

'잘 산다는 것'(웰빙)은 누구에게나 중요한 문제이다. '잘 산다는 것'의 의미가 참으로 중대한 것임을 고려할 때, 현대인들은 너무 쉽게 현재의 웰빙 트렌드를 수용하는 경향이 있는 것 같다. 현대 사회의 웰빙은 자신을 주인이 되는 삶으로부터 소외시키는 측면이 있다. 유기농 식품을 먹고, 황토집에서 산다는 것을 통해서 웰빙하고 있음에 만족할 수는 없다. 스스로가 주인이 되는 삶을 위해서는 웰빙을 다르게 보기 위한 시도가 필요하다. 여기서는 '새로운 웰빙'에 대한 지혜를 장자에게서 찾아보았다. 장자는 현대 사회를 살아가는 우리에게 진정한 웰빙에 대한 새로운 관점을 제공해 주고 있다.

장자 사상은 새로운 웰빙의 모델을 한국 사회에 제공해 줄 수 있다. 한국 사회에서 웰빙은 철학적인 문제의식이 약한 상태에서 개인적인 차원에서 추진되었고, 웰빙 시장은 산업의 전 분야에 걸쳐서 형성되었다. 따라서 한국 사회에서 웰빙의 양상은 상업화의 경향이 두드러지고, 본래의 철학적 의미를 상실한 채 혼돈에 빠져 있다. 이런 현실 속에서, 장자의 웰빙관은 현대 사회를 살아가는 우리에게 진정한 웰빙에 대한 새로운 관점을 제시해 줄 수 있다.

자기 초월적인 존재로서의 웰빙

장자 사상은 자기 초월적인 존재로서의 웰빙에 대한 새로운 관점을 제시해 준다. 현대 사회에는 웰빙 트렌드는 형성되어 있지만, 주체가 결여된 채 웰빙 상품의 소비가 확대되고 웰빙을 추구하는 여가문화가 확대되는 양상을 보이고 있다. 그러나 진정한 웰빙은 참된 자기와의 만남을 가능하게 해 주고, 삶의 목표가 욕망 충족이라는 소아를 극복할 수 있을 때 가능한 것이다. 이런 웰빙의 관점을 장자 사상에서 찾을 수 있다.

장자 사상은 낙도라는 오래되었지만, 미래적인 대안이 될 수 있는 웰빙의 모델을 제시해 준다. 현대 사회의 웰빙은 장수와 건강을 목적으로 한다. 그러나 인생에서 장수와 건강은 목적이 아니라, 진정한 삶을 위한 도구에 불과하다. 그렇다면 진정한 웰빙은 무엇일까? 이에 대한 해답을 장자 웰빙관은 낙도라는 답으로 제시해 준다. 분리된 개체로서의 욕망 충족적인 삶을 영위하는 웰빙이 아니라 우주 만물과 하나가 되어 낙도하는 삶으로서의 웰빙이 진정으로 잘 사는 삶이다.

장자의 웰빙관을 현대인들이 대중적인 차원에서 전면적으로 받아들이고, 그렇게 살아갈 수 있을까? 그것은 어려운 일일 것이다. 하지만 지금 우리에게 절실히 필요한 것은 진정한 웰빙의 이정표를 찾아내는 일이라고 생각한다. 이런 맥락에서 볼 때, 장자 사상은 오랜 시대의 간극을 뛰어넘어, 우리의 현재와 미래 속으로 들어올 수 있는 충분한 자격을 갖추고 있다고 본다.

제4장
노자와 탈현대 사회

1.
제4차 산업혁명 시대와 현대 위기

인류의 선택

인류는 현명한 선택을 할 것인가? 이 질문은 최근 과학기술의 발달로 인해 급변하는 인류의 미래를 논의할 때, 인류에게 던지는 익숙한 질문이다. 불투명한 인류의 미래에서 긍정적인 신호를 감지할 수 있다면, 더 나은 세상을 위한 비전을 모색하고 그것에 동참하기 위한 인류의 성찰에 대한 기대라고 할 수 있다.

현대 사회로 불어닥치고 있는 변화의 바람은 현재진행 중이다. 이 변화에 대해 인류는 도전적이고 개방적으로 인식하고 접근하지 않을 수가 없다. 이미 변화는 인류의 선택을 벗어난 필연으로 작동하는 경향이 강하다. 다만 인류가 선택할 수 있는 것은 변화의 방향이다. 그래서 인류는 현명한 선택을 할 것인가에 대한 질문이 오늘날의 화두가 되고 있다.

이 화두를 푸는 것이 쉽지 않은 이유는 현대 사회의 틀에 갇힌 상황에서는 현명한 선택을 하기가 매우 어렵기 때문이다. 현대 사회의 변화에 대응하는 인류의 현명한 선택은 인간중심주의를 극복하고 상호 신뢰를 회복하여 공존의 중요성과 가능성을 모색하는 것에서 출발한다. 미래 사회는 예측 불가능하고 복잡하며 상호 연계되어 있다. 이런 특징은 디지털사회로서의 현대 사회의 특징에서도 이미 드러나고 있다.

디지털사회

디지털사회가 가속화되면서 인류의 미래는 혁신적으로 변화하고 있다. 오늘날 디지털시대를 사는 인류를 '디지털 노마드digital nomad'라고 칭한다. 디지털 노마드는 디지털digital과 유목민nomad을 합성한 신조어이다. 프랑스의 사회학자 자크 아탈리가 『21세기 사전』에서 21세기형 신인류의 모습을 '디지털 노마드'라고 소개했다. 이러한 인간형이 가능할 수 있었던 것은 인터넷과 휴대용 정보통신기기의 발달 때문이다. 인류는 가상조직을 만들며 살고, 한곳에 정착할 필요가 없어졌다.네이버 지식백과, 2016

이처럼 인터넷의 발달과 함께 컴퓨터는 인류의 삶에 더욱 깊이 침투하고 있다. 인공지능은 인류의 삶의 전 분야에 적용될 것으로 추측되고 있으며, 인공지능의 자기 학습은 인간의 학습과는 양적으로만이 아니라 질적인 차이를 보여 주고 있다. 인공지능과 인간의 학습 차이점은 한 인스턴스에서 배우는 것을 모두 다른 인스턴스로 빠르게 전달한다는 점이다.케빈 켈리, 2017: 54

이러한 인공지능의 영향에 대해서 인류는 긍정적이고 장밋빛 희망만을 가지고 있지 않다. 인공지능이 인류의 삶에 깊숙이 침투하여 가시화될수록 인류는 미래에 대한 두려움과 불안을 키우는 경향이 있다. 인간의 삶을 돕는 로봇에서 인간보다 뛰어난 로봇의 출현으로 인류는 자신의 일자리를 앗아 갈 로봇에 대한 불안감을 감추지 못하고 있다.

제4차 산업혁명 시대

인공지능에 대한 투자는 매년 70%씩 증가하고 있다. 인공지능의 발전은 이미 인류의 예측을 뛰어넘고 있다. 알파고 제작사로 잘 알려진 구글 딥 마인드의 연구진은 알파고에 게임하는 방법을 가르친 것이 아니라, 게임을 하는 방법을 배우도록 가르쳤다고 한다.[케빈 켈리, 2017: 55-56] 바둑 대국에서 알파고가 이세돌을 이긴 이후로 인공지능의 존재는 인류 삶의 현실로 주목받았다. 이미 2016년 다보스포럼에서 제4차 산업혁명을 주제로 다룸으로써 세계인의 관심은 인공지능에 집중되고 있었다. 제4차 산업혁명은 생산, 경제, 사회를 완전히 재구조화할 것이라고 예측되었다.

이때 핵심적인 사항은 제조의 민주화이다. 제4차 산업혁명 시대에는 그 이전의 시기와 달리 생산의 주체가 기업에서 개인으로 변화한다. 누구나 공유자원을 바탕으로 제품을 만들 수 있는 메이커의 시대가 열리는 것이다. 이러한 제조의 민주화는 기술이나 장비가 독점되는 시대에서 벗어나는 제조의 혁명을 예견하고 있다.

이러한 변화는 세계 곳곳에서 오픈소스 공동체로 현실이 되고 있다. 희소 자원이나 기술을 독점하는 관점이 아니라, 잉여 자원과 기술을 개방, 참여, 공유, 협력으로 활성화하는 문화를 확산하고 있다.[디지털타임스, 2017년 3월 8일] 특허나 저작권 때문에 공개하지 않던 제품의 설계도 등을 공개하고 공유한다. 페이스북과 같은 글로벌 기업이 오픈소스의 전략을 강화하는 경향이 화제가 되고 있다.

이제 개인은 누구나 메이커가 되는 시대가 실현되고 있다.[제러미 리프킨, 2014] 메이커로서 살아가야 할 인류는 미래 사회를 어떻게 준비해야 할까? 실제로 다수의 과학자가 전망하고 있듯이, 인공지능의 발달 속도는 예측할 수 없는 속도로 진전되고 있다. 그렇다면, 인류는 인공지능 시대의 도래에 대해 어떤 비전을 가져야 할까?

현대 사회의 구조 변화

현대 사회는 무서운 속도로 새로운 산업사회의 차원을 열어 가고 있다. 이러한 산업사회의 질적인 변화에 대해서 다양한 개념 규정이 시도되고 있다. 그 가운데 가장 압도적인 지지를 받고 있는 것은 클라우스 슈밥[2016]이다. 슈밥은 산업혁명의 핵심적인 특징을 이끌어 낸 요소를 다음과 같이 정리하고 있다.

제1차 산업혁명은 증기기관의 발명, 제2차 산업혁명은 전기 동력에 의한 대량생산이 가능해진 컨베이어벨트, 제3차 산업혁명은 인공지능의 개발에 힘입은 바가 크고, 제4차 산업혁명은 사물인터넷 혁명을 통해 제품, 설비, 인간이 연결되는 특징을 가지고 있다. 현대 사회는 제4차 산업혁명이 진전되고 있는 현장이며, 4차 산업혁명의 사회적인 영향은 노동의 종말과 라이프 사이클의 변화로 나타나고 있다.

생산 영역은 급진적으로 축소되고 있으며 제조업뿐만 아니라 서비스업에 이르기까지 자동화로 인한 일자리가 감소하고 있다. 인공지능의 적용이 확대되면 교육까지도 로봇이 담당하는 교사로봇이 보편화될 것으로 전망하고 있다. 인간이 하던 모든 노동은 로봇이 대체할 수 있으며, 직업을 준비하던 과정으로 구성되던 교육은 무의미해지는 시대가 임박했다.

한편으로는 건강하고 긴 노년기를 살아야 하는 라이프 사이클의 변화로 인류의 삶에는 대변혁이 일어날 것이다. 이미 수명 증가, 노화의 중지와 역전, 통증의 해소, 건강상태 증진 등은 현대 사회에서도 빠른 속도로 삶의 질을 변화시키는 데 기여하고 있다. 이러한 라이프 사이클의 변화는 현대 사회에 만연하던 젊음과 노동력에 대한 선망을 약화시키고, 인간 존재 변화의 측면에서 그 삶을 평가하는 변화가 현실이 될 수도 있을 것이다.

인공지능과 미래

아이러니하게도 제4차 산업혁명이 본격화되면서, 더욱 가속화될 노동의 종말이나 라이프 사이클의 변화는 현대인에게 희망적으로 해석되기보다는 불안과 두려움의 요소로 영향을 미치는 경향이 강하다. 노동이라는 노역으로부터 자유로워진다는 사실에 대해서 놀랍게도 현대인은 긍정적인 입장을 보이지 않고 있다.

현대 사회를 지배하고 있는 세계관은 노동력을 가진 존재로서의 인간에 대한 가치에 집중하고, 직업과 젊음이 최고의 가치라고 인식하기 때문이다. 그러나 현대인이 어떻게 이 사실을 받아들이는가와 관계없이 노동시장은 로봇이 지배할 가능성이 압도적이며, 인류는 아주 긴 시간의 노년기를 살아야만 하는 시대가 예상되고 있다.

물론 인공지능이 현대인의 삶에서 새로운 삶의 국면으로 이해되고 삶의 질을 높이는 데 기여하는 측면도 부각되고 있다. 바로 인간의 삶을 실질적으로 돕는 로봇의 상용화이다.

> 인공지능이 가상현실과 결합함으로써 개인의 욕망을 최적으로 충족시켜 주는 일이 가능하게 되었다. 이제 사람의 감정 표현을 파악하는 데는 오히려 인공지능이 사람보다 뛰어나다는 것이 밝혀졌다. 알데바란이 2010년 개발한 감성형 로봇 나노는 다른 사람들의 감정이나 반응을 파악하는 데 어려움을 겪는 자폐증 어린이들이 감정적 상태를 식별하는 훈련을 하도록 도와준다.구본권, 2016: 203

감성형 로봇은 사람이 말하는 내용을 알아들을 뿐만 아니라, 사람의 표정이나 눈동자 움직임, 음성, 음색, 동작, 맥박, 혈액의 성분 변화를 파악한다고 한다. 전 세계 수많은 사람들을 대상으로 감성형 로봇의 활용을 연구한 결과, 매우 정교한 감정 인식을 하는 것으로 나타났다. 현대 사회는 로봇과 교감하고 감정적 소통을 하는 단계에까지 이르렀다. 로봇에 감정 이식을 한 일본 감정인식 휴머노이드 로봇 페퍼는 2015년 시판되었고, 치료기능의 반려로봇인 파로는 눈을 깜박이고 빛을 내거나 애교를 부리는 등 직접적으로 반응하여 환자들의 치료를 돕고 있다.구본권, 2016: 185-186

반려로봇은 주인의 보살핌을 필요로 해서, 노인들이 스스로 쓸모 있는 존재로 느끼도록 하는 데 영향을 준다고 한다. 심지어 가상현실은 현실보다 더욱 현실과 같은 수준으로 발전할 것으로 전망하고 있다. 또한 로봇과의 정서적 유대감을 가지는 것뿐만 아니라, 로봇과의 성관계가 사람과의 성관계보다 대중적인 현상이 되는 시기가 도래할 것으로 예측하기도 한다.구본권, 2016: 192 그러나 이러한 관점은 욕망충족의 존재로서의 인간을 이해하는 입장에서 로봇을 인식하는 한계점을 가지고 있다.

인공지능이 본격적으로 인류의 삶에 영향을 미칠 미래 사회에 대해서는 비관론과 낙관론이 대립하고 있다. 최근에는 미래에 대한 전망을 회피하고 상황의 변화만을 해석하는 입장도 대두하고 있다.

> 지난 세기와 달리 지금은 누구도 먼 미래까지 내다보고 싶어 하지 않는다. 많은 이들이 먼 미래를 내다보는 것을 두려워한다. … 일부에서는 100년 뒤의 미래를 상상하는 것이 기술적으로 불가능하다고 주장하는 특이점을 믿는 이들의 관점을 취한다. … 이 미래맹future-blindness은 그저 우리 현대 세계의 불가피한 병폐일지도 모른다. 아마 문명과 기술 발전의 현 단계에서 우리는 과거도 미래도 없는 영구적이고 끊임없는 현재에 진입해 있는지도 모른다. 그럴 때 유토피아, 디스토피아, 프로토피아는 모두 사라진다. 맹목적인 현재만 있을 뿐이다.케빈 켈리, 2017: 28-29

미래 사회를 전망하는 케빈 켈리는 인류에게 다음과 같은 메시지를 말하고 있다.

> 디스토피아도 유토피아도 우리의 목적지가 아니다. 오히려 기술은 우리를 프로토피아로 이끈다. 더 정확히 말하면 우리는 이미 프로토피아에 와 있다. 프로토피아는 목적지라기보다는 되어 가는 상태다. 그것은 하나의 과정이다. 프로토피아 모드에서는 모든 것이 어제보다 오늘이 더 낫다. 비록 아주 조금 더 다를 뿐이라 해도 말이다. 프로토피아의 프로는 과정과 진보라는 개념에서 유래한다.케빈 켈리, 2017: 27

케빈 켈리는 디스토피아도 유토피아도 우리의 목적지가 아니라고 주장하고 있지만, 프로토피아에 대한 주장은 미래 사회에 대한 논의라기보다는 현대 사회를 해석하는 관점에 불과하다. 현대를 살고 있는 인류는 미래 사회에 대한 비전을 확립해야 하고, 그 비전이 유토피아가 될 수 있는 방안에 대한 충실한 논의를 전개해야 한다. 그것이 미래 사회를 준비하는 현대인의 과제가 아닐까? 이에 여기서는 탈현대 사회의 비전을 문명, 삶, 교육, 국가의 측면에서 살펴보고자 한다.

현대 사회의 위기

현대 사회를 위기의 시대라고 인식하고 현대 사회가 직면한 문제를 극복하고자 하는 노력은 다각적으로 시도되고 있다. 그러나 현대적인 노력과 방법이 현대 사회가 직면한 문제를 해결하는 데에는 태생적인 한계가 있다. 이러한 한계점에 의해서, 급변하는 미래 사회를 위한 시대적인 준비가 요구됨에도 불구하고 현대인들은 그 해답을 찾지 못하고 있다. 그 해답을 찾기 위해서 먼저 현대 사회가 안고 있는 문제에 대한 비판적인 검토가 선행되어야 할 것이다. 현대 사회는 다음과 같은 한계에 봉착해 있다.

첫째, 현대 사회를 지배하고 있는 현대 세계관은 현대 사회의 문제를 해결할 수 있는 대안이 될 수 없다. 현대 사회는 어떤 문제에 직면하고 있는가? 이동일은 현대 사회의 위기를 다음과 같이 말하고 있다.

> 현대 사회의 문제는 개인과 사회의 영역에서 나타난다. 개인의 소외, 노동의 소외, 무한 경쟁, 목적합리성의 찬양, 자연에 대한 무한한 개발 욕구 등은 여전히 진행형이다.이동일, 2015: 97

현대적인 세계관은 인간을 포함한 모든 존재를 분리·독립된 개체로 인식한다. 따라서 인간 소외, 무한 경쟁, 목적합리성에 대한 찬양, 자연에 대한 무한한 개발 욕구 등의 문제가 심화되고 있다. 결국 공동체는 파괴되고 모든 존재는 파편화되고 소외되는 현상이 나타난다. 이와 같이 현대 사회의 위기의 원인은 현대적인 세계관에 의해서 강화되고 있다고 할 수 있다.

둘째, 현대 사회는 이성의 확대를 통해서 좋은 사회를 만들 수 있다고 주장한다. 현대 세계관은 인간의 이성에 의존하여 더욱 이성적인 인간 존재를 확대함으로써 더 나은 세상을 만들 수 있다는 입장을 가지고 있다. 그런 관점에서 현대 사회의 틀 안에서 제도와 정책의 혁신을 통해서 새로운 사회로 나아갈 수 있다고 생각한다.

그러나 제도와 정책의 혁신을 통해서, 가져올 수 있는 변화는 제한되어 있다. 현대 사회의 문제를 해결하기 위해서 더 엄격하고 치밀한 제도와 정책을 수립하고, 그것을 적용하면서 사람을 규제하는 방법으로 새로운 사회를 건설하고자 하는 현대적인 방법은 성공하기 매우 어렵다.

현대 세계관은 분리·독립된 존재로서의 인간의 분별심을 강화하고, 분별심의 강화는 치열한 경쟁에 직면하도록 한다. 분별심은 이성의 강화를 통해서 더욱 첨예화되고 자기 존재로부터의 소외에 이르게 한다. 이성적인 존재로서의 인간, 욕망 충족을 추구하는 존재로서의 인간, 욕망 실현을 위해서 노동하는 존재로서의 인간이라는 현대의 틀에서 벗어나지 않으면, 현대 사회의 문제로부터 자유로워질 수 없다.

셋째, 현대 사회는 현대적인 세계관을 넘어서는 탈현대적인 세계관의 비전을 가지고 있지 못하다. 현대 사회가 안고 있는 문제를 극복하고 새로운 미래 사회로 거듭나기 위해서는 탈현대 사회로의 비전을 수립해야 한다. 탈현대 사회로의 비전은 현대 사회의 패러다임을 벗어남으로써, 탈현대 사회의 패러다임은 다양한 사상의 터전에서 모색이 가능하다.

2.
탈현대 문명

탈현대 사회의 문명

여기서 다루는 탈현대 사회란 현대 사회가 이룬 문명의 물질적 기반을 계승하지만, 기술적 및 사회구조적으로는 현대 사회의 패러다임을 넘어서는 새로운 사회를 말한다. 이러한 탈현대 사회는 현대 사회 이후에 자연스럽게 도래하는 사회가 아니라, 현대 사회의 문제점을 인식하고 극복하고자 하는 현대인들이 새로운 사회를 선택할 때 그 모양이 정해진다. 다시 말해서, 현대인들의 선택에 의해서 현대 사회가 탈현대 사회로 이행할 수도 있고 현대의 문제가 증폭하여 인류는 파멸로 나아갈 수도 있다. 분명한 것은 탈현대 사회의 모습은 인류의 선택에 의해서 그 양태를 완전히 달리할 것이라는 점과 현대 사회의 문제를 극복하기 위해서는 새로운 세계관적 토대를 바탕으로 하는 패러다임이 요청되고 있다는 점이다.

노자는 탈현대 문명을 구체적으로 언급한 바는 없다. 그러나 『노자』를 "탈현대 문명이란 무엇인가?"에 대한 질문으로 독해하면, 다음과 같은 탈현대 문명의 지향을 발견할 수 있다.

장차 천하를 취하고자 하여 그것을 시도하는 자들이 있는데 나는 그들이 그것을 얻지 못함을 본다. 천하는 신의 그릇이라 사람이 어찌할 수 없는 것이다. 따라서 얻고자 하는 자는 실패하고 붙잡는 자는 잃는다. 따라서 세상은 어떤 것은 앞장서고 어떤 것은 뒤따라가며, 어떤 것은 따뜻하게(살리고) 하고 어떤 것은 차갑게 하며(죽이고), 어떤 것은 강하고 어떤 것은 여리며, 어떤 것은 쌓고 어떤 것은 무너진다. 이런 까닭에 성인은 너무 심한 것을 버리고, 너무 사치한 것도 버리며, 너무 큰 것도 버린다.[1]

위의 구절에서 노자가 말하고자 하는 핵심적인 메시지는 무위無爲의 지혜이다.이현지, 2010: 293 "천하는 신의 그릇이라 사람이 어찌할 수 없는 것이다"라는 구절에 주목하자. 자연은 신의 그릇이라서, 그것은 그저 있는 그대로 조화와 균형을 이룬다. 앞서거나 뒤따르거나, 살리거나 죽이거나 강하고 여린 것, 쌓고 무너지는 것이 모두 그대로 자연스러운 것이다. 그것을 인위적으로 작위作爲하고자 한다고 해서, 천하를 얻을 수 없다.

성인은 너무 심한 것, 너무 사치한 것, 너무 큰 것을 버린다고 한다. 이는 성인이라면 천하에 대한 자기 판단을 버린다는 말이다. 여기서 우리는 탈현대 문명의 지향점을 발견할 수 있다. 탈현대 문명은 인위적인 판단이나 선택으로부터 좋은 세상을 만들고자 하지 않는다. 이러한 탈현대 문명의 지향은 현대 문명의 관점에서 보면 매우 신묘하다.안관수, 2000: 220

왜냐하면 현대 사회는 인위적인 노력의 바탕 위에 건설되었기 때문이다. 현대 사회는 이성적인 판단과 선택을 기준으로 반이성적인 사회제도나 관행을 개조하는 것을 선善으로 여기는 문명을 형성해 왔다. 이에 현대 사회는 전현대 사회의 불합리한 전통과 관습을 개혁하여 이성적인

1. 『老子』, 第29章, "將欲取天下而爲之 吾見其不得已. 天下神器 不可爲也 爲者敗之 執者失之. 故物或行或隨 或歔或吹 或强或羸 或載或隳. 是以聖人去甚 去奢 去泰."

제도와 정책을 확립함으로써, 좋은 사회를 만들려고 했다. 이러한 현대 문명은 전현대 문명의 문제점을 상당수 개선하고 합리적이고 개혁적인 성과를 거두었다.

그러나 현대 사회를 건설했던 인위적인 노력을 바탕으로 하는 문명 건설의 방법이 탈현대 사회 건설에서 여전히 유의미할 수는 없다. 왜냐하면 이성의 강화라는 인위적인 노력을 통해서 현대 문명을 넘어서는 탈현대 사회에 도달할 수 없기 때문이다. 노자가 “이루고자 하는 자는 이룰 수 없고, 잡고자 하는 자는 잡을 수 없다[爲者敗之 執者失之]”고 말한 이유가 여기에 있다.

탈현대 사회

탈현대 문명의 시대는 어떤 모습을 하는 사회일까? 그 해답을 찾기 위해서는 현대 문명에서 중심이 되었던 가치를 밝혀 보고, 그로부터의 극복을 통해서 새로운 탈현대 문명을 모색할 수 있다. 현대 문명은 중심과 주변이 분명하게 대립하는 물질적, 기술적 사회구조이다.

현대 사회는 젊음과 늙음, 강자와 약자, 잘하는 자와 잘못하는 자 등의 대립적인 구도를 가지고 있다. 현대인들은 자신이 주변부에 속할까 봐, 늙을까 봐, 약자가 될까 봐, 잘못하는 자가 될까 봐, 늘 불안하다. 이런 현대 문명의 문제점에 일침을 가하는 『노자』의 다음 구절을 보자.

> 잘 가는 사람은 흔적을 남기지 않고, 말을 잘하는 사람은 허물을 남기지 않으며, 잘 헤아리는 것은 주책을 쓰지 않고, 잘 잠근 것은 빗장이나 자물쇠가 없지만 열 수 없고, 잘 묶은 것은 노끈이나 새끼줄이 없지만 풀 수 없다. 그러므로 성인은 언제나 사람을 잘 구

하여 어느 누구도 버리지 않고, 언제나 물건을 잘 구하여 어느 하나도 버리는 일이 없다. 이를 일컬어 밝음을 지녔다고 한다. 그러므로 잘하는 자는 잘못하는 자의 스승이요, 잘못하는 자는 잘하는 자에게 도움이 되니, 스승을 귀하게 여기지 않고 도움이 되는 자를 사랑하지 않으면 비록 안다고 하나 크게 미혹될 것이다. 이를 일컬어 오묘한 진리라고 한다.[2]

현대 사회는 많은 사람들을 낙오자로 전락하도록 하는 특징이 있다. 젊은이와 비교하면 노인, 힘이 있고 권력이 있는 강자와 비교하면 그렇지 못한 약자, 어떤 일이든 잘하는 자와 비교하면 잘못하는 자는 낙오자가 되기 십상인 사회가 바로 현대 사회이다.

탈현대인

『노자』가 말하는 잘 가고, 잘 말하고, 잘 계산하는 자는 바로 탈현대인이다. 왜냐하면 탈현대인은 무엇을 해도 '내가 했다!'라는 흔적이 없고, 진심으로 말하기 때문에 표현이 서툴고 어눌해도 공감할 수 있는 말을 하며, 이득을 따지지 않기 때문에 모든 것에 도움이 되는 삶을 산다. 이러한 탈현대인이 사는 탈현대 사회의 모습은 낙오자가 없는 사회이다.

위의 구절에서 말하듯이, "성인은 언제나 사람을 잘 구하여 어느 누구도 버리지 않고, 언제나 물건을 잘 구하여 어느 하나도 버리는 일이 없다." 즉 모든 존재는 각자의 자리에서 각자의 가치를 인정받는 사회가

2. 『老子』, 第27章, "善行無轍迹 善言無瑕謫 善數不用籌策 善閉無關鍵 而不可開 善結無繩約 而不可解. 是以聖人常善救人 故 無棄人 常善救物 故無棄物 是謂襲明. 故善人者 不善人之師 不善人者 善人之資 不貴其師 不愛其資 雖智大迷. 是謂要妙."

탈현대 사회이다. 어떤 결점이나 결함이 있더라도 포용하고 수용하는 것이 탈현대 사회의 모습이다. 다음 구절에서 탈현대 문명의 더욱 구체적인 성격을 발견할 수 있다.

> 장차 거두어들이려고 하면 반드시 베풀어야 하고, 장차 약하게 하려면 반드시 강하게 해야 하고, 장차 무너뜨리고자 하면 반드시 세워야 하고, 장차 빼앗고자 하면 반드시 주어야 한다. 이를 일컬어 보이지 않는 빛이라고 한다. 부드럽고 약한 것이 단단하고 강한 것을 이기고, 물고기는 연못을 벗어날 수 없으며 나라의 이로운 그릇은 남에게 보이면 안 된다.[3]

『노자』는 도道와 합치하는 삶을 지향하고 있다. "부드럽고 약한 것이 단단하고 강한 것을 이기고, 물고기는 연못을 벗어날 수 없으며 나라의 이로운 그릇은 남에게 보이면 안 된다"라는 구절을 통해서 도의 성질이 부드럽고 약하며 자신[나라]의 강점은 자랑해서는 안 된다는 것을 말한다. "부드럽고 약한 것이 단단하고 강한 것을 이긴다." 이것이 바로 노자가 말하는 탈현대 문명이 실현되는 방법이다.

3. 『老子』, 第36章, "將欲歙之 必固張之 將欲弱之 必固强之 將欲廢之 必固興之 將欲奪之 必固與之 是謂微明. 柔弱勝剛强 魚不可脫於淵 國之利器 不可以示人."

3.
탈현대 교육

본성교육

탈현대 교육의 핵심은 무엇이 되어야 할까? 이 질문에 대해서 노자는 '본성교육'의 중요성을 말한다. 아래 구절은 자연의 강력한 말인 회오리바람이나 소나기 등이 오래가지 않는 경우를 비유하여, 말에 사로잡히는 어리석은 사람에게 경계의 메시지를 전하고 있다.

> 자연은 말이 드물다. 그러므로 회오리바람은 아침나절 내내 불지 않고 소나기는 종일 내리지 않는다. 누가 이러는가? 하늘과 땅이다. 하늘과 땅이 이렇게 오래가지 못하거늘 하물며 사람이랴? 그러므로 도를 좇는 자는 도 있는 자와는 도와 함께하고, 얻은 자와는 얻은 것으로 함께하며, 잃은 자와는 잃은 것으로 함께한다. 도 있는 자와 함께하면 도 있는 자 또한 이를 얻어 즐거워하고, 얻은 자와 함께하면 얻은 자 또한 얻은 것으로 즐거워하며, 잃은 자와 함께하면 잃은 자 또한 이를 얻어 즐거워하니, 믿음이 부족하면 신임을 얻지 못한다.[4]

도를 좇는 사람에게 있어서, 얻음과 잃음이 모두 둘이 아니다. 믿음이 부족하면 이것저것을 가리기 때문에 신임을 얻을 수 없다. 이와 같은 원리를 담고 있는 탈현대 교육의 핵심은 바로 위기지학爲己之學이다. 위기지학은 유학에서 공부의 핵심으로 꼽히는 개념이다. 바로 자기를 위한 공부가 진정한 공부라고 한다. 자기를 위한 공부는 매우 이타적이다. 정재걸은 “내가 나 자신이 되고, 나 자신의 본성인 사랑이 될 때, 나는 모든 사람에게 내 사랑을 나누어 줄 수 있는 것이다”고 한다. 나에게 있는 것을 나누는 일은 없는 것을 의지에 의해서 나누려고 하는 것보다 쉽고 오래갈 수 있다.

이성교육 탈피

현대 교육은 본성교육보다는 도덕적 선의지를 강조하는 이성교육을 강조해 왔다. 이에 인간은 현대 교육으로 자신의 본성을 제대로 발휘하기가 어렵고, 교육을 통해서 오히려 소외되기도 했다.정재걸, 2016: 197 이러한 문제를 해결할 방법은 본성교육에 주력하는 것이다.

그렇다면, 탈현대 교육의 핵심인 본성교육을 실현하기 위해서는 어떻게 해야 할까? 『노자』의 다음 구절을 보자. 노자는 도의 움직임을 통해서 그 방법을 말하고 있다. ‘돌아가는 것이 도의 움직임’이라고 한다. 즉, 교육의 측면에서 이 구절의 의미를 새겨 보면, 교육의 근본으로 돌아가는 것을 말한다.

돌아감은 도의 움직임이요, 약한 것이 도의 작용이니 세상 만물

4. 『老子』, 第23章, “希言自然. 故飄風不終朝 驟雨不終日 孰爲此者 天地. 天地尙不能久 而況於人乎 故從事於道者 道者同於道 德者同於德 失者同於失. 同於道者 道亦樂得之 同於德者 德亦樂得之 同於失者 失亦樂得之 信不足 有不信.”

은 유에서 생겨나고, 유는 무에서 생겨난다.[5]

본성으로 돌아가는 교육을 탈현대 교육의 주된 내용이라고 할 수 있다. 본성교육은 학생들이 스스로 자신의 마음을 자각하도록 교육하고, 그것을 지켜보고 체험하도록 하여 마음의 움직임을 알 수 있도록 한다. 이러한 교육을 통해서 자연스럽게 자신의 본성을 발견하고 우주적인 존재로서의 자신의 존재 의미를 느낄 수 있도록 돕는다.정재걸, 2012: 278

지식교육 극복

탈현대 사회에서는 현대 교육의 중심이 되었던 지식교육이 중심이 될 수 없다. 인공지능 시대의 진전은 인간을 노동으로부터 해방함으로써 직업 교육으로부터 벗어날 수 있는 기회를 선물할 것이다. 이때 교육은 어떤 목표와 내용이 구성되어야 하는가? 바로 우주적인 존재로서의 인간 존재를 이해하고 공감할 수 있는 능력을 갖춘 사람을 키워 내는 교육이다. 아래 구절을 통해서, 우주적인 존재로서의 인간 이해에 대한 교육적 지향을 이해할 수 있다.

도가 낳고 덕이 기르며 물질이 형체를 만들고 기운이 이루어 준다. 이런 까닭에 만물은 도를 높여 받들고 덕을 귀하게 여기지 않을 수 없다. 도의 높음과 덕의 귀함은 벼슬자리를 얻어서 그런 것이 아니라 언제나 저절로 그러한 것이다. 그런 까닭에 도가 낳고 덕이 기르며, 키우고 기르며, 형체와 성격을 형성하며, 길러서 덮어 주거

5. 『老子』, 第40章, "反者道之動 弱者道之用 天下萬物生於有 有生於無."

니와 낳았으되 소유하지 않고, 행하되 믿지 않으며, 길렀으되 그것을 맘대로 부리지 않으니 이를 일컬어 그윽한 덕이라고 한다.[6]

도는 만물을 낳고 덕은 만물을 길러 준다. 그러나 만물을 낳고 기르는 일은 귀한 일이지만 언제나 그러한 것으로 여긴다. 이미 도와 덕은 만물과 하나이므로 받들거나 귀히 여김을 받고자 하지 않는 것이다. 인간과 자연의 관계도 마찬가지다. 그런데도 인간은 자연을 떠나서 살 수 있다는 오만한 착각에 빠지기도 한다.

이러한 착각에서 벗어날 수 있도록 돕는 교육을 장회익은 온 생명 교육에서 답을 찾고자 했다. 인간 존재가 우주 속의 일부임을 자각할 수 있도록 하는 교육이 바로 그것이다. 이러한 교육은 바로 학습자가 스스로 사랑의 존재임을 자각하고 실천할 수 있도록 하는 교육이다.오성근, 2005: 107

6. 『老子』, 第51章, "道生之 德畜之 物形之 勢成之. 是以萬物 莫不尊道而貴德. 道之尊 德之貴 夫莫之爵而常自然. 故道生之 德畜之 長之育之 亭之毒之 養之覆之 生而不有 爲而不恃 長而不宰 是謂玄德."

4.
탈현대 국가

인공지능 시대의 국가

인공지능 시대가 본격화되면, 오늘날과 같은 국가는 해체되거나 새로운 공동체로 재탄생할 것으로 예측된다. 왜냐하면 국가는 현대적인 개념이며 조직이기 때문이다. 그러나 탈현대 사회로 완전히 패러다임이 전환하기 이전까지 과도기 상태에서 국가는 어떤 역할을 해야 하며, 국가 운영의 기본 원리가 무엇이어야 하는지에 대한 논의는 탈현대 사회를 연구하는 데에서 중요하다.

여기서는 탈현대 사회에서 다스림이란 어떤 모습이어야 하는지에 대한 노자의 관점을 살펴보자. 아래 구절은 도에 대한 노자의 개념 정리이다. 이 구절에서 다스림이란 무엇인가라는 정치에 관해 물음을 묻고 그에 대한 답을 찾아보자.

> 도를 말로 하면 도 그 자체는 아니다. 이름을 붙이면 곧 이름의 주인이 아니다. 이름 없는 것에서 하늘과 땅이 시작되고 이름 있는 것에서 만물이 생겨났다. 그러므로 언제나 보고자 하는 마음 없이 보면 보이지 않는 그 속을 보고, 보고자 하는 마음으로 보면 그 거죽을 본다. 이 둘은 같은 것인데 겉으로 드러나면서 이름을 달리한

다. 이를 일컬어 신비롭다고 하니, 신비롭고 신비로운 도야말로 온갖 알지 못할 것들이 나오고 들어가는 문이다.[7]

도는 이미 일상 속에 있는 것이어서, 도가 어디 있는지 알려면 말을 하거나 말을 하지 않거나, 행동하거나 행동을 하지 않거나 바로 그 자리를 보아야 한다. 도를 진실로 알고자 하면, 도라는 말에 얽매이지 말라는 의미이다.

다스림의 근원

정치란 다스리는 것을 말한다. 다스림의 근원은 무엇이라고 할 수 있을까? 위 구절에서 도의 개념을 정리한 노자의 관점으로 정치를 보면, 본디 태초에는 다스리는 자와 다스려지는 자가 따로 존재하지 않았다. 만물이 생겨난 후에 비로소 다스리는 자와 다스려지는 자가 구별되었고, 만물의 근원인 도로 돌아가기 위해서 다스리는 것이다.홍승표, 2012: 64 즉 정치란 도로 돌아가는 것을 목표로 한다.

이때 어떤 방법으로 다스려야 할까? 노자는 무위의 정치를 답으로 말한다. 다음 구절에는 이러한 노자의 입장이 아주 분명하게 나타나고 있다.

학문을 하면 날로 늘어나고 도를 닦으면 날마다 덜어지거니와 덜고 또 덜면 무위에 이르게 되고, 함이 없으니 하지 못함이 없다. 그러므로 천하를 취함에는 언제나 무위로써 취하고 유위에 이르러서

7. 『老子』, 第1章, “道可道非常道 名可名非常名. 無名天地之始 有名萬物之母. 故常無欲以觀其妙 常有欲以觀其徼. 此兩者 同出而異名. 同謂之玄. 玄之又玄 衆妙之門.”

는 족히 천하를 잡지 못한다.[8]

위 구절에서 학문이란 새로운 지식을 축적하는 것을 말한다. 도를 닦는 것은 그 반대로 외연을 확장하는 것이 아니라 내면에 관심을 기울이고 본성을 발견하는 것이다. 도를 닦는 것은 나의 아상我相을 버리는 것이며, 무위로서의 삶을 살게 된다.

'천하를 취함에 언제나 무위로써 취함'이라고 한 이유는 세상 만물을 있는 그대로 인정하고 받아들인다는 의미이다. 그 순간 세상을 온전히 취할 수 있는 것이다. 이때 취한다는 것은 소유를 의미하는 것은 아니다. 이 세상과 하나가 된다는 의미이다.

무위無爲의 다스림

노자의 논리를 국가의 역할에 적용하면, 탈현대 국가란 세상을 무위로 다스릴 것이다. 훌륭한 다스림이란 도로써, 즉 무위로써 다스리는 것이다. 그것은 어떤 제도나 규율 등의 지식을 동원하여 다스리는 것이 아니라, 다스려지는 자를 있는 그대로 인정하고 존중함으로써 다스리는 자의 욕망으로 다스리지 않는 것을 말한다.

이에 다스려지는 자들은 다스리는 자를 존경하고 세상은 스스로 다스려지는 경지에 이를 수 있다. 이러한 무위로써 다스리는 것이 가장 잘 드러나는 것은 바로 천지의 도이다. 『노자』의 다음 구절을 보자.

천지는 장구하다. 천지가 능히 장구한 것은 스스로 낳지 않기 때

8. 『老子』, 第48章, "爲學日益 爲道日損 損之又損 以至於無爲 無爲而無不爲. 取天下常以無事 及其有事不足以取天下."

문이다. 그러므로 오래도록 장구한 것이다. 이런 까닭에 성인은 자기를 뒤로 하지만 그는 저절로 앞세워지고, 스스로 물러나지만, 그는 우뚝 서게 된다. 이는 그가 사사로움이 없어서가 아닐까? 그러므로 능히 그 사사로움마저 이루는 것이다.[9]

천지는 스스로 했음에 대한 생각이 없음으로 인해 오래할 수 있다. 반면 인간은 무엇인가 해야 한다고 생각하고, 내가 해냈다고 생각하는 경향이 있다. 이러한 경향은 현대인에게서 극단적으로 확대되어 나타난다. 그 이유는 현대 사회를 지배하는 현대적인 세계관은 나와 나 이외의 것을 분리·독립된 것으로 인식하는 관점을 바탕으로 하기 때문이다. 그래서 현대인은 '나'라는 생각에 사로잡히기에 십상이다. '나'라는 생각이 바로 사사로움이다.

천지의 도를 이해하는 정치를 실현하고자 하는 통치자는 자신을 보존하고자 애쓰지 않는다. 훌륭한 통치자는 자신의 권력을 지키고자 하지 않지만, 그 이름이 후대에까지 오래 전해진다. 탈현대 국가의 통치자도 마찬가지다. 다스려지는 사람을 먼저 생각하고 자신의 사욕을 버리기 때문에 다스림이 저절로 이루어진다.

도와 하나가 되는 세상

노자사상은 이성의 확대가 아닌 도와 하나가 되는 좋은 세상이라는 탈현대적인 관점을 제시하고 있다. 이러한 관점은 이성의 확대를 통해서 좋은 사회를 만들 수 있다고 생각하는 현대적인 관점이 파생한 문제를

---

9. 『老子』, 第7章, "天長地久 天地所以能長且久者 以其不自生 故能長生 是以聖人後其身而身先 外其身而身存 非以其無私邪 故能成其私."

극복할 수 있는 대안이 될 수 있다. 현대 사회의 문제를 해결하는 방법이 제도와 정책의 변화, 갈등과 투쟁을 통한 혁신이라면, 노자사상은 도와 하나가 되는 인간 존재의 변화와 수용과 존중의 방법을 대안으로 제시하고 있다.

노자사상은 현대적인 세계관을 넘어설 수 있는 오래되었지만 새로운 미래의 비전을 가지고 있다. 현대 세계관을 토대로 하는 현대 문명, 현대 삶, 현대 교육, 현대 국가는 현재 직면한 위기를 극복할 대안을 찾을 수 없다. 이에 대해서 『노자』는 오래되었지만 매우 새로운 탈현대적인 관점을 제공해 줌으로써 현대인에게 탈현대의 비전을 탐색할 수 있도록 한다.

제4차 산업혁명은 현대인의 상상력으로 예측할 수 없는 획기적인 변화를 초래할 것으로 전망되고 있다. 노동으로부터의 해방과 라이프 사이클의 변화는 인류에게 재앙이 될 것인지, 축복이 될 것인지 알 수 없다. 이러한 현실에서 인류가 선택할 수 있는 것은 현대 사회의 문제를 넘어설 탈현대 사회에 대한 비전을 모색하고, 인류에게 제4차 산업혁명이 축복이 될 수 있도록 대응하는 것이다.

탈현대 사회의 실현은 현대 사회의 문제를 자각한 인류가 탈현대인으로 거듭나는 것을 통해서 가능할 수 있다. 이제 선택은 인류의 손에 주어져 있다. 이러한 노자사상의 탈현대적인 함의가 인류의 선택에 참고가 되기를 바라는 바이다.

제2부
사회질서

제1장
『격몽요결』과 사회화

1.
현대 사회와 사회화

사회화의 의의

사회 구성원들은 사회화를 통해서, 자신이 속한 사회의 문화와 가치관을 수용하고 자기가 속한 조직에 적응하는 과정을 경험한다. 사회화의 의의는 첫째, 문화동질화, 둘째, 역할훈련, 셋째, 충동의 규제능력 형성으로 설명할 수 있다.김병욱, 1990: 168 먼저, 사회화를 통한 문화동질화를 살펴보자. 사회 구성원들은 자기가 속한 사회의 문화에 자연스럽게 동질화되는 과정을 경험한다. 이러한 문화동질화의 과정을 사회화라고 규정한다. 사회 구성원이 어떤 조직에 속하게 되면 그 조직의 문화를 배우고 동화되어 가는 과정을 통해서 조직에 대한 적응력을 키우고 조직과 하나가 되어 간다. 다음 구절을 보자.

> 조직사회화의 결과는 신입 구성원이나 조직 모두에 유익한 결과를 제공하게 되어, 신입 구성원에게는 직무만족과 조직몰입 증가, 스트레스 감소 등의 결과를 제공하며, 조직에는 신뢰할 만한 성과, 이직 의도 감소 등의 결과를 제공하게 된다고 할 수 있다. 결국, 구성원은 사회화 과정을 통해 그들이 속해 있는 조직의 설립 방침을 수용하고 조직의 규범과 가치를 내면화하며, 조직이 필요로 하는

업무지식, 기술의 습득 및 지적인 상호관계를 통한 직업적 정체성을 형성함으로써 효과적인 사회화 결과를 얻게 되어 조직에 필요한 일원으로 변화되어 간다고 할 수 있다.김효섭·노명화, 2015: 8

위와 같이 사회화는 조직과 사회 구성원에게 영향을 미친다. 다음으로는 역할훈련 과정으로 사회화의 의미를 살펴볼 수 있다. 한 개인은 사회관계 속에서 다양한 역할을 담당하게 된다. 사회학의 관점에서 보면, 사회는 다양한 역할의 유기적인 결합체라고 할 수 있으며, 개인의 존재가 사회적으로 의미를 가지는 이유는 다양한 사회적인 역할을 담당하기 때문이다. 이때 사회화의 성공 여부는 개인이 담당한 역할을 성공적으로 수행하는 것으로 평가될 수 있다. 이러한 역할훈련에는 사회화 주관자의 영향이 크다.

시대적으로 개인이 담당하는 역할은 변화하고 새롭게 정의되기도 한다. 사회적 가치 및 사회적 관계의 변화에 따라서 역할에 대한 기대와 보상은 달라진다. 새로운 시대의 변화로 인한 역할 변화에 대한 사회적 요구와 낡은 시대의 역할을 고수하고 구태의연한 개인의 태도가 충돌하는 경우가 허다하다. 예를 들어서, 급속하게 변화하는 남녀관계의 변화는 남성과 여성의 성역할의 변화 및 남편과 아내의 역할 재정립을 요구한다. 이러한 사회와 환경의 변화에 적응하기 위한 새로운 사회화의 과정을 재사회화라고 한다.

마지막으로 충동의 규제능력 형성과정으로 사회화를 살펴볼 수 있다. 인간이 사회 구성원으로서 조화를 이루면서 살아가기 위해서는 본능적인 충동이나 이기적인 선택보다는 사회규범을 준수하고 스스로 통제할 수 있는 능력을 갖추어야 한다. 이러한 충동의 규제능력 형성은 사회 구성원이 자신이 속한 사회의 사회문화 및 사회질서를 내재화함으로써 가능하다.

이러한 의미에서 "사회화란 욕구를 길들이는 과정이고 자아를 형성시키는 과정"이라고 규정한다.고영복, 1978: 41 각 사회의 문화적인 환경에 따라서 본능적인 충동에 대한 허용 범위가 다르며, 사회 구성원은 사회생활을 통해서 자기가 속한 사회규범에 적응하고 자연스럽게 자신의 본능적인 충동을 규제하는 능력을 습득하게 된다.

사회화의 내용

사회화는 사회 구성원이 자신이 속한 사회의 문화, 가치관, 행동양식 등을 학습하고 내면화하여 사회질서에 적응하는 과정이다.김병옥, 1990: 169 사회화를 통해서 개인들은 진정한 사회 구성원으로 성장하게 된다. 그렇다면 이러한 사회화의 내용은 무엇일까? 사회화에 대한 연구가 활발하게 이루어지고 있는 사회학, 인류학, 심리학 등의 분야에서는 사회화의 내용을 다양한 측면에서 고찰하고 있다. 여기서는 사회화의 내용을 첫째, 정체성 확립, 둘째, 사회적 지위와 역할 습득, 셋째, 문화적 전승 등을 중심으로 살펴볼 것이다. 이와 같은 사회화의 내용은 완전히 분리되지 않고 다소 중첩적으로 드러난다.

첫째, 정체성 확립의 사회화이다. 정체의식의 습득은 사회 구성원이 가지는 자아에 대한 생각이다. 사회화를 통해서, 개인은 자신이 어떤 사람인가에 대한 다양한 층위의 정체의식을 형성하게 된다. 개인은 유기적으로 결합한 사회관계에서 사회, 환경, 타인과 상호작용을 하면서 자기에 대한 생각을 정립하게 된다. 즉, 자기에 대한 일관된 인간성, 성역할, 개별성, 인간으로서 계속성 등을 인식하게 된다.

둘째, 사회적 지위와 역할의 사회화이다. 사회 구성원은 사회관계의 직간접적인 경험을 통해서 사회적 지위와 역할을 내면화한다. 미드는 어린이 발달단계에서 놀이를 통한 역할 습득이 이루어지는 과정을 분석하고, 조직된 관계에 대한 사람들의 지각을 일반화된 타자라는 개념으로 정의했다.John W. Kinch, 1982: 205 일반화된 타자란 개인이 속한 공동체와 사회를 말하며, 사회 구성원이 일반화된 타자의 기대를 내면화한다는 것은 그 사회의 태도와 관점을 내면화하는 것이다. 사회 구성원들은 사회화의 초기 단계에는 특정의 타자, 즉 부모의 기대를 내면화하고 성장과정에서 점차 일반화된 타자의 기대를 내면화한다.

셋째, 문화적 전승으로서의 사회화이다. 사회화는 사회 구성원들의 문화적 동질화가 가능하도록 한다. 다양한 매체를 통해서, 사회적 상징·믿음·규범·가치태도·심미감·인지적 경험 등의 문화적인 내용을 사회화한다.김병옥, 1990: 179 이때 사회 구성원들은 자신이 속한 사회에 통용되는 관습을 습득하고 사회적 금기를 알게 된다. 한 사회가 공유하고 있는 생활양식이나 행동양식은 공동체를 통해서 자연스럽게 전승되고, 이러한 사회문화를 공유한 사회 구성원들은 독특한 성향을 공통점으로 가지는 것으로 드러난다.

현대 사회와 사회화

사회화는 개인의 일생을 통해서 지속적으로 이루어지고, 사회 구성원들은 성장과정에 따라서 다양한 사회화 주관자의 영향을 받게 된다. 이러한 사회화에 대한 이론적인 접근은 전공 분야에 따라서 강조하는 바를 달리하지만, 일반적으로 세 가지의 관점을 크게 벗어나고 있지 않다.

대표적인 사회화에 대한 논의는 쿨리C. H. Cooley의 거울자아이론, 미드G. H. Mead의 역할이론, 프로이트Sigmund Freud의 자아발달이론 등이다.우리사회문화학회, 2001: 54-57 거울자아이론은 사람은 다른 사람에게 비치는 모습을 인식하고 그에 따른 느낌을 가지게 되는 것에 주목한다. 타자들의 자신에 대한 일관된 인식의 영향을 받아서 자아에 대한 이미지를 형성하게 되는 것을 말한다. 쿨리는 특히 개인의 자기 이미지 형성에 영향을 미치는 1차 집단인 가족, 친구, 이웃의 중요성을 말한다.

역할이론은 역할을 습득하고 역할을 수행하는 과정으로서의 사회화를 말한다. 사회화 과정에서 사람은 자신이 취득한 지위에 맞는 행동을 하려고 노력하고, 취득한 지위에 맞는 행동을 함으로써 역할 수행을 한다. 이때 자신의 주체성과 자아의 관점에서 행동할 뿐만 아니라 일반화된 타자인 다른 사람의 기대에 부응하게 된다. 특히 의미있는 타자라고 규정할 수 있는 자신의 삶에 특별한 의미를 가지는 타자의 기대와 인정을 얻고자 하는 과정이 사회화에 포함되기도 한다.

프로이트의 자아발달이론에서는 충동적인 자아인 사회화 이전의 자아가 사회화 주관자들의 가치관과 통제를 내면화함으로써 초자아, 즉 이상적인 자아로 발달하게 되는 과정을 분석했다. 이러한 자아발달의 과정을 프로이트는 사회화라고 규정한다. 프로이트는 "인간이 도덕적 존재가 되는 과정은 곧 그의 인성 속의 슈퍼에고가 형성되는 과정"이라고 했다.[전병재, 1989: 284]

이상의 사회화에 대한 논의들은 사회적인 존재로서의 개인의 삶을 설명하고 사회 구성원이 사회에 적응한 상황을 이론적으로 개념화한다는 의미가 있다. 사회화에 대한 이론을 통해서, 한 개인이 어떻게 자신이 속한 사회질서에 순응하게 되는지를 이해하는 데에는 현실적인 답을 주는 면이 충분히 있다. 그러나 이러한 사회화에 대한 논의는 몇 가지 한계점을 가지고 있다.

사회화 논의의 한계

첫째, 기존의 사회화에 대한 논의는 사회화의 내용이나 과정보다는 사회화의 결과를 대상으로 하고 있다. 사회화의 의의, 사회화의 내용, 사회화의 형태에 대해 논의를 하고 있지만, 이때 논의의 대상이 되는 것은 사회화의 결과로 드러난 결과를 대상으로 한다. 즉 기존의 사회화에 대한 논의는 결과적으로 드러난 사회화의 양상을 대상으로 의미, 내용, 주관자, 대행기관 등에 대한 이론적인 분석을 한다. 결과에 대한 분석이 중심이 됨으로써, 사회화에 대한 이상적인 목표와 전망에 대한 논의는 결여되어 있다.

둘째, 기존의 사회화에 대한 논의에서도 인성과 사회화의 관계를 다루고 있다. 그러나 시대가 요구하는 인성함양을 위해서 어떤 사회화가 이루어져야 할 것인가에 대한 논의는 결여되어 있다. 오늘날 인성은 중요한 키워드로 부각되고 있다. 급변하는 사회구조 속에서 시대가 요구하는 가치관과 덕목을 갖추기 위한 사회화의 방향에 대한 고민이 필요하다.

셋째, 기존의 사회화 이론에서는 사회화 주관자의 역할과 비전에 대한 논의가 약하다. 사회화에서, 사회화 주관자의 영향력은 절대적이라고 할 수 있다. 따라서 사회화 주관자가 어떤 사회적 가치관과 비전으로 사회화에 영향을 미칠 것인가에 대해서 논의할 필요가 있다. 특히 사회화의 과정에서 사회 구성원은 누구나 사회화 주관자가 될 수 있다. 특히 사회화 주관자의 역할은 더욱 중요한 의미를 가진다. 이에 대한 답을 모색해 볼 필요가 있다.

『격몽요결』과 사회화

인간은 누구나 사회에 소속되어 사회화의 과정을 거치게 된다. 일반적으로 사회화의 대행기관을 가족이 1차, 학교와 직장이 2차, 대중매체를 3차로 정의하고 있다. 실제로 한 사회 구성원이 자신이 속한 사회에 적응하고 답습한 문화를 전승하는 데까지 다양한 조직과 사회관계에서 사회화의 영향을 받게 된다. 따라서 특정한 대행기관의 영향을 분류하기는 불가능할 뿐만 아니라 영향의 정도를 판단하기도 쉽지는 않다. 사회화에 대한 여러 가지 상황을 고려해 보면, 사회 구성원이 출생한 이후 접하게 되는 삶의 초기에 형성하는 관계와 지속적인 관계의 영향이 클 것이라는 점에 쉽게 동의할 수 있다.

『격몽요결』은 어떤 책인가? 이 책은 사회개혁을 꿈꾸었던 사상가 율곡이 초학자初學者를 위해서 집필한 것이다. 이 책에서는 어떻게 살아야 할 것인지, 삶의 가치가 무엇인지, 학문의 본질적인 의미가 무엇인지, 공동체의 구성원으로서 어떤 태도를 가져야 할 것인지, 마음을 어떻게 다스려야 할 것인지 등의 질문에 대한 해답을 찾을 수 있다.이동인, 2013: 11 이 책은 10개의 장으로 구성되어 있고, 크게 3가지의 내용으로 분류할 수 있다. 대표적인 내용으로 자기계발 및 자아실현에 대한 것이 있고, 가족윤리와 효에 대해서 비중 있게 다루고 있으며, 사회관계의 올바른 태도와 처세에 관해서 서술하고 있다.

율곡은 이상의 내용을 통해서, 왜 우리가 도덕적이고 규범적인 행동을 해야 하는지 설득력 있게 설명하고 있다. 이러한 이유로 『격몽요결』에 대한 연구는 그 철학적 의미뿐만 아니라 교육서로서 가치를 평가하는 성과가 풍부하다. 특히 이 책의 도덕교육 및 아동교육의 대안으로서의 가능성에 대한 논의는 이미 다양한 학문 분야에서 가시적인 성과를 거두고 있다. 『격몽요결』에는 당시 유교사회의 가치관과 규범을 후대에 전

승하기 위한 사상가로서 율곡의 고민이 고스란히 담겨 있다.장정호, 2018: 84

『격몽요결』은 스스로 어떤 사람이 되고자 하는지의 뜻을 세우고, 가족을 포함한 인간관계의 도리를 배우고, 사회적으로 어떻게 처세해야 할 것인지에 대한 지혜를 다룬 책이다. 이러한 내용은 그 시대의 사회적 가치관과 규범을 사회화하는 것을 목표로 하는 것과 부합한다. 우리는 『격몽요결』에서 사회화의 주된 내용에 대한 비전을 찾을 수 있다.

2.
성인됨, 정체성의 확립

삶의 목표, 성인됨

『격몽요결』에서 율곡은 공부를 막 시작하는 이들에게 자아실현으로 성인이 되는 것을 목표로 하도록 독려하고 있다. 율곡이 학문을 시작하는 이들에게 누구나 성인이 되고자 하는 목표를 가져야 함을 강조한 이유는 분명하다. 공부의 목표에 따라서 공부의 내용과 결과가 완전히 달라지기 때문이다. 다음 구절을 보자.

> 처음 배우는 사람은 모름지기 뜻을 세우되, 반드시 성인聖人이 되겠다고 스스로 기약하여, 털끝만큼이라도 자신을 작게 여겨서 핑계대려는 생각을 가져서는 안 된다.[1]

위의 구절에 나타나듯이 율곡은 가장 먼저 학문을 하겠다는 뜻을 분명하게 정립하고 스스로 그 길을 걸어가야 한다고 말한다. '자신을 작게 여겨서 핑계 대려는 생각을 가져서는 안 된다'라는 구절은 '하지 않는 것과 하지 못하는 것'을 엄격하게 구별하여 자신이 성인될 수 있도록 발

1. 『擊蒙要訣』, 「立志」, "初學 先須立志 必以聖人自期 不可有一毫自小退託之念."

전할 기회를 스스로 부여해야 함을 말한다. 이처럼 성인이 되고자 하는 목표를 가지도록 사회화했다.

성인이 되고자 하고, 이러한 뜻을 세워서 학문에 정진하는 것을 삶의 목표로 삼아 스스로를 수양하는 삶은 일상생활의 매 순간이 사회화의 과정으로 의미를 가진다.이현지, 2019: 207

성인이 되는 방법

율곡이 「혁구습革舊習」과 「지신持身」에서 일상생활의 습관을 바로잡고 몸가짐이 중요함을 설명하는 것도 이러한 맥락과 같다.

> 항상 반드시 일찍 일어나고 밤늦게 자서 의관을 반드시 바르게 하고, 얼굴빛을 반드시 엄숙하게 하여 두 손을 모으고 무릎 꿇고 앉으며, 걸음걸이를 편안하고 조심스럽게 하며, 언어를 신중히 하여 모든 행동을 가볍고 소홀히 여겨 구차스럽게 지나쳐 버려서는 안 된다.[2]

율곡은 몸과 마음을 바르게 하는 구체적인 방법과 그렇게 하는 것의 의미를 선언적으로 언표하는 것으로 끝내지 않고 논리적으로 설명하고 있다. 일상생활이란 성인이 되고자 하는 자신의 정체성을 만들어 가고 그 이상으로 다가가는 장場으로서 의미를 가진다. 다음 구절에서는 어떻게 몸과 마음을 바르게 하는지에 대한 방법으로 구용九容과 구사九思를 말한다.

---

2. 『擊蒙要訣』, 「持身」, "常須夙興夜寐 衣冠必正 容色必肅 拱手危坐 行步安詳 言語愼重 一動一靜 不可輕忽苟且放過."

몸과 마음을 거두어들이는 방법은 구용九容보다 더 친절한 것이 없고, 배움을 진보시키고 지혜를 더하는 방법은 구사九思보다 더 친절한 것이 없다.[3]

구용은 『예기』에서 군자의 몸가짐을 위한 아홉 가지 모습을 말하고, 구사는 『논어』에서 공자가 말한 군자의 아홉 가지 생각이다. 발, 손, 눈, 입, 목소리, 머리, 숨, 선 자세, 얼굴빛 등 몸가짐을 정돈하고 삼가는 몸을 바르게 하는 방법은 매우 구체적이다. 또한 구사는 "볼 때는 밝게 볼 것을 생각하고, 들을 때는 분명히 들을 것을 생각하고, 얼굴빛은 온화하게 할 것을 생각하고, 용모는 공손할 것을 생각하고, 말은 진실하게 할 것을 생각하고, 일은 신중하게 할 것을 생각하고, 의심이 나면 질문할 것을 생각하고, 분할 때는 환난을 생각하고, 얻을 것을 보면 의리를 생각해야 한다"는 것을 포함한다.[4]

구용과 구사는 일상생활을 배경으로 성인이 되고자 하는 구체적인 일상의 태도를 사회화하는 것이다. 성인으로 자기 정체성을 형성하는 과정에서는 욕망을 규제하고 절제하는 삶에 대한 사회화가 주요 내용이 된다. 물질적인 욕망을 절제해야 한다는 율곡의 입장은 단호하다.윤병오, 2010: 114 다음 구절은 이러한 율곡의 입장이 잘 드러난 것이다.

의복은 화려하거나 사치스러움을 추구해서는 아니 되고 추위를 막을 정도면 그만이요, 음식은 달고 맛있기를 추구해서는 아니 되고 굶주림을 면할 정도면 그만이요, 거처는 편안함을 추구해서는 아니 되고 병들지 않을 정도면 그만이다. 오직 학문하는 힘과 마음

3. 『擊蒙要訣』, 「持身」, "收斂身心 莫切於九容 進學益智 莫切於九思."
4. 『論語』, 「季氏」, "孔子曰 君子有九思 視思明 聽思聰 色思溫 貌思恭 言思忠 事思敬 疑思問 忿思難 見得思義."

> 을 수양하는 올바른 방법과 몸가짐을 단속하는 법칙은 날마다 부지런히 힘써, 스스로 만족해서는 안 된다.[5]

위의 구절은 매우 구체적으로 일상적인 욕구를 절제하고 삶의 궁극적인 가치를 궁구할 것을 말한다. 이와 같은 삶의 목표 수립, 삶의 가치 모색, 삶의 방법에 대한 『격몽요결』의 내용은 사회화의 핵심적이고 구체적인 내용으로 활용될 수 있다.김미라, 2014: 132

5. 『擊蒙要訣』, 「持身」, "衣服 不可華侈 禦寒而已 飮食 不可甘美 救飢而已 居處 不可安泰 不病而已 惟是學問之功 心術之正 威儀之則 則日勉勉而不可自足也."

3.
가족관계, 예禮에 근거한 역할사회화

효의 사회화

『격몽요결』에서 율곡은 시대의 이상적인 가치관이었던 효孝의 사회화로 조선시대의 사회질서 유지와 문화적 전승에 이바지하였다. 율곡이 강조했던 효에 대한 구체적 목표는 자기 마음과 행실을 바르게 수양하는 수신修身에서 출발하여, 가족과 집안을 바로 다스리는 제가齊家로 확장하고, 나라를 바르게 다스리는 치국治國으로 나아가서, 궁극에는 천하를 평정하는 평천하平天下에 도달하는 것이다.서명자, 2014: 31

이처럼 효의 사회화를 이상으로 삼았던 율곡은 효의 핵심으로 형식보다는 정情을 꼽았다. 예의 형식을 준수하는 것을 강조하면서도 형식에 치우치지 않고 정이 중요하다고 주장한 점을 주목할 만하다. 『격몽요결』「사친事親」에서는 일상생활에서 효를 강조하는 가족윤리의 실현을 말한다. 구체적인 내용을 다음 구절에서 확인하자.

> 매일 날이 밝기 전에 일어나 세수하고 머리 빗고 옷을 입고 띠를 띠고서 부모의 침소로 나아가 기운을 낮추고 목소리를 부드럽게 하여 더운지 추운지와 편안한지 그렇지 않은지를 여쭙고, 날이 어두워지면 침소에 나아가 이부자리를 정해 드리고, 따뜻한지 서늘한지

를 살펴보며, 낮 동안 받들어 모실 적에는 항상 얼굴빛을 온화하게 하고 용모를 공손히 하여 응대하기를 공경히 하고, 좌우로 나아가 봉양하여 그 정성을 극진히 하며, 나가고 들어올 적에는 반드시 절하고 하직하며, 절하고 뵈어야 한다.[6]

자기 자신을 존재하도록 한 부모에 대한 은혜를 보답하는 것은 인간의 도리이다. 효의 실현은 일상생활에서 매 순간을 보은하는 마음으로 부모를 섬기는 것이다. 그렇다면 부모를 섬길 때의 원리는 무엇인가? 율곡은 공경이 우선되어야 한다고 한다. 즉, 예로써 부모를 섬겨야 함을 말한다. 위의 구절에서 알 수 있듯이, 『격몽요결』에서 효의 사회화는 구체적인 생활 실천과제로 구성되어 있다.

가족 역할의 사회화

가족관계의 핵심적 윤리는 부모는 부모로서, 자녀는 자녀로서, 남편은 남편으로서, 아내는 아내로서 각자의 역할이 있고 그러한 역할 수행의 과정에서 예가 중심이 되는 것이다. 다음 구절은 부모와 자녀 관계에서 지켜야 할 예법을 말한다.

사람들 집안에서 부자간에 대부분 사랑이 공경보다 지나치니, 반드시 옛 습관을 통렬히 씻어 버려, 존경을 극진히 하여야 한다. 부모가 앉고 누우시는 곳에는 자식이 감히 앉거나 눕지 않으며, 부모가 손님을 접대하시는 곳에서는 자식이 감히 사사로운 손님을 접대

6. 『擊蒙要訣』, 「事親」, "每日未明而起 盥櫛衣帶 就父母寢所 下氣怡聲 問燠寒安否 昏則詣寢所 定其褥席 察其溫凉 日間侍奉 常愉色婉容 應對恭敬 左右就養 極盡其誠 出入 必拜辭拜謁."

하지 않으며, 부모가 말을 타고 내리시는 곳에는 자식이 감히 말을 타고 내리지 않는 것이 옳다.[7]

위의 구절에서는 부자관계에서 공경이 관계형성의 핵심적인 가치가 되어야 함을 주장하고 있다. 부모를 공경하는 것이 당시의 시대적인 상황에서 어떤 행동으로 가능한가에 대한 사회화의 구체적인 내용을 서술하고 있다. 이러한 가족관계에서 역할 수행은 사회화의 주된 내용이다.

가족의 상례와 사회화

『격몽요결』에서는 가족의 상례에 대한 구체적인 원칙을 비교적 자세하게 설명하고 있다. 가족의 상을 당하였을 때, 상복을 입는 예법, 곡을 하는 방법, 문상객을 응대하는 법, 상복을 입어야 하는 친척의 상을 당했을 때 다른 부음을 들으면 어떻게 해야 하는지 등 구체적인 상황에 따라 자세하게 설명하고 있다. 이처럼 구체적이고 자세하게 가례의 예법을 강조하는 이유는 무엇일까? 율곡은 근본적으로는 가례에서 형식보다는 정이 중요하다는 것을 강조한 바 있다. 그렇지만 가례를 행하다 보면 정에 치우쳐서 몸을 상할 수 있기 때문에 예법을 통해서 정에 치우치는 것을 막고자 하는 유가적 지혜를 활용한다.

가족관계와 관련하여 인간의 탄생에서부터 죽음에 이르는 다양한 의식에서 율곡은 예법의 중요성을 강조한다. 다음은 제례와 관련하여 예법을 어떻게 지켜야 할 것인가에 대한 기준을 말하고 있다.

---

7. 『擊蒙要訣』, 「事親」, "人家父子間 多是愛逾於敬 必須痛洗舊習 極其尊敬 父母所坐臥處 子不敢坐臥 所接客處 子不敢接私客 上下馬處 子不敢上下馬 可也."

> 무릇 제사는 사랑하고 공경하는 정성을 극진히 함을 중심으로 삼을 뿐이다. 가난하면 가산家産의 있고 없음에 맞추어 할 것이요, 병이 있으면 근력筋力을 헤아려 치르되, 재물과 힘이 미칠 수 있는 자는 스스로 마땅히 예법과 같이해야 할 것이다.[8]

위의 구절처럼 예법에 맞게 제례에 임해야 함을 강조하는 것은 결국 그 시대의 문화와 전통적인 가치관을 사회화하는 것과 직결되는 것이다. 오늘날 가족관계는 율곡의 시대와는 다른 양상을 보인다. 따라서 그 시대의 예법을 사회화하고 의미를 모색하고자 하는 것은 맞지 않다. 그러나 예의 형식이 아니라, 예법의 강조를 통한 가족관계에서 각자의 역할에 충실하고 각자의 임무를 수행하도록 사회화한 것에는 의미를 부여할 수 있다. 다음 구절은 『격몽요결』에 드러나는 가족관계의 예법의 구체적인 내용을 보여 준다.

> 무릇 집에서 머물 때는 마땅히 삼가 예법을 지켜서 처자와 집안 식구들을 거느려야 할 것이니, 그들에게 직책을 나누어 주고 할 일을 맡겨 주어 그 성공하기를 요구하며, 재용財用의 절도를 제정하여, 수입을 헤아려서 지출을 시행하며, 가산의 있고 없음에 맞추어 윗사람과 아랫사람의 옷과 음식 및 길사와 흉사의 비용을 지급하되 모두 등급대로 조절하여 균일하지 않음이 없게 하며, 쓸데없는 비용을 줄이고, 사치와 호화를 금지하여 항상 모름지기 남은 것을 조금씩 보존해 두어 예기치 못한 일에 대비해야 할 것이다.[9]

---

8. 『擊蒙要訣』, 「祭禮」, "凡祭 主於盡愛敬之誠而已 貧則稱家之有無 疾則量筋力而行之 財力可及者 自當如儀."
9. 『擊蒙要訣』, 「居家」, "凡居家 當謹守禮法 以率妻子及家衆 分之以職 授之以事 而責其成功 制財用之節 量入而爲出 稱家之有無 以給上下之衣食 及吉凶之費 皆有品節 而莫不均一 裁省冗費 禁止奢華 常須稍存 贏餘 以備不虞."

위의 구절은 한 집안 가장의 역할을 말하고 있다. 「거가居家」에서는 가장, 형제, 남편, 아들 등 한 개인이 가족과의 관계에서 어떻게 예법에 맞게 역할을 수행할 것인가를 구체적으로 설명하고 있다. 역할 수행의 핵심은 예를 바탕으로 하는 가족관계를 전제로 하는 것이며, 예에 따른 일상생활의 중요성, 신분의 차별을 넘어서는 가족 내의 역할분담 등의 사회화를 보여 주고 있다.

4.
사회관계, 처세의 사회화

사회관계의 도道

율곡은 세상에 나아가서 권력이나 지위를 얻는 것보다는 도道를 실천하는 삶을 더 높이 평가하였다. 이러한 입장을 가진 율곡에게 있어서 처세의 핵심적인 덕목은 바로 예를 잃지 않는 것이었다. 이와 같은 사회관계에 대한 율곡의 사회화는 조선시대의 사회적 가치관과 규범을 내면화하는 데 실질적으로 영향력을 발휘했다. 다음 구절은 율곡이 후학들에게 세상에 나아가 사회관계를 형성할 때, 기본적으로 준수해야 할 관계의 윤리를 말한 것이다.

> 무릇 사람을 대할 때에는 마땅히 온화하고 공경하게 할 것을 힘써야 하니, 나보다 나이가 갑절이 많으면 아버지를 섬기는 도리로 섬기고, 10년이 많으면 형을 섬기는 도리로 섬기고, 5년이 많으면 또한 약간 공경을 더 할 것이니, 가장 해서는 안 될 것은 배운 것을 믿고 스스로 고상한 체하며 기운을 숭상하여 남을 업신여기는 일이다.[10]

10. 『擊蒙要訣』, 「接人」, "凡接人 當務和敬 年長以倍 則父事之 十年以長 則兄事之 五年以長 亦稍加敬 最不可 恃學自高 尙氣陵人也."

위 구절에서는 사회관계의 첫 번째 원리를 온화하고 공경으로 관계를 형성하는 것이라고 한다. 온화하고 공손하게 다른 사람을 대하는 것은 순수한 인간 된 도리를 다한다는 의미이다. 연배에 따른 섬김과 공경을 강조한 것은 조선사회의 위계적 사회질서를 내면화하는 데 영향을 미쳤을 것이다. 특히 자신을 고상하게 꾸미거나 남을 낮추어 보는 것을 경계함으로써, 예를 실천함에서는 자신을 낮추고 상대를 공경하는 것의 중요성을 사회화했다.

이러한 인간관계에 대한 기본을 바탕으로 하여, 『격몽요결』에서는 고을 사람, 친구, 스승과 어른을 대하는 예법 등을 구체적으로 설명하고 있다.

> 항상 온화하고 공손하고 자애로우며 남에게 은혜를 베풀고 남을 구제하는 것을 마음으로 삼아야 할 것이니, 남을 침노侵撓하고 일을 해치는 일과 같은 것은 털끝만큼이라도 마음 한구석에 두어서는 안 된다. 무릇 사람들이 자기에게 이롭게 하고자 하면 반드시 남을 침해하는 데 이른다. 이 때문에 배우는 자는 먼저 이롭게 하려는 마음을 끊어 버린 뒤에야 인을 배울 수 있을 것이다.[11]

율곡은 사회관계 형성에서 이익에 따라 움직이는 것을 경계했다. 세상 사람들이 사회관계에서 이익을 먼저 생각하기 십상이기 때문에 의리를 저버리게 되고 쉽게 관계가 파괴된다. 이러한 사회관계의 원리를 내면화한다면, 함께 어우러져 살아야 하는 공동체의 일원으로 자질을 사회화할 수 있다. 율곡이 말하는 사회관계의 온화하고 공손한 덕은 인간관계에서 상호 존중과 배려를 실현할 수 있는 기본적인 가치이다.이현지, 2015: 129

11. 『擊蒙要訣』, 「接人」, "常以溫恭慈愛 惠人濟物爲心 若其侵人害物之事 則一毫不可留於心曲 凡人 欲利於己 必至侵害人物 故學者先絶利心然後 可以學仁矣."

처세의 원칙

사람이 아직 벼슬하지 않을 때는 오직 벼슬하는 것을 급무急務로 여기고, 이미 벼슬에 오른 뒤에는 또 벼슬을 잃을까 걱정하니, 이처럼 골몰하여 그 본심을 잃는 자가 많다. 어찌 두려워할 만하지 않겠는가? 지위가 높은 자는 도道를 베푸는 것을 중심으로 삼아야 하니, 도가 베풀어질 수 없으면 물러나야 할 것이다.[12]

위의 구절에서 율곡은 벼슬을 하는 이유는 도를 펼치기 위함이어야 한다고 말한다. 혹여 사람이 벼슬을 하는 것에 집착하다 보면, 세상에 나아가서 자신이 하고자 했던 근본을 상실하게 될 수 있다고 한다. 벼슬하는 것이 목적이 아니라, 도를 실현하는 것이 궁극적인 목표임을 분명하게 말한다.이현지, 2017: 16 도가 베풀어질 수 없는 상황이라면 벼슬에서 물러나는 것이 처세의 원칙이라고 한다. 사회적 소명감과 책임의식이 없는 사회활동과 사회관계의 문제를 분명하게 경계하고 있다.

『격몽요결』에서 발견하는 사회화의 원리

첫째, 『격몽요결』은 어떤 삶을 살아야 할 것인가에 대한 답을 준다. 이 책에서는 '나는 누구인가?', '자기 삶의 목표는 무엇인가?', '어떻게 구습舊習을 버리고 학문으로 나아갈 수 있나?', '바른 몸가짐과 마음가짐은 무엇인가?', '효를 행하는 방법은 무엇인가?', '예를 다하는 방법이란?' 등의 잘 사는 삶에 대한 질문과 그에 대한 해답을 담고 있다. 이와

12. 『擊蒙要訣』, 「處世」, "人於未仕時 惟仕是急 旣仕後 又恐失之 如是汨沒 喪其本心者 多矣 豈不可懼哉 位高者 主於行道 道不可行 則可以退矣."

같은 내용은 자연스럽게 시대가 요구하는 규범적인 구성원을 사회화하는 데 기여한다. 인간으로서 해야 할 도리를 밝히고 삶의 진리에 다가가도록 사회화한다는 의미를 가지고 있다.

둘째, 『격몽요결』에서 사회화의 궁극적인 인간상은 '성인'이다. 기존의 사회화 이론에서 이미 언급하고 있듯이, 인간은 자신의 정체성을 확립할 때, 일반화된 타자와 의미 있는 타자의 영향을 받는다. 사회화의 주관자가 정체성을 형성하는 데 결정적인 영향을 미친다. 그런 의미에서 자신의 본성이 무엇인가에 관심을 기울이고 어떤 모습의 삶을 지향할 것인가에 대한 비전을 형성하도록 하는 것은 정체성 확립에 중요한 의미가 있다. 욕망의 노예가 되어 삶으로부터 소외되기에 십상인 오늘날 삶의 환경 아래에서 자신의 본성을 깊이 이해하고 '성인'으로서 정체성을 사회화는 그 의미가 크다.홍승표, 2014: 190

셋째, 『격몽요결』에서 주목하는 요체는 개인의 생활 자체이며, 그 삶에서의 행동과 실천을 중시하고 있다는 점에서 의미가 있다. 이로써 일상에서의 인간적인 덕목을 함양하고 예를 실천할 수 있는 사회화를 강화하는 데 기여한다. 이 책에서는 도덕적 행동을 요구하는 것에 그치는 것이 아니라, 왜 그런 행동을 해야 하는지를 설명하는 교육서라는 점이 의미가 있다. 또한 『격몽요결』에서 다루는 사회화의 내용은 매우 구체적이고 현실적이다. 구체적인 삶의 상황에 부합하고 현실의 상황을 대상으로 하는 행동지침을 다루고 있다. 따라서 『격몽요결』의 지혜와 이상에 공감한다면, 누구나 인성함양의 효과를 거둘 수 있는 사회화의 교재로 활용할 수 있다.

제2장
음양론과 성역할

1. 현대 사회와 성역할 담론

현대 사회의 성역할 담론

성역할은 인간의 삶에 큰 영향을 미친다. 우리는 누군가를 만나면 성역할을 기준으로 그 사람을 평가하고 상대에 대한 인상을 형성할 때가 많다. 이처럼 성역할은 삶에서 중요한 자리를 차지하고 있다. 지금까지 성역할 담론은 다양하게 전개되어 왔다. 현대 성역할 담론은 전근대적인 성불평등을 해소하고, 남성중심의 사회구조를 해결하기 위해 노력해 왔고, 많은 성과를 거두었다. 그러나 현대 성역할 담론은 사회구조의 변화에도 불구하고 오랫동안 변화가 없었다. 그 결과 현대 성역할 담론은 시대에 맞는 성역할 모델을 제공해 주지 못하고 있다.

현대 성역할 담론의 문제점을 살펴보면 다음과 같다.

첫째, 현대 성역할 담론은 남녀의 성역할을 고정된 것으로 간주한다. 현대 성역할의 기준은 생물학적인 성이다. 여성은 임신과 출산 때문에 가사노동을 담당하고, 남성은 가족의 경제적인 부양자 역할을 담당한다. 이런 성역할 구분은 임신과 출산이라는 생물학적인 성으로부터 여성들이 완전히 자유로워질 수 없는 한 성역할 담론의 주요한 부분이 될 것이다. 그러나 남녀의 성역할을 고정된 것으로 보는 관점은 문제가 있다. 왜냐하면 생물학적인 성역할을 제외한 영역에서 성역할은 남녀가 처한 상황에 따라서 다르게 나타나기 때문이다. 현대 사회에서는 여성 취업률이 높아지고 있으며, 취업 여성의 경우 가사노동 담당자의 역할은 약화되고 가계 부양자의 역할은 증대하고 있다. 반대로, 남성의 경우는 가사노동에 대한 부담이 늘어나고 가계 부양자의 역할은 줄어들고 있다. 이렇듯 성역할은 고정된 것이 아니며, 시대와 상황에 따라서 변화한다.

둘째, 현대 성역할 담론은 남성과 여성을 적대적인 대립관계로 인식하고 있다. 따라서 각각의 성역할에 대한 사회적인 평가는 이해관계가 대립되는 남녀의 갈등을 반영한다. 그 결과 남성중심의 사회에서는 남성의 성역할이 가치 있는 것으로 평가받고 여성의 성역할은 가치 없는 것으로 평가받는다. 그러나 성역할에 대한 이런 평가는 정당한 것이 아니다. 현대 성역할 담론에서는 남성중심의 사회적 평가가 가지는 문제를 해결하기 위해서 투쟁의 방법을 제시한다. 투쟁의 목표는 남성에 의한 여성지배의 문제를 밝히고, 여성들의 성역할이 가지는 사회적 가치를 재평가하는 것이다. 하지만 남녀관계는 상호 반목하는 관계만은 아니다. 현실 속에서 남녀의 성역할은 상호 보완성을 가진다. 이런 상호 보완적인 성역할은 음양론에서 말하는 조화로운 남녀관계관을 통해서 이해할 수 있다.

성역할 담론의 세계관

성역할 담론은 성정체성, 성역할 규범, 성역할 이론, 성역할 개념 등을 포함한다. 성역할 담론의 각 내용은 다른 내용을 담고 있다. 하지만 이 글에서는 성역할 담론의 내용을 세분화하고 구분하기보다는 성역할과 관련된 담론을 포괄적으로 다루고자 한다.

현대 성역할 담론은 근대적 세계관을 토대로 하고 있다. 근대적 세계관의 관점에서 남녀를 바라보면, 남녀는 분리·독립된 존재이다. 이런 관점은 성역할에 대한 기존의 연구 성과에도 잘 나타난다. 기존의 성역할 연구의 대표적인 경향은 성역할의 형성과정, 성역할 척도, 성역할 형성 요인에 대한 연구 등이다. 기존의 연구들은 고정된 성역할을 전제로 삼고 있음을 알 수 있다. 현대 성역할 담론은 남녀관계를 대립의 관계로 본다. 그러므로 현대 성역할 담론은 남성적인 성역할에만 가치를 부여하는 것에 대해서 비판하고, 여성적인 성역할의 사회적 가치를 인정받기 위해 노력해 왔다.

고정된 실체로서의 성역할

근래에 들어서, 전통적인 성역할이 파괴되는 경향이 나타나고 있다. 그러나 우리는 여전히 '남자가 설마…'라든가 '여자답지 못하게…'라는 기준을 서로에게 적용시키기도 한다. 즉 남성적인 삶과 여성적인 삶이라는 성역할의 영향을 받는 것이다. 이러한 성역할은 남녀의 일상적인 삶을 규제하고 있다.

현대 사회에 통용되고 있는 성역할 규범은 획일적이라고 하는 특징을 가지고 있다. 성역할은 남성과 여성에 대한 그 사회의 기대를 반영한다. 성역할은 남성다움은 어떤 것이며, 여성다움은 어떤 것인가에 대한 사회문화적 기대라고 할 수 있다. 현대 사회를 지배하는 성역할 담론은 남성의 성역할은 도구적인 것으로 여성의 성역할은 표현적인 것으로 구분한다. 이런 성역할의 차이 때문에 "남성적 특성은 지배적, 독립적, 자기주장적, 경쟁적, 지적, 건강함, 자신감, 공격적, 결단적, 논리적인 것으로, 여성적 특성은 수동적, 가정지향적, 주관적, 양육적, 협조적, 온정적, 표

현적, 순종적인 것으로 묘사한다."문혜옥, 2000: 206

위와 같은 성역할 구분은 남성과 여성이 근본적으로 다르다는 생각을 전제로 하고 있다. 남성과 여성이 근본적으로 다르다는 관점을 관철하는 과정에서 남성과 여성 집단 내부의 차이는 부차적인 문제로 밀려나게 된다. 특히 여성의 임신과 출산 능력은 사회적인 삶에 큰 영향을 미치기 때문에 다름을 구분 짓는 결정적인 요인으로 작용한다.

그러나 한 범주 안에 묶이는 남성 사이에 혹은 여성 사이에 얼마나 큰 간극이 있는지에 대해 우리는 쉽게 근거를 제시할 수 있다.이동수, 2004: 67 현대 성역할 담론은 생물학적인 성을 준거로 하여 남녀의 성역할을 무리하게 이분화시킨다. 성역할의 이분화는 성 고정관념으로 작용한다.

역사를 들여다보면, 성역할에 대한 규정은 시대상황의 영향을 많이 받는다는 것을 알 수 있다. 개별 남성과 여성이 처한 사회문화적 조건 속에서 남성과 여성의 성역할은 변화한다. 산업혁명 이후 생산활동에서 남성과 여성의 성역할은 엄격한 경계를 가지게 되었다. 남성은 가족부양을 담당하는 경제적인 기능을 담당하고, 여성은 가사노동과 자녀양육을 전담하면서 정서적인 역할을 담당하는 것으로 경계가 설정되었다.임인숙, 1997: 817

양성성

남성성과 여성성은 분리되고 고정된 특성이 아니며, 따라서 남녀의 성역할도 고정된 것이 아니라는 주장이 벰Bem에 의해서 제기되었다. "벰은 양성성 모형에서 개인 안에 남성적 특성과 여성적 특성이 비교적 균등하게 내재하여 있다고 본다. '남성성'과 '여성성'의 두 척도 간의 상관은 -.03으로, 두 특성은 서로 독립적인 차원이지 동일 차원에서의 양극에 위치한 특성이 아니다. 즉 남성다운 사람이라고 여성다운 측면이 없는 것이 아니고 그 반대의 관계 또한 성립되지 않는다." 우리사회문화학회, 2003: 77

뱀의 양성성에 대한 논의는 현실에서 경험하는 성역할을 이해하는 데 도움이 된다. 왜냐하면 이분법적인 성역할에 대한 규정은 일상 속에서 그 한계점을 쉽게 만날 수 있기 때문이다. 한국 사회의 경우, 2006년 여성들의 경제활동 참가율은 50.1%로 꾸준히 증가하고 있다. 통계청, 2006: 26 가족부양이 남성의 고유한 성역할이라는 주장은 더 이상 설득력을 가질 수 없다. 이처럼 여성의 경제활동 참가율이 높아지면서, 기혼 여성의 경제활동 참가율도 증가하고 있다. 이런 변화는 가족 내에서 성역할의 변화를 야기하였다.

양성성에 대한 뱀의 논의는 성역할을 고정된 것으로 보는 현대 성역할 담론의 문제점을 적절하게 지적하고 있다. 그러나 이런 뱀의 주장은 논리적인 모순이 있다. 즉 남성과 여성이 양성의 특징을 모두 가지고 있다고 한다면, 최초의 남성적인 그리고 여성적인 특징은 어떻게 만들어지는 것인가에 대한 답을 가지고 있지 못하다. 이것은 개체를 분리·독립된 존재로 인식하는 세계관적 요인 때문에 발생하는 문제이다. 이현지, 2001: 273 남성과 여성을 고정된 실체로 인식하면, 상황에 따라서 남성이 여성적인 역할을 하거나 여성이 남성적인 역할을 하는 것에 대해 설명을 할 수 없다. 그러나 현실 속의 남성과 여성은 상황에 따라서 상대편의 성역할을 담당하기도 한다. 그러므로 현대 성역할 담론은 시대에 맞는 성역할 모델을 제시하지 못하고 있다. 이런 문제를 해결하기 위해서 다음 장에서 음양론의 시중時中적인 성역할을 살펴볼 것이다.

성역할 가치 평가의 문제

성역할 담론의 또 다른 전제는 남성적 특성과 여성적 특성이 대립하고 있다는 것이다. 현대 사회를 지배하는 성역할 담론은 "남성적 성역할의 내용을 공격성, 독립성, 합리성, 적극성, 모험성 등으로 규정하고, 여성적 성역할의 내용은 이와 반대되는 특성으로 규정한다."김동일, 1996: 77

이에 따라서, 성역할에 대해서 차별적인 가치를 부여하는 경향이 생겨난다. 즉 남성들이 담당하던 사회적이고 가족 외적인 노동은 가치 있는 것으로, 여성들이 담당하는 가사와 관련된 노동은 가치 없는 것으로 평가절하하였다. 엄격한 성역할 분업구조가 있다는 사회적 고정관념은 오늘날까지도 남성과 여성의 삶에 다음과 같은 영향을 미치고 있다.

첫째, 남성을 1차적인 경제적 부양자로 인정하기 때문에 노동시장에서 여성들은 늘 주변부에 위치하게 되고, 여성노동에 대한 사회적 기회와 평가에도 차별이 있다. 여성을 부양 대상으로 인식하기 때문에 생계형 여성노동에 대해서도 가계보조적인 노동으로 평가하고 직장 내 지위와 임금 등에서 차별을 한다.

둘째, 성역할의 정치경제학은 여성들의 삶에 부정적인 영향을 미친다. 여성들 스스로 능력 있고 독립적인 자신의 미래를 준비하기보다는 경제력 있는 남성이 선택할 수 있는 여성으로 자신을 변화시키는 데 더 많은 투자와 노력을 기울이게 되는 경향이 나타나기도 한다.이현지, 2005a

현대 성역할 담론은 위와 같은 성역할에 대한 인식에 비판적인 태도를 보이고 있다. 왜냐하면 그런 평가에 의하여, 남성에 의한 여성지배가 정당성을 확보하게 되고 위계적인 남녀관계를 가지게 되기 때문이다.

현대 성역할 담론에 대한 비판

현대 성역할 담론의 성역할 평가에 대한 비판은 다음 세 가지 형태로 진행되었다.

첫째, 여성도 남성들과 같은 역할을 할 수 있다고 주장한다. 이들은 성역할에 대한 사회적 가치가 남성 중심적으로 평가되는 것을 비판하면서, 여성들 또한 남성과 같은 사회적인 역할을 담당할 수 있다고 한다. 이런 주장을 하는 학자들은 남성들이 담당하는 경제활동 영역에서 두각을 드러내는 여성들을 소개하고 남성 못지않은 여성의 능력을 밝히는 데 주력한다.

둘째, 여성들의 성역할이 더 가치 있는 것이라고 주장하는 입장이다. 이 입장에서는 가사노동의 경제적인 가치를 인정하고, 가사노동이 남성들이 담당하는 가계부양의 노동만큼 경제적인 가치가 있음을 주장한다. 그리고 여성적인 특징이 가지는 사회적 의미를 부각시키고자 한다. 기존의 남성 중심적인 성역할에 대해 비판하면서, 여성적인 보살핌의 특성이 더 우월함을 강조하는 입장도 있다. 이런 주장은 현대 사회와 같은 남성 중심적 사회구조와 가치가 지배하는 사회에서는 충분히 설득력을 가질 수 있다. 그러나 절대적인 가치를 여성적인 것에 부여하고자 하는 시도는 남성우월주의의 또 다른 아류가 될 수 있다. 남성적이든, 여성적이든 어느 하나의 성적 특성에만 배타적으로 가치를 부여하는 것은 건강한 남녀관계를 만드는 데 부정적인 영향을 미친다.

셋째, 남성과 여성이 하는 성역할이 각각 그 가치를 가진다고 하는 주장이다. 이런 학자들은 남성적 성역할과 여성적 성역할을 평가하는 데 지배와 순종, 가치 있음과 가치 없음의 줄다리기를 할 필요가 없다고 주장한다. 남성적 성역할과 여성적 성역할은 그 나름대로의 가치를 가지고 있다는 것이다.[우리사회문화학회, 2003: 78] 이런 관점은 현대 사회가 직면하고 있는 남성 중심적 가치 판단의 문제점을 고려할 때, 적절한 문제의식이라고 할 수 있다. 그러나 남성과 여성을 대립적인 관계로 전제하기 때문에, 남녀는 각자 자기의 성역할을 담당하는 것으로 본다. 남성과 여성의 성역할은 서로 대대對待적인 관계[1] 속에서 긴밀하게 상호 영향을 미치고 있는데, 이들은 이것을 간과한다.

현대 성역할 담론은 기존의 성역할 평가의 문제점을 인식하고 해결하는 데 많은 기여를 하였다. 그러나 현대 성역할 담론은 대립적인 관점에서 성역할의 가치를 평가하기 때문에 진정한 성역할의 원리를 설명하지 못하고 있다. 이런 문제점을 해결하기 위한 실마리를 조화를 중시하는 음양론의 관점에서 찾을 수 있다.

1. 대대對待란 대립對立을 바라보는 음양론의 관점이다. 대대란 문자적인 의미에서 마주하고 있는 것을 기다린다는 의미로 상대편의 존재를 전제로 내가 성립하는 관계이다. 대대적인 대립에서는 서로를 이루어 주며, 감응과 조화를 통해서 창조적인 관계의 발전이 이루어진다고 본다.

2.
시중時中과 성역할

음양론에 대한 오해

음양론에 대한 이해는 다양한 입장에서 이루어졌다. 그중에서 음양론에 대한 대표적인 오해는 음양을 이분법의 관점에서 고정된 것으로 인식하는 것이다. 그것은 음양을 남녀, 천지, 강유, 미추, 선악에 대립적으로 적용하여 이해하는 방식이다. 그리고 음양론에 대한 오해의 다른 한 가지는 과거 유교사회에서의 음양 개념을 음양론의 전부라고 생각하는 것이다. 이런 음양론에 대한 오해를 자세히 살펴보면 다음과 같다.

첫째, 음양론을 음양, 남녀, 천지, 강유, 미추, 선악 등과 같이 대립적으로 이해하는 경우를 살펴보자. 이러한 오용은 음양론의 세계관에 대한 몰이해에서 비롯되는 것으로 음양을 하나의 상象으로 인식한 결과이다. 이에 대해서 김재범2001: 93은 '음양상陰陽象'에 대한 '표상적 인식'의 한계점을 분명하게 제시한 바 있다. 음양에 대한 표상적 인식은 "음양을 이원적으로 분리된 대상으로 물상화하여 이해하는 것을 말한다." 이와 같은 음양에 대한 이해는 이원론적 세계관과 인식론을 통해서 음양을 이해하고자 하는 과정에서 발생하는 오용의 사례이다.

둘째, 유교가 지배했던 사회에 나타난 사회적 양상으로서의 음양 개념을 음양론의 전부라고 간주하는 경우를 살펴보자. 그 사회에서 음양이 남녀관계를 규정하는 개념으로 이용되었다고 하더라도 그것이 유교적 음양론의 관계관을 원형 그대로 반영한 것이라고는 할 수 없다. 즉 오늘날 유교적 음양론으로 비판받는 남녀 불평등 구조의 토대가 된 음양론은 특정시대의 역사적 상황 속에서 만들어진 음양론의 특수한 한 가지 형태에 지나지 않는다. 역사 속에서 생성된 전근대적 음양론을 음양론으로 규정하고, 그러한 음양론에 대한 비판을 음양론 자체에 대한 비판으로 간주하고 있다. 이런 형태의 음양론에 대한 오해는 결국 시대정신에 부합하는 방식으로 음양론을 새롭게 해석할 수 있는 가능성을 봉쇄한다. 앞에서 지적하였듯이, 역사 속에서 생성된 특수한 형태의 음양론과 음양론 자체를 논리적으로 구분하는 것이 필요하다.

고정된 실체가 아닌 음양陰陽

현대 사회의 성역할 담론의 문제점을 극복하고 탈현대적 성역할 담론을 구성하는 데에 음양론은 어떻게 기여할 수 있을까? 다음과 같은 가능성을 지적할 수 있다. 현대 성역할 담론은 앞에서 살펴보았듯이 획일적인 성역할 개념을 전제로 하고 있다. 현대 성역할 담론은 근대적 세계관에 기초하고 있으며, 남녀의 근원적인 분리와 독립을 가정한다. 분리·독립된 남녀는 남성이 아니면 여성으로 존재하고, 고정된 실체를 가지고 있다. 남성은 남성적인 성역할을 담당하고 여성은 여성적인 성역할을 담당하게 된다.

그러나 음양론의 관점으로 성역할을 보면, 성역할은 고정된 것이 아니다. 음과 양은 다르다. 그러나 고정된 실체는 아니다. 즉, 남성은 양으로 여성은 음으로 규정하는 개념의 이면에는 상황 속에서 언제나 그 성질이 바뀌어서 발현될 수 있다는 논리가 포함되어 있다.

이와 같은 음양론의 사상을 청나라 때 모기령毛奇齡은 '변역變易'이라는 개념으로 정리하고 있다. 변역은 양이 음으로 변하고, 음이 양으로 변하는 것을 말한다.김승동, 1998: 367 이런 변역의 논리에서 보면, 특수성을 가지고 있는 개체는 개별적으로 분리된 상태로 존재하는 것이 아니라, 서로 연관되어 통일체적인 관계를 형성하고 있다. 이런 사유구조를 잘 보여 주는 예를 『여씨춘추呂氏春秋』의 다음 구절에서 볼 수 있다.

> 천지만물天地萬物은 한 사람의 몸과 같으니, 이를 일컬어 '모두 같음'이라고 한다. 몸에 있는 귀, 눈, 코, 입 등 여러 가지가 있고, 천지만물에는 오곡五穀과 사시四時의 계절 등이 있으므로 '다른 것이 많음'이라고 한다. 여러 가지 다른 것들이 많으면 만물萬物이 갖추어진다. 하늘은 우주 가운데에 만물을 부어 채우고, 성인은 이를 다 훑어봄으로써 같은 속성과 이치를 알아낸다. 이러한 이치의 깨달음은 천지가 형성된 방도에 있고, 천둥과 번개가 생겨난 방도에 있으며, 물질 속에 있는 음과 양의 정기精氣에 있고, 백성과 금수禽獸들이 안락하고 화평한 바에 있다.[2]

몸의 각 부위와 천지만물이 가지는 특수성을 인정하고, 그 다른 것들에 의해서 만물이 이루어진다는 것이다. 이처럼 서로 다른 개체의 성질을 고려하지 않으면 전체의 통일성은 성립할 수 없다. 성역할에 대해서도 이런 관점을 동일하게 적용할 수 있다. 남녀는 서로 다른 특성이 있는 존재이다. 그러나 남녀는 고정된 실체가 아니다. 그들이 직면하는 상황 속에서 담당하게 되는 역할은 변화할 수 있다. 그렇다고 해서

2. 『呂氏春秋』, 「有始覽」, "天地萬物 一人之身也 此之謂大同. 衆耳目鼻口也 衆五穀寒暑也 此之謂衆異. 則萬物備也. 天斟萬物 聖人覽焉 以觀其類. 解在乎天地之所以形 雷電之所以生 陰陽材物之精 人民禽獸之所安平."

그 개체가 본래의 특수성을 버리고 상대편의 기질에 동화되는 것은 아니다.

사회구조의 변화와 성역할

성역할이 고정된 것이 아니라는 것은 경제활동에 참가하는 여성들의 비율이 높아지는 사실을 통해서 알 수 있다. 이제 경제활동이 남성만의 성역할이라고는 할 수 없다. 경제적인 가족 부양은 남성, 가사노동은 여성의 담당이라는 이분법은 더 이상 남녀의 성역할을 설명하는 기준이 될 수 없다.

이와 같은 사회구조적 변화는 탈현대 사회에는 가속화될 것으로 예상된다. 사회구조가 변화하면, 성역할도 변화할 것이다. 아직 사례가 많지 않지만, 경제적인 부양은 아내가 책임을 지고 양육을 포함한 가사노동에 대한 책임은 남편이 지는 경우도 있다. 이처럼 남성적인 혹은 여성적인 성역할이라는 획일적인 구분의 경계가 무너지고 있는 것이 현실이며, 이러한 변화는 탈현대 사회에서는 더욱 급속하게 진전될 것이다.

상황에 따라서 음양이 변역할 수 있는 것은 이들의 관계가 대대적이기 때문이다. 음과 양이 이분법적으로 분리되어 있다면, 상황에 따른 변역은 불가능하다. 이에 대한 구체적인 예를 『황제내경黃帝內經』의 다음 구절을 통해서 볼 수 있다.

> 한기寒氣의 축적이 한계에 달하면 열기熱氣가 생기고 열기의 축적이 한계에 달하면 한기가 생긴다.[4]

『황제내경』의 위 구절은 음양사상을 통해서 체온의 변화를 설명하고 있다. 한기寒氣와 열기熱氣는 완전히 분리·독립된 것이 아니라, 유기적으로 연계된 가운데 그 성질의 강약强弱의 변화에 따라서 병증이 나타난다. 성역할 또한 남성적인 특성과 여성적인 특성을 인정하는 가운데, 개별 남녀의 만남의 상황에 따라서 각자가 담당하는 역할은 유동적으로 변화할 수 있다.

3. 『黃帝內經』, 「陰陽應象大論篇 第五」, "寒極生熱 熱極生寒."

3. 조화調和와 성역할

음양론의 이상적인 관계관

음양사상에서는 조화를 이상적인 관계로 본다. 조화는 서로 다른 특성이 있는 개체들이 상호 존중의 바탕 위에서 보완적인 상호 작용을 하는 가운데 이루어진다. 음과 양은 근본적으로 다른 특성을 내포하고 있다. 그러므로 양자 간의 조화가 가능하다. 『황제내경』에는 조화를 이상적인 관계로 간주하는 구절들이 많은데, 아래 인용구는 그중 하나다.

> 황제가 "진찰을 하려면 어떻게 하는가?"라고 물었다. 기백岐伯이 대답했다. "반드시 먼저 그 형체의 비수肥瘦를 헤아려 이로써 그 기운의 허실虛實을 조절하되, (사기邪氣가) 실하면 사瀉하고 (정기精氣가) 허약하면 보補해야 하는데, 반드시 먼저 그 혈맥이 응체凝滯된 것을 제거한 후에 조절해야 하니, 그 병을 불문하고 (음양이) 화평한 것을 목적으로 삼아야 한다."[4]

위의 구절은 나쁜 기운이 꽉 차면 없애 주고, 좋은 기운이 약해지면

---

4. 『黃帝內經』, 「三部九候論篇 第二十」, "帝曰 以候奈何? 岐伯曰 必先度基形之肥瘦 以調其氣之虛實, 實則寫之 虛則補之, 必先去其血脈而後調之, 無問其病 以平爲期."

보충하는 방법을 통해서 몸을 관리하는 법을 말하고 있다. 여기서 건강이란 음양이 조화를 이루고 있는 상태이다. 음과 양은 어느 한쪽만이 절대적인 가치를 가지는 것이 아니다. 양이 강하거나 음이 강한 것은 모두 불건전한 상태이다. 양이 약하거나 음이 약한 것도 마찬가지다. 이상적인 것은 음과 양이 조화를 이루는 상태이다. 따라서 음과 양은 각각 충분한 가치를 가지고 있다. 음양은 서로를 존중하는 가운데 조화를 이루어야 한다. 다음 구절은 조화가 가지는 의미를 잘 보여 준다.

> 삼부구후三部九候의 맥상脈象이 서로 호응할 때 상하上下가 한결 같아서 서로 조화를 잃지 말아야 하는데….[5]

> 춘하추동春夏秋冬의 사계절에 따라 음양의 기운이 변화할 때 병이 생기는 까닭은 과용過用함에서 기인하는데, 이것이 바로 (병을 일으키는) 일반적인 규율이다.[6]

위의 인용문은 음양의 조화가 가장 이상적인 상태이며, 조화의 여부가 건강 상태를 설명하는 기준임을 말하고 있다. 즉 서로 다른 두 개체(음양)는 조화를 이룸으로써 이상적이고 건강한 상태에 있게 되는 것이다.

이상적인 남녀관계

이런 음양론의 관점을 성역할에 적용하면, 다음과 같다. 남성과 여성은 다른 성역할을 담당한다. 그것은 임신·출산이라는 생물학적인 차이

---

5. 『黃帝內經』, 「三部九候論篇 第二十」, "三部九候之相應也 上下若一 不得相失…."
6. 『黃帝內經』, 「經脈別論篇 第二十一」, "故春秋冬夏 四時陰陽 生病起於過用 此爲常也."

에서 기인한다. 이런 차이는 남성과 여성의 성역할에 큰 영향을 미친다. 임신·출산의 기능을 담당하게 되는 여성들은 가족생활에서 보살핌의 성역할을 주로 수행하고, 남성들은 그런 가족을 경제적으로 부양하는 성역할을 담당한다. 이와 같은 남성과 여성의 성역할은 근본적으로 서로의 성역할을 존중하는 가운데, 상호 보완적인 성격을 가지고 있다. 즉 남성의 성역할과 여성의 성역할이 조화를 이룰 때, 이상적인 남녀관계가 형성될 수 있다. 조화가 이상적인 상태라는 것을 보여 주는 『황제내경』의 다음 구절을 통해서 그 사상적인 원류를 더욱 분명하게 이해할 수 있다.

> 음양의 관건은 양기陽氣가 치밀하게 해야 비로소 (음기陰氣가) 견고해지는 것인데, 두 가지가 화합하지 못하면 마치 봄은 있으나 가을이 없거나 겨울은 있으나 여름이 없는 것과 같으니, 계절에 따라 화합하는 이것을 '성인聖人의 법도法度'라 한다.[7]

음양의 조화와 화합은 몸과 우주, 인간과 자연의 이상적인 관계를 설명하는 데도 그 지혜를 제공하고 있다. 『황제내경』에 대한 해설에서 김달호·이종형2001: 455은 "구침九鍼은 천지의 운행과 우주 자연의 변화에 호응하며 인체 역시 천지의 운행과 우주 자연의 변화에 상응하는 것이다. 그러므로 자연계에 천·지·인이 있듯이 인체에도 천부天部·지부地部·인부人部가 있고 각부에는 또 삼후三候를 진찰할 수 있다. 삼부구후三部九候를 진찰하여 생사生死를 판단하는데, 서로 조화를 잃은 경우는 죽고 상하上下·좌우左右의 맥은 서로 호응하나 가지런하지 못할 경우는 병이 심해진다"고 하였다.

---

7. 『黃帝內經』, 「生氣通天論篇 第三」, "凡陰陽之要 陽密乃固 兩者不和 若春無秋 若冬無夏 因而和之 是爲'聖度'."

조화의 관점에서 성역할을 보면, 각각의 성역할이 가진 가치를 존중할 수 있다. 한쪽의 성역할에만 가치를 부여할 수는 없다. 양자의 성역할이 조화를 이루기 위해서는 상호 존중이 전제되어야 하기 때문이다. 이런 관점은 남녀를 대립적인 관계로 인식하고 성역할의 가치를 평가하는 현대 성역할 담론의 한계점을 해결할 수 있는 실마리가 된다.

조화와 감응

성역할을 통한 남녀의 조화는 다음과 같은 사례를 통해서 알 수 있다. 남성과 여성은 가족의 형성기에는 경제적인 안정과 직업영역에서의 자아실현을 위해서 경제적인 활동에 주력한다. 그 시기에 남성과 여성의 역할은 이분법적으로 대립하기보다는 경제적인 생활과 가사노동에서 협력적이고 상호 보완적인 특징을 가진다. 그리고 자녀 출산기에 직면하면, 여성은 어머니로서 양육에 대한 책임이 가중되고, 남성은 강도의 차이는 있겠지만 공동 양육의 책임을 지게 된다. 남녀는 갈등을 통한 대립보다는 협조를 통한 조화를 추구한다. 조화를 이루기 위해서는 만남의 주체인 대상 간의 감응感應이 있어야 한다. 감응은 서로를 살려주는 힘이며, 새로운 창조력과 생산력의 바탕이 된다. 아래의 구절들은 감응의 논리를 잘 보여 주는 사례들이다.

> 교통交通이 나타나지 않으면 만물의 생명력이 반드시 펼쳐지지 못하니, … 천지의 기운과 사계절의 기후가 서로 질서를 지키지 못하여 천지자연의 운행 법칙과 서로 위배되면 오래가지 않아 절멸한다.[9]
>
> 천지는 만물의 상上, 하下이고 음양은 혈기血氣의 남녀에 해당하

> 며 좌우左右는 음양의 기운이 승강하는 통로이고 수화水火는 음양이 변화하여 생긴 흔적이니, 음양은 만물의 모태이다. 음은 안에 있으면서 양이 이를 지켜주는 것이고, 양은 밖에 있으면서 음이 이를 따르는 것이다.[9]

> 음양의 기운이 끊임없이 이어지면서 순행하되 누적되면서 전화하여 일주一周하니, 기氣는 리부裏部에서 산포散布되어 형形의 영화로움이 바깥으로 드러나서 서로 (조화가) 이루어진다.[10]

감응은 음양의 상호 작용이며, 관계의 양적·질적 변화를 위한 전제 조건이 된다. 남성과 여성의 감응은 외적으로 분리·독립된 것처럼 인식되는 성역할의 대립적인 구조를 극복하고 창조적인 관계로 발전하는 원동력이 된다. 천지자연의 음양 감응이 자연의 생산물을 창조하는 것과 마찬가지로 남녀의 감응은 새로운 생명의 탄생을 가능하게 한다.

---

8. 『黃帝內經』, 「四氣調神大論篇 第二」, "交通不表 萬物命故不施 … 天地四時不相保 與道相失 則未央滅絕."
9. 『黃帝內經』, 「陰陽應象大論篇 第五」, "天地者 萬物之上下也 陰陽者 血氣之男女也. 左右者 陰陽之道路也 水火者 陰陽之微兆也, 陰陽者 萬物之能始也. 故曰 '陰在內 陽之守也 陽在外 陰之使也.'"
10. 『黃帝內經』, 「陰陽離合論篇 第六」, "陰陽鍾鍾 積傳爲一周 氣裏形表 而爲相成也."

4.
탈현대 사회와 성역할

현대 성역할 담론의 한계

현대 성역할 담론은 전근대와 근대의 산물이다. 전근대 사회는 남녀의 성역할을 분명하게 구분한다. 전근대 사회는 남성-밖, 여성-안이라는 이분법적 구조로 되어 있다. 근대의 눈으로 전근대 사회를 평가하면, 엄격한 성차별적인 구조로 되어 있는 불평등한 사회라고 할 수 있다. 전근대 사회의 성불평등적인 구조는 근대 사회에 접어들어서 상당 부분이 해소되었다.

하지만 현대 성역할 담론은 전근대와 근대의 산물이기 때문에 새롭게 출현하는 탈현대 사회에 부합하는 성역할 모델을 제시해 주지 못한다. 탈현대는 노동과 생산이 갖는 의미가 전근대와 근대보다 약화되는 시기이다.[11] 남성과 여성, 모두 생산적인 노동에 부여하던 의미가 점점 줄어들게 된다. 탈현대는 기존의 생산노동과 가사노동으로 구분되던 성역할이 해체되는 시기이다. 그러나 탈현대 사회에도 생물학적인 성의 특징은 고스란히 남는다. 탈현대 사회는 생물학적인 성에 따른 남녀의 성역할의 특수성을 인정하면서도, 남성은 경제적 부양자이고 여성은 가족 내 정

---

11. 탈현대 사회에서 생산활동의 의미변화에 대한 논의는 홍승표의 『깨달음의 사회학』(2002) 204쪽 이하를 참고하기 바란다.

서적 담당자라는 이분법적 성역할을 극복할 수 있는 새로운 개념을 요구한다.

새로운 성역할 담론으로서 음양론의 의미

성역할에 대한 음양론적인 접근은 성역할의 새로운 관점을 제시해 준다. 현대 성역할 담론은 성역할을 고정된 것으로 보고 있다. 고정된 성역할에 대한 관점은 변화하는 사회구조와 그에 따른 남녀의 성역할 변화를 반영하지 못한다는 한계를 가지고 있음에도 불구하고, 오랫동안 유지되어 왔다. 마치 성역할은 고정불변인 것처럼 인식되었다. 그러나 생물학적인 성역할을 제외한 영역은 시대적인 산물이며 고정된 것이 아니다.

음양론의 관점에서 성역할 담론을 다루면, 성역할은 더는 고정된 실체가 아니다. 음양의 변역變易 논리는 상황 속에서 변화하는 특수와 보편의 관계를 잘 설명해 준다. 이런 논리를 통해서 성역할이 사회적 구성물임을 확인하고, 사회구조적인 변화에 따라서 성역할도 시대의 요구에 맞게 새롭게 변화되어야 한다는 새로운 관점을 형성할 수 있다.

음양론적 접근은 탈현대적인 성역할 모델을 제시할 수 있다는 의의가 있다. 현대 성역할 담론은 사회구조적 변화에 부응할 수 있는 성역할 모델을 제시하지 못하고 있다. 탈현대 사회에서는 오늘날보다 생산노동의 의미와 생산활동에서 남녀의 영역 구분이 약해질 것이다. 이런 사회구조적인 변화를 고려하면, 음양론이 제시하는 시중時中적이고 조화를 추구하는 성역할이 탈현대적인 모델이 될 수 있다.

음양론의 시중時中적인 성역할의 관점은 상황 속에서 변화하는 성역할을 잘 설명해 준다. 그리고 조화로운 성역할의 관점은 상호 보완적인 남녀관계와 성역할에 대한 상호 존중을 추구할 수 있는 탈현대적인 성역할 모델을 제시해 준다.

마지막으로 음양론적 접근은 현대 성역할 담론의 이론적 한계를 극복할 수 있는 대안을 제시할 수 있다. 현대 성역할 담론이 직면한 문제는 성역할 이론 자체의 세계관에서 기인하는 문제이므로 스스로 그 해결책을 제시할 수 없다. 앞에서 살펴보았듯이, 양성성의 추구를 통해서 현대 성역할 담론의 한계를 극복하려는 노력은 논리적인 모순에 빠져 있다. 양성성 이론은 모든 대립물의 분리와 독립을 전제한다. 남녀 모두에게 양성성이 있다고 말한다. 하지만 양성성의 개념이 있으려면 남성적 특징과 여성적 특징에 대한 개념 규정이 선행되어야 한다. 그리고 분리·독립된 남녀는 각각 남성적 특징과 여성적 특징만을 가질 수밖에 없다. 하지만 양성성 이론은 각각의 남녀 속에 양자의 특징이 모두 있다고 가정한다. 그러므로 이런 주장에는 논리적 모순이 있다.

음양론은 이런 문제점을 극복하는 데 기여할 수 있다. 음양론은 모든 존재의 근원적인 통일성을 전제로 한다. 음과 양은 둘이 아니다[不二]. 음과 양은 하나이면서 둘이고[一而二], 둘이면서 하나[二而一]인 존재이다. 음양은 상함적相含的인 특징을 가지고 있다. 음은 양을, 양은 음을 자신 안에 품고 있다. 남성은 여성을, 여성은 남성을 자신 안에 품고 있다. 이런 음양론의 관점은 현대 성역할 담론의 양성성을 추구하는 논의가 가지고 있는 한계를 극복할 수 있는 이론적인 대안을 제시해 준다. 이런 의미에서, 현대 성역할 담론에 대한 음양론적인 접근은 현대 사회를 넘어서 탈현대 사회가 요구하는 이상적인 성역할 모델을 제시하는 데 기여할 수 있을 것이다.

음양론과 성역할

동아시아사회에서 음양陰陽은 성역할과 성적 기질을 규정하는 개념으로도 사용됐다. 특히 유교적인 전통 속에서 음양은 남녀의 사회질서를 유지하기 위한 도구로 활용되었다. 음양론은 남성 중심의 사회에 대한 정당성을 제공해 주고 여성들의 삶을 통제하는 수단으로 작용하였다. 따라서 음양론 자체와 남녀관계의 정치경제학으로 활용되었던 음양론을 구분해 낸다는 것은 쉬운 일이 아니다. 하지만 이 두 가지 음양론을 엄밀하게 구분하고, 탈현대적인 성역할에 대한 지혜를 제공해 줄 수 있는 음양론은 그 가치가 크다.

음陰과 양陽은 분리·독립된 개체가 아니다. 그러므로 음과 양은 고정된 특성을 갖지 않는다. 음과 양의 속성은 상황 속에서 적절한 특성을 발휘할 수 있도록 시중時中의 논리에 따라서 변화한다. 이런 음양론의 특징을 빌리면, 상황에 따라 변화하는 성역할을 설명할 수 있다. 또한 음양론은 음양 간의 조화를 추구한다. 음양론이 제시하는 조화로운 남녀관계라는 관점에서 보면, 현대 성역할 담론이 안고 있는 대립의 문제를 해소시킬 수 있다. 현대 성역할 담론에서는 남녀를 대립의 관계로 보기 때문에 성역할에 대한 평가도 갈등의 관점에서 이해한다. 그러나 조화로운 남녀관계의 관점으로 보면, 특정한 성역할이 더 가치 있는 것으로 평가될 수 없다. 어떤 성역할이든 고유의 가치를 가지고 있다. 그리고 남녀는 각각 상대편 성역할의 특성을 존중하는 가운데 조화를 추구할 수 있는 이론적인 기반을 음양론에서 발견할 수 있다.

제3장
『주역』과 가족문제

1. 한국 사회의 가족문제

가족 위기

급속하게 현대화가 진행되면서, 가족 사회학자와 여성학자들은 가족이 붕괴할 것으로 예측하기도 했다.배리 쏘온 · 매릴린 얄롬, 1991: 33 급격하게 발전하는 개인주의와 현대화 아래에서 가족이라는 공동체는 걸림돌처럼 인식되기도 했으며, 20세기 이후 가족은 심각한 붕괴양상을 보이기도 했다. 급상승한 이혼율과 1인 가구의 증가는 가족은 이제 현대 사회에 부적합한 공동체라는 입장을 초래하기도 했다.

하지만 놀랍게도 개인주의의 경향이 강화되고 가족의 붕괴가 가시화될수록, 가족에 대한 새로운 가치가 부여되는 경향이 나타나고 있다. 개인주의가 팽배한 서구사회에서 오히려 가족적인 삶에 대한 지향이 나타나고 있고, 가족의 해체를 직접적으로든 간접적으로든 경험한 현대인들은 가족을 삶의 중심에 두고자 하는 경향을 보인다.

최근 현대인들은 가족과 함께하는 시간을 소중하게 여기고, 가족의 행복을 최우선의 목표로 여긴다. 이런 현대인들은 현대화 초기에 다수의 사람이 사회적인 성공이나 물질적인 성공을 삶의 목표로 생각했던 것과는 달리, 사랑하는 사람과 행복한 가족을 이루고 그 속에서 만족하는 삶을 목표로 한다. 따라서 그들은 연봉이 높은 직장보다 안정적이고 삶의 여유를 즐길 수 있는 직업생활이 우선이라고 생각한다. 현대인들의 직업에 대한 가치관의 변화는 가족을 포함한 삶에 대한 자세의 변화를 반영하고 있다.

현재 가족은 다양한 가족문제를 안고 있다. 가족의 가치와 의미를 높이 평가하고 있음에도 불구하고, 가족은 내적으로 여전히 많은 가족문제를 경험하고 있다. 오늘날 혼인율은 낮아지고 있으며, 이혼율은 증가하고, 출산율이 하락하고 있다. 더욱 심각한 문제는 가족생활이 행복하지 않다는 것이다. 현대 한국인들은 노부모 때문에, 자녀 때문에, 배우자 때문에 가족생활에서 심각한 갈등을 경험하고 있다.

이런 가족문제의 원인은 무엇일까? 우리는 그 원인을 현대 가족을 지배하는 관계관의 문제에서 찾을 수 있다. 현대 가족을 지배하는 관계관은 분리된 개체로서 개인들의 이해관계가 대립하는 것을 전제로 하고 있다.홍승표, 2002: 21 이에 욕망을 가진 가족 구성원이 자신의 욕망을 충족시키는 과정에서 갈등을 경험하게 된다. 현대 가족을 지배하고 있는 관계관을 고수하는 한, 우리는 오늘날의 가족문제로부터 행복을 얻기는 힘들다.

따라서 여기서는 현대 가족문제를 해결할 수 있는 대안을 현대 가족을 지배하는 관계관을 극복할 수 있는 통일체적 세계관을 가지고 있는 『주역』에서 찾아보고자 한다. 통일체적 세계관에 의하면, 이 세계와 나는 분리된 개체가 아니며 가족 구성원 또한 자신의 욕망을 추구하기 위해서 갈등을 일으키는 분리된 존재가 아니다.이현지, 2004b: 133 이런 관점은 현대 가족문제를 해결할 수 있는 새로운 관점을 제공해 줄 수 있을 것이다.

『주역』에서 현대 가족문제의 해답을 찾고자 하는 또 하나의 이유는 『주역』이 시중時中사상을 토대로 하고 있기 때문이다. 시중사상을 토대로 하는 『주역』의 각 괘와 효는 질문하는 사람의 상황과 내용에 따라서 매우 실천적이고 현실적인 해답을 제공해 준다. 『주역』이란 고정된 해석에 갇혀 있는 것이 아니라, 질문을 가진 자가 필요로 하는 답을 얻을 수 있기 때문에 현대 가족문제에도 유용한 해답을 제공해 줄 수 있을 것이다.정재걸, 2008a: 145

우리는 가족문제를 사회구조적인 문제와 가족 구성원 간의 관계에서 발생하는 문제로 나누어서 살펴볼 수 있다. 사회구조적인 요인에 의해 발생하는 가족문제는 다문화 가족문제, 이산 가족문제, 빈곤층 가족문제 등이 있다. 그리고 가족 구성원 간의 관계에 의해 발생하는 문제는 폭력 가족문제, 부부 갈등, 노부모와 성인 자녀의 갈등, 자녀교육 문제 등이 있다. 여기서는 가족생활에서 직면하게 되는 가족 내 관계의 문제를 중심으로 가족문제를 다루고자 한다. 따라서 가족문제에 대한 해결책도 구조적인 차원의 접근보다는 가족 내 갈등에 대한 해결방법을 중심으로 다룰 것이다.

가족문제의 양상

사회구조적인 측면에서 보면, 오늘날 한국 사회의 가족문제는 심각한 양상을 보인다. 전통사회와 비교하면, 오늘날 가족공동체는 위기에 직면하고 있는 것으로 평가할 수 있다. 이런 현상을 잘 입증하는 자료는 낮은 혼인율, 높은 이혼율, 저출산 등이 있다. 가족 갈등은 다양한 양상으로 드러나고 있다.

첫째, 부부 갈등의 원인은 다양한 측면에서 조명될 수 있다. 배우자의 불륜이나 경제적인 문제, 성격과 가치관의 차이 등을 말할 수 있다. 이상의 가시적인 문제가 없음에도 불구하고, 부부는 일상사의 많은 부분을 공유하고 가족을 함께 운영해 나가야 하므로 그 과정에서 크고 작은 갈등을 경험하게 된다. 부부 갈등은 어떤 사회에서든 발생했겠지만, 오늘날 그 양상이 심각한 이유는 현대 사회를 지배하는 인간관의 영향을 받기 때문이라고 할 수 있다.

현대 사회를 지배하는 인간관은 인간은 욕망충족을 추구하는 존재로 규정하고 있다. 이에 부부관계에서도 상대가 나의 욕망을 충족시켜 줄 수 있는가가 부부관계 만족도의 핵심적인 요인이 된다. 만약 욕망을 충족시켜 주지 못하는 부부관계라면 파괴할 수도 있다는 생각이 부부관계에서 갈등을 초래하기도 한다.[이현지, 2004a: 103]

둘째, 노부모와 자녀 관계에서 갈등이 있다. 고령화 사회가 되면서 노인으로 살아가는 시간은 점점 길어지고 있다. 이에 가족생활에서도 노부모와 자녀 사이에 갈등이 빈번하게 발생할 수 있다.[이현지, 2010c: 147] 왜냐하면 두 세대는 삶의 경험이 다른 세대이므로 서로를 이해하기가 힘들며, 급변하는 사회구조에서 부모세대의 부양에 대한 기대감과 자녀세대의 부양에 대한 책임감에 괴리가 있기 때문이다.

한국인들은 부모 부양에 대해 가족의 책임을 간과하고 있지는 않지만, 정부와 사회 차원의 대안 마련이 필요하다고 생각한다. 이는 부모 부양이 개인적이고 가족 차원의 문제만은 아니라는 현대인의 인식을 반영하고 있다. 사회구조적인 차원에서 노인을 위한 정책적인 대안이 마련되어야 하는 것과 함께 노년에 대한 인식의 전환이 절실히 요청되고 있다. 노인을 단순한 부양의 대상으로 치부하는 노인관은 노부모와 자녀의 관계를 규정하는 데 갈등을 일으키는 요인이 될 수 있다.

셋째, 자녀양육 과정에서 갈등이 발생한다. 현대 가족은 현대 사회를 지배하는 가치관을 따르기 때문에 자녀교육에서도 현대적인 성공과 성취를 이루도록 돕는 데 초점을 맞추는 경향이 있다. 부모는 자녀의 행복을 위해서 그리고 자녀의 성공을 통해서 자신의 욕구를 충족시키려는 노력을 기울인다.[이현지, 2010b: 157] 자녀들은 부모의 경제적 지원을 토대로 자기 욕망을 충족시키기 위한 노력을 한다. 이런 자녀양육 과정에서 부모와 자녀는 자신의 욕망을 추구하는 과정에서 갈등을 경험한다.

이처럼 오늘날 가족은 자녀양육 과정에서 어떤 것을 목표로 해야 할 것인지에 대한 해답을 상실한 채 표류하고 있다. 이에 자녀양육 과정에서 빈번한 갈등이 발생한다. 현대 가족에서 발생하는 자녀양육 과정의 갈등은 현대적인 가치관을 추구하므로 발생하는 경향이 강하다. 경쟁에서 뒤처지고 이익을 챙기는 데 빠르지 못한 아이는 부족한 존재로 낙인찍히기에 십상이다.

위와 같은 현대 가족 내 갈등은 현대 가족의 목표와 관계관에서 기인한다. 이에 오늘날 가족이 직면한 문제를 해결하기 위해서는 새로운 가족의 목표를 설정하고 관계관을 정립할 필요가 있다.

2.

새로운 가족의 목표와 관계관

가족 목표

『주역』의 중천건中天乾괘는 하늘의 도를 말한다. 하늘의 도는 낳고 기르고 거두고 갈무리하는 것이다.[1] 건괘의 지혜는 현대 가족이 무엇을 낳고 기르고 거두고 갈무리할 것인가의 해답을 준다. 건은 낳고 기르고 거두고 갈무리할 뿐 다른 목적을 가지지 않는다. 그저 하늘의 도와 통하도록 도울 뿐이다.

현대 가족은 가족운영과 자녀양육에서, 현대적인 성취를 중시하는 경향이 있다. 현대적인 성취는 묵묵히 가족의 시작, 자람, 이룸, 완성을 지켜볼 수 없도록 자극한다. 그냥 그대로 지켜보아서는 현대적인 성취를 이룰 수 없기 때문이다.

현대적인 성취에 목적을 두는 가족의 시작은 사랑보다는 사회·경제적인 성취를 중시한다. 배우자의 경제적 조건을 이유로 선택하는 결혼이 구체적인 예가 될 수 있다. 겉으로 보이는 시작은 화려할 수 있지만, 사랑이 없는 가족은 기르고 거두고 갈무리할수록 삶이 무미건조해질 수 있다.

---

1. 『周易』, 「重天乾」, "乾 元亨利貞."

현대적인 성취에 목적을 두는 가족은 가족생활에서 기르는 것(자람)이 경제적인 풍요로움이나 사회적인 지위 등이다. 현대 가족은 더 넓은 아파트와 더 큰 차를 가지기 위해서 어느 정도 가족생활을 희생하는 것이 당연하다는 생각을 가지기도 한다.

이런 현대 가족은 사회적인 성공과 경제적인 부를 거두는 것을 목표로 한다. 가족이 추구해야 할 것은 사랑임에도 불구하고, 비본질적인 것에 집착한다. 사회적인 성공과 경제적인 부를 이루어서 행복한 가족이 되려고 하지만, 그것은 진정한 가족의 행복을 가져다주지 못한다. 현대 가족은 가족의 완성을 이루기 위해서 현대적인 성취를 추구한다. 그러나 앞에서도 말했듯이 가족이 추구해야 할 것은 사랑밖에 없다.

상전象傳에서는 '건괘를 본받아서 군자는 힘써 노력하고 쉬지 않는다'[2]고 한다. 건괘의 도를 배우는 가족은 사랑이 충만할 수 있도록 부단히 노력할 것이다. 사랑은 그냥 주어지는 것이 아니라, 끊임없이 자신을 낮추고 상대의 말에 귀 기울이는 노력에서 얻어지는 것이기 때문이다.

진정한 수용

이런 목표를 가지고 있는 가족은 어떤 관계관을 토대로 해야 할까? 우리는 그 답을 수용의 도道를 말하는 중지곤中地坤괘에서 찾을 수 있다. 곤은 땅의 도인 수용성을 말하고 있다. 현대 가족은 곤의 도를 본받아서 무엇을 어떻게 수용할 것인지의 지혜를 배울 수 있다.

상전에서 '곤의 도를 본받는 군자는 두터운 덕으로 만물을 싣는다'[3]고 한다. 수용이란 분별하는 마음을 내려놓고 있는 그대로 받아들인다

2. 『周易』, 「重天乾」, "象曰 天行健 君子以 自强不息."
3. 『周易』, 「重地坤」, "象曰 地勢 坤 君子以 厚德 載物."

는 것을 말한다. 가족생활을 하다 보면 좋은 일도 생기고 나쁜 일도 발생한다. 이때 우리는 좋은 일은 지속되기를 바라고 나쁜 일은 일어나지 않기를 바란다. 하지만 좋은 일에 대한 집착과 나쁜 일에 대한 두려움이 행복한 가족생활을 방해할 수 있다.

곤괘의 초육효는 '서리를 밟으면 단단한 얼음이 이른다'[4]고 하여, 기미를 알아차리면 격한 감정에 휘둘리지 않게 된다는 것을 말한다. 가족과 같이 정서적인 유대가 깊은 생활에서는 상대방의 기분이 자신의 삶에 직접적인 영향을 미친다. 노화로 삶이 무기력한 부모님은 자식에게 즐거움을 선물하기 어렵다. 이때 자식은 그런 부모님의 기분에 영향을 받는 자신을 알아차려야 한다. '왜 우리 부모님은 삶을 즐기지 못할까?'라는 생각이 떠오르는 순간, 그냥 내 생각일 뿐임을 그냥 일어난 것일 뿐임을 알아차려야 한다. 그 순간 자신을 보지 않고 부모님을 보게 되면, 삶이 온통 먹구름이 낀 것처럼 우울해질 수 있다. 수용이란 전면적인 인정이며, 수용하고 있는 자신을 자각함으로써 완성된다.

육삼효에서는 '이룸은 없어도 마침은 있다'[5]고 한다. 진정한 수용은 그 했음을 내세우지 않는다. 그러므로 잘 마칠 수 있다. 가족은 매우 친밀한 관계이므로 작은 불만과 불평이 쉽게 발생하고, 그것 때문에 서로를 공격하고 상처를 주는 일이 빈번하게 발생한다. 예를 들어, 어머니는 자식들의 철없는 푸념과 불평을 듣고도 한 번도 그 일을 들추어내어 옳고 그름을 따지지 않는다. 그리고 자신이 자식들의 푸념과 불평을 받아줬다고 내세우지도 않는다. 그런 어머니의 넉넉한 수용성이 서로가 삶의 힘이 되는 가족관계를 가능하게 한다.

4. 『周易』, 「重地坤」, "初六 履霜 堅冰至."
5. 『周易』, 「重地坤」, "六三 含章可貞 或從王事 无成有終."

믿음의 관계

상대를 있는 그대로 받아들이는 수용과 함께 요구되는 것이 가족 구성원이 서로에 대한 엄격한 기준과 잣대를 가지는 것을 피하는 것이다. 이에 대한 지혜는 산택손山澤損괘에서 배울 수 있다. 손은 덜어 내는 도를 말한다. 가족생활에서 덜어 내야 할 것은 가족생활에서 해서는 안 되는 것을 말한다. 손괘는 덜어 내는 도를 실현하는 데는 믿음이 있어야 한다고 말한다.[6] 뭔가를 덜어 낼 때는 마땅히 덜어 낼 것을 덜어 낸다는 믿음이 있어야 한다. 가족은 비교적 이런 믿음을 쉽게 공유할 수 있는 공동체이다. 기본적으로 가족은 개인의 이익보다는 가족 전체의 이익에 우선한다는 믿음을 공유하고 있기 때문이다. 만약 이런 믿음을 가지고 있지 못하면, 가족 구성원들의 마음은 제각각 갈라져 파국을 만나게 된다.

가족관계를 포함한 모든 관계에서 덜어 내야 할 것이 있다면, 바로 상대에게로 향하는 시선이다. 대부분의 사람은 자신의 행동에 대해서는 정당화하고 상대의 행동에 대해서는 매우 엄격한 잣대를 적용하는 경향이 있다.

우리는 흔히 '엄마 때문에…', '아빠 때문에…', '우리 딸 때문에…' 불행하다고 한다. 때로는 개인의 힘으로 어쩔 수 없는 가족문제에 의해 벗어날 수 없는 불행에 직면하기도 한다. 하지만 우리는 그 불행이 어디서 오는 것인지 스스로 질문해 보아야 한다. 내가 문제의 원인을 상대에게서 찾으려고 하는 것은 아닌지 생각해 봐야 한다. 그런 나를 내 속에서 덜어 낼 때, 우리는 나 자신을 포함한 모든 존재와 진정한 만남을 이룰 수 있다.

---

6. 『周易』, 「山澤損」, "損 有孚 元吉 无咎 可貞."

손괘 상전에서 '군자는 손괘를 본받아 자신의 성냄을 징계하고 욕심을 막는다'[7]고 했다. 우리는 성내는 자신을 싫어하고 욕심 많은 자신을 들킬까 두려워한다. 화와 욕심으로부터 자유로워지고자 한다. 그러나 성낸 자신을 자책하고 욕심을 버리려고 애쓴다고 해서, 자유를 얻을 수 있는 것은 아니다. 오히려 고통만 얻을 뿐이다.

손괘에서 우리가 지혜를 얻는다면, 가족은 이러해야 한다는 상을 만들고 그 기준에 따라 자기와 가족을 평가해 왔던 그릇된 시선을 덜어내라는 것이다. 진정한 사랑의 공동체는 가족 구성원들의 잘난 면뿐만 아니라 부족한 면까지도 그대로 인정하는 것이다. 사실 잘난 것도 못난 것도 없다. 그냥 사랑의 공동체인 가족이 있을 뿐이다. 이런 진실을 깨달으면 가족을 바라보던 엄격한 잣대를 내 속에서 덜어 낼 수 있을 것이다.

7. 『周易』, 「山澤損」, "象曰 山下有澤 損 君子以 懲忿窒欲."

3.
현대 가족문제에 적용

갈등 해소법

새로운 가족 목표와 관계관을 받아들인다면, 우리는 가족문제에 직면할 때 어떻게 대처할 수 있을까? 구체적인 가족문제를 대상으로 『주역』에서 말하는 방법을 살펴보도록 하자. 가족 구성원 간의 갈등이 발생할 때, 어떻게 해야 할까? 화택규火澤睽괘는 가족생활에서 만나는 어긋남에 대해 어떻게 대처해야 할 것인지를 말하고 있다. 규는 어긋나는 때의 도를 말하고 있다. 우리는 가족관계에서 뜻이 하나로 합쳐지지 않는 경우를 쉽게 만난다. 이런 경우 '우리는 맞지 않아. 이렇게 사소한 것에도 입장이 다르다니, 우리는 안 되겠어!'라고 극단적으로 생각하기 쉽다.

그런데 규괘는 작은 일에서 어긋나는 것은 길하다고 했다.[8] 규괘는 일상사에서 만나는 작은 어긋남이 오히려 다양한 삶을 경험할 수 있게 하는 계기가 됨을 말하고 있다. 만약 일상사에서 생각이나 입장의 어긋남이 없다면, 삶은 매우 무미건조해질 것이다. 나와 입장이 다른 상대를 불평하거나 비판하는 것이 아니라 다름을 인정할 수 있는 능력만 갖춘다면, 작은 일에서 어긋남은 삶의 활력소가 된다.

---

8. 『周易』, 「火澤睽」, "睽 小事 吉."

가족생활도 마찬가지다. 가족은 일상적인 일들을 함께 공유하게 된다. 이때 서로 다른 생각이나 입장은 생활을 풍요롭게 해 주는 촉매제 역할을 할 수 있다. 그 어긋남을 관계의 촉매제로 만들 것인지, 독으로 만들 것인지는 바로 나에게 달려 있다.

상전에서 '규괘를 관찰한 군자는 같되 다르게 함의 지혜를 행한다'[9]고 했다. 같되 다르게 한다는 것은 다름을 인정하는 것을 바탕으로 한다. 이는 관계 맺음의 가장 높은 수준의 경지라고 할 수 있다. 바로 통일체적인 세계관이다. 사람들은 가족과 같은 친밀한 사이에는 모든 것이 같아야 한다고 생각한다. 그런 생각에서 더 나아가 같은 생각과 입장을 상대에게 강요하기도 한다. 상대에게 자신의 입장을 강요하는 순간 폭력이 되고, 관계는 깨지기에 십상이다.

가족은 사랑을 토대로 하는 관계이다. 사랑은 나와 같은 것만을 인정하고 확장하는 것이 아니다. 사랑은 생각과 입장이 어긋나는 것을 그대로 인정하고 받아들일 때 무럭무럭 자란다. 가족관계에서 같되 다르게 한다는 것은 사랑의 공동체라는 근본적인 목적은 같이하면서, 각자의 작은 차이점(취향, 성격, 기질 등)은 그대로 존중하는 것이다. 우리는 가족과 연인 사이에서 만나는 작은 어긋남은 우주적인 존재로서의 나의 삶에서 보면 정말 아무것도 아니라는 것을 자각할 수 있어야 한다.

생명의 도를 말하는 수뢰둔水雷屯괘는 우리가 가족생활에서 만나는 갈등에 대해 더욱 적극적인 자세를 설명하고 있다. 둔괘의 상전에서 '구름과 우레가 둔이니 군자가 본받아서 경륜하나니라'[10]고 한다. 우리는 '구름'과 '우레'와 같은 것이 없기를 바란다. 하지만 둔괘는 그것이 바로 '생명'이라고 말하고 있다.

가족생활에서도 '구름'이나 '우레'와 같은 일이 빈번하게 발생한다. 그

---

9. 『周易』, 「火澤睽」, "象曰 上火下澤 睽 君子以 同而異."
10. 『周易』, 「水雷屯」, "象曰 雲雷 屯 君子以 經綸."

런 것들을 없앤 후에 사랑의 가족이 되리라고 생각하지만, 그것은 불가능하다. 가족에 대한 최고의 경륜은 부족한 면이 있는 가족 구성원을 있는 그대로 존중하고, 그들이 자신의 개성을 마음껏 발휘할 수 있도록 하는 것이다. 햇살이 꽃의 모양을 따지지 않고 비추듯이, 가족 구성원의 못난 면이나 잘난 면은 사랑의 공동체가 되는 것과 아무런 관계가 없다.

둔괘 육이효는 '여자가 곧아서 시집가지 않다가 10년 만에 시집간다'[11]고 하니, 어려운 상황을 이겨 내고야 성장할 수 있음을 말한다. 우리는 삶에서 어려운 상황을 만나지 않기를 바란다. 하지만 가족에게 닥치는 어려운 상황은 가족을 사랑의 공동체로 거듭나게 한다. 상처와 고통은 이유 없이 오는 것이 아니라, 우리를 성장케 하기 위해서 오는 기회이며 선물이다.

가족운영의 노하우

가정을 운영할 때, 우리는 어떤 방법으로 해야 할까? 가정운영의 도에 대해 풍화가인風火家人괘는 가족의 넉넉한 사랑과 엄격함의 지혜를 말하고 있다. 가인괘는 가정의 도를 말하고 있다. 단전에서 '가인은 여자가 바르게 가운데 있고 남자가 바르게 밖에 있어 남자와 여자가 바르게 있으니 천하의 큰 뜻이다'[12]라고 했다. 단전에서 남녀의 성역할을 가족과 사회의 영역으로 나눈 것은 오늘날과는 맞지 않는 면이 있다. 그러나 우리는 『주역』의 표현 하나하나에 얽매일 필요는 없다. 여기서 우리가 관심을 가져야 할 것은 자신의 자리에서 바르게 함이 중요하다는 『주역』의 정신이다. 부모는 부모답게, 자식은 자식답게, 남편은 남편답게, 아내

11. 『周易』, 「水雷屯」, "女子貞 不字 十年乃字."
12. 『周易』, 「風火家人」, "家人 女正位乎內 男正位乎外 男女正 天地之大義也."

는 아내답게 하는 것이 바르게 하는 것이다.

부모답게 하는 것은 무엇일까? 단전에서 '가족 가운데 엄한 사람이 있다면, 부모를 말한다고 했다.'[13] 그러나 부모로서 자녀를 엄하게 대하기란 쉽지 않다. 현대 사회의 부모들은 사랑이라는 이름으로 자녀들이 원하는 대로 해 준다. 그 결과 자녀는 다른 사람의 사랑을 받을 수 없는 이기적인 존재로 자라게 된다. 오늘날 자녀에게 진정으로 필요한 것은 엄한 존재이다.이현지, 2010b: 172 그러나 부모다움은 엄격한 것으로 충분하지는 않다. 가족에게 가장 중요한 것은 서로 간의 사랑이므로, 엄격함의 밑바탕에는 부족한 면과 실수까지도 포용할 수 있는 넉넉한 사랑이 있어야 한다.

행복한 가족은 이런 사랑을 서로 나눔[交相愛]으로 가능하다. 일방적인 순종이 아닌 서로 마음으로 화합하고 정성으로 하나가 되는 가족이다. 상구에서 '믿음이 있고 위엄으로 하면 길하다'[14]고 한 것은 가족은 서로 믿음으로 한마음이 되어야 함을 말한다. 이때 위엄으로 대해야 할 대상은 누구일까? 상전에서 위엄으로 하면 길하다[威如之吉]고 했는데, 이때 엄한 눈으로 보아야 하는 것은 상대가 아니라 자신[反身之謂也]이다.

가족 위기 극복법

가족생활에서는 다양한 형태의 위기에 직면하게 된다. 우리는 그때 어떻게 대처해야 할까? 수산건水山蹇괘는 가족의 위기를 사랑의 공동체로 가족이 재탄생할 기회로 만들 방법을 말해 주고 있다. 건은 어려울

13. 『周易』, 「風火家人」, "有嚴君焉 父母之謂也."
14. 『周易』, 「風火家人」, "有孚 威如 終吉."

때의 도를 말한다. 대부분의 가족은 크고 작은 어려울 때를 경험한다. 건괘의 괘사에서 '서남(땅)은 이롭고 동북(산)은 이롭지 못하다'[15]라고 하여, 가족이 어려움에 부닥치면 땅과 같이 편하게 하는 것이 이롭다고 한다. 가족이 서로 탓하거나 원망하는 험한 분위기는 어려움을 극복하는 데 도움이 되지 않는다.

어려움을 극복하기 위해서는 어려움에 매몰되지 않고 지혜롭게 헤쳐 나가는 대인이 있어야 길하다고 한다[利見大人 貞吉]. 대인이란 틱낫한 스님이 말씀하시는 베트남 난민들이 탄 보트에서 깨어 있는 한 사람과 같다. 험한 파도와 미래에 대한 두려움에 직면한 보트피플 가운데 한 사람만이라도 지금, 이 순간에 깨어 있다면 험한 파도를 헤쳐 나갈 수 있고 두려움도 극복할 수 있다. 마찬가지로 가족에게도 상황을 직시하고 온 가족이 한마음이 될 바른 길을 제시하는 사람이 있다면 어려움을 극복할 수 있다. 이때 어려움은 가족을 사랑의 공동체로 거듭나게 하는 계기가 되기도 한다.

그렇다면, 어려움을 극복하기 위한 방법은 무엇일까? 어려운 상황을 타개하는 방법은 곧고 바르게 하는 것이다. 어려울 때에는 주변의 삿된 유혹에 흔들리기 쉽다. 그러나 어려울 때일수록 바른 길을 통해서 문제를 해결해야 한다.

그리고 단전에서는 험한 상황에 직면하여 그칠 줄 아는 지혜를 말하고 있다.[16] 대부분 파국을 맞는 가족의 경우, 자신들이 처해 있는 어려움을 인식하지 못하거나 험한 상황에 부닥쳤다는 것을 알면서도 멈추지 못한다. 현대 사회에는 자녀를 과잉보호하거나 자녀의 성적에 큰 기대를 거는 부모가 있다.[김경숙: 2009] 마치 자녀의 삶을 자신의 것처럼 마음대로 하려고 한다. 이런 경우 분명히 부모와 자녀 관계는 어려움에 처하게 된

15. 『周易』, 「水山蹇」, "蹇 利西南 不利東北."
16. 『周易』, 「水山蹇」, "彖曰 蹇 難也 險在前也 見險而能止 知矣哉."

다. 관계의 위기를 직시하고, 부모가 자녀의 삶을 멋대로 하려는 생각을 멈추지 않는다면, 관계는 영원히 회복하지 못할 것이다. 이때 멈출 수 있는 것이 진정한 용기이다.

상전에서는 '어려울 때에 처한 군자는 자신을 돌이켜 보고 스스로 닦는다'[17]고 했다. 현재의 어려운 상황에서 내가 할 수 있는 일을 찾고 나의 변화를 통해서 상황을 개선하고자 하는 것이다. 가족이 통일체적인 공동체라는 것을 인식한다면, 가족이 직면한 어려움의 원인 제공자를 찾는 데 에너지를 쏟지 않을 것이다. 어려운 상황과 만났을 때야말로 시선을 나에게로 돌려야 할 때이다.

17. 『周易』, 「風火家人」, "君子以 反身脩德."

4.
가족문제의 해법

공동체 약화

사회가 급변하면서 가족공동체는 약화될 것이라는 전망이 지배적이었다. 특히 여성의 사회참여가 확대되고 가족의 결속력이 약화됨으로써 가족은 해체의 위기에 직면할 것이라는 예측이 대두되기도 했다. 그러나 예측과는 달리 사회가 급변하고 개인주의가 확대되었음에도 현대인의 다수는 가족을 통해서 행복을 추구하고자 하고 삶의 의미를 찾고자 하는 경향을 보인다.

그러나 우리가 경험하는 가족은 행복하기만 한 것은 아니다. 여기서는 변화하는 사회에서 가족문제를 생각해 보고, 그 문제의 해결방법을 『주역』에서 찾아보고자 하였다. 『주역』에서 해답을 찾는 것은 『주역』만이 답을 제공해 줄 수 있기 때문은 아니다. 현대 가족문제를 해결할 수 있는 대안을 제공해 준다면, 반드시 『주역』이어야 한다고 고집할 필요는 없다. 다만 『주역』은 창조적인 해석 가능성을 풍부하게 가지고 있기 때문에, 『주역』에서 해답을 찾고자 시도하였다.

이 글에서는 가족문제와 해답에 대한 접근을 사회구적인 측면에서 접근하기보다는 개인적인 측면에서 미시적인 노력의 가능성을 모색하는데 초점을 맞추었다. 가족문제에서 사회구조적인 측면의 대안 마련이 매우 시급하고 선결되어야 할 과제를 안고 있다는 점에 동의하지만, 개인적인 차원에서의 노력 또한 사회를 변화시킬 수 있는 원동력이 될 수 있다고 생각한다.

지금까지 사회학에서의 접근방법은 거시적인 측면과 미시적인 측면의 양극단에서 해결책을 제시하는 데 주력해 왔다. 그러나 양극단의 노력만으로는 문제를 해결하는 데 언제나 한계에 부딪치는 것이 현실이다. 이에 거시적인 가족문제의 양상을 파악한 후, 그것에 대한 정책적·제도적 해답을 제시하기보다는 각 문제를 해결할 수 있는 실천적이고 미시적인 해결책을 모색해 보고자 했다.

『주역』과 가족문제 해결

한국 사회는 다양한 가족문제에 직면하고 있다. 이런 문제를 극복하기 위해서, 『주역』을 활용하여 가족의 목표와 관계관에 대한 새로운 모델을 구상해 보았다. 중천건괘를 토대로 가족의 목표를 새롭게 구상하고, 중지곤괘에서 관계관의 새로운 모델을 생각해 보았다. 그리고 이런 관계관을 토대로 할 때, 가족생활에서 버려야 할 것이 무엇인지를 산택손괘에서 찾아보았다. 그다음에 구체적인 가족문제에 대한 해답을 『주역』의 괘에서 찾아보았다. 가족 내 갈등이 발생했을 때는 화택규괘의 어긋남의 도에서, 가정을 운영할 때는 넉넉한 사랑과 엄격함의 지혜를 말하는 풍화가인괘에서, 가족생활에서 어려운 일에 직면했을 때는 위기에 대처하는 수산건괘에서 답을 찾았다.

오늘날 시대와 사회가 변화하면서 가족은 급변하고 있다. 가족이 변화하고 있다는 것에 대해서 누구도 이견을 제시하지는 않을 것이다. 그런데도 우리는 가족을 어떻게 바라보아야 할지, 변화한 가족이 어떤 역할을 담당해야 할지, 가족 구성원으로서 각자는 어떤 자세를 가져야 할지에 대해서는 시대에 부합하는 해답을 갖고 있지 못하다. 그래서 현대 가족은 여전히 다양한 가족문제를 안고 있다.

가족문제에 대한 해답 찾기는 급변하는 사회에서 가족문제의 현실을 인식하고 가족의 목표가 무엇이어야 하는가에 대한 문제의식을 제기하는 것에서 출발한다. 이러한 문제의식과 논의가 현대 가족문제를 극복하고 새로운 탈현대 가족의 모델을 구상하는 연구를 촉발하는 토대가 될 수 있기를 바란다.

제4장
동양사상과 노인문제

1.
현대 사회와 노인 소외

노인 자살률

1897년 에밀 뒤르켐Emile Durkheim이 『자살론』을 출판한 이후, 자살률은 사회학에서 가장 객관적인 불행지수로 사용되어 왔다. 자살률에 바탕해서 보면, 오늘날 한국인은 무척 불행하며, 특히 노인 불행은 극에 달해 있다. 〈2019 자살예방백서〉에 따르면, 최근 한국인의 자살률은 감소하는 추세를 보인다. OECD 국가 가운데 13년 동안 자살률 1위를 차지했던 한국이 2018년 리투아니아가 회원국으로 가입하면서 2위를 기록했다. 자살률이 줄고 있다고 하지만 65세 이상 노인 자살률은 OECD 국가 평균의 3배에 달하는 높은 수치이다.YTN 사이언스, 2019년 6월 12일

노인 자살률은 현대 사회에서 노인이 가장 소외된 집단이 되었음을 분명하게 보여 준다. 현대 사회에서 노인은 왜 가장 불행한 집단이 되었을까? 노인이 가장 불행한 집단이 된 것에는 다양한 원인이 있겠지만, 이 글에서는 현대 문명의 한계와 관련해서 노인문제의 근본적인 원인을 규명해 보고자 한다.

현대 문명과 노인문제

현대 문명과 그 출발을 함께하는 현대 인간관에는 현대 문명의 한계가 이미 정해져 있으며, 현대 문명의 한계는 필연적으로 노인문제를 심화시키게 된다는 것이 이 글의 논점이다. 역사적으로 볼 때, 현대 인간관의 출발점이 되는 것은 14~15세기 이탈리아를 중심으로 일어난 르네상스 휴머니즘이다. 르네상스 휴머니즘에는 인간의 가장 높은 부분인 '영적인 존재로서의 인간'이 탈락하여 있었고, 이것이 현대 문명이 도달할 수 있는 문명의 한계를 분명하게 예고하고 있다.

현대 인간관의 영향으로, 현대 문명은 젊은이가 우월함을 갖는 이성, 욕망, 육체 등과 같은 인간의 세속적인 측면들을 인간으로 전제하게 되었다. 그리고 이것은 노인을 열등한 존재로 인식하는 관점을 내포한다. 이에 따라서 현대 문명 건설이 진행될수록 노인 위기 역시 심화될 수밖에 없는 구조를 갖게 되는데, 오늘날 현대 문명이 그 한계를 분명히 드러내면서 노인 위기도 그 극점에 달하고 있는 것이다.

이렇듯, 현대 문명 위기는 노인 위기를 촉발하지만, 또한 역으로 오늘날 노인 위기를 통해 현대 문명의 한계를 인식할 수도 있다. 또한 현대 노인이 겪고 있는 극심한 불행은 불행의 주체인 에고를 불태워 버리는 연료가 될 수 있다. 이 글의 뒷부분에서는 노인 위기가 해소되었을 뿐만 아니라 노인이 사회의 중심이 되는 현대 문명 이후의 새로운 사회에 대한 비전을 모색해 보고자 한다.

2.
현대 문명의 위기와 위기의 노년

현대 인간관

출발점에서부터 현대 문명은 그 발전의 한계가 획정되어 있었다. 현대 문명의 한계는 바로 현대 문명 형성과 발전의 초석이 된 현대 인간관에서 비롯된다. 현대 인간관은 르네상스 휴머니즘에서 출발한 것인데, 르네상스 휴머니즘은 서구 중세 신본주의에 대한 반발로 형성된 인간 중심주의이다.

서구 중세사회는 신본주의 사회였다. 중세사회에서는 사랑, 용서, 지혜, 은총 등으로 특징지어지는 신적인 특성이 찬양되고 신앙이 되었음에 반해, 신적인 본질에 반하는 인간적인 특징에 대해서는 광범위한 비하와 억압이 자행되었다. 억압의 영역은 인간의 감정, 이성, 욕망, 그리고 인간의 육체에 이르기까지 전면적이었다.

중세사회에서는 희로애락과 같은 인간 감정이 고양되지 않았다. 인간의 감정을 표현하고, 찬양하는 시나 문학 활동, 음악 등이 중세 시대엔 침묵했다. 중세의 신은 고대 그리스나 로마의 신처럼 풍부한 인간적인 감정을 가진 신이 아니었다. 남녀 간의 사랑 감정도 찬양되지 않았다.

중세사회에서는 인간의 이성에도 신뢰를 주지 않았다. 신은 인간의 생각을 통해 인식될 수 있는 존재가 아니었으며, 생각을 통해 신께 가까이다가갈 수도 없었다. 『성경』의 「실락원」을 보면, 지혜의 열매를 따 먹은 사건은 에덴동산에서 추방의 결정적인 계기가 되었다. 이성에 대한 폄하의 결과로 철학은 퇴조하고, 수학이나 이에 기반을 둔 과학과 기술의 발전도 이루어지지 않았다.

중세사회에서는 인간의 욕망은 더러운 것으로 치부되었고, 죄악이었다. 성욕은 억압되어도 사라질 수 없지만, 그것은 중세사회의 어두운 이면으로만 기생했다. 신분 상승에 대한 욕망을 갖는 것은 위험천만한 생각이었고, 하느님이 허락한 것보다 더 많은 것을 소유하겠다는 욕망 역시 허용되지 않았다.

중세사회에서는 인간의 육체에 대해서도 부정적인 태도가 만연했다. 고대 그리스와 로마사회에서 햇빛 아래 노출되었던 육체는 장막으로 가려진다. 중세의 회화와 조각에서는 인간의 나신이 사라졌다. 사람들의 복장에서도 마찬가지였는데, 의복이란 육체를 가리는 것이었고, 결코 드러내는 것이 아니었다.

14~15세기경 이탈리아를 중심으로 발흥한 르네상스 휴머니즘은 바로 중세에 만연했던 인간적인 특징에 대한 억압과 비하에 대한 반발로 출현한 것이다. 르네상스 휴머니스트들은 인간의 감정, 이성, 욕망, 육체를 복권했을 뿐만 아니라 이를 숭배하는 인간에 대한 관점을 낳았다. '인간의 육체는 아름다운 것이다', '인간의 감정은 고귀한 것이다', '인간의 이성은 숭고한 것이다', '인간의 욕망은 긍정되어야 한다'는 것 등이 새로운 인간관의 내용물이다.

미켈란젤로와 다빈치는 인간의 아름다운 육체를 조각과 회화로 표현했다. 인간의 감정을 소중히 여기는 시와 문학, 음악활동이 일어났다. 그리고 르네상스기 이후 현대가 시작되는 시기에 르네상스 휴머니즘은 다양한 형태의 현대 인간관으로 형상화되었다.

'생각한다. 고로 나는 존재한다'라는 데카르트의 말은 '생각하는 존재', '이성적인 존재'로서의 현대 인간관 선언과 같은 것이다. '욕망하는 존재로서의 인간관' 역시 다양한 형태로 표출되었다. 홉스의 '무한한 권력을 추구하는 존재로서의 인간'은 그 시발점이 되었고, 애덤 스미스의 '자유로운 시장상황에서 이윤의 극대화를 추구하는 존재로서의 인간', 프로이트의 '쾌락을 추구하는 존재로서의 인간' 등은 그 변형이다.

그러나 신본주의에 대한 반발로 형성된 현대 인간관에는 인간의 가장 높은 부분이 탈락하게 되었는데, 그것은 바로 인간이 가진 영적인 특징이다. '사랑할 수 있는 존재로서의 인간', '용서할 수 있는 존재로서의 인간', '진정으로 겸손할 수 있는 존재로서의 인간', '아름답게 미소 지을 수 있는 존재로서의 인간', '감사할 수 있는 존재로서의 인간' 등은 현대 인간관에서는 그 출발점에서부터 배제되어 있었다.

결국 현대가 추구해 온 이상사회는 어떤 사회일까? 그것은 현대 인간관의 바탕 위에서 인간다운 삶이 가능한 사회였고, '이성적인 사회', '욕망 충족적인 사회', '남녀 간의 사랑과 같은 인간의 감정이 중시되고 육체의 아름다움이 강조되는 사회' 등이 바로 그 구체적인 내용이다. 즉, 현대 인간관에서 볼 수 있는 인간에 대한 한계 지음은 결국 현대 문명의 한계로 드러날 수밖에 없는 문제점을 현대 문명은 그 출발점에서부터 안고 있었다.

그리고 현대 문명 말기인 오늘날에 이르러, 그 한계가 명백히 드러나고, 이 한계는 바로 문명 위기로 연결되고 있다. 오늘날 문명 위기는 점점 심화되어, 인간 소외, 모든 관계의 악화, 환경문제의 심화 등에서 보듯 문명의 존립 자체를 위협하는 수준에 이르렀다. 그러나 현대 인간관의 바탕 위에 서 있는 현대 사회학은 현대 문명 위기에 대한 대안은커녕 현대 문명 위기의 인식조차도 하지 못하는 아이러니한 상황에 이르러 있으며, 문명은 종말을 향해 치닫는 상황이 연출되고 있다.

현대 인간관과 노년

현대 문명 위기의 근원은 현대 인간관이다. 그리고 현대 인간관에서 비롯되는 문명 위기가 극단화되어 나타나는 집단이 노인이다. 현대 인간관의 관점에서 바라본 노인이란 어떤 존재일까? 그것은 본질적으로 소외된 존재이다.

현대 인간관의 요체는 '자신을 둘러싸고 있는 무한한 공간과 영원한 시간으로부터 분리된 개체'라는 것이다. 그리고 분리된 개체로서의 나는 생각하는 존재, 욕망을 추구하는 존재, 육체적인 존재인데, 내 존재의 가치 역시 동일한 측면에서 인지될 수밖에 없다. 그러나 인간의 가치를 평가하는 이 모든 기준은 결과적으로 젊은이를 숭앙하고, 늙은이를 천시하는 결과를 초래하게 된다.

생각하는 존재로 인간을 바라볼 때, 노인은 열등한 존재로 인식된다. 〈스틸 엘리스〉라는 영화를 보면, 주인공인 엘리스는 50살의 뛰어난 언어학 교수였는데, 급성 치매로 인해 기억을 상실하고 자살을 감행하려 한다. 기억의 상실은 자신의 존재 의미의 상실을 뜻했고, 그녀는 치매 이전보다 비교할 수 없이 형편없는 존재로 전락한 것이다. 치매에 걸린 엘리스가 대부분의 노인이 처한 상황이다. 노인이 되면, 기억력, 판단력, 두뇌 회전속도, 사고력 등 모든 두뇌활동의 영역에서 현저한 감퇴가 일어나며, 이는 열등한 존재로서의 자기인식을 불러일으킨다.

욕망의 측면에서 볼 때도 노인의 욕망은 빛이 바랬고, 성적인 욕망이건 경제적인 욕망이건 정치적인 욕망이건, 자신의 욕망을 채울 수 있는 능력도 상실해 버린 존재이다. 생식기가 지난 노인이 강한 성적인 욕망을 갖는다는 것은 부자연스러운 일이다. 〈죽어도 좋아〉라는 영화에서와 같이, 성적인 욕망의 주체로 인간을 인식하고 노인 역시 아직 그런 의미에서 인간적인 존재임을 주장하는 것은 어처구니없는 현대의 삽화이다.

그리고 현대 인간관이 얼마나 집요하게 현대인의 뇌리를 지배하고 있는가를 입증하는 좋은 사례이다.

육체적인 관점에서 볼 때, 노인은 젊은이보다 확실하게 열등한 존재이다. 모든 장기의 기능은 현저히 쇠퇴했고, 팔다리의 근육도 사라졌다. 달릴 수는 물론 없고, 걷기도 힘이 든다. 여러 가지 만성병으로 시달리느라 하루도 몸이 개운한 날이 없다. 육체적인 측면에서 볼 때, 노인은 총체적인 난국에 빠져 있으며, 죽음에 다가갈수록 상황은 악화된다. 한마디로 말해서, 현대 인간관에서 바라본 노인은 존재 자체가 쇠락해 버린 한계 인간일 따름이며, 가장 비인간적인 인간에 불과하다. 그러므로 현대 인간관이 지배하고 있는 현대 사회에서 노인 소외, 노인의 위기는 자명한 귀결이며, 거기에는 어떤 출구도 존재하지 않는다.

노인은 젊은 시절 갖고 있었던, 이성, 욕망, 육체적인 건강을 잃어버리지 않으려고 하는 불가능한 노력을 기울이면서, 점점 더 나락으로 떨어져 가는 절망적인 삶을 살아가고 있을 뿐이다. 그리고 이것은 또한 아직 늙지 않은 그러나 지금의 노인보다 더 오랜 노년기를 보내야 할 젊은이들의 미래이기도 하다. 한국 사회는 2025년에 65세 이상 고령 인구가 전체 인구의 20%를 차지하여 초고령사회로 진입할 것이라고 한다. 2017년에 고령사회로 진입하고 불과 8년 후에 초고령사회로 진입하는 매우 빠른 속도로 변화가 일어나고 있다.서울경제, 2019년 8월 7일

현대 사회에서 노인은 경제력, 노동력, 젊음을 상실한 존재로 인식되고 있다. 그러므로 현대 사회의 노년기는 우울하고 불행하다. 이에 현대인들은 노인이 되지 않으려고 갖은 노력을 기울이고 있다. 그러나 우리는 누구나 노인이 될 수밖에 없으며, 점점 더 긴 노년기를 살아야만 하는 현실에 직면해 있다. 현대 사회에서 노인은 왜 불행한 것일까? 물론 노인들이 경험하는 육체적인 쇠약이 젊은 시절과 달리 많은 변화를 초래하기 때문이기도 하다. 그러나 여기서는 그러한 육체적인 쇠약을 포함

한 노인이 됨으로써 부딪치는 위기 상황을 중심으로 생각해 보자.

현대 사회 노인 위기의 실상

노인이 위기에 직면하게 되는 이유는 다음과 같다.

첫째, 현대적 가치관은 젊음을 숭상하고 노년을 폄하하기 때문이다. 현대 사회에서는 노인마저도 노인으로 대우받는 것을 꺼리고 노인이라는 사실에 저항감을 가지고 있다. 이에 노인이 되는 것을 불행의 시작으로 생각하게 된다. 하지만 누구나 노인이 되는 것을 피할 수 없는 현실이다.

둘째, 현대인의 삶이 자아ego확장을 목적으로 하므로, 현대 사회에서 노인은 불행할 수밖에 없다. 현대인들은 사회적 지위, 명예, 경제적 능력, 욕망의 충족 등을 통해서 자신의 존재를 확인하려고 한다. 그러나 노인은 이런 자아확장을 추구하기에는 여러 측면에서 불리하다. 따라서 현대 사회의 노인은 사회의 낙오자로 대우받고 스스로 불행한 존재로 생각한다.

노년기는 누구나 마주쳐야만 하는 것이고, 또한 노년기는 점점 더 길어지고 있다. 만약 긴 노년기를 불행하게 보내야만 한다면, 행복한 인생이란 힘든 것이다. 그런데 대부분의 현대인에게 있어서 노년기는 지극히 불행하다. 그렇다면 행복한 노년기란 원천적으로 불가능한 것인가? '그렇다'라고 하는 답변은 우리가 현대 인간관을 받아들인다는 전제하에서만 통용될 수 있다.

위에서 언급했듯이, 현대 인간관은 출발점에서부터 인간의 가장 높고 아름다운 부분을 탈락시켜 버린 불구적이고 단편적인 인간에 대한 관점이다. 왜 우리가 이런 불구적이고 단편적인 인간관에 얽매여 기나긴 노년기를 절망 속에서 살아야만 한단 말인가! 소외의 핵심은 노인의 소외가 아니라 현대 인간관의 소외임을 직시해야 한다.

현대 인간관이 간과한 인간의 모습은 인간의 가장 높은 부분이다. 동아시아 사회에서는 흔히 인간의 이런 차원을 '참된 자기'라고 말했다. '참된 자기'는 만일 그 실현을 위해 노력을 기울이면, 노년기에 이르러 만개할 수 있다.

3.
동양사상에서 노년

'참된 자기'를 실현한 노년

공자는 '마음이 가는 대로 행해도 법도에 어긋남이 없다[從心所慾不踰矩]'라고 하는 인생의 가장 높은 경지에 죽음 직전에 이를 수 있음을 말했고, 자신의 삶으로 이를 입증했다. 프란체스코 교황이나 틱낫한 스님 등 많은 인류의 스승들이 이를 자신의 삶으로 보여 주었다.

우리가 잘 나이 들어 간다면, 우린 나이 들수록 더 깊이 사랑하고, 타인의 허물에 너그러워지며, 진정으로 겸손하고, 매사에 감사하며, 아름답게 미소 지을 수 있는 사람이 되어 갈 수 있다. 노인은 스스로 평화롭고 행복하며, 자신의 주변에 평화로움과 행복을 선물할 수 있는 멋진 존재가 될 수 있다.

현대 인간관이 탈락시킨 인간의 가장 높고 아름다운 부분을 복권한다면, 우린 나이 들수록 더 인간다운 존재가 될 수 있다. 현대가 자행하고 있는 인간에 대한 부당한 비하를 멈추었을 때, 우린 현대 노인 위기와 문명 위기를 해소할 수 있을 뿐만 아니라, 노인이 행복하고, 행복한 노인이 행복한 사회를 만들어 가는 멋진 신세계를 향한 첫발을 내디딜 수 있게 된다.

'참된 자기'를 실현한 노인은 과거엔 드문드문 나타났을 뿐이었다. 그러나 미래 사회에서 수행이 일상적인 삶의 방식이 된다면, 수행을 통해 아름다운 노인들이 집합적으로 출현할 것이다. 그리고 '참된 자기'를 실현한 노인이 미래 사회의 주역이 되어, 평화롭고 사랑에 넘친 새로운 세상을 만들어 갈 것이다.

노인 중심의 새로운 사회는 어떤 사회일까? 사회제도적인 차원에서는 노인의 물질적인 삶의 안녕을 추구하고, 노인 스스로는 지속해서 마음공부에 관심을 기울여서 영적인 존재로서의 삶의 질을 높이는 것을 목표로 하는 사회이다. 이때 늙어 감과 나이 들어 감에 대해서 거부하지 않고 자연스럽게 받아들이는 관점을 바탕으로 하고, 노인에 대한 인식은 존재 자체에 대한 존경을 토대로 하는 이론적인 틀을 가지고 있다.

주체적인 삶을 사는 노인

현대 사회는 젊음을 숭상하고 늙음을 폄하하는 문화를 바탕으로 하고 있다. 이러한 경향은 현대 사회의 가치가 생산과 소비의 중심에 있는 젊음에 집중하고 있기 때문이다. 이러한 사회에서 노인은 약자이며, 보호받아야 할 대상이고, 노동력을 상실한 쓸모없는 존재로 치부된다. 즉 노인은 복지의 대상으로 전락하고 사회적으로는 부양의 책무를 주는 부담스러운 존재로 인식될 수 있다. 이러한 현대인이 당연시하는 늙어 감과 노인에 대한 인식은 현대 사회에 국한된 관점이다.

오늘날 사회는 급변하여, 현대 사회 이후 우리에게 다가올 미래 사회는 더는 현대 사회의 세계관이 지배할 수 없는 사회이며, 이미 그러한 사회 변화의 양상을 쉽게 발견할 수 있다.[홍승표, 2012: 51-57] 기계화로 인한 노동력에 대한 수요의 감소와 노동시간이 중심이 되던 사회에서 여가가 중심이 되는 사회로의 변화 등이 나타나고 있다.

따라서 현대적 가치관에 의해 젊음에 대한 맹목적인 추구와 나이 들어 감으로 인한 노동력 상실을 근거로 하는 노년을 폄하하는 태도에 대한 인식 전환이 요구된다. 젊음이란 추구한다고 해서 지속해서 유지할 수 있는 것이 아니며, 나이 들어 감을 거부한다고 해서 늙지 않을 수 있는 것이 아니다. 늙어 감을 자연스럽게 수용하고, 늙는다는 사실을 거부하지 않으며, 편안하게 받아들이는 것으로 관점을 전환해야 한다.

이러한 관점의 이론적인 체계는 유교사상의 통일체적 관점에서 찾을 수 있다. 통일체적 관점에 의하면, 모든 존재는 시공간적으로 통일성을 전제로 하고, 인간은 세계와 분리된 존재가 아니다. 무한의 시간과 공간인 우주는 나와 분리되어 있지 않으며, 인간 존재 자체가 우주적인 존재이다.[홍승표, 2013: 249] 이러한 관점에서 나이 들어 가는 것은 성숙을 의미하는 것이며, 자연스러운 것이다. 자신의 존재 가치를 젊음이라는 한순간에 머물러 있다고 인식하거나 그것에 집착하는 것은 통일체적 관점에서 볼 때, 비정상적이고 비현실적이다.

통일체적 세계관에서 보면, 나이 들어 가고 노인이 되는 것은 유아기, 청년기, 장년기와 다른 삶의 또 다른 국면에 불과한 것이다. 특히 노인은 그 이전의 시기와 달리 축적된 인생의 경험과 삶에 대한 지혜를 통해서, 영적인 측면에서 높은 수준의 삶의 모습을 실현할 수 있는 가능성을 가지고 있다. 이러한 유교문화의 노인관에서 노인을 보면, 현대 노인이 겪고 있는 소외의 문제는 해결되는 것이 아니라 해소되어 버릴 수 있다. '참나'를 자각하고 실현하는 데에서, 노인은 삶의 어떤 시기보다도 유리한 시기라고 할 수 있기 때문이다.[홍승표, 2009: 443]

노인은 자신이 가지고 있는 이러한 장점을 극대화하여, 스스로의 삶을 평화롭고 행복하게 가꾸어 나갈 수 있다. 동시에 이러한 노인의 존재는 그가 속한 사회를 좋은 세상으로 만드는 데 일조할 수 있다. 이러한 의미에서 노인은 복지대상이 아니라, 복지 주체로서 역할을 할 수 있다.

존경받는 노인

유교문화에서는 제도적으로 노인의 물질적인 삶의 안정을 추구하도록 하여, 노년기에 경제적 어려움에 처하지 않도록 하는 것을 노인부양의 첫 번째 요소로 꼽고 있다. 유교문화에서는 나이가 많다는 그 자체로 사회적 권위를 확보할 수 있었다.최재목, 2008: 264 『예기禮記』에는 노인 부양에 대해서 구체적으로 설명한 구절이 빈번하게 기록되어 있다. 「향음주의鄕飮酒義」편에는 노인의 나이에 따라서 음식을 어떻게 배분하고 일상적인 거처를 어떻게 차등을 두어야 하는지에 대한 노인 예우의 실천 사례가 기록되어 있다.최재목, 2008: 272

이처럼 유교문화에서 경로에 대한 강조는 국가를 다스리는 기본 정신과 연결되는 것이었다. 순자는 「부국富國」편에서 나라를 부유하게 하는 가장 중요한 것이 예禮와 정政이라고 강조하면서, 예로 사회를 바로잡고 정치를 올바로 하면 나라가 부유해진다고 한다. 이에 부국론의 서설에서 다음과 같은 경계를 말한다.

> 강한 사람이 약한 사람을 협박하고, 지혜있는 사람이 어리석은 사람을 위협하며, 아랫사람이 윗사람을 거역하고, 나이 젊은 사람이 나이 많은 사람을 능멸하며, 덕으로써 정치하지 않으면, 노약자가 부양받지 못할 것을 근심하고, 기상이 있는 사람은 다툼으로써 재앙이 발생할 것이다.[1]

부유한 나라라면, 사회적 약자들이 협박받거나 위협받지 않고 나이 많은 사람이 인간적으로 대접을 받고 덕으로 정치하며 노약자가 부양받

1. 『荀子』, 「富國」, "彊脅弱也 知懼愚也 民下違上 少陵長 不以德爲政 如是 則老弱有失養之憂 而壯者有分爭之禍矣."

는 것을 걱정하지 않는다고 한다. 이런 나라에서는 뜻이 있는 사람이 싸움할 일이 없는 것이다. 이처럼 부유한 나라에서 노인은 사회적으로 대우를 받고 부양에 대해 염려를 하지 않아도 된다. 즉, 유교문화에서는 노인이 경제적인 빈곤에서 벗어나는 수준에만 만족하지 않고, 사회적으로 존중받는 문화적 토대를 구축하는 데까지 목표를 설정하고 있다. 이것이 유교문화에서 발견되는 양로에서 경로의 문화로 확립되었다. 이러한 유교문화의 경로사상은 인도주의의 발현이라고 할 수 있다. 그리고 효와 경로사상이 유교문화 내의 불문율에 해당하는 관습으로 내재화된 측면도 있고, 경로효친의 실천을 통해서 스스로 인을 실현하게 되는 수양의 기회가 되기도 한다.김성기, 2007: 303-308

수행과 낙도로서의 삶

유교문화에서는 사회문화적으로 노인을 잘 부양하고 존중할 것을 강조하는 만큼, 노인이 자신의 삶에 대해서 경계하고 노력할 바에 대한 요구의 수준이 높다. 공자는 노인이 되면, 혈기가 쇠해지므로 노욕을 앞세워서는 안 된다고 경계하고 있다. 또 자신의 삶을 돌아보며, '예순에는 이순耳順'하고 '일흔에는 종심소욕불유구從心所欲不踰矩'하는 삶의 경지를 제시한다. 이는 노년에 이르러 욕망으로부터 자유로운 인격자라는 노인상을 제시한다. 이러한 노인이 되기 위해서 젊은 시절을 어떻게 살아야 할까?

공자께서 말씀하셨다. "나는 부끄럽게 생각하는 것이 있으며, 야비하게 생각하는 것이 있으며, 위태롭게 생각하는 것이 있다. 어려서 열심히 학문하지 않은 것과 늙어서 가르칠 것이 없는 것을 부끄럽게 생각한다. 옛 고향을 떠난 후 임금을 모시게 되어 출세했다고 옛 친구를 만나도 옛이야기가 없는 것을 야비하게 생각한다. 소인과 함께 어울리는 것을 나는 위태롭게 생각한다."[2]

공자께서 말씀하셨다. "군자는 세 가지 생각을 가지고 있어야 하며, 그것을 생각하지 않는 것은 불가不可하다. 젊어서 학문을 하지 않으면 장성해서 무능하게 된다. 늙어서 가르치지 않으면 죽어도 생각하는 이가 없다. 가진 것이 있으면서 베풀지 않으면 궁핍해졌을 때 함께할 사람이 없다. 고로 군자는 젊어서 장성할 때를 생각해서 학문하고, 늙어서는 죽을 때를 생각해서 가르치며, 가진 것이 있을 때는 궁핍할 때를 생각해서 베풀어야 한다."[3]

위의 구절은 유교문화에서는 노인이 세상과 젊은이에게 가르칠 바가 있는 존재가 되어야 한다고 한다. 이것은 노인이 젊은 시절 가졌던 사회적 책무로부터는 자유로워지지만, 어른으로서 삶의 지혜와 비전을 가진 삶을 살아야 한다는 말이다. 그런 삶을 위해서 노인은 어려서 세운 학문의 뜻을 잊지 않고 지속해서 수행으로 실천해야 하며, 그러한 수행으로서의 삶을 즐길 수 있어야 한다. 바로 낙도樂道의 삶을 사는 것이다. 그것이 바로 유교문화에서 말하는 이상적인 노인의 삶이다.

유교문화에서 이상적인 노인의 삶은 세속적인 삶의 집착에서 벗어나서, 삶 자체를 그대로 즐기고, 자신이 가진 삶의 지혜를 젊은이에게 가르치고, 한평생 수행으로 일관한 자신의 삶을 모범으로 삼을 수 있도록 하는 것이다. 이러한 노인의 삶에서 노욕老慾과 노탐老貪 그리고 늙어 감

2. 『荀子』, 「宥坐」, "孔子曰 吾有恥也 吾有鄙也 吾有殆也. 幼不能彊學 老無以敎之 吾恥之. 去其故鄕 事君而達 卒遇故人 曾無舊言 吾鄙之. 與小人處者 吾殆之也."

3. 『荀子』, 「法行」, "孔子曰 君子有三思而不可不思也 少而不學長無能也 老而不敎死無思也 有而不施窮無與也. 是故君子少思長 則學 老思死 則敎 有思窮 則施也,"

에 대한 두려움은 발견할 수 없다.

인간은 누구나 늙는다. 아무리 늙지 않으려고 노력하고 나이 드는 것을 거부하더라도 인간은 늙을 수밖에 없다. 어쩌면 노인이 되는 것에 대해서 강한 거부감을 가지고 있을수록 늙어 감과 노인이라는 것이 더욱더 두렵게 느껴질 것이다. 인간이 선택할 수 있는 것은 나이 들어 가는 것을 어떻게 인식하고 자신의 노년을 어떻게 보낼 것인가 하는 것이다. 자신의 선택에 따라서 나이 들어 가는 것과 노인이라는 사실은 매우 다른 결과를 낳을 수 있다.

늙어 감을 인정하고 그 자체에서 의미를 발견하는 삶을 추구해야 할 것이다. 노인으로서의 삶이 가지는 문제의 핵심은 늙는다는 것이 아니고, 잘 늙지 못하고 추하게 늙는다는 것이다. 이러한 문제는 노인으로서의 삶을 위한 아무런 준비 없이 노년에 이르렀을 때 심각하게 드러난다. 노인이라는 이유로 사회적 대접을 당연시하고, 나이를 이유로 사람들 위에 군림하려고 하거나, 자기의 존재감을 확인하기 위해서 자기주장을 고집하고, 스스로 노인이라는 것을 인정하고 받아들이지 않고 젊었을 때처럼 생각하고 행동하는 것은 노추老醜이다.

노인 중심의 새로운 세상에서 무엇보다 요구되는 것은 노인이 노인답게 자신의 노년을 보낼 수 있도록 사회문화적 토대를 마련하는 일이다. 첫째, 노인이 복지주체가 되어서 자신의 삶을 질적으로 변화시킴과 동시에 더 좋은 사회를 만드는 변화의 동력이 되는 것이다. 둘째, 물질적인 노인부양을 기본으로 하되, 노인에 대한 사회문화적인 존경이 확산될 수 있도록 공감대를 형성한다. 셋째, 이러한 노인복지 패러다임의 핵심은 무엇보다 노인이 자신의 삶을 즐기고, 참된 자기와 만나기 위한 수행을 멈추지 않는 노인의 존재이다.

잘 늙을 수 있는 사회구조적 장치가 마련되면, 노인으로서의 삶이 인생에서 가장 기대되고 행복한 순간이 될 수 있을 것이다. 노인이 되는 것이 두렵거나 거부감이 생기지 않는 사회가 된다는 것 자체가 노인 위기의 해소라고 할 수 있을 것이다.

4.
새로운 노년, 제3의 탄생

노인에 대한 인식 전환

노인이 중심이 되는 새로운 사회는 노인에 대한 새로운 관점을 토대로 해야 한다. 늙음을 어떻게 인식하느냐에 따라서 노인에 대한 사회적 인식이 달라지기 때문이다. 불과 반세기 전의 한국 사회에서도 노인은 노인이기 때문에 존중받았다. 그것은 노인의 삶의 경험에 대한 존중이었다. 나아가 나이가 들수록 인간적으로 성숙해진다는 인식을 바탕으로 하고 있었기 때문이었다. 그러나 나이가 든다고 해서, 공자가 말한 종심소욕불유구從心所慾不踰矩의 경지에 모두 도달하는 것은 아니다. 공자가 일생 얼마나 치열하게 도와 하나가 되는 삶을 살고자 수행했는지는 누구나 아는 사실이다.

공자와 같이 도와 하나가 되는 삶을 살기 위해서 노력하는 노인이라면, 현대 문명에 의해 야기된 노인 위기를 해소할 수 있을 것이다. 이러한 노년기를 '제3의 탄생'으로서의 노년기라고 할 수 있다. '제3의 탄생'란 무엇인가? 루소는 『에밀』에서 청소년기에 발생하는 정신적인 성장을 '제2의 탄생'이라고 명명했다. 육체적인 탄생인 '제1의 탄생'과 대비되는 개념으로 '제2의 탄생기'에 인간은 감성에 따른 이성이 확립되며 인간적인 감성이 생기고 성의식이 확대된다고 했다.[루소, 1992] 그런가 하면, 동양사상의 관점에서 노년기는 '제3의 탄생기'[4]라고 할 수 있다. '제3의 탄생기'에 존재의 질적 비약을 추구하는 것이다.

장자는 "자연은 우리에게 모습을 주었다. 또 우리에게 삶을 주어 수고하게 하고 우리에게 늙음을 주어 편하게 하며, 우리에게 죽음을 주어 쉬게 한다. 그러므로 스스로의 삶을 좋다고 하면 곧 스스로의 죽음도 좋다고 하는 셈이 된다"[5]고 했다. 우리에게 늙음이란 삶과 죽음을 포함해서 자연스럽게 오는 것임을 말하고 있다. 그 각각이 의미가 있는 것이지, 어떤 것을 더 좋아할 만한 것이 아니라고 한다.

늙어 감을 자연스러운 것으로 인정하고 받아들이는 세계관의 측면에서 보면, 노인이 되면 젊은 시절 짊어졌던 사회적 책임으로부터 자유를 얻을 수 있다. 이런 삶의 자유는 노인이 존재적 비약을 추구할 수 있는 수행과 낙도로서의 삶을 살 기회를 제공한다. 모든 사람이 노인은 되지만, 모든 노인이 '제3의 탄생'을 경험할 수는 없다. '제3의 탄생'으로 노년기를 맞이하기 위해서는 '제3의 탄생'을 위한 준비와 노력을 해야 한다.

노욕老慾에 대한 경계

공자는 "군자에게 세 가지 경계함이 있으니, 젊을 땐 혈기가 정해지지 않았으므로 경계함이 여색에 있고, 장성해서는 혈기가 한창 강하므로 경계함이 싸움에 있고, 늙어서는 혈기가 쇠하므로 경계함이 얻음에 있다"[6]고 했다. 이 구절에 대한 주석을 단 범씨范氏는 '여색을 경계하고 싸

4. '제3의 탄생으로서의 노년기' 개념은 동양사상과 탈현대 연구회 선생님들과의 토론에서 구상한 개념이다.
5. 『莊子』, 「大宗師」, "夫大塊載我以形 勞我以生 佚我以老 息我以死. 故善吾生者 乃所以善吾死也."
6. 『論語』, 「季氏」, "孔子曰 君子有三戒 少之時 血氣未定 戒之在色 及其壯也. 血氣方剛 戒之在鬪 及其老也 血氣旣衰 戒之在得."

움을 경계하고 얻음을 경계하는 것은 지기志氣인데, 만약 지기를 기르면 혈기에 동요되지 않는다. 이 때문에 나이가 많아질수록 덕德이 높아지는 것이다'고 한다.[성백효, 1998: 334] 그러나 노인이 되었음에도 자신의 혈기를 더욱 북돋우려고 하고 혈기에 의존하여 자신의 존재 의미를 찾으려고 한다면 망가지기에 십상이다.

'제3의 탄생'을 맞이한 노인은 젊은 시절 추구하던 이성보다는 삶의 경험에서 우러나는 인정人情을 중시한다. 그리고 젊은 시절 삶의 많은 부분을 지배했던 욕망이나 욕구로부터 자유로워진다. '제3의 탄생'을 맞이한 노인은 스스로 사랑의 존재가 되어, 세상을 사랑하고 사랑을 나누는 삶을 살아갈 수 있다. 이들은 인간이 사랑하기 위해서 이 세상에 온 존재라는 것을 깊이 인식하고, 사랑을 베풀고 실천한다. 이런 노인은 노인 스스로가 행복의 주체가 되고 아름다운 노년기를 누릴 수 있다.

새로운 노인상

노년기가 '제3의 탄생'이 될 수 있으려면 바람직한 노인상을 바탕으로 해야 한다. 현대 사회를 지배하고 있는 현대 세계관에 의하면 노인은 노인이기 때문에 이미 소외될 수밖에 없다. 젊음을 숭상하는 한 어떤 노인도 행복하지 못하며, 노인이라는 자체가 불행의 원인이 되기도 한다. 이에 현대를 살아가는 노인은 바람직한 모델을 가질 수가 없었다.

바람직한 노인상이란 어떤 모습일까? 동양사상에서는 사욕에 얽매이지 않는 노인의 삶, 노욕에 대한 경계, 어른으로서 노인의 삶에 대한 자세 등을 말하고 있다. 공자는 『논어』에서 자신의 삶에 대해, "나는 열다섯 살에 학문에 뜻을 두었고, 서른 살에 자립하였고, 마흔 살에 사리에 의혹하지 않았고, 쉰 살에 천명을 알았고, 예순 살에 귀로 들으면 그대로 이해되었고, 일흔 살에 마음에 하고자 하는 바를 좇아도 법도法道에 넘지 않았다"[7]고 했다.

공자는 마흔이 되면 하는 일에 의혹이 없고, 쉰 살이 되면 세상의 도리에 밝아지며, 예순에는 외부의 어떤 것에도 걸리는 것이 없어지고, 일흔에는 도道와 하나가 되었다고 한다. 이는 사욕에 흔들리지 않는 노인상을 설명하고 있다. 이런 노인상의 바탕에는 인간은 도道를 추구할 수 있는 존재라는 전제가 있다. 따라서 인간은 나이 들어 갈수록 그 깊이를 더해 갈 수 있기 때문에 아름다운 존재가 될 수 있다.

『장자』에는 다음과 같은 구절이 있다. "훌륭한 지혜는 한가하고 너그러우나 [세속적인] 하잘것없는 잔꾀는 사소한 일을 따지려 든다. … 탐욕에 빠져 버리면 본래의 [순수한] 모습으로 되돌아갈 수 없다. [또한] 그들이 늙어서도 더욱 욕심이 많아질 때 그 억눌린 모습은 꼭 봉해 막은 것과 같다. [이미] 죽음에 가까워진 마음(정신상태)을 두 번 다시 회생시킬 수는 없는 법이다."[8]

이 구절은 탐욕이 인간의 본래 모습을 훼손한다는 것을 지적하고 있다. 특히 늙어서마저 욕심의 지배를 받는다면 회생이 불가능하다고 경계하고 있다. 현대 사회의 특징 가운데 하나는 경쟁사회라는 것이다. 이에 현대인에게는 악착스러운 면모가 요구된다. 이런 현대적 가치관을 수용하면, 노인들마저 탐욕에서 벗어나지 못한다. 장자는 이런 노인들에게 욕심으로부터 자유로워질 것을 조언하고 있다. 노인이 수행과 낙도를 통해서 깨달음을 얻으면, 한가하고 너그러워서 세속적인 일에 집착하는 노욕으로부터 자유로워질 것이다.

'제3의 탄생'을 위해서 노인은 자기 변화를 추구해야 한다. 삶의 외적

7. 『論語』, 「爲政」, "吾十有五而志于學 三十而立 四十而不惑 五十而知天命 六十而耳順 七十而從心所欲, 不踰矩."

8. 『莊子』, 「齊物論」, "大知閑閑 小知閒閒 大言炎炎 小言詹詹. … 其溺之所爲之 不可使復之也. 其厭也緘 以言其老洫也. 近死之心 莫使復陽也."

인 측면에서 잘 사는 것을 추구하는 것이 아니라, 근본적인 잘 사는 삶에 대한 노력이 있어야 한다. 현대 사회에서는 노인의 삶의 목표 또한 젊은이들과 마찬가지로 현대적인 성취를 이루는 것에 초점을 맞추어 왔다. 사회적 지위, 명예, 경제적 능력, 욕망의 충족, 젊음 등을 유지하는 것을 통해서 존재의 의미를 확인하고자 했다고 해도 과언이 아니다. 그것은 끊임없는 자아ego 확장을 위한 노력이었다.

그러나 동양사상의 관점에서 보면, 삶의 목적은 이런 자아확장에만 머무르는 것이 아니다. 유가에서 공부의 핵심은 마음공부[敬工夫]였으며, 삶의 목표는 도道와 하나 되는 것이었다. 즉 자기self와의 만남을 추구하는 것이었다. 이는 수행과 낙도로서의 삶으로 드러난다. 새로운 노인복지의 내용은 이런 자기 변화를 추구할 수 있도록 돕는 것이어야 한다. 이때 우리는 어떤 노력을 기울여야 할까?

『주역』의 '수화기제'괘는 마무리의 도道를 말하고 있다. 우리 삶의 마무리는 노년을 어떻게 보내는가에 달려 있다. 기제괘의 괘사에서는 "형통함이 적으니 바르게 함이 이로우리라. 처음에는 길하나 마지막에는 어지러우리라"[9]고 한다. 일을 마무리하는 데에는 끝까지 긴장을 늦추어서는 안 된다. 마찬가지로 우리의 인생도 노년기가 되면, 긴장이 느슨해져서 그냥 살던 대로 살려고 할 수 있다. 그러나 노년기가 되어 삶을 마무리해야 할 때, 삶에 대해 어떤 자세를 가지는가에 따라서 어떤 노인이 될 것인지 완전히 달라진다. 아름다운 노인이 되기 위해서는 사욕으로부터 자유로운 우주와 통일체적 존재로 사는 삶에 관심을 기울여야 한다.

9. 『周易』, 「水火旣濟」, "旣濟 亨小 利貞 初吉 終亂."

제3부
사회문화

제1장
『주역』과 다문화 사회

1.
현대 사회와 다문화

다문화 현상

오늘날 국경의 경계를 무색하게 하는 이주가 빈번해졌고, 노동의 지구화가 가속화되고 있다. 이런 경향은 최근 한국 사회에서도 급속하게 증가하고 있다. "보건사회연구원이 발표한 '다문화가족 인구 추정치'에 따르면 2020년 기준 74만 3,400여 명 규모에서 2030년이 되면 121만 5,100여 명 규모로 증가하고, 2050년에 이르면 그 숫자가 216만여 명을 웃돌 것으로 나타나고 있다."세계일보, 2019년 8월 6일

다문화 인구가 점진적으로 증가하면서, 오늘날 한국 사회의 주된 이슈 가운데 하나가 다문화 가정이 겪고 있는 갈등, 교육, 빈곤, 소외 등이다. 이에 학계에서도 다각적인 측면에서 다문화 사회의 문제를 조명하고 있으며, 그에 따라 양적인 면과 질적인 면에서 괄목할 만한 성과를 거두었다. 2019년 8월 한국교육학술정보원에서 '다문화'를 키워드로 연구 결과를 검색하면, 단행본·학위논문·학술지 논문 등을 포함하여 2만 9,000여 건을 확인할 수 있다.한국교육학술정보원, 2019 양적인 측면에서 보면, 다양한 주제에 대한 연구성과가 축적되었다는 것을 알 수 있다. 소주제로 분류해 보면, 교육에 대한 연구 성과가 가장 높은 비중을 차지했고, 다음으로 경제문제, 가족문제, 사회적 차별, 불평등 등에 대한 주제가

연구되었다.[1]

다문화 사회에 대한 지금까지의 연구 성과는 다문화 사회를 이해하고, 다문화 사회로 인해 발생하는 문제를 해결하는 데 기여한 바가 크다. 그러나 기존 연구는 다문화 사회에서 발생하는 구체적인 문제에 대한 해결책을 모색하는 데 초점을 맞추고 있다. 그로 인해 제도적·정치적·교육적 차원에서 다양한 변화가 시도되었다. 그러나 본 연구자는 기존 연구의 성과를 인정하지만, 다문화 사회의 문제 해결을 위한 근본적인 해결책을 제시하는 데는 한계가 있다고 본다. 왜냐하면 기존의 연구 성과는 현대 사회를 지배하고 있는 근대적 세계관으로 다문화 사회의 문제를 바라보기 때문이다. 오늘날 근대적 세계관은 다문화 사회가 직면하고 있는 문제를 해결할 수 있는 관점을 제시하지 못하고 있다. 본 연구자는 근대적 세계관의 한계와 현대 다문화 사회에서 발생하는 문제의 원인에 대한 자세한 논의는 홍승표의 논점을 차용하고자 한다.홍승표, 2008: 73

다문화 정책

최근의 다문화 정책의 관점은 크게 세 가지로 정리할 수 있다. '차별적 포섭·배제 모형', '동화·흡수 모형', '다문화주의 모형'이 대표적인 관점이다. 각 모형을 실시하고 있는 대표적인 국가를 살펴보면 다음과 같다. 한국과 일본 그리고 독일은 '차별적 포섭·배제 모형', 프랑스와 1960년대 미국[2]은 '동화·흡수 모형', 캐나다와 스웨덴은 '다문화주의 모형'을

1. 다문화 사회를 주제로 한 연구동향에 대한 분석은 이 글의 주된 논점이 아니므로, 여기서는 한국교육학술정보원 사이트에서 검색을 통해서 얻을 수 있는 정보를 중심으로 기술하였다.
2. 미국은 1960년대에 '용광로정책'을 통해서 이민자들의 문화적 동화를 지원하는 다양한 정책을 실시하였다. 이민자들은 출신 국가의 언어와 문화적 특성을 완전히 포기하고 미국 사회에 완전히 동화함으로써 사회의 일원으로 인정받게 된다.

선택하고 있다. 각 국가는 문화적 특수성과 사회적 조건에 따라서 이상의 세 가지 모형 가운데 어떤 입장을 취하지만, 각국의 다문화 사회구조가 변화하면 유연하게 각 모형의 정책적 특징을 취하는 경향을 보인다.김나연, 2011: 28-29

오늘날 다문화 사회가 직면한 현실은 선택적인 것이 아니라, 필연적이다. 교통의 발달과 경제영역의 확대는 현대인에게 다양한 문화·인종·종교의 충돌을 경험할 수밖에 없도록 하고 있다. 이제 지역적인 국경의 한계는 시장경제의 위대한 영향력 아래 의미를 상실해 가고 있다. 최근 들어, 할리우드 영화가 '세계 동시 개봉 혹은 한국 영화시장 최초 개봉'이라는 광고를 쉽게 접할 수 있다. 이를 통해서, 어떤 상품이든 시장성만 확보된다면 지역적 국경을 넘어서 판매가 이루어지는 것을 잘 알 수 있다.한겨레신문, 2012년 6월 15일 이런 현실 속에서 일자리의 확보와 결혼으로 인한 문화 간의 만남은 피할 수 없는 현실이 되었다.김혜진, 2010: 115

이에 많은 국가는 당면한 다문화 사회에 대한 정책적인 대안을 마련하는 데 많은 노력을 기울이고 있다. 현재까지 나타나고 있는 다문화 사회의 정책 경향과 각 정책의 한계를 살펴보면 다음과 같다.

첫째, '차별적 포섭·배제 모형'이 있다. 이 모형은 한국과 일본처럼 자문화와 전통성에 대해 가치를 부여하는 사회에서 선택하는 정책이다. 한국은 전통적으로 단일민족에 대한 자부심을 중시하는 문화를 가지고 있기 때문에 유입되는 문화에 대해 일차적으로는 배타적인 입장을 보인다. 그러나 다문화 사회가 가속화되는 현실 속에서 '차별적 포섭·배제 모형'은 다문화 간의 융합을 도출해 낼 수 있는 현실적인 대안이 되지 못한다는 한계를 가지고 있다.

둘째, '동화·흡수 모형'이다. 이 모형은 다문화 사회의 문제해결을 위한 일차적인 접근의 관점에 자문화를 중심에 두고 있다. 이미 기득권을 확보한 자문화에 유입되는 문화가 잘 동화·흡수될 수 있도록 다양한 정책을 펼치는 것이다. 예를 들면, 현재 한국 사회에서 실시되고 있는 결혼 이주 여성을 위한 한국문화교육 프로그램, 한국어교육 프로그램 등이 대표적인 사례이다.

셋째, '다문화주의 모형'이다. 이 모형은 다문화 간의 공존을 주장하고 있다. 하지만 다문화주의에서 주장하는 공존은 음식으로 예를 들면 샐러드와 같은 상황이라고 할 수 있다. 샐러드는 삶고 익히는 과정이 없어서 질적인 변화를 이루지 못한다. 한 그릇에 담겨 있지만 단지 자기 맛을 고수할 뿐 새로운 맛을 위한 재탄생을 이루지는 못한다. 즉 분리·독립적인 개체로서 공간적으로 한곳에 머물러 있을 뿐이다.

다문화 정책과 세계관의 문제

현대 사회에 나타나는 다문화 정책의 한계점을 살펴보면, 세 가지 유형을 바탕으로 한 세계관의 문제를 지적할 수 있다. 이상의 다문화정책의 모형들은 근대적 세계관을 바탕으로 다문화 사회의 문제를 해결하기 위한 방법을 구상하고 있다. 근대적 세계관은 이 세계를 근원적으로 분리·독립된 존재들의 합으로 인식하고 있다.홍승표, 2008a: 72 이런 개인들은 적대적 대립의 관계를 형성하고, 제한된 재화와 기회를 대상으로 하는 갈등과 이해관계의 대립을 필연적으로 경험하게 된다. 이런 관점에서 바라보는 문화 간의 관계도 마찬가지다. 각 문화는 근본적으로 적대적 대립관계를 가지고 있으며, 문화 간의 충돌 결과는 약육강식이 지배하는 것이라고 자연스럽게 인정하고 있다.박홍식, 2009: 222-223

이상의 근대적 세계관을 전제로 하는 다문화정책은 다문화 사회에서 발생하는 근본적인 문제를 해소하는 대안은 제공하지 못한다. 왜냐하면 오늘날과 같은 다문화 사회가 다각적으로 진행되고 있는 사회에서 근대적 세계관은 정책적 대안을 제시하는 데 한계를 내포하고 있는 관점이기 때문이다. 각 정책이 바탕으로 하는 근대적 세계관은 단일 문화가 정체성을 확립하고 발전을 추진하던 시기에는 유용한 세계관으로 그 효용가치가 높았다. 하지만 오늘날에 요구되는 세계관은 이제 더는 자기 문화의 독자성만을 고수하는 데 이바지해서는 안 된다. 다시 말해서, 자신과 다른 문화를 존중하면서 그 문화와 유기적으로 조화를 이룰 수 있는 세계관적인 토대가 요구되고 있다.장현근, 2011: 75

2. 다문화 사회에 대한 새로운 세계관

정鼎괘의 세계관적 특징

『주역』의 정鼎괘가 의미하는 것은 '서로 합해서 쓰임이 되면서도 해치지 않는 도', '삶는 것', '익숙해짐의 도', '물건을 변혁시키는 도' 등이다. 「서괘전」에서는 정鼎은 "물건을 변혁시키는 것이 솥보다 더한 것이 없기 때문에 정鼎괘로 받았다"[3]고 한다. 이에 대해 주자는 "솥의 용도는 물건을 변혁시키는 것이다. 날것을 변해서 익게 만들고, 딱딱한 것을 바꾸어 부드럽게 만드니, 물과 불은 같이 있을 수 없는 것이나 서로 합해서 쓰임이 되면서도 서로 해치지 않는다"김석진 역, 1999: 1100고 했다.

정鼎은 다양한 음식 재료를 삶아서 새로운 맛을 내는 도구이다. 우리는 솥을 이용해서 음식을 만들 때 삶고 푹 익힌다. 삶고 푹 익힌 것은 본래의 특징을 버리지는 않으면서 변화하여 새롭게 재탄생하게 된다. 이때 재탄생이 의미를 가지는 이유는 각자의 개성을 완전히 상실해 버리는 것이 아니라, 전체 속에 각자의 개성을 잘 발현하면서 조화를 이루어 새로운 맛을 내기 때문이다.

예를 들어, 솥에 죽을 끓이면 사용한 재료에 따라 그 맛이 매우 다르

3. 『周易』, 「火風鼎」, "鼎 序卦 革物者 莫若鼎."

다. 하지만 사용한 재료의 특징이 사라지는 것이 아니라, 재료가 서로 조화를 이루어서 더욱더 좋은 맛을 낸다. 이처럼 진정한 변화는 그냥 오는 것이 아니라 불을 활활 지펴서 완전히 익히는, 즉 질적 변화를 이루어야 얻을 수 있다.

이상과 같이, 정鼎괘에서 읽을 수 있는 세계관적인 특성은 다문화 사회를 이해하는 관점으로도 의미가 있다. 다문화 사회의 경우도 다양한 개성과 특징을 가진 사회 구성원이 서로 조화를 이루어 사랑의 공동체를 이루는 것을 목적으로 한다. 전현대와 현대 사회에서는 민족 공동체가 중요한 의미가 있었다. 하지만 탈현대 사회에서는 민족을 넘어서 더욱 다양한 민족과 문화를 가진 구성원으로 사회는 구성될 전망이다. 이런 다양한 개성을 가진 사회 구성원이 사랑의 공동체로 발전하기 위해서는 솥에 온갖 재료를 넣어 삶고 익혀서 맛의 조화를 이룬 새로운 음식을 만들듯이 질적인 변화를 이루어야 한다. 이때 어떤 지혜로 접근해야 할 것인지를 정鼎괘는 우리에게 말해 준다.

다문화 사회가 진정한 공동체가 되기 위해서는 먼저, 다문화 사회의 현재 상황을 직시하고, 다음으로 모든 사회 구성원들의 행복을 추구하고자 하는 사회목표를 분명하게 해야 한다. 이를 정鼎괘에서는 "위치를 바로 하고 명을 응시한다"[4]고 했다. 오늘날 다문화 사회에서 발생하는 문제는 각 문제의 양상은 다르지만, 문제의 뿌리에는 근대적 세계관이라는 관점이 깊숙이 자리 잡고 있다. 근대적 세계관은 모든 존재를 분리·독립된 것으로 바라보는 관점이 전제되어 있다. 이에 분리·독립된 존재들 간의 이해관계 대립과 갈등이 발생한다. 이런 관계에서 상대방에 대한 존중보다는 강자의 약자에 대한 멸시와 지배가 난무하게 된다. 다시 말해서, 이런 사회에서는 다양한 문화 간의 조화로운 공존이 불가능

4. 『周易』, 「火風鼎」, "正位凝命."

하다.

정鼎괘는 자기의 맛을 고수하는 것이 아니라, 다른 재료와 함께 푹 익어서 조화를 이룬 새로운 맛을 내는 것을 지혜로 말하고 있다. 이 관점은 다문화 사회를 이해하고 다문화 사회가 직면한 문제를 해결하는 데 매우 실용적인 답을 제공해 줄 수 있다. 왜냐하면 오늘날 다문화 사회에서 발생하는 문제의 핵심은 대부분 자문화를 상대에게 강압적으로 주장하고 상대와의 조화를 무시하는 과정에서 발생한다고 해도 과언이 아니기 때문이다.

한편으로 보면, 정鼎괘는 '음식을 삶는 솥'을 말함으로써 다양한 재료가 그냥 한 솥에 담겨 있는 것이 아니라, '재료를 푹 삶는' 것을 말한다. 여기서 주목해야 할 것은 이 삶는 과정에서 자신이 녹아 없어지는 것이 아니다. 새로운 향과 맛으로 거듭나는 것을 의미한다. 삶는 과정은 음식재료의 특징과 개성은 유지하면서도 완전히 다른 맛의 조화를 이룬 음식으로 만들어지는 것이다.이현지, 2011b: 112 다문화 사회의 비전은 다양한 문화가 한 사회라는 공간에 단순히 혼재하고 있는 것이 될 수는 없다. 다양한 문화가 만나서 어떻게 자신의 문화적 개성을 유지하면서도 새로운 문화적 공감대를 형성할 수 있을 것인가에 대한 해답이 바로 『주역』의 정鼎괘에 있다.

다음 장에서는 효사를 중심으로 다문화 사회를 이해하는 정鼎괘의 지혜를 살펴볼 것이다. 본 연구자는 정鼎괘에서 현대 다문화정책의 대안을 발굴하고자 시도했다. 그것은 통일체적 공존의 비전과 화학적 결합의 비전이다. 다음 장에서 인용하는 효사에 대한 해석은 『주역』의 대표적인 해석인 김석진의 번역1999: 1100-1119을 참고했지만, 현대적인 의미 전달의 효과를 높이기 위해서 정재걸의 효사에 대한 해석을 상당 부분 차용했다.

『주역』을 집필할 당시에는 다문화 사회의 문제를 해결할 수 있는 답을 제공하리라고 예측할 수 없었을 것이다. 그러나 오늘날 다문화 사회에서 발생하는 문제에 대한 답을 구하는 현대인에게 『주역』은 그에 대한 지혜를 제공해 주고 있다. 시간을 초월해서 지혜를 발견할 수 있는 책이라는 점에서 『주역』의 현대적인 의미가 더욱더 새롭다고 하겠다. 다음에서는 정鼎괘의 효사를 다문화 사회에 적용할 때, 각 상황에서 어떤 세계관으로 인식하고 대처하는 것이 바람직한지를 분석해 볼 것이다.

문화적 조건화에 대한 자각

다문화 사회에서 문화 간 충돌이 발생하는 요인 가운데 하나는 기득권을 가진 문화의 보수성과 배타성에 기인한다. 이때 기득권을 가진 문화는 자기 문화에 대한 절대적인 가치를 부여하거나 자문화중심주의의 경향을 드러낸다. 이런 다문화 사회에서 부딪치는 문제를 해결하기 위해서는 자기 문화를 중심으로 인식하고 평가하는 것은 문화적 조건화에 길든 것임을 자각해야 한다.

문화적 조건화는 개인의 경우로 보면, "나의 생각, 나의 느낌이라고 하는 것도 모두 사회와 문화에 의해 조건화된 프로그램일 뿐이다."정재걸, 2008: 169 조건화된 자신을 탈조건화함으로써 진정한 자기 자신과 만날 수 있는 것처럼, 다문화 사회에서 문화 또한 조건화된 것임을 자각함으로써 나의 문화를 포함한 타문화와도 진정한 만남을 경험할 수 있을 것이다. 문화적 조건화에 대한 자각을 위한 노력은 다문화 사회의 초기에 필연적으로 요구되는 과정이라고 할 수 있다. 정鼎괘의 초육初六에 다음과 같이 말한다.

> 초육은 솥 다리가 뒤집혀 이로운 것이 쏟아지니 비색하다. 그 아

들로 인해 첩을 얻으니 허물이 없을 것이다.[5]

다문화 사회의 입장에서 보면, 초육의 상황은 다문화 사회의 초창기라고 할 수 있다. 다양한 문화가 유입되면서, 문화 간 충돌이 발생하는 상황이다. 이미 사회를 지배하고 있는 기득권을 가진 문화가 존재하는 가운데 새로운 문화가 유입되면, 기득권을 가진 문화는 유입된 문화를 폄하하거나 자신들의 문화에 동화·흡수시키려는 태도를 보이는 경향이 나타난다. 동화·흡수정책은 현대 다문화 사회에서 나타나는 정책 가운데 비교적 높은 비중을 차지하고 있다. 기득권을 가진 문화의 입장에서는 자신들의 문화적 권력을 이용하여 타문화를 동화·흡수하려고 한다. 새롭게 유입된 문화의 입장에서는 기존 문화에 적응하기 위해서는 자신의 문화적 정체성을 버릴 것을 강요받게 된다.

이에 두 문화는 충돌하여, 초육에서 말하는 '솥 다리가 뒤집히는' 상황에 직면하게 된다. 충돌은 외적으로 보기에는 부정적으로 보일 수도 있다. 그러나 '그 아들로 인해 첩을 얻으니'라고 한 것처럼, 다문화 사회로 인해 기존의 문화에 완전히 다른 문화를 얻을 수 있는 것이므로 '허물이 없다'고 할 수 있다. 무엇이든 익숙해지기 위해서는 솥에 음식을 삶는 것처럼 푹 익히는 과정이 필요하다. 다문화 사회에서도 서로의 문화에 익숙해지기 위해서는 서로의 문화가 충돌하는 작은 갈등은 발생하기 마련이다. 이를 정재걸은 "익숙하게 하는 일은 조건화된 몸과 마음을 탈조건화시키는 것"이라고 한다. 즉, 다문화 사회에서 상대의 문화를 이해하고 수용하기 위해서는 나의 몸과 마음에 조건화된 문화가 있음을 자각하는 일을 선행하는 것을 출발점으로 삼아야 한다.

---

5. 『周易』, 「火風鼎」, "初六 鼎顚趾 利出 否. 得妾以其子 无咎."

3.
존중, 통일체적 관점과 다문화

존중을 통한 진정한 만남

오늘날 다문화 사회에서 드러나는 충돌의 가장 일반적인 상황은 문화 간 차이에 대한 차별이라고 할 수 있다. 다문화 사회는 다른 문화 간의 만남이 필연적이다. 이때 다른 문화에 접근하는 관점에서 상대에 대한 존중이 결여되면 문제가 발생할 수밖에 없다. 이에 다문화 사회의 비전은 상대 문화에 대한 근본적인 존중에서 찾을 수 있을 것이다. 근대적 세계관을 토대로 하는 다문화 사회에 대한 인식은 상대 문화를 존중하기가 불가능하다. 따라서 오늘날의 다문화 사회는 제한된 지역 내에 다양한 문화가 단절되고 분리된 상태로 혼재하는 현상으로 나타난다.홍승표, 2008b: 7

이런 상황은 상대 문화에 대한 근본적인 존중이 빠져 있기 때문에 힘의 논리에 의한 지배와 종속의 관계가 나타나고 갈등이 만연하게 된다. 자신과 다른 것에 대한 존중이란 무엇을 말하는지 정鼎괘의 구이九二효사는 다음과 같이 말하고 있다.

> 구이는 솥에 내용물이 있으나 나의 배필이 병이 있어 나 역시 능히 먹지 못하니 길할 것이다.[7]

구이효의 상황을 다문화 사회로 해석해 보면, '솥에 내용물이 있다'는 것은 이미 기존의 문화가 발전한 사회를 말하고, '나의 배필이 병이 있다'는 것은 만나는 문화가 강하거나 지배적인 성격을 가지고 있지는 않다는 것이며, '먹지 못한다'는 것은 상대 문화를 장악하거나 삼키지 않는다는 것을 의미한다. 그러므로 구이효는 길하다. 왜냐하면 다문화 사회에서는 다양한 문화들은 함께해야 하므로, 한쪽이 다른 한쪽을 지배하거나 잠식하려는 것은 진정한 만남을 불가능하게 하기 때문이다. 주자는 구이효의 상전에 대해 다음과 같이 풀이했다.

> 솥에 내용물이 있음은 사람에게 재주와 업적이 있는 것이나, 마땅히 나아가는 바를 삼가야 할 것이니, 가는 바를 삼가지 않으면 옳지 못한 데 빠질 것이다.

'사람과 재주에 업적이 있는 것'이란 문화적으로 보면 풍부한 내용과 수준을 가지고 있어서 높은 평가를 받는 것으로 볼 수 있다. 이런 상황에서는 진정으로 다른 문화를 존중하고 관대한 자세를 가지고 '나아가는 바를 삼가야 할 것이다.' 그렇게 하지 못하면 다른 문화와 충돌하고 문화적 차이로 인한 갈등을 야기하게 된다. 현대에 나타나는 다문화 사회의 양상이 바로 이런 예라고 할 수 있다.

통일체적인 세계관으로 인식 전환

다문화 사회에서는 문화 간의 진정한 만남을 방해하는 다양한 문제

6.『周易』,「火風鼎」, "九二 鼎有實 我仇有疾 不我能卽吉."

가 발생할 수 있다. 이 글의 논점에서는 문제의 원인을 현대 다문화 사회의 세계관에 있다고 진단한다. 그 세계관은 무엇이며, 어떤 문제가 있는 것일까? 오늘날 다문화 사회를 인식하는 바탕에는 근대적 세계관이 있다. 근대적 세계관이 가지고 있는 한계에 대해 홍승표는 다음과 같이 말하고 있다.

> 개인 차원에서 자기발전의 원동력이 자신에 대한 긍정이듯이, 문화발전의 원동력도 자기 문화에 대한 긍정이다. 그런데 근대적 세계관은 자기 문화에 대한 자부심을 제공할 수 없다. 왜냐하면 근대적 인간관은 모든 존재의 근원적인 무의미성을 전제하기 때문이다. 그러므로 자신의 문화에 대한 우월감이나 열등감을 품을 뿐 자신의 문화를 진정으로 존중하고 사랑할 수 없다. 우월감이나 열등감, 이는 어느 경우이건 다문화 사회 발전에 기여할 수 없다.홍승표, 2008a: 80

우월감과 열등감을 가지고 자신의 문화와 유입된 문화를 바라볼 때, 어떤 만남이라도 진정한 만남이 될 수 없다. 이런 상황에서는 어떻게 하는 것이 바람직할까? 정鼎괘의 구삼九三효에는 다음과 같은 내용이 있다.

> 구삼은 솥의 귀가 망가져 그 행위가 막혀 있다. 꿩고기를 먹지 못하나 바야흐로 비가 내려 후회를 덜어 주니 마침내 길할 것이다.[7]

'솥의 귀가 망가져 그 행위가 막혀 있다'는 것은 솥에 음식을 할 수 없다는 뜻이다. 다문화 사회가 도래했지만, 문화 간의 진정한 융합이 이

7. 『周易』, 「火風鼎」, "九三 鼎耳革 其行塞. 雉膏不食 方雨虧悔 終吉."

루어질 수 없는 상황이라고 할 수 있다. 솥이 제 기능을 못하면 제대로 된 음식을 먹을 수 없는 것처럼, 이런 때에 다문화 사회는 심각한 갈등에 직면하게 된다. 그래서 이때에는 솥의 귀가 망가져서 불에서 꺼낼 수 없는 것을 꺼낼 수 있도록 '비가 내리는 것'처럼, 다문화 사회의 문제를 해결해 줄 수 있는 새로운 비전이 제시되어야 한다.

바로 오늘날 다문화 사회의 현실을 잘 보여 주고 있는 것이다. 이런 시대의 비전이란 새로운 세계관으로 다문화 사회의 문제를 바라보는 것을 의미한다. 구삼효의 상전에서 "상에 이르기를 '정이혁鼎耳革'은 그 뜻을 잃은 것이다"라고 했다. 여기서 말하는 '뜻'이란 바로 '새로운 세계관으로의 변화'라고 정재걸은 해석하고 있다.

새로운 세계관이란 무엇을 말하는 것일까? 그것은 바로 통일체적인 세계관이며, 통일체적인 세계관은 '우주적인 존재로서의 인간관'과 '대대적對待的 대립의 관계관'으로 나타난다. 이런 세계관으로의 변화는 현대 사회와 구별되는 다문화 사회의 비전을 가능하도록 한다. 이상의 세계관을 바탕으로, 홍승표는 통일체적인 세계관을 바탕으로 하는 '사랑의 다문화 사회', '포용의 다문화 사회', '예禮의 다문화 사회', '여성성이 개화한 다문화 사회'를 비전으로 제시하고 있다.홍승표, 2012: 2

그렇다면, 오늘날 현대 사회에서 말하고 있는 '다문화주의 모형'과는 어떤 차이점이 있는지 엄밀한 분석이 필요하다. '다문화주의 모형'의 세계관적 바탕은 근대적 세계관이므로, 분리·독립된 개체를 전제로 한다. 따라서 '다문화주의 모형'에서 다른 문화를 인정하는 것은 나와 분리·독립된 문화로서의 너의 문화를 인정하는 것이다. 이때 나와 너의 상호작용이나 유기적인 결합에 관해서는 설명하지 못한다. 즉 '다문화주의 모형'은 다양한 문화 개체들이 서로 분리·독립된 채로 자신의 개성을 발휘하면서, 상대에게 영향을 미치지 않고 공존한다는 것을 의미한다.

그러나 이런 공존을 진정한 공존이라고 할 수 있을까? 이것은 공간적인 혼재를 의미할 뿐이다. 더욱이 '다문화주의 모형'에서 이상으로 제시하는 것과 같은 다문화 사회에서 다문화 간의 침투와 상호작용이 제로인 경우는 현실적으로 불가능하다. 이에 다문화 사회를 바라보는 통일체적인 세계관으로 인식의 전환이 필요하다.

4.
믿음, 예, 융합과 다문화

믿음으로 극복하는 문화 간의 대립

다문화 사회에서는 문화 간의 충돌로 인한 분쟁이나 공동체의 와해 등의 현상이 나타나기 십상이다. 이런 현상의 원인은 다양한 각도에서 분석할 수 있겠지만, 본 연구는 현대 다문화 사회에서 발생하는 문제의 원인을 다문화 사회를 바라보는 세계관의 문제에서 원인을 찾는다. 왜냐하면 근대적 세계관은 외적으로는 개체의 개성을 존중하고 자신과 다른 것을 인정하는 관점으로 보인다. 그러나 실제로 근대적 세계관은 상대를 존중하고 다른 것의 가치를 인정하는 데 불구적인 관점을 가지고 있다.

그 결과 근대적 세계관을 가지고 있는 현대 사회에서는 빈번한 문화 간 분쟁이 발생하고 있다. 이런 분쟁은 거시적인 차원의 국가, 인종, 민족 차원에서 발생하기도 하고, 미시적인 차원에서 한 사회 내에서 소수 인종, 소외 계층, 성차별 등으로 나타나기도 한다.임형백, 2009: 167-168 이런 갈등이 발생하면 어떻게 대처해야 할까? 정鼎괘 구사九四에는 다음과 같은 구절이 있다.

구사는 솥 다리가 부러져 여러 사람의 음식을 엎으니 그 모습이

젖은 듯하다. 흉할 것이다. 상에 이르기를 '복공속覆公餗'이니 그 믿음은 어떻겠는가![8]

구사효는 문화 간의 충돌이 발생한 상황을 잘 보여 준다. 다문화 사회에서는 문화 간 충돌이 빈번하게 발생할 수 있다. 우리가 관심을 기울여야 할 것은 이런 충돌을 해결하기 위한 접근의 관점이라고 할 수 있다. 구사효의 상전에서는 '복공속', 즉 '여러 사람의 음식을 엎으니' 사람의 마음이 흩어질 수밖에 없는 상황이라고 설명한다. 다시 말해서, 믿음이 약해진 상황을 말하고 있다.

구사효는 갈등이 발생하고 사람의 마음은 산산이 흩어진 흉한 상태에서 믿음을 문제로 삼는다. 즉 문제를 해결하기 위해서는 믿음을 회복해야 한다는 대안을 말하고 있다. 서로 충돌이 발생해서 믿을 수 없는 상황이 되었는데, 어떻게 믿음을 얻고 신뢰를 회복할 수 있단 말일까? 다시 말하자면, 믿을 수 없는 상황이 되었기 때문에 믿음을 얻기 위한 노력이 더욱 절실하다는 것을 말한다.

『주역』의 천수송天水訟괘는 다툼이 일어났을 때의 도道를 말한다. 괘사에서 "송은 믿음이 있으나 그 믿음이 막혀 두려워하니 중간에는 길하지만, 마지막에는 흉하다. 대인을 보면 이롭고 큰 내를 건너는 것은 이롭지 않다"[9]고 했다. 송訟괘는 다툼이 일어나는 원인이 바로 '믿음이 막힘'이라고 한다. 믿음이 없는 관계에서는 작은 일에도 쉽게 분쟁이 일어날 수 있다는 의미이다. 이때 '큰 내를 건너는 것은 이롭지 않다'고 한 것은 다툼이 일어나면, 마치 모든 관계를 끝낼 것처럼 극단적인 상황을 전제로 파괴적인 선택을 하는 것의 위험성을 경고하는 것이다. 이는 다툼이 일어날수록, 상대를 믿을 수 없다는 생각이 들수록, 더욱 절실하게 믿음

---

8. 『周易』, 「火風鼎」, "九四 鼎折足 覆公餗 其形渥凶. 象曰 覆公餗 信如何也."
9. 『周易』, 「天水訟」, "訟 有孚窒惕 中吉終凶. 利見大人 不利涉大川."

이 요구된다는 것을 의미한다.

다문화 사회의 성장기와 예禮

오늘날 다문화 사회에 대한 연구는 대부분 다문화 사회에서 야기되는 문제를 주제로 다루고 있다. 이런 현상은 두 가지 측면에서 그 원인을 분석할 수 있다. 첫째, 다문화 사회는 그 자체의 속성상 문제가 야기될 가능성이 높기 때문에 다문화 사회에 대한 연구는 그로 인해 야기되는 문제에 대한 연구가 주를 이룰 수 있다. 둘째, 다문화 사회를 바라보는 현대 사회를 지배하는 근대적 세계관이 가지는 근본적인 한계에 의해 나타나는 결과라고 할 수 있다. 근대적 세계관은 모든 존재를 분리·독립된 개체로 인식함으로써 이해관계의 대립과 갈등이 전제하는 관계로 바라본다. 따라서 다문화 사회에 대한 연구에서도 이런 대립과 갈등의 문제가 주를 이루게 된다. 본 연구자는 두 가지 원인 가운데 두 번째 원인의 영향력이 더 크다는 견해이다.

이 장에서는 그 원인을 분석하고자 하는 것은 아니다. 이 장에서 관심을 가지는 것은 다문화 사회가 상당히 발전하여 문화 간 교류가 활발한 시기에는 어떻게 하는 것이 바람직한가에 대한 지혜를 모색해 보고자 한다. 이때는 모든 것이 안정되고 더 문제는 발생하지 않는다. 이런 상황이 가능하게 하려면, 다문화 사회에 대한 바른 세계관을 가지고 있어야 한다. 『주역』 뇌천대장雷天大壯괘는 '나아가서 성대해지는 때의 도'를 말하고 있다. 괘사와 단전에 다음과 같은 내용이 있다.

> 대장은 바르게 함이 이롭다. 단에 이르기를 대장은 큰 것이 장성하게 되는 것이다. 강으로써 움직이기 때문에 장성하니 '대장리정

大壯利貞'은 큰 것으로 바르게 하는 것이다. 바르고 크게 함에 천지의 뜻을 볼 수 있다.[10]

여기서 의미하는 '바르게 함'에 대해, 대장괘의 상전에서 '예禮가 아니면 실천하지 않는 것이다'[11]라고 설명한다. 다시 말해서, '바르게 함'의 준거는 '예禮'이다. 정鼎괘의 육오六五효의 상전에서 '중심이 실하기 때문이다'라고 한 것은 바른 세계관을 가지고 있다는 것을 의미한다. 육오효의 괘사와 상전을 보자.

육오는 솥이 누르고 솥귀가 금고리이니 바르게 함이 이로울 것이다. 상에 이르기를 '정황이鼎黃耳'는 중심이 실하기 때문이다.[12]

'솥이 누르고 솥귀가 금고리'라고 한 것은 찬란한 다문화 사회가 꽃핀 상황을 의미한다. 이렇게 다문화 사회가 발전할 수 있는 것은 상전에서 말하듯이 '중심이 실하기 때문'이다. 여기서 중심이란 무엇을 의미하는 것일까? 다문화 사회에서 중심이 되어야 할 것은 무엇일까? 바로 예禮를 지키는 관계를 말한다. 다문화 사회에서 예禮를 지키는 것은 첫째, 다른 문화를 있는 그대로 존중하는 것이다. 둘째, 강한 문화는 약한 문화를 부드럽게 수용하고 약한 문화는 강한 문화와 당당히 만나는 것이다.

예禮는 형식적이거나 억압적인 질서를 유지하고자 하는 것이 아니다. 예禮가 본래의 의미를 가지는 것은 예禮의 형식과 정신이 조화를 이루는 관계를 말한다. 이런 관계를 통해서, 다른 문화를 사랑하고 포용할 수 있을 것이다.홍승표, 2012: 8

10. 『周易』, 「雷天大壯」, "大壯 利貞. 彖曰 大壯 大者壯也. 剛以動故壯 大壯 利貞 大者正也. 正大而天地之情可見矣."

11. 『周易』, 「雷天大壯」, "象曰 雷在天上大壯, 君子以非禮弗履."

12. 『周易』, 「火風鼎」, "六五 鼎黃耳金鉉 利貞. 象曰 鼎黃耳 中以爲實也."

다문화 융합

다문화 사회가 안정기에 접어들면, 다른 문화 간의 만남은 충돌이 아니라 융합을 목표로 하게 된다. 다문화 간 융합이란 다양한 문화가 서로 섞이고 합쳐져서 조화를 이루면서 하나가 된 상태를 의미한다. 이때 '하나'이지만, 자신의 고유한 문화적 특징을 상실했다는 의미는 아니다. 조금 떨어져서 보면 '하나'의 공동체로 묶이는 특징을 가지고 있지만, 가까이에서 보면 본래의 개성은 그대로 지키고 있는 상태인 융합을 말한다. '다문화주의 모형'에서 추구하는 공존이 물리적인 상태에서 함께 있음을 주창한다면, 『주역』의 정鼎괘가 말하는 융합은 화학적인 변화가 발생한 함께 있음을 의미한다. 상구上九 효사를 보자.

> 상구는 솥에 옥고리를 달았으니 크게 길하고 이롭지 아니함이 없다. 상에 이르기를 옥고리가 위에 있으니 강과 유가 절도가 있다.[13]

옥고리는 금고리보다 열전도율이 낮아 뜨거운 솥을 들어내리는 데 조금도 불편함이 없다. 이런 상황을 다문화 사회에 적용해 보면, 문화적 융합으로 인해 구성원 간의 화합이 이루어지는 상태이다. 상전에서 '강과 유가 절도가 있다'고 한 것은 강한 것은 강하지만 지나치게 강해서 부드러운 것을 압도하지 않고, 부드러운 것은 부드럽지만 지나치게 부드러워서 강한 것에 완전히 흡수되지는 않는 상태를 의미한다. 다문화 사회에서는 기득권을 가진 문화와 유입된 문화 간에 상호 존중하면서 서로의 특성을 인정하는 상황이라고 할 수 있다. 상구의 상전을 보면, 강하거나 부드러운 것 자체를 문제로 삼지 않는다.정승희, 2008: 115 다만 강하

13. 『周易』, 「火風鼎」, "上九 鼎玉鉉大吉 无不利. 象曰 玉鉉在上 剛柔節也."

든 부드럽든 절도를 지키느냐 아니냐가 문제이다. 다문화 사회에서 문화 간의 융합이란 이런 지혜를 통해서 실현될 수 있을 것이다.

중국에서 소수 민족이 가장 밀집한 지역은 윈난성이다. 윈난성에는 26개 소수 민족이 있으며, 소수 민족의 비율이 33%이다.네이버 백과사전, 2012 윈난성의 소수민족들은 자신들의 전통문화를 보존하면서도 다른 소수 민족과 조화를 이루는 삶을 살고 있다. 그들은 상대의 민족문화와 전통을 존중하고 보호하려는 자세를 가지고 있다. 이들은 자기 문화의 우수성을 주장하려고 하지 않고, 상대 문화를 자신의 기준으로 평가하려고 하지 않는다. 상대 문화가 가지고 있는 특수성을 인정하되 자기 문화의 전통도 지키려고 한다. 이때 문화적 우월성이나 지배력 등은 개의치 않는다. 상대 문화와 자기 문화를 인정하는 데 절도를 잘 지킴으로써 하나의 통일체이지만 동일하지는 않고, 다른 특수성을 가지고 있지만 분리되어 있지 않은 융합된 모습으로 나타난다.

유목적 삶

오늘날 현대인의 삶이 가지는 특징을 '유목적 삶'이라고 부르기도 한다. 현대인의 삶을 '유목적 삶'이라고 일컫는 이유는 현대인의 삶이 그만큼 이동과 교류가 많다는 것을 방증하는 것이다. 그로 인해 다문화 사회의 양상은 지구촌의 특정지역에서 나타나는 현상만은 아니다. 그만큼 다문화 사회로의 변화의 물살은 급속도로 확대되고 있다. 다문화 사회는 세계화의 시대적인 부산물이라고 할 수 있으며, 오늘날에는 그 사회의 개방성과 선진국의 척도로 인식되기도 한다.임형백, 2009: 162

다문화 사회의 도래는 다양한 사회문제와의 직면을 불가피하게 하는 바가 있다. 그러나 우리는 한국 사회에 나타나는 다문화 사회로 인한 문제의 심각성에 주목하지 않을 수 없다. 가장 먼저 제시할 수 있는 요인은 한국 사회가 전통적으로 유지해 오던 단일민족에 대한 신념을 생각할 수 있다. 사실 다문화 사회로의 변화가 급속하게 진행된 이후에도 한국 사회는 여전히 단일민족으로서의 정체성에 대한 암묵적인 지지가 지속해서 유지되고 있다고 해도 과언이 아니다. 이런 태도는 다문화 사회로의 새로운 사회관계를 수용해야 하는 현실을 인식하는 데 걸림돌로 작용할 수 있다.임형백, 2009: 168

단일성과 다원성

다문화 사회에서 단일성과 다원성의 균형은 매우 중요하다. 그러나 분리·독립된 존재에 대한 인식을 전제로 하는 근대적 세계관에 의하면, 단일성과 다원성이 융합된 관점이란 불가능하다. 이에 근대적 세계관의 이런 문제점을 극복할 수 있는 통일체적 세계관에서 다문화 사회를 인식하는 새로운 지혜를 발견해야 한다. 이런 통일체적 세계관을 가장 잘 보여 주는 것이 바로 『주역』의 세계관이며, 이것은 현대 사회의 다문화 정책이 안고 있는 한계를 극복할 수 있는 대안으로 적극적으로 활용될 수 있다.장윤수, 2012: 29

한국 사회에서 다문화 사회로 인한 문제가 더욱 심각하게 발생하는 또 다른 이유는 한국 사회는 다문화 사회로서의 역사적 경험이 부재한 사회이기 때문이다. 이에 한국 사회는 다문화정책과 제도의 모델을 다문화 사회의 경험이 풍부한 서구사회에서 찾고 있다. 따라서 서구사회의 다문화 사회에 대한 접근법이 가지는 한계를 한국 사회도 그대로 답습할 수밖에 없다. 미국과 캐나다 등의 다문화정책과 제도의 문제점은 근본적으로 문화 간 분리를 전제로 하고 있다는 점이다. 이 관점은 이들

사회를 지배하는 인식의 토대를 형성하고 있는 근대적 세계관의 영향을 받은 것이다.

다문화 정책의 문제점과 비전

다문화 사회는 정도의 차이는 있겠지만 다른 문화가 혼재해 있는 상태라고 할 수 있다. 문화 간의 접촉은 있지만, 접촉을 통해서 강한 지배력을 가진 문화에 동화·흡수되거나 상호 융합은 일어나지 않으면서 한 사회 내에 공존한다. 이런 양상은 진정한 다문화 사회로의 질적 변화를 이루었다고 할 수 없다. 현재 다문화 정책의 문제점을 정리해 보면 다음과 같다.

첫째, 오늘날 다문화 정책은 문화 간의 접촉을 상대 문화를 변화시키는 계기로 삼으려고 한다. 둘째, 오늘날 다문화 정책은 기득권을 가진 문화를 중심으로 하는 동화·흡수를 시도하고자 한다. 셋째, 오늘날 다문화 정책은 공동지역 내에서 다문화의 물리적 혼재 이상의 대안을 제기하지 못한다.

이상의 문제점을 통해서, 본 연구에서는 다문화 사회의 새로운 비전을 『주역』 화풍정괘에서 모색해 보았다. 정鼎괘의 각 효사를 통해서 다음과 같은 여섯 가지의 다문화 사회가 직면할 수 있는 상황에 대한 해답을 찾을 수 있다. 첫째, 다문화 사회의 초기에는 자기 문화에 대한 조건화를 인정하고 탈조건화를 위해 노력할 필요성을 말한다. 둘째, 다문화 간의 충돌이 있을 때는 존중을 토대로 할 때, 진정한 만남이 가능하다는 것을 말한다. 셋째, 문화 간의 진정한 융합을 위해서는 통일체적인 세계관으로의 인식 전환이 필요하다는 것을 말한다. 넷째, 다문화 간 충돌이 빈번할 때는 믿음으로 극복하기 위해 노력할 것을 당부한다. 다섯째, 다문화가 꽃피는 시기에는 중심을 바로잡아 예禮로써 더욱 성대해지게 할 것을 말하고 있다. 여섯째, 다문화 간 융합이 이루어질 때는 절도로 질적인 관계의 변화를 추구할 것을 말한다. 이는 자국의 문화적 정체성과 글로벌 정체성의 상호작용적인 변증법적 관계를 인정하는 것이라고 할 수 있다.

제2장

유교사상과 노년문화

1.
인공지능 시대와 노인

인공지능 시대의 사회 모습

인공지능 시대에 인류는 어떤 삶을 살게 될까? 인공지능 시대에 변화할 사회의 모습은 다양한 관점으로 예측되고 있다. 그러나 그 변화에 대한 분명한 해답을 제시하기는 쉽지 않다. 오늘날 과학기술의 발전은 인간의 상상력을 현실로 변화시키면서 놀라운 삶의 변화를 만들어 가고 있다. 인공지능 시대에 따른 변화의 가장 핵심적인 측면은 노동으로부터의 해방, 수명 연장, 인간관계 등이다. 이미 인류는 인공지능 시대로 인한 변화가 시작한 현실에 직면하고 있다.

이러한 변화로부터 어떤 연령층도 자유로울 수는 없지만, 삶의 질적 변화에 가장 심각하게 노출되는 세대가 바로 노년이라고 할 수 있다. 인공지능 시대의 도래로 인한 변동뿐만 아니라, 지금까지 인류가 경험한 변동에 적응하기에 노인은 언제나 가장 어려움을 겪는 세대였다. 특히 과학기술의 발전으로 인한 문명의 변동과정에서는 더욱 그러한 현상이 두드러졌다. 급속하게 변화하는 과학기술의 영향 아래에서 변화하는 삶에 노인 세대가 즉각적으로 대처하고 적응하기는 다른 세대와 비교할 때 어려움이 크다. 따라서 인공지능 시대의 도래가 노인 세대에게 줄 부담도 쉽게 예측할 수 있다.

인공지능 시대의 도래에 직면하여, 행복한 노년을 위한 비전을 모색하는 것은 현대를 사는 노인이나 젊은이 모두에게 의미 있는 작업이라고 할 수 있다. 현대인은 누구나 긴 노년을 살아야만 하고, 그로 인해서 노년의 삶의 질이 매우 중요한 의미를 가지기 때문이다. 이러한 이유에서 행복한 노년에 대해 주목해야 할 필요가 있다. 특히 현재 가시화되고 있는 불행한 노년을 진단하고 어떻게 해소할 수 있을지에 대한 해답을 모색하는 것도 시대적으로 중요한 과제이다.

현대 한국 사회의 노인 불행은 극단으로 치닫고 있다. 한국 사회의 노인 자살률은 OECD 회원국 가운데 가장 높다. 또한 한국 노인의 삶에 대한 만족도는 낮다. OECD가 조사한 '한눈에 보는 사회지표'Society at a Glance 2016에 의하면, 한국인의 삶의 만족도는 26.6%로 조사대상 35개국 중 28위다. 특히 나이가 들수록 가난하고 불행해진다는 결과가 나타났다.헤럴드경제, 2016년 10월 26일

이와 같은 통계 결과는 현대 한국 사회에서 노인들이 얼마나 불행한가를 보여 주는 사례이다. 노인 불행 문제는 현대 사회가 직면한 가장 심각한 사회문제로 부상했다. 노인 불행 문제의 근본적인 원인을 밝히고, 노인 행복을 위한 구체적인 방안을 모색하는 것은 이 시대의 가장 시급한 현안이 되었다.

노인 불행에 대한 시각

동서양을 막론하고 노인 불행 문제에 대한 다양한 각도에서의 많은 연구가 이루어지고 있다. 그러나 기존의 연구들은 근본적인 한계에 부딪혀 있다. 현대 인간관의 바탕 위에서 노인 불행 문제에 대한 해답을 찾으려고 한다. 이것이 근본적인 한계의 이유이다. 왜 그러한가? 사실 현

대 노인 불행의 근원이 바로 현대 인간관이기 때문이다.홍승표, 2016: 256

현대 인간관의 관점에서 보면, 인간은 자신을 둘러싸고 있는 세계로부터 단절된 고립적인 개체이다. 그래서 현대적인 관점에서의 인간은 '유한성'을 그 특징으로 한다. 즉, 인간은 출생한 후 사망할 때까지만 존재하는 유한한 존재이다. 이러한 관점으로 보면, 죽음이란 인간이 무無로 화하는 것을 의미한다. 늙음이란 죽음에 다가가는 과정이고, 그러므로 현대적인 관점에서 볼 때, 늙음 자체가 문제이다. 이때 노인이라는 존재 자체가 불행한 것이므로, 노인 불행은 필연적이다.

현대 인간관의 관점에서 이루어지는 모든 노인 불행 문제의 근본적인 한계가 바로 이것이다. 이 관점에서 노인 불행의 원인이란 젊은 시절 갖고 있었던 것들을 상실한 것이고, 노인 불행을 해결하는 방안이란 그 상실을 보완해 주는 것이다. 그러므로 '젊은이보다 행복할 수 있는 존재로서의 노인'에 대한 논의는 불가능하다. 따라서 노인 행복에 대한 논의의 출발점은 인간관의 대전환에서부터 시작되어야만 한다. 인공지능 시대의 도래는 바로 그러한 전환점을 현실화시켜 줄 수 있지 않을까?

인공지능 시대의 사회 변화

인공지능 시대의 핵심적인 변화의 측면인 노동으로부터의 해방, 수명 연장, 인간관계는 노년의 삶의 질을 완전히 변혁할 수 있다. 현대 사회에서 노인은 노동력을 상실했다는 이유로, 건강하지 못한 육체적 조건으로 인해, 사회관계의 단절로 인한 고립으로 인해, 사회적으로 무능한 존재로 폄하되거나 소외되곤 하였다. 그러나 인공지능 시대가 도래하면, 현대 사회의 노인이 경험했던 불행의 원인은 어느 정도는 자연적으로 해결될 수 있다.

인공지능 시대의 도래는 인류가 직면한 피할 수 없는 현실이지만, 인공지능 시대의 노년을 어떻게 살아야 할 것인가에 대한 고민은 결여되어 있다. 오늘날 인공지능 시대의 도래와 노년의 삶에 대한 관심은 늙지 않거나 죽지 않을 것이라는 예측에 초점을 맞추어지는 경향이 있다. 앞으로의 과학기술의 발전을 고려하면, 인간이 늙지 않고 죽지 않을 가능성은 완전히 긍정할 수도 부정할 수도 없다. 현재 상황에서 분명하게 말할 수 있는 바는 늙지 않고 죽지 않는 것이 행복한 노년을 보장하는 것은 아니라는 점이다.

늙지 않고 죽지 않아서 노년의 삶이 길어지면 길어질수록 노년을 어떻게 살아야 할 것인가의 문제는 삶의 질을 결정하는 데 중요한 관건이 된다. 따라서 우리는 인공지능 시대의 도래로 인해서 변화할 노년을 어떻게 살아야 할 것인가에 대한 해답을 모색해야만 한다. 과학기술의 발전은 인류의 삶을 혁신적으로 변화시켜 왔다. 현재 화두가 되는 인공지능은 디지털 혁명이 기하급수적인 속도로 진행되면서 인간의 사회시스템을 완전히 변화시킬 것으로 전망되고 있다. 이러한 변화는 인간이 경험하던 모든 관계의 변화도 초래하고 있다.[피터 노왁, 2015: 43] 이제 인간은 로봇과 교류하고 감정적인 연대감을 형성하며 공존하는 삶을 살아야 한다. 인공지능이 인류의 삶 속으로 깊이 들어오면서, 이러한 물적 구조의 변화는 삶의 변화를 초래할 것이다.

노동으로부터 해방

인공지능 시대는 노동으로부터의 해방이라는 인간 삶의 질을 혁명적으로 변화시키는 전환점이 될 것이다. 『마스터 알고리즘The master algorithm-머신러닝machine learning은 우리의 미래를 어떻게 바꾸는가』

의 저자 페드로 도밍고스Pedro Domingos는 인공지능 시대의 미래를 매우 긍정적으로 전망하고 있다. 그는 인간의 미래를 절대적으로 안전하다고 전망하고 있다. 저자는 일자리가 크게 줄어드는 사실마저도 비극이 아니고 축복이라고 주장한다. "머신러닝의 엄청난 발전은 인간의 의식주를 해결하는 일과 노동(정신노동까지 포함해서)에서 인간을 해방시킨다. 그러다 보니 '생계비를 번다'는 말은 미래에는 구시대의 야만적인 유물로 여겨질 것이라고 주장한다."사이언스타임즈, 2016년 11월 24일

인공지능 시대에 현실화될 노동으로부터의 해방은 노인뿐만 아니라 전 세대의 삶을 변화시킬 것이며, 더는 노동력이 사회에서 존재적 가치를 인정받는 기준이 되지 않을 것이다. 인공지능 시대는 노동으로부터 해방이라는 인류가 지금까지 상상하지 못한 삶의 차원을 현실화할 것으로 기대되고 있다.

그러나 이러한 변화에 대한 우려의 입장도 강하다. 노동력을 상실한 인간 존재는 사회의 잉여로 전락할 수 있다는 입장이다. 지금까지 인류가 겪어 왔던 기술혁신은 더 많은 일자리를 만들고 인간을 힘든 노동에서 좀 더 창의적인 직업으로 옮겨 가게 하는 데 기여했지만, 인공지능 시대의 기술혁신은 완전히 다른 차원으로 진행된다. 이에 대해서 뇌과학자 정재승 교수는 다음과 같이 설명하고 있다.

"과거에는 노동생산성이 늘어나면 경제규모가 커지고 고용 및 임금도 함께 늘어났다. 2000년대가 되면서 기술혁신으로 노동생산성은 극대화되었지만 일자리와 임금이 늘어나지 않았다. 그러다 보니 경제규모도 늘어나지 않았다. 기술혁신으로 인해 인간의 일자리를 대체한 로봇은 생산만 하고 소비를 하지 않았기 때문이었다."사이언스타임즈, 2016년 6월 4일 그래서 정재승 교수는 인공지능 시대의 일자리에 대해서 논의할 때는 경제적 논리만으로 결정해서는 안 되며 인간의 일자리에 대한 사회적 합의를 할 필요가 있다고 주장한다.

인공지능의 발달과 함께 노동으로부터 완전히 자유로워지는 인류가 노동으로부터 해방으로 인해 행복해질지 불행해질지 불투명하지만, 분명한 점은 인공지능 시대의 인간은 노동으로부터 완전히 자유로워진다는 점이다. 노동으로부터 자유로워짐으로써 인류가 행복해질지 불행해질지는 결국 인류의 선택에 달려 있다.

수명 연장과 노화 방지

인공지능 시대에는 수명 연장과 노화를 방지하는 과학기술이 상용화되어 인류의 삶을 획기적으로 변화시킬 것이다. 인공지능 시대의 삶의 변화 가운데 가장 큰 변화는 평균 수명의 증가에 따라, 인류가 노인으로 살아야만 하는 기간이 늘어난다는 점이다. 이러한 현상은 과학기술의 발전이 가시화되면서 이미 오래전부터 현실이 되고 있다.

특히 과학기술의 발전으로 인한 수명 연장은 단순히 오래 살 수 있는 의미를 넘어서, 질병이나 노화로 인한 육체적인 고통으로부터 자유로워진다는 것을 의미하기도 한다. 이것은 새로운 삶의 국면을 인류에게 선사할 것으로 예측된다. 노인이 된 후의 삶의 시간이 길어질 뿐만 아니라, 노인으로서의 삶의 질이 향상된다는 것을 의미한다.

이미 현대 과학자들 가운데는 인간의 수명이 최대치에 도달했으며, 앞으로 수명 연장을 위해서 투자하기보다는 건강 수명을 위해서 노력하는 것이 현실적이라고 주장한다. 미국 앨버트아인슈타인의대 과학자인 얀 페흐Jan Vijg는 "각종 감염병과 만성질환을 이길 수 있는 의술이 개발된다면 평균 기대수명은 늘릴 수 있을지 몰라도 최대 수명은 늘리기 어렵다"고 강조했다. 그는 "새로운 치료법들이 우리가 계산한 한계를 넘어 인간 수명을 연장할 수 있을 것이란 생각을 해 볼 수는 있으나, 그런 진전이 있으려면 집단적으로 인간 수명을 결정하는 것으로 보이는 많은 유전적 변이를 극복해야 할 것"이라고 한다.사이언스타임즈, 2016년 10월 6일

노년학자들마저도 노년이 길어진다는 것을 어떤 의미로 해석해야 할지에 대한 분명한 답을 제시하지는 못하고 있다.마티아스 이를레, 2015: 17 그만큼 노년의 미래는 불확정성을 안고 있다는 뜻이다. 어떤 의미에서 앞으로 인류의 미래는 어느 세대나 비슷한 불확정성에 노출되어 있다고 할 수도 있다. 한 사람의 일생에서 노년으로 살아야 할 기간은 길어진다는 것은 분명하지만, 노년이 길어지는 것이 무얼 의미하는지에 대한 긍정적인 입장과 부정적인 입장이 양립하는 현실이다. 이러한 상황에서 인류가 어떤 선택을 하느냐에 따라서 노년의 명암이 달라질 것이라는 점은 분명하다.

새로운 문명

인공지능 시대는 새로운 문명을 야기하고, 인류의 삶은 급진적인 변화를 경험하게 될 것이다. 로봇의 상용화, 인공지능의 대중화, 가상현실의 확대 등 인공지능 시대의 하부구조는 정치, 법률, 사상 등의 상부구조 변화를 야기할 것이다. 그러므로 인공지능 시대의 도래로 인한 물적 기반의 변화에 따른 사회의 변화에 대한 다각적인 측면에서의 논의가 요구되고 있다.

"인권과 마찬가지로 로봇권이 필요한가, 그렇다면 누구에게 어떻게 주어야 할 것인가, 로봇을 가진 자와 아닌 자의 격차Robot Devide를 어떻게 해소할 것인가, 로봇이 사고를 쳤을 때 그 책임은 누가 져야 하는가, 섹스봇의 등장으로 인류의 재생산 체제가 위협을 받을 것인가?"사이언스타임즈, 2016년 12월 14일 등에 대한 현실적인 해답이 모색되어야 한다. 그런데도

인공지능 시대의 도래로 인한 사회정책이나 법률, 윤리 등의 문제에 대한 해답을 모색하는 노력은 부족하다.

인공지능 시대를 살아갈 인류는 인간관계를 벗어나서, 로봇과 더욱 긴밀한 관계를 형성할 것으로 예측되기도 한다. 지금 인류는 1인 1로봇이 현실화되는 시점에 와 있다. 인간 유사로봇과 인간의 상호 작용에 대한 연구는 이미 상당한 연구 성과를 거두고 있다. 인간은 자신과 닮은 로봇을 편안하게 여기고 가장 많이 사용하기 때문에 유사로봇 연구는 비교적 활발하다.

이러한 연구에 주력해 온 오사카대학교 히로시 교수는 인간 복제로봇으로 연극이나 영화도 만들고 아이돌 로봇을 만들면서, 인간의 정체성에 대한 근본적인 질문에 봉착하게 되었다. 그 후 인간을 닮았으되 상상력을 기반으로 한 로봇[텔레노이드]을 만들었다. 텔레노이드를 체험한 치매노인은 자신이 소중하게 생각하는 사람이나 그리운 사람을 떠올리며 편안함과 친밀감을 형성하는 효과를 거두었다고 한다.사이언스타임즈, 2016년 12월 6일

한 사람이 하나의 로봇을 소유하게 되는 개인 로봇 시대는 이미 상당히 진행되고 있다고 할 수 있다. 여기서 로봇과 인간의 관계가 어디까지 나아갈 수 있는지에 대한 다양한 입장이 대두되고 있다. 단순한 소유물로서의 로봇이 아니라, 삶을 공유하고 사람과 구분 자체가 어려워지는 감정인식 로봇이 인류 삶의 일부가 되기 시작했다.구본권, 2016: 207

노동 없는 삶과 노년

인공지능 시대의 물적 토대는 노년에 대한 현대적인 박탈감에서 벗어날 수 있는 기회를 제공해 줄 것이다. 인공지능 시대의 인류는 노동으로

부터 자유로워진다. 노동으로부터의 자유는 노동력을 기준으로 삶의 의미를 부여하던 가치체계를 와해할 것이다. 이러한 인공지능 시대에서, 노동력의 약화나 상실이 현대 사회에서처럼 절대적인 영향력을 미치지는 않을 것이다.

더 나아가서 인공지능 시대는 노년이 되어도 육체적으로 쇠약하지 않은 삶을 제공해 줄 수도 있다. 그러므로 현대 사회의 노년이 육체적인 불건강과 노동력 상실로 인해서 겪었던 좌절과 박탈감을 해소할 수 있다. 반면, 현대 사회의 노년관은 노년기 자체를 박탈의 시기로 단정하고 있다. 노년은 청년기보다 열등한 시기로 규정하는 경향이 있다.이현지, 2015b: 137 그러므로 현대 사회에서 노인들은 무기력한 삶을 영위하거나, 노인이 되지 않으려는 노력으로 삶을 허비한다.

대부분 사람은 노년이란 상실의 시기 혹은 젊지 않고 무엇인가 부족한 시기라고 인식한다. 따라서 현대인들은 노인이란 최대한 젊음을 유지하고 젊은 시절 소유하다가 상실한 것을 보완하기 위해서 노력해야 한다고 생각하는 경향이 있다. 현대 사회의 노인은 언제나 늙지 않기 위해서 혼신의 힘을 다하고, 젊음을 상실하는 두려움에 압도된 존재로, 노동력을 가지고 있지 않은 세상에 쓸모없는 존재로 폄하되기에 십상이다. 이러한 노인은 불행에 노출되어 있고, 누구도 노인이 되기를 원하지 않으며, 노인으로 규정되는 것을 싫어한다. 그러나 누구도 노인이 되는 것을 피할 수 없다.

인류는 노인이 되지 않을 수는 없지만, 행복한 노인이 될 것인지 혹은 불행한 노인이 될 것인지를 선택할 수 있다. 누구도 불행한 노인이 되기를 원하지는 않을 것이다. 그러나 대부분의 사람은 행복한 노인이 되기 위해서 제대로 된 노력을 기울이지는 못하고 있다.

노화와 노년에 대한 새로운 인식

인공지능 시대는 인류가 노년으로 살아야 할 시간을 상상할 수 없을 만큼 연장할 것이다. 어쩌면 인간은 인생의 가장 긴 시간을 노년으로 살아야 할지도 모른다. 그러므로 긴 노년을 잘 살기 위해서는 노년을 어떻게 살아야 할 것인지에 대한 준비가 필요하다.

인공지능 시대가 현실화하기 시작한 오늘날에도 생애주기별로 볼 때, 노인으로 살아야 하는 시간이 매우 긴 초고령 사회가 확대되고 있다. 이에 현대인은 노인으로 살아가는 시간을 어떤 자세로, 무엇을 지향하며 살 것인가에 대한 해답을 모색해야만 한다. 그러나 오늘날 노인에 대한 입장은 노화와 노년을 비관적으로만 해석하는 경향이 강하다.

현대 사회에서 노화와 노년을 보는 입장은 부정적이다. 대부분 노화를 극복하고 불행한 노년의 문제를 해소하기 위해서 젊음을 추구하는 데에 초점을 맞추고 있다. 이러한 노력으로는 노인 불행을 일시적으로 감소시킬 수 있겠지만, 궁극적으로 노인 행복을 실현할 수는 없다. 행복한 노년이란 그냥 주어지는 선물이 아니라, 개인의 차원과 사회문화적인 차원에서 지속적인 노력을 기울여야만 얻을 수 있는 것이다.

그러므로 현대 사회는 사회 구성원의 다수를 차지하게 되는 노인을 위해서 행복한 삶을 살 수 있는 해답을 모색해야 한다. 다양한 차원에서의 해답을 제시할 수 있겠지만, 여기서는 그 해답을 유가의 수행과 낙도로서의 삶에서 모색해 보고자 한다. 이것은 좁게는 개인이 자기 삶을 충실하게 살아가는 의미를 찾을 수 있고, 넓게는 노인에 대한 사회적 복지의 차원으로 의미를 가질 수도 있다.

행복한 삶을 위한 준비는 특정한 연령대가 대상이 되는 것이 아니라, 인간의 삶의 전 시기가 대상이 될 때 비로소 도달할 수 있는 목표이다. 그런 의미에서 행복한 노년을 위한 방법을 모색하는 것은 불행한 노년에 노출되어 있는 오늘날 시의적절한 주제라고 할 수 있다. 인공지능 시대의 도래로 인하여 질병과 노화로부터 자유로운 노년의 삶이 길어질 것이고, 노동으로부터 자유로운 삶을 살 수 있다. 이러한 인공지능 시대의 행복한 노년의 삶이 어떻게 만들어질 수 있을지에 대한 연구는 현대인에게 매우 중요한 과제이다.

뉴 테크롤노지의 발전으로 인한 삶의 변화는 이미 가시화되고 있다. 인공지능 시대 또한 이러한 삶의 변화를 반영하고 있다. 20세기의 대표적인 경제학자인 케인스John Maynard Keynes는 1930년에 100년 후의 인류는 절박한 경제적 문제를 벗어날 것으로 예측했다. 절박한 경제적 문제에서 벗어나서 노동과 가난에서 자유로워지는 인류는 '삶을 위한 예술과 초월성 탐구'에 보다 집중하게 될 것이라고 전망했다.제러미 리프킨, 2014: 17-18

인류가 맞이하게 될 인공지능 시대 또한 케인스의 예측에서 많이 벗어나지는 않을 것이다. 인류가 물질적인 풍요를 어느 정도의 수준으로 이루어 낼 것인지, 더욱더 중요한 점은 어느 정도 물질적인 풍요를 이룬 후에는 경제적인 문제에서 다른 차원으로 관심을 옮기게 된다는 점이다. 그 다른 차원의 관심을 케인스는 '삶을 위한 예술과 초월성 탐구'라고 말했다. 케인스의 주장에서 지혜를 빌리면, 인공지능 시대의 행복한 삶 또한 인류가 어디에 더 많은 관심을 기울이느냐에 달려 있다. 물질적으로 풍요로운 삶을 추구하던 인류의 노력을 행복한 삶을 실현할 방안을 모색하는 것으로 옮겨 가야 함을 말하고 있다. 여기서는 행복한 삶을 실천할 방법 가운데 수행과 낙도로서의 삶에 주목하고자 한다.

노년에 대한 새로운 비전

노년에 대한 새로운 비전을 제시해 줄 것이다. 인공지능 시대 인류의 미래에 대해서는 낙관론과 비관론의 관점이 공존하고 있다. 따라서 노년의 미래도 낙관만을 할 수는 없을 것으로 보인다. 그러나 현대 사회를 지배했던 노년에 대한 관점과는 다른 관점을 모색할 수 있는 가능성이 의미를 가진다. 또한 인류가 미래를 위해서 어떤 선택을 할 것인지가 중요한 갈림길에 직면하고 있다는 점을 말하고 있다.

현재 인공지능의 시대가 인류에게 어떤 미래를 제공해 줄지에 관한 입장은 낙관적인 견해와 비관적인 견해가 대립하고 있다. 낙관적인 입장은 '인류가 안고 있는 문제는 인공지능이 해결해 줄 것이라는 입장'이다. 비관적인 견해는 '인공지능이 인간의 통제에서 벗어날 수도 있고, 인간을 공격의 대상으로 삼을 수도 있으며, 인간의 일자리를 빼앗을 수 있다'는 것이다.

한 연구에 따르면 향후 10년에서 20년 사이에 미국 내 모든 직업의 47%가 일자리가 줄어들 것이며, 매우 빠른 속도로 노동시장의 변화는 일어날 것으로 예측하고 있다.[클라우스 슈밥, 2016: 69] 다보스포럼 '미래고용보고서'에서는 4차 산업혁명으로 인해, 앞으로 5년간 710만 개의 일자리가 사라지고, 210만 개의 새로운 일자리가 생길 것으로 예측하고 있다.[김정욱 외, 2016: 57] 이러한 일자리 감소에 대한 예측은 인공지능 시대를 맞이해야 하는 인류에게는 두려운 정보로 작용하고 있다.

인공지능이 인류의 삶에 미칠 영향에 대한 입장이 어느 쪽이든 현재 인류는 인공지능 시대를 이미 살고 있다는 점을 간과할 수 없다. 인공지능 시대가 본격적으로 진행된다면, 인류가 상상하기 힘든 사회적 변화가 예고된다. 가장 대표적인 변화는 수명과 노동의 두 측면에서 드러날 것으로 보인다. 늘어나는 수명과 희미해지는 '인간'의 경계에 의해 인류는 급격한 삶의 변화에 직면할 것이다.

노동시간의 감소와 노동으로부터의 자유 또한 가시화되고 있다. 향후 10년 이내에 주당 근로시간은 37시간으로, 2040년에는 30시간으로,

2099년에는 20시간 이하로 감소할 것이라는 예측이 있다. 미래학자들은 인간의 일자리는 부족해지더라도 일거리는 부족하지 않을 것으로 예측하기도 한다. 정규직은 줄어들지만 다양한 단기 일거리들이 생긴다.

이러한 일거리들을 맡기 위해서는 주문형 재교육 프로그램이 필요하다. 일자리가 얼마나 가시적으로 축소될 것인지, 일자리의 질이 어떻게 변화될 것인지도 중요한 변화의 요소이지만, 더욱 중요한 것은 인간의 노동력이 삶의 질을 결정하는 최고의 수단이 아니라는 점이다. 즉 노동력이 인간 존재의 의미를 결정짓던 현대 사회와는 다른 관점으로 인간을 인식하고 삶의 의미를 해석할 수 있는 시대가 도래한다는 점이다.

유엔 미래보고서의 "미래 연대표에서 특이한 것은 2039년에 로봇, 자동화, 3D 프린터의 대중화로 서구에서 제조업이 소멸한다는 것, 2045년 인공지능이 인간의 지능을 능가하는 시점, 즉 특이점이 온다는 것, 그리고 2050년에 시속 6천 킬로에 달하는 자기부상열차가 등장하고, 2056년에는 지구 평균 기온이 3도 상승함에 따라 북극의 영구동토층이 녹으며 엄청난 메탄가스가 반출되어 온난화의 악순환은 인간의 통제를 벗어난다는 것이다." 이러한 상황에서 인간은 어떻게 행복할 수 있을까? 특히 행복한 노년이란 어떻게 가능할까?

인공지능 시대의 미래는 단언할 수 없다. 미래 예측이 불투명할수록 인류에게 근본적인 잘 사는 삶을 위한 노력이 요구된다. 행복한 노년으로서의 삶을 위한 해답을 찾는 것도 마찬가지일 것이다. 다음에서는 급변하는 인공지능 시대의 행복한 노년을 위해서 수행과 낙도로서의 삶을 살펴보자.

2. 이상적인 노년의 삶-수행

인격이 완성된 노인에 대한 경로敬老

유교문화에는 인격완성을 위해서 지속해서 수행하는 삶을 강조하는 전통이 있다. 유교사회에서 노인은 스스로 늙음을 자각하고 인격 완성자로서 노인이 되기 위해서 탐욕을 경계하는 정신적인 성숙을 추구하기를 요구받아 왔다. 늙음을 스스로 자각하는 것은 자신의 상황, 유가에서 말하는 명命을 받아들이는 것이다. 명을 받아들인 노인은 욕망에서 벗어날 수 있으며, 늙음을 편안히 여기고[이현지, 2014: 584], 마침내 인격적인 완성자가 될 수 있다. 바로 명을 받아들이고 자기 삶의 순간을 자각하는 것이 수행하는 삶이다.

유가에서는 '경로敬老'를 제도화하여, '양로養老'를 넘어서는 구체적이고 실천적인 사회적 차원에서의 노년에 대한 대안을 제시하고 있다. 이러한 경로의 방법은 노인을 위한 사회제도에만 국한되는 것이 아니라, 경로가 실현될 수 있는 노인의 사회적 역할에 대한 제시로 『예기』에 구체화되어 있다. 그것은 물러남과 쉼의 시기로서의 노년기에 관한 규정으로 구체화하고 있다.[이승연, 2013: 78-79]

여기서 물러나고 쉰다는 것은 단순히 부양의 대상이 된다는 뜻이 아니다. 노인은 물러남과 쉼을 통해 과거와 미래를 잇고 자신의 경험을 바탕으로 새로운 세대에게 새로운 시대의 비전을 제시해야 한다. 젊은 시절의 사회적 책무와 권위로부터 물러나서, 삶에서 쉼을 맞이하는 것이 노인의 사회적인 역할이다.

사회의 스승으로서의 노인

물러남과 쉼을 통해서, 노인은 진정한 사회의 스승이 될 수 있다. 인간은 누구나 노인이 되지만, 모든 노인이 스승이 될 수는 없다. 그러므로 유가에서는 노인이 사회의 도덕적인 스승이 될 수 있는 인격적인 완성을 추구해야 한다고 강조한다. 인격적인 완성을 추구하는 과정이 바로 수행으로서의 삶을 사는 것이다. 이처럼 인격적인 완성을 이룬 노인에 대한 '경로'를 유가에서는 강조하고 있다.

인격적 완성을 이룬 노인이 되기 위해서는 지속해서 수행해야 한다. 유학자들은 삶의 한순간도 놓치지 않고 자신을 만나려고 노력하고 도와 하나가 되는 삶을 살고자 했다. 이런 수행하는 삶을 사는 것이 잘 사는 삶의 방법이며, 행복한 노년으로 가는 유일한 길이라고 보았다. 선비란 어떤 삶을 살아야 하는지에 대한 자공의 물음에 대한 공자의 답에는 이러한 유가사상의 삶에 대한 지향이 잘 드러나고 있다.

> 자공이 물었다. "어떠하여야 선비라고 할 수 있습니까?" 공자께서 말씀하셨다. "자기 혼자의 행동에 대하여 부끄러워함이 있으며 사방에 사신으로 가서 임금의 명을 욕되게 하지 않으면 선비라 이를 만하다." "감히 그다음을 묻습니다." 공자가 말씀하셨다. "종족들이 효성스럽다고 칭찬하고 향당에서 공손하다고 칭찬하는 인물이다." "감히 그다음을 묻습니다." 또 공자가 말씀하셨다. "말을 하

면 반드시 믿을 수 있게 하고 행동은 반드시 앞뒤가 맞게 하는 것은 자잘한 소인이지만, 그래도 또한 그다음이 될 만하다."[1]

여기서 주목할 점은 바로 선비란 '자기 혼자의 행동에 대하여 부끄러워함이 있다'는 공자의 답이다. 이것은 자신의 일상을 끊임없이 수행하는 삶의 자세를 말한다. 수행하는 삶의 의미를 강조하고 있는 다음 구절도 보자.

> 자로가 군자에 대해 물었다. 공자가 말씀하셨다. "경으로 몸을 닦는 것이다." 자로가 "이와 같을 뿐입니까"라고 물었다. 공자가 말씀하셨다. "자기 몸을 닦아서 사람들을 편하게 하는 것이다." 다시 "이와 같을 뿐입니까"라고 물었다. 공자가 말씀하셨다. "자기 몸을 닦아서 백성을 편하게 하는 것이니 요순도 오히려 부족하게 여겼다."[2]

위의 구절은 수행이 곧 군자로서의 삶의 기본임을 말하고 있다. '경으로 몸을 닦는' 수행은 도와 하나가 되는 삶을 사는 것이며, 이것이 바로 유가에서 군자가 다른 사람을 편안하게 하는 방법이다. 유가사상에서 군자는 자신의 인仁한 본성을 발현함으로써, 덕이 넘치는 정치를 펼침으로써 다른 사람을 잘 살 수 있도록 하는 데까지 나아갈 수 있다.이현지·박수호, 2014: 186 수행을 강조하던 유가의 전통은 노년에 대한 인식과 유가 지식인들의 양생서 집필에서 잘 드러난다.

유가사상가들이 노년에 대해서 이해하고 노인의 삶을 위해서 양생서

1. 『論語』, 「子路」, "子貢問曰 何如斯可謂之士矣 子曰 行己有恥 使於四方 不辱君命 可謂士矣 曰 敢問其次 曰 宗族稱孝焉 鄕黨稱弟焉 曰 敢問其次 曰 言必信 行必果 硜硜然小人哉 抑亦可以爲次矣."
2. 『論語』, 「憲問」, "子路問君子 子曰 脩己以敬 曰 如斯而已乎 曰 脩己以安人 曰 如斯而已乎 曰 脩己以安百姓 脩己以安百姓 堯舜其猶病諸."

를 저술한 사실은 유가 전통 속에서 쉽게 발견할 수 있다. 양생서의 집필을 통해서, 늙음을 이해하고 늙음에 어떻게 대처해야 하며 노인을 어떻게 부양하는지에 대한 해답을 찾고자 했다. 양생이란 유가사상에 입각한 구체적이고 실천적인 노년에 대한 대처방법이었다. 이론적인 논의에만 그치는 것이 아니라 일상에서 어떻게 실천해야 할 것인지, 자신의 삶에 어떻게 적용할 것인지에 대한 실천적이고 실용적인 지혜를 포함하고 있다.이승연, 2013: 71

유가사상을 바탕으로 하는 행복한 노년을 위한 수행하는 삶의 요체는 '분리된 개체로서의 나'가 자신에 대한 망상임을 자각하고, '참나'로 살기 위한 끊임없는 노력을 기울이는 것이다.홍승표, 2015: 192

3.
이상적인 노년의 삶-낙도

도道를 즐기는 삶

유가사상에서는 낙도하는 삶을 이상적인 삶으로 지향하고 있다. 여기서 즐기는 도란 무엇일까? 유가사상에서 도란 인간다운 삶의 도리를 말하며, 도덕적이고 윤리적인 생활규범이라고 할 수 있다. 공자는 하늘의 도에 어긋나지 않아야 함을 말하고, 인간의 도는 천명天命을 따르는 것이라고 했다. 따라서 낙도하는 삶이란 도와 하나가 되는 삶을 사는 것이다.

공자는 세상사에 얽매이지 않고 낙도하는 삶을 다음과 같이 말하고 있다.

> 거친 밥에 물 마시고 팔을 베고 누웠어도 즐거움이 그 가운데에 있다. 의롭지 않은 부귀는 나에게 뜬구름과 같다.[3]

가난하고 미천한 일상 속에서도 도를 즐길 수 있다는 것은 보통 사람에게는 매우 어려운 삶의 경지이다. 가난하고 미천한 곳에 편안하게 거

---

3. 『論語』, 「述而」, "飯疏食飲水 曲肱而枕之 樂亦在其中矣 不義而富且貴 於我如浮雲."

처하고 나아가서 그것을 즐길 수 있는 경지는 삶의 진리에 닿을 때만 가능하다. 공자가 안빈낙도安貧樂道하는 삶을 강조한 이유는 삶의 궁극적인 목적은 바로 도를 즐기는 것임을 시사하고자 한 것이 아닐까?

공자의 이러한 삶에 대한 입장은 제자 안회顔回의 삶에 대한 평가에서도 잘 드러난다.

> 한 소쿠리의 밥과 한 표주박의 물로 더러운 거리에 살면 사람들은 그 근심을 감당하지 못하는데, 안회는 그 즐거움을 바꾸지 않는구나! 어질도다 안회여.[4]

안회는 가난한 생활에도 불구하고 공자의 가르침대로 도를 즐김으로써 가장 이상적인 유가로서의 삶을 실천했다. 공자는 자신이 도를 말해주면 게을리하지 않은 자는 안회만이 그렇다고 했다.[5] 도학자로서의 안회의 삶에 대한 평가는 절대적이었으며, 안회의 삶이 낙도하는 삶이었다는 것에 대해서 완전히 신뢰했다. 그가 안회의 죽음에 임하여 특별히 애통해할 수밖에 없었던 이유가 바로 여기에 있다.

공자의 이상적인 삶

공자는 자신의 삶이 어떤 모습인지를 설명하면서도 다음과 같이 낙도하는 삶을 이상으로 제시하고 있다.

> 사람됨은 마음이 일어나면 먹는 것을 잊어버리고 즐거워함에 근

4. 『論語』, 「雍也」, "一簞食 一瓢飮 在陋巷 人不堪其憂 回也 不改其樂 賢哉回也."
5. 『論語』, 「子罕」, "子曰 語之而不惰者는 其回也與."

심을 잊어버리며 마침내 늙는 것조차 알지 못한다.[6]

이 구절은 자로가 초나라 부함의 장관 섭공을 접견했을 때, 공자가 어떤 사람인지를 묻자 당황하여 대답하지 못했다는 이야기를 듣고 공자가 한 말이다. 여기서 공자가 발분하여 먹는 것을 잊어버린 것은 바로 '학문'이요, 즐거워하여 근심을 잊어버리게 한 것은 바로 '낙도'라고 볼 수 있다.이승연, 2006: 53 여기서 학문과 도의 위계의 문제나 구절에 대한 철학적 해석은 입장 차이가 있을 수 있다. 이 글에서 첨예한 해석상의 문제를 자세히 다룰 필요는 없을 것이다. 다만 공자가 자신의 삶을 비추는 거울로 낙도하는 삶을 피력하고 있음에 주목하자.

6. 『論語』, 「述而」, "其爲人也, 發憤忘食, 樂而忘憂, 不知老之將至云爾."

4. 수행과 낙도로서의 노년문화

인공지능 시대의 인간관

인공지능 시대의 도래로 인해 변화할 사회에서 행복한 노년을 위해서 수행과 낙도로서의 삶이 비전으로 가능할까? 이 글에서 다룬 핵심 주제어인 인공지능 시대에 대한 현재의 시각은 매우 다양하다. 인공지능 시대가 현재 진행 중이기 때문에 인류에게 도전적이고 개방적인 인식과 접근을 요청하고 있다. 그런가 하면, 인공지능 시대의 사회 변화는 현재로서는 긍정적일지 부정적일지 예측 불가능하다.

따라서 현재 인류가 할 수 있는 일은 인간중심주의의를 극복하고[이봉재, 2005: 83] 상호 신뢰를 바탕으로 하는 미래에 대한 비전을 모색하는 데 힘을 모아야 한다. 인공지능 시대로의 급속한 사회 변화가 예측되는 오늘날 인류 미래는 불투명하다. 불투명한 미래는 긍정적인 결과를 도출하기 위한 협력이 절실히 필요하다는 것을 역설적으로 설명하고 있다.[클라우스 슈밥, 2016: 14]

이와 같은 인공지능 시대의 도래는 인간의 정체성과 세계관을 고찰하는 계기를 제공하고 있다. 더 나은 세상을 위한 비전을 모색하고 인류가 동참해야만 한다는 현실적인 과제를 제시하고 있다. 인공지능 시대의 도래는 선택할 수 없지만, 인공지능 시대를 어떤 세상으로 만들 것인가는 인류의 선택에 달려 있다.

행복한 노년의 방법

오늘날 노인 불행이 심각한 사회문제 가운데 하나이기 때문에 여기서는 행복한 노년을 위한 비전을 모색하는 것에 관심을 두었다. 인공지능 시대로의 혁신적인 사회 변화는 노년의 삶에도 다양한 영향을 미칠 것이다. 오늘날 가장 소외되고 불행한 노년을 인공지능 시대에는 행복한 노년으로 변화시킬 수 있는 비전이 수행과 낙도로서의 삶에 있다. 여기서 살펴본 수행과 낙도로서의 삶에 대한 비전은 오래되었지만, 미래를 준비해야 할 인류에게는 새로운 대안으로 충분한 의미가 있다.

최근 잘 사는 삶, 수행과 낙도에 대한 사회적 관심이 생기고 있다. 물질적 풍요와 성취에 집중했던 관심이 삶의 진정한 가치를 실현하기 방법을 찾는 것으로 이동하고 있다. 자신의 삶을 온전히 잘 살기 위해서는 지속해서 삶에 관심을 기울이고, 인간 본연의 삶을 살고자 노력을 기울여야 한다.[이현지, 2015a: 482] 자신의 삶에 대한 관심이 바로 유가적인 수행으로 실천될 수 있다.

그것은 바로 낙도하는 삶이다. 삶의 본질과 진리에 관심을 기울이고 그것을 즐길 수 있는 사람만이 도와 하나가 되는 삶을 살 수 있다. 인공지능 시대는 물질적으로 풍요로운 시대를 예고하고 있다. 이때 물질적인 풍요를 어떻게 배분하는가의 문제는 삶의 질을 결정하는 중요한 요소가 될 것이다. 자유경쟁체제를 심화시킨다면 인류는 현대 사회가 직면하고 있는 형태의 파국으로 치달을 수밖에 없다. 이때 자기 삶의 진리를 즐기는 것에 가치를 부여한다면, 더 가지기 위해서 물질에 집착하고 노예가 되는 삶으로부터 자유로워질 수 있을 것이다. 더 가지는 것을 즐길 것인지 삶의 진리인 도를 즐길 것인지, 그 선택권은 인류에게 있다.

행복한 삶

행복한 삶과 잘 사는 삶을 위한 주제는 인류에게 아주 오래된 과제였다. 다양한 관점에서 그에 대한 해답을 모색해 볼 수 있지만, 유가의 수행과 낙도의 삶이 현대인에게 던지는 시사점은 분명하다. 일생을 잘 사는 삶을 위해서 수행하고 도와 하나가 되는 삶에 모든 것을 걸었던 유가적인 삶은 앞으로 인류가 지향해야 할 이상적인 삶으로 충분한 시사점을 제공해 준다.

인공지능 시대라는 사회 하부구조가 변화함으로써 발생하는 삶의 변화에 대응하기 위한 전략을 노인의 삶의 관점에 초점을 맞추어서 살펴보았다. 현대 사회에서 노인의 삶이 폄하되었던 원인인 노동력의 상실과 노화 등이 인공지능 시대에는 그 위력을 가지지 않을 수도 있다는 점에 의미를 부여하고 싶다. 물론 노인과 노년에 대한 현대의 관점이 인공지능 시대에도 지배력을 가진다면 실현 불가능한 허망한 바람에 지나지 않을 것이다.

인류는 현대적 세계관을 폐기하고 새로운 관점으로 인공지능 시대를 맞이해야 할 것이다. 이미 사회는 변화했는데, 낡은 세계관으로 새로운 시대를 바라본다면 그것보다 어리석은 일은 없지 않을까? 인공지능 시대를 인류가 새로운 삶의 질적 변화를 꾀하는 문명의 전환기로 만드는 일은 낡은 현대적인 세계관을 버리는 것에서 시작할 것이다. 그 대안이 유가에서 주창하는 인간의 본성 발현에 관심을 기울이는 것이며, 수행과 낙도로서의 삶이 될 수 있을 것이다.

제3장
노자사상과 죽음문화

1. 현대 사회와 죽음

현대인의 죽음관

대부분의 현대인은 죽음에 대해 비관적인 태도를 갖고 있다. 그 이유는 세계와 분리된 자아를 '나'라고 생각하는 현대적인 관점홍승표, 2002: 21에서 보면, 죽음은 자기 존재의 완전한 상실을 의미하기 때문이다. 현대인은 대부분 부, 명예, 권력, 인기 등을 확장하는 것을 삶의 목적으로 하고 있기에 마치 부, 명예, 권력, 인기가 자기 자신이라고 착각하고 그것에 집착한다. 이런 외적인 성취를 자신과 동일시하게 되면, 죽음은 모든 것의 상실을 의미한다.홍승표, 2007: 73 따라서 현대인은 죽음에 대해 비관적이고 죽음의 두려움에 속박되어 있으며, 결코 죽음으로부터 자유로울 수 없다.

그렇기 때문에 현대인은 죽음을 외면하고자 한다. 자신의 삶에는 마치 죽음이 없는 것처럼 생각하면서 살거나 죽음을 되도록 멀리하려고 한다.정재걸, 2006: 207 심지어 시한부 인생으로 투병 중인 환자에게조차 가족들은 죽음이 다가왔다는 것을 숨기려고 하는 경우가 있다. 죽음을 앞둔 사람이 죽음을 받아들이고 준비하도록 돕기보다는 오히려 삶에 대한 희망을 갖도록 더 많은 노력을 기울이는 경향이 있다. 이것은 되도록 죽음을 외면하려는 현대인의 죽음관이 반영된 모습이다.

현대 죽음관의 문제점

현대인의 죽음관은 다음과 같은 문제점을 안고 있다. 첫째, 현대 죽음관으로 인해서 현대인의 죽음에 대한 두려움이 극대화된다. 죽음에 대한 두려움이 커질수록 현대인의 삶은 불행하고 고통스럽다. 현대적인 관점에서 죽음이라는 것은 총체적인 상실을 의미하므로, 현대인의 삶은 죽음에 대한 두려움에 속박되며 불행할 수밖에 없다. 둘째, 현대 죽음관으로 인해서 현대인은 마지막 성장 기회로 죽음을 활용할 수 없다. 현대인은 죽음을 기피하고 삶에서 없애려고만 하기 때문에 죽음을 마지막 성장의 기회로 만들 수 없다.정재걸, 2008: 127 셋째, 현대 죽음관으로 인해서 현대인은 죽음을 종말이라고 생각하게 된다. 그러므로 현대인의 죽음에는 고통밖에 없다. 그 결과 현대인은 고통스럽게 죽음을 맞이한다. 이런 이유 때문에 현대 죽음관의 문제를 극복할 수 있는 새로운 죽음관의 모색이 절실히 요구된다.

이 글에서는 현대 죽음관의 문제를 해결할 수 있는 새로운 죽음관을 노자사상에서 찾아보고자 한다. 노자사상에서 그 해답을 찾고자 하는 이유는 노자사상에 현대 죽음관의 문제를 해결할 수 있는 자원이 풍부하게 내재되어 있기 때문이다. 노자는 죽음을 도道의 관점에서 바라본다.정경량, 1991: 26 도道의 관점에서 보면 생겨나고 죽는 것은 자연스러운 것이다.박문현, 2002: 80 노자의 죽음관은 죽음을 거부하고 부정하려는, 도道에서 벗어나 있는 현대인에게 새로운 죽음관을 제공해 주고 있다. 또한 노자사상은 죽음을 도道의 관점에서 보기 때문에 죽음을 두려워하지 않으며, 도道의 유행으로 죽음을 받아들인다.

인위人爲로서의 죽음관의 문제점

노자는 인위人爲로서의 죽음관을 비판하고 있다. 인위人爲란 도道의 흐름에 순응하지 않고 작위하고자 하는 것이다. 인위人爲로서의 죽음관은 죽음을 극복, 외면, 부정하려고 하는 관점이다. 노자의 관점에서 보자면, 인위人爲로서의 죽음관은 도道와 어긋난 것이다. 인위人爲로서의 죽음관은 분리된 존재로서의 나에 대한 인식을 바탕으로 한다. 이런 관점에 의하면, 죽음은 끝이며 모든 것의 상실을 의미한다. 따라서 죽음을 비관적으로만 생각하게 되고 기피하고 외면하려고 한다. 노자는 인위人爲로서의 죽음관에 대해 다음과 같이 비판한다.

> … 그 입구를 막고, 그 문을 닫으면, 평생토록 수고롭지 않으나, 그 입구를 열고 풀어나가려고 하면 몸을 마치도록 구제하지 못한다.[1]

'입구를 막고'는 인위적인 무엇을 하는 것을 멈추는 것이며, '입구를 열고'는 인위적인 무엇을 위해 쉼 없이 노력하는 것이다. 노자는 인위人爲를 멈추면, 평생토록 수고롭지 않다고 한다. 삶을 위한 인위人爲를 멈추는 순간, 우리의 삶은 수고로움과 죽음의 두려움으로부터 벗어날 수 있을 것이다. 그러나 삶을 위해서 죽음에 대해 인위人爲하려고 하면, 죽음의 그늘에서 영원히 벗어나지 못한다고 한다. 따라서 노자는 삶과 죽음에 대한 인위人爲를 다음과 같이 경계하고 있다.

> 큰 나라를 다스리는 것은 작은 물고기를 요리하듯 해야 하니….[2]

1. 『老子』, 第52章, "… 塞其兌, 閉其門, 終身不勤, 開其兌, 濟其事, 終身不救."
2. 『老子』, 第60章, "治大國若烹小鮮."

'작은 물고기 요리하듯 한다'는 것은 작위하지 않는다는 뜻이다. 작은 물고기를 요리할 때, 자꾸 뒤집으면 결국 고기가 다 부서진다. 삶과 죽음에 대한 우리의 자세도 마찬가지다. 마음대로 하려는 인위人爲를 멈추어야 한다. 삶에서 죽음을 없애기 위한 인위적인 노력은 삶을 온통 욕망의 노예로 만들어 버린다.

인위人爲로서의 죽음관은 도道와 어긋나므로 많은 고통을 야기한다. 노자는 인위人爲로서의 죽음관을 다음의 세 가지 측면에서 비판한다.

첫째, 인위人爲로서의 죽음관에 의하면, 우리는 삶과 죽음을 분별하는 자세를 가진다. 인위人爲로서의 죽음관은 삶과 죽음을 완전히 분리시켜서 생각하고, 죽음을 삶의 완전한 상실로 인식한다.

둘째, 인위人爲로서의 죽음관을 받아들이면, 우리는 끊임없이 죽음을 회피하려고 한다. 그러나 우리는 죽음을 회피할 수는 없으며, 죽음을 회피하려고 할수록 커지는 죽음에 대한 두려움을 경험하게 된다.

셋째, 인위人爲로서의 죽음관에 의하면, 삶에 집착하게 된다. 인위人爲로서의 죽음관은 죽음을 인정하지 않고, 살기 위한 노력만 기울인다. 삶에 대한 집착은 우리가 진정한 삶의 의미를 느낄 수 없도록 만들어 버린다.

인위人爲로서의 죽음관에 대한 노자의 비판을 자세히 살펴보면 다음과 같다.

2.
노자의 현대 죽음관 비판

삶과 죽음에 대한 분별심

인위人爲로서의 죽음관은 삶과 죽음을 분별한다. 삶이 없는 죽음은 존재할 수 없고 죽음이 없는 삶이 있을 수 없음에도 불구하고, 인위人爲로서의 죽음관은 우리로 하여금 삶과 죽음을 완전히 분리해서 생각하도록 영향을 미친다. 노자는 삶과 죽음을 분별하는 것에 대해 다음과 같이 비판하고 있다.

> 수컷을 알고 암컷을 지키면 천하의 골짜기가 되니, 천하의 골짜기에는 영원한 덕德이 떠나지 않으며 어린아이처럼 되돌아간다. 그 밝은 것을 알고, 그 어둔 것을 지키면 천하의 모범이 되니, 천하의 모범이 되면 영원한 덕德이 어긋나지 않으며, 무극無極으로 복귀한다. 그 영화를 알고 그 욕됨을 지키면 천하의 골짜기가 되고, 천하의 골짜기가 되면 영원한 덕德이 넉넉하며 다시 질박함으로 돌아간다. 질박함이 부서져 그릇이 되니, 성인聖人이 그것을 써서 관장官長을 만든다. 그러므로 크게 짓는 것은 자르지 않는다.[3]

사람들은 수컷과 암컷, 밝은 것과 어두운 것, 영화榮華와 욕됨에 대한 분별심을 가지고 있다. 분별심에 의하면 암컷, 어두운 것, 욕되는 것은 내 삶에서 없애 버려야 할 것이다. 그러나 노자는 암컷, 어두운 것, 욕됨을 그대로 인정함으로써 덕을 이룰 수 있다고 한다. 삶과 죽음에 대해서도 마찬가지다. 죽음을 그대로 인정하면 삶이 더욱 찬란한 빛을 발휘하게 된다. '크게 짓는 것은 자르지 않는다'는 말도 같은 의미를 담고 있다. 사람들은 삶과 죽음을 분별하여, 죽음을 자르고서 삶을 크게 짓고자 하지만 지으려고 할수록 불행해진다. 죽음은 삶에서 잘라 낼 수 있는 것이 아니기 때문이다.

삶과 죽음에 대한 분별심은 삶은 좋아하고 죽음을 싫어하는 것으로 나타난다. 이에 대해 노자는 다음과 같이 말한다.

> … 덕이 있는 이는 계契를 맡은 것처럼 하고, 덕이 없는 사람은 철徹을 맡은 것처럼 한다. 천도天道는 사사로이 친함이 없으니 언제나 선인善人과 함께한다.[4]

계契는 계약서를 좌우로 나누어 우계右契는 곡식을 바치는 사람이나 책무를 지는 사람이 가지고, 좌계左契를 가진 자는 우계를 가진 자가 와서 채무사항을 이행하도록 할 뿐이지 그 사람의 선악은 따지지 않는다고 한다. 철徹은 세금을 혹독하게 거두어 원망이 생기게 하는 세법을 말한다.왕필, 2001: 263-264

덕이 있는 사람은 계契를 맡은 듯이 하므로, 너그럽게 무위자연으로 임한다. 자기를 내세우거나 인위人爲적으로 무엇을 하려고 하지 않는다. 즉 무위無爲한다. 반면, 덕이 없는 사람은 철徹을 맡은 것처럼 하므로, 약

3. 『老子』, 第21章, "知其雄, 守其雌, 爲天下谿, 爲天下谿, 常德不離, 復歸於嬰兒, 知其白, 守其黑, 爲天下式, 爲天下式, 常德不忒, 復歸於無極, 知其榮, 守其辱, 爲天下谷, 爲天下谷, 常德乃足, 復歸於樸, 樸散則爲器. 聖人用之, 則爲官長, 故大制不割."

4. 『老子』, 第79章, "… 有德司契, 無德司徹. 天道無親, 常與善人."

간의 손해도 없게 하려고 각박하게 군다.(왕필, 2001: 264) 덕이 없는 자는 자기가 옳다고 생각하는 대로 밀고 나간다. 즉 인위人爲한다.

덕 있는 이와 덕 없는 이의 삶과 죽음에 대한 자세도 마찬가지다. 덕 있는 이는 삶과 죽음을 분별하지 않고, 삶을 위해서 죽음을 부정하지 않는다. 그러나 덕 없는 이는 끝까지 삶만 고집하고 죽음을 외면한다. '천도天道는 사사로이 친함이 없다'고 했다. 그러므로 삶과 친하고자 하고 죽음을 멀리하고자 하지 않는다. 덕이 없는 자는 친함이 있어서, 삶과는 친하고 죽음과는 친하지 않다.

삶과 죽음을 분별하는 마음은 다음과 같은 모습으로 나타나기도 한다.

> 천하가 모두 나의 도道는 커서 닮은 것이 없는 것 같다고 한다. 오직 크기 때문에 닮은 것이 없는 것 같다. 만약 무언가를 닮았다면 본래부터 자질구레한 것일 뿐일진저! 나에게는 세 가지 보물이 있으니, 그것을 지녀서 간직한다. 하나는 자애로움이고, 둘은 검약함이고, 셋은 감히 천하 앞에 나서지 않는 것이다. 자애로우므로 용감할 수 있고, 검소하므로 넉넉할 수 있고, 감히 천하에 앞서지 않으므로 그릇을 이루는 수장이 될 수 있다. 지금 사람들이 자애로움을 버리고 용맹스러움만 취하며, 검소하지 않으면서 헤프고, 물러섬 없이 앞장서려고만 하니 망칠 것이로다! 저 자애로움으로써 전쟁을 하면 승리하고, 지키면 견고하니, 하늘이 장차 그를 구원하는 것은 자애로움으로써 지키기 때문이다.[5]

5. 『老子』, 第67章, "天下皆謂我道大, 似不肖. 夫唯大, 故似不肖. 若肖, 久矣細也夫. 我有三寶, 持而保之. 一曰慈, 二曰儉, 三曰不敢爲天下先. 慈, 故能勇; 儉, 故能廣; 不敢爲天下先, 故能成器長. 今舍慈且勇, 舍儉且廣. 舍後且先, 死矣! 夫慈, 以戰則勝, 以守則固, 天將救之, 以慈衛之."

사람들은 삶과 죽음을 분별하여 지킬 것과 버릴 것을 나눈다. 노자는 위의 구절에서 사람들이 버리려고 하는 자애로움이나 검소, 물러섬이 도道라고 말한다. 자애로움으로써 하면, 취할 것과 버릴 것을 엄격하게 분별하여 나누지 않는다.

삶과 죽음에 대해서 보통 사람은 삶과 죽음을 분별하여 죽음을 버리고 삶을 취하려고 하므로 자애롭지 못하다. 그리고 삶을 넉넉하게 하기를 원하지만, 하루하루의 삶의 의미를 깊이 느끼고 검약하면서 소중하게 여기지는 않는다. 또 천하 앞에 나서서 마치 자신이 삶을 조작할 수 있다는 듯이 인위人爲를 하려고 한다. 이런 삶에 대한 태도로 삶에 임할수록 삶을 망치게 된다고 노자는 말한다.

노자는 삶과 죽음을 분별하는 인위人爲의 노력이 필요 없다고 다음 구절에서 말하고 있다.

> 나라는 작고 백성은 적으니, 편리한 기계가 많이 있어도 사용하지 않게 하고, 백성으로 하여금 죽음을 중히 여겨, 멀리 옮겨 다니지 않도록 한다. 배와 수레가 있지만 그것을 탈 일이 없고, 병장기가 있지만 그것을 쓸 일이 없다. 사람들로 하여금 다시 새끼를 엮어 쓰게 하고 그 음식을 달게 여기고, 그 옷을 아름답게 여기면, 그 사는 곳을 편안히 여기고, 그 풍속을 즐거워하게 하니, 이웃 나라가 서로 바라보이고, 닭 울고 개 짖는 소리가 서로 들릴 정도로 가까워도 백성들은 늙어 죽을 때까지 서로 왔다 갔다 하지 않는다.[6]

도道의 세상에서는 '편리한 기계', '배와 수레', '병장기' 등의 인위人爲

---

6. 『老子』, 第80章, "小國寡民, 使有什佰之器而不用, 使民重死而不遠徙, 雖有舟輿, 無所乘之; 雖有甲兵, 無所陳之; 使人復結繩而用之. 甘其食, 美其服, 安其居, 樂其俗. 隣國相望, 鷄犬之聲相聞, 民至老死不相往來."

를 위한 도구를 쓸 일이 없다. 도道와 하나가 되는 삶에서는, 삶과 죽음에 대해 어떤 인위적인 노력도 기울일 필요가 없다. '그 음식을 달게 여기고, 그 옷을 아름답게 여기면, 그 사는 곳을 편안히 여기고, 그 풍속을 즐거워하게 하니'라는 것은 분별하는 마음을 멈추라는 말이다. 삶과 죽음을 비교하여 삶을 향해 달리려는 노력을 기울이지 말라는 것이다. 삶과 죽음을 구분하고 분별하려는 마음이 불행의 시작이다.

죽음에 대한 회피와 두려움

인위人爲로서의 죽음관은 사람들로 하여금 죽음을 회피하고 영원히 살고자 하는 노력을 기울이게 한다. 죽음을 회피하고자 하는 것은 죽음에 대한 두려움 때문이다. 죽음에 대한 두려움은 왜 생기는 것일까? 노자는 다음과 같이 주장한다.

> 백성이 죽음을 겁내지 않는데, 어찌 죽음으로써 두려워하게 하려 하는가? 만약 백성으로 하여금 늘 죽음을 두려워하게 하고 기이한 짓을 하는 사람이 있다면 내가 그를 잡아서 죽일 것이니 누가 감히 그렇게 하겠는가? 죽임을 맡은 이는 따로 있는 것이니, 죽임을 맡은 이를 대신하여 죽인다면, 이것을 일러 훌륭한 목수를 대신하여 나무를 깎는 것이라고 한다. 큰 목수를 대신하여 나무를 깎는다고 나서는 사람치고 그 손을 다치지 않는 이가 드물다.[7]

우리가 죽음을 겁내지 않으면, 죽음으로 인한 두려움은 없을 것이다.

---

7. 『老子』, 第74章, "民不畏死, 奈何以死懼之, 若使民常畏死而爲奇者, 吾得執而殺之, 孰敢, 常有司殺者殺, 夫代司殺者殺, 是謂代大匠斲, 夫代大匠斲者, 希有不傷其手矣."

사람이 죽음을 겁내는 것은 삶과 죽음을 이분법적으로 나누고, 삶은 이룸이며 죽음은 상실이라고 생각하기 때문이다. 그러나 그것은 검증될 수 없는 생각일 뿐이다. '죽임을 맡은 이는 따로 있는 것'이라고 한 것은 삶과 죽음을 인위人爲로 결정할 수 없다는 것이다. 따라서 '죽임을 맡은 이를 대신하여 죽인다면', 즉 죽음을 회피하려고 하는 인위적인 행동을 하면 삶은 피곤해질 것이다. 죽음을 회피하려는 인위人爲의 죽음관은 도道와 어긋나기 때문에 고통스러운 삶을 초래한다.

노자는 죽음에 대한 두려움을 없애려면, 우리가 죽음에 대해서 모른다는 것을 자각해야 한다고 말한다.

> 알고도 알지 못하는 것이 으뜸이요, 알지 못하면서도 안다고 생각하는 것은 병통이다. 오직 병을 병으로 여김으로써 병통이 없어지는 것이니, 성인에게 병통이 없는 것은 병을 병으로 여기기 때문에 병통이 없는 것이다.[8]

보통 사람은 죽음을 알지 못하면서 안다고 생각하여 죽음에 대한 두려움을 갖고 있다.김수청, 2004: 10 죽음이 고통스럽다거나 상실이라고 생각하는 것은 죽음에 대한 제대로 된 이해가 아니다. 그럼에도 불구하고, 죽음은 그런 것이라고 스스로 안다고 생각하여 죽음에 대한 두려움을 키운다.부위훈, 2001: 15 반면, 성인은 알지 못하면서 안다고 생각하는 것을 병으로 여기기 때문에 성인에게는 병이 없다. 성인은 자신이 죽음에 대해서 알지 못한다는 것을 이미 자각하고 있다. 따라서 죽음을 회피하려고 하지도 않고, 죽음에 대한 두려움도 없다. 우리는 죽음을 모르면서 안다고 생각하기 때문에 죽음으로 인한 두려움으로 고통을 받게

8. 『老子』, 第71章, "知不知, 上; 不知知, 病. 夫唯病病, 是以不病. 聖人不病, 以其病病, 是以不病."

된다.Thich Nhat Hanh, 2003: 50-51

장자莊子는 보통 사람이 갖는 죽음의 두려움에 대해 다음과 같이 말한다.

> 삶을 기뻐한다는 것이 미혹이 아닌지를 내 어찌 알겠소? 죽음을 싫어한다는 것이 어려서 고향을 떠난 채 돌아갈 길을 잃은 자가 아닌지를 내 어찌 알겠소? 여희麗姬는 애艾라는 곳의 국경지기 딸인데, 진晉나라가 처음 그를 가졌을 때는 너무 슬프게 울어서 눈물로 옷깃을 적실 정도였으나, 왕의 궁전에 이르러 왕과 잠자리를 같이 하며, 소·돼지고기 등 맛있는 음식을 먹게 되자 처음 울고불고 한 짓을 후회했다 하오. 저 이미 죽은 사람들도 처음에 삶을 바랐던 일을 후회하지 않는지를 내 어찌 알겠소?[9]

여희麗姬는 진晉나라를 몰랐기 때문에 진晉나라에 오게 된 것을 슬퍼하다가, 진晉나라를 알게 된 후에 처음에 슬퍼했던 것을 후회한다. 장자는 여희의 이야기처럼 우리가 죽음을 두려워하는 것은 죽음을 모르기 때문에 그런 것이라고 말한다. 장자의 말대로 삶을 기뻐하거나 죽음을 싫어하는 것이 무엇에 근거를 두고 있는가? 사람은 스스로 만들어 낸 죽음에 대한 두려움이라는 관념을 마치 분명한 실체가 있는 것처럼 착각하고 있다.

죽음에 대한 두려움 때문에 사람은 삶을 온통 삶으로만 가득 채우려고 노력한다. 그러나 노자는 '불욕영不欲盈'의 도道를 말하고 있다.

---

9. 『莊子』, 「齊物論 26」, "予惡乎知說生之非惑邪. 予惡乎知惡死之非弱喪而不知歸者邪. 麗之姬, 艾封人之子也, 晉國之始得之也, 涕泣沾襟., 及其至於王所, 與王同筐牀, 食芻 , 而後悔其泣也. 予惡乎知夫死者不悔其始之 生乎!"

> … 이 도道를 간직하고 있는 사람은 그득 채우려고 하지 않으니, 무릇 채우지 않기 때문에 해지나 새로 만들지 않는다.[10]

완전히 채워진 것에는 아무것도 담을 수 없다. 채우려고 하지 않는 것이 모든 것을 담을 수 있는 가능성을 준다. 삶과 죽음에 있어서도 완전히 삶만으로 채우려고 해서는 안 된다. 삶과 죽음이 함께 있는 그 자체가 도道이다. 삶은 완전한 것이고 죽음은 부족한 무엇이 아니다. 그러므로 죽음을 회피하려는 노력을 기울일 필요가 없다. 삶만을 지속시켜서 완전히 채우고 죽음을 회피하려는 노력은 도道와 어긋난다.

도道와 어긋나는 인위人爲의 삶에 대해서 노자는 다음과 같이 비판한다.

> 오색五色은 사람의 눈을 어둡게 하고, 오음五音은 사람의 귀를 멀게 하며, 오미五味는 사람의 입을 맛들이고, 말달리며 사냥질하는 것은 사람의 마음을 미치게 만드니, 얻기 어려운 재화는 사람의 행실을 헤살 놓는다. 그래서 성인은 배부르게 하되 보기 좋게 하지 않으므로 저것을 버리고 이것을 취한다.[11]

위 구절의 오색五色, 오음五音, 오미五味, 말달리며 사냥질하는 것, 얻기 어려운 재화 등은 인위人爲로써 얻는 것들이다. 인위人爲로 얻은 것에 의해서 삶을 망칠 수 있다. 그러므로 성인은 '보기 좋게 하지 않는다'고 한다. '보기 좋게 하는 것'은 삶의 본질이 아닌 피상적인 외부 사물에 집착

10. 『老子』, 第15章, "古之善爲士者, 微妙玄通, 深不可識. 夫唯不可識, 故强爲之容. 豫焉若冬涉川, 猶兮若畏四隣, 儼兮其若容, 渙兮若氷之將釋, 敦兮其若樸, 曠兮其若谷, 混兮其若濁. 孰能濁以靜之徐淸? 孰能安以久動之徐生? 保此道者不欲盈, 夫唯不盈, 故能蔽不新成."

11. 『老子』, 第12章, "五色令人目盲, 五音令人耳聾, 五味令人口爽, 馳騁畋獵令人心發狂, 難得之貨令人行妨. 是以聖人爲腹不爲目, 故去彼取此."

하는 삶을 사는 것이다. 외부 사물에 집착하는 삶은 세상과 분리된 존재로서의 나를 전제로 한다. 이때 죽음은 모든 것의 상실을 의미한다. 그러므로 인위人爲의 죽음관을 가진 자는 죽음에 대한 두려움을 가지게 된다.

삶에 대한 집착

인위人爲로서의 죽음관은 사람들로 하여금 삶에 집착하도록 한다. 인위人爲의 죽음관에 의하면, 죽음은 모든 것의 종말을 의미하므로 사람은 삶을 지키기 위한 필사의 노력을 기울인다. 그러나 삶을 지키려고 자신의 뜻대로 인위人爲하려는 순간부터 삶의 노예가 된다. 삶은 한 점의 자유도 없이 살기 위한 몸부림으로 가득 차게 된다. 노자는 삶에 대한 집착에 사로잡혀서, 삶을 온통 삶으로만 채우려고 하는 불가능한 노력을 다음과 같이 비판한다.

> 서른 개의 바퀴살이 하나의 바퀴통으로 모여 있으니, 그 무無가 있으므로 수레로서의 쓰임이 있다. 찰흙을 이겨 그릇을 만듦에 그 무無가 있으므로 그릇으로서의 쓰임이 있다. 창문을 뚫어 집을 만듦에 그 무無가 집으로서의 쓰임이 있다. 그러므로 유有가 이로운 것은 무無가 용用이 되기 때문이다.[12]

비어 있는 것들은 모든 것을 받아들이고 수용할 수 있다. 비어 있음이 바로 도道이다. 꽉 차 있다면, 즉 무엇에 사로잡혀 있다면, 더 이상

---

12. 『老子』, 第11章, "三十輻共一轂, 當其無, 有車之用. 埏埴以爲器, 當其無, 有器之用. 鑿戶牖以爲室, 當其無, 有室之用. 故有之以爲利, 無之以爲用."

아무것도 담을 수 없다.김기태, 2007: 153 이 구절은 비어 있음의 도道를 통해 어떤 것에 대한 집착이나 사로잡힘이 없는 경지를 말하고 있다. 삶과 죽음에 있어서도 삶에 사로잡혀 있으면, 도道에 어긋난 것임을 말하고 있다. 이런 삶에 대한 집착은 끊임없는 외물 추구를 낳는다. 노자는 다음과 같이 말한다.

> 천하를 취해서 작위하려고 한다면 나는 그것이 불가능하다고 본다. 천하는 신묘한 그릇이니, 작위할 수 없다. 작위하면 실패하고 잡으려면 잃어버린다. 그러므로 사물이 혹 앞서가기도 하고 혹 뒤따르기도 하며, 훈훈하게 불 때도 있고 싸늘하게 내불 때도 있으며, 강하기도 하고 약하기도 하며, 어떤 경우에는 꺾이기도 하고 어떤 경우에는 무너지기도 한다. 그래서 성인은 심한 것, 사치스러운 것, 지나친 것을 버린다.[13]

노자는 이 세상의 어느 것도 작위하지 말아야 한다고 한다. 작위해서 손에 쥐려고 하는 순간 모든 것을 잃는다. 삶도 마찬가지다. 삶을 꼭 쥐려고 하는 순간, 우리는 삶을 완전히 잃어버리게 된다. '앞서는 것', '훈훈한 바람', '강함'만이 있도록 하려는 작위는 불가능하다. 꺾일 수도 있고 무너질 수도 있다. 따라서 이런 진리를 아는 자라면 삶에만 지나치게 집착하지 않을 것이다. 삶에 대한 집착은 채워지지 않는 욕망이기 때문에, 인간을 불행으로 몰고 간다.

> 도道는 항상 하는 것이 없지만, 하지 못하는 것도 없나니, 후왕이 만약 그것을 지킬 수 있다면 만물이 장차 저절로 될 것이다. 자

13.『老子』, 第29章, "將欲取天下而爲之, 吾見其不得已. 天下神器, 不可爲也. 爲者敗之, 執者失之. 故物或行或隨, 或歔或吹, 或强或羸, 或挫或隳. 是以聖人去甚, 去奢, 去泰."

생자화 하다가 욕심이 일어나면 나는 장차 무명이란 소박으로 그것을 진정시킬 것이다. 무명의 소박을 쓰면 욕심이 없어질 것이요, 욕심내지 않음으로써 고요하니 천하가 저절로 안정될 것이다.[14]

노자는 위 구절에서 욕심내고 작위하는 것에 대해 경계하고 있다. 도道는 작위하지 않아도 다스려지지 않는 것이 없는데, 보통 사람은 무엇인가 작위하고자 한다.김인호, 2003: 24 이에 노자는 무명無名의 소박을 써서 하고자 하는 욕심을 없애면 안정을 얻을 수 있다고 한다. 우리는 고요나 안정을 위해서 무엇인가를 제거하고 그것을 지키기 위한 수고를 기울여야 한다고 생각한다. 하지만 노자는 우리가 그렇게 작위하려는 몸짓을 멈추어야 고요와 안정을 얻을 수 있다고 한다.

마찬가지로 삶에 대한 욕심과 삶을 지키려는 작위를 멈추는 순간, 삶은 죽음의 두려움으로부터 벗어나 저절로 안정될 것이다. 삶에 대한 욕심은 삶과 죽음을 이분법적으로 보는 관점에서 오는 것이다. 외물에 대한 욕심과 '나'라는 에고가 떨어져 나가면 욕심도 사라지게 된다. 작위를 멈추는 순간을 노자는 다음과 같이 말한다.

이름과 몸 중에서 어느 것이 친하고, 몸과 재물 중에서 어느 것이 중요하며, 얻음과 잃음 중에서 어느 것이 병통인가? 이러므로 너무 아끼면 크게 낭비하게 되고, 지나치게 쌓아 두면 반드시 많이 잃게 될 것이니, 만족할 줄 알면 욕되지 않고, 그칠 줄 알면 위태롭지 않으니 오래갈 수 있다.[15]

14. 『老子』, 第37章, "道常無爲, 而無不爲, 侯王若能守之, 萬物將自化, 化而欲作, 吾將鎭之以無名之樸. 無名之樸, 夫亦將無欲, 不欲以靜, 天下將自定."

15. 『老子』, 第44章, "名與身孰親? 身與貨孰多? 得與亡孰病? 是故甚愛必大費, 多藏必厚亡, 知足不辱, 知止不殆, 可以長久."

더 오래 영원히 살고자 하면 삶은 망가진다. 지금의 삶에 지족知足하는 지혜가 삶의 온 순간을 의미 있게 만들어 줄 것이다. 또한 삶을 추구하고 죽음을 거부하고자 하는 몸짓을 멈출 줄 아는知止 자가 진정한 삶을 살 수 있다. 영원한 삶은 영원한 삶에 대한 집착을 멈출 때 가능하다.

삶을 위한 어떤 인위人爲도 하지 않는 것은 겉으로 보기에는 매우 평범하다. 이 평범한 것이 도道라고 하면 믿지 못하는 경향이 있다. 보통 사람은 도道는 특별한 어떤 노력을 기울여야 얻을 수 있을 것이라고 생각한다. 그러나 그 평범함이 바로 도道이다. 노자는 다음과 같이 말한다.

> … 큰길은 아주 평이하나 백성들은 샛길을 좋아하며….[16]

큰길大道은 아주 평이하기 때문에 사람들은 샛길을 좋아한다. 도道와 하나 되어 사는, 즉 잘 사는 것은 무엇인가 특별해야 한다고 생각하기 때문에 평이하게 보이는 길은 가지 않으려고 한다. 그러나 사람이 가지 않는 평이한 큰길이 바로 도道이다. 보통 사람은 죽지 않기 위해서 삶을 지키려고 노력하는 샛길을 선호한다. 서로 앞다투어 그 샛길로 가려고 하기 때문에 그렇게 해야만 하는 것처럼 생각한다. 그러나 그 길은 삶을 온전히 살지 못하게 하는 삶을 낭비하는 길이다.

삶에 집착하는 사람에게 노자는 삶의 진정한 주인이 될 수 있는 방법을 다음과 같이 말하고 있다.

> 잘 세운 것은 뽑히지 않고, 잘 감싼 것은 벗겨지지 않으니, 자손이 제사를 그치지 않는다(즉 끊임없이 이어진다).[17]

16. 『老子』, 第53章, "… 大道甚夷, 而民好徑…."
17. 『老子』, 第54章, "善建者不拔, 善抱者不脫, 子孫以祭祀不輟."

노자가 말하는 '잘 세우는 것'은 무엇일까? 삶을 잘 세운다는 것은 진정한 자기에 바탕하는 세움을 말한다. 진정한 자기를 바탕으로 세우는 삶은 흔들리지 않고 뽑히지 않는다. 삶을 잘 세움은 도道를 바탕으로 하는 것으로 삶과 죽음이 모두 들어와 있다.

잘못 세운 것은 분리된 자아라는 바탕 위에 세우는 것이다. 늘 뽑히고 불안정하다. 삶과 죽음이 이분법적으로 나뉘고 삶만으로 세우려고 한다. 삶만으로 세우려고 하는 것은 욕망에 불과하며 불가능한 일이다. 그러므로 불안정한 삶이 된다.

삶에 집착하는 사람은 삶의 평화를 잃게 되고, 삶의 주인이 되기보다는 삶에 연연하는 노예와 같은 삶을 살게 된다. 그런 삶에는 자유가 없다. 노자는 그런 삶에 대해 다음과 같은 대안을 말하고 있다.

> … 그래서 군사가 강하기만 하면 이길 수 없고, 나무가 강하기만 하면 베어진다. 강하고 큰 것은 낮은 곳에 있고, 부드럽고 연약한 것은 높은 곳에 처한다.[18]

노자는 '군사가 강하기만 하면 이길 수 없고, 나무가 강하기만 하면 베어진다'고 한다. 군사가 강하다는 것은 극복하려는 생각이나 이겨 내려는 결심이 강한 것이다. 이것을 삶과 죽음에 적용하면, 죽음이 두렵기 때문에 죽음을 극복하고 이겨 내려고 하는 것이다. 그러나 그렇게 하려고 할수록 죽음으로부터 자유로워질 수 없다. 삶을 지키려 하고 죽음을 피하려고 하는 것은 도道를 거부하는 것이다. 도道를 거스르면서 진정한 삶에 도달할 수 없으며, 삶을 지키려 할수록 삶의 행복을 상실하게 된다.

---

18. 『老子』, 第76章, "是以兵强則不勝, 木强則兵. 强大處下, 柔弱處上."

3. 노자의 탈현대적 죽음관

죽음에 대한 노자의 관점

무위無爲로서의 죽음관은 나와 세계의 통일성에 대한 인식을 바탕으로 한다.홍승표, 2005: 131 이런 인식하에서는 육체의 죽음은 있지만, 나의 존재는 영원한 '도道'와 하나이기 때문에 생生과 사死를 넘어 영원하다.

무위無爲의 도道는 무엇인가를 하되 했다는 의식이 없다. 무위無爲로서의 죽음관을 가지면, 삶을 더 연장하려는 인위적인 어떤 노력이나 삶에 대한 집착은 무의미하다. 노자는 무위無爲에 대해 다음과 같이 말한다.

> 정신을 쓰면서도 하나를 안아 떠나지 않을 수 있겠는가? 기를 전일하게 하고 지극히 부드럽게 하여 어린아이와 같게 할 수 있겠는가? 현묘한 거울의 때를 깨끗이 닦아내어 흠 하나 없이 할 수 있겠는가? 백성을 사랑하고 나라를 다스리는 데에 꾀 없이 할 수 있겠는가? 하늘의 문은 열리기도 하고 닫히기도 하니 암컷이 없을 수 있겠는가? 명백하게 사방에 통달하여 작위함이 없을 수 있겠는가?[19]

19. 『老子』, 第10章, "載營魄抱一, 能無離乎? 專氣致柔, 能兒乎? 滌除玄覽, 能無疵乎? 愛民治國, 能無知乎? 天門開闔, 能無雌乎? 明白四達, 能無爲乎?"

'하나를 안아 떠나지 않음', '어린아이와 같이 함', '흠 하나 없이 함', '꾀 없이 함' 등은 모두 무위無爲의 경지를 말한다. 진정한 무위無爲는 무엇을 했음에도 했다는 것에 얽매이지 않는다. 우리가 삶과 죽음에 대해서 무위無爲한다면, 최선을 다해서 오늘 하루를 살지만 삶을 위해서 무엇인가 했다는 것에 집착하지 않는다.

무위無爲로서의 죽음관은 무엇일까? 무위無爲로서의 죽음관은 삶과 죽음의 경계로부터 자유로운 죽음관이다. 무위無爲로서의 죽음관은 삶과 죽음을 분별하여, 삶에 집착하고 죽음을 없애려는 노력을 기울이지 않는다.

무위無爲로서의 죽음관에 따르면, 마지막 성장의 기회로 죽음을 활용할 수 있다. 왜냐하면 무위無爲로서의 죽음관으로 보면, 죽음은 존재의 질적 비약을 가능하게 해 주는 절호의 기회이기 때문이다.

무위無爲로서의 죽음관은 현재의 삶을 온전히 살 수 있도록 도와준다. 무위無爲로서의 죽음관을 받아들이면, 죽음으로부터 벗어나고자 하는 인위人爲의 노력을 멈추게 된다. 그 순간 삶의 빛을 온전히 만끽할 수 있다.

삶과 죽음의 경계로부터의 자유

무위無爲로서의 죽음관은 삶과 죽음의 경계로부터 자유롭다. 삶과 죽음의 경계가 사라진 대자유의 경지를 살 수 있다. 그러므로 삶에 얽매이지도 않고, 죽음을 두려워하지도 않는다. 도道와 하나 되는 삶이 그것이다. 노자는 도道와 하나 되는 삶이 다음과 같다고 한다.

> … 상常을 알면 포용하게 되니, 포용하면 이에 공평하게 되고, 공

평하면 이에 왕이 되고, 왕이 되면 이에 천天과 같게 되고, 천天과 같으면 이에 도道를 얻게 되고, 도道를 얻으면 오래갈 수 있으니, 죽을 때까지 위태롭지 않게 된다.[20]

'상常을 알면 포용하게 된다'는 것은 삶과 죽음을 알면 그것이 있음을 받아들이게 된다는 말이다. '포용하면 이에 공평하게 되고'는 삶과 죽음이 있다는 것을 받아들이고 나면 삶과 죽음에 대한 분별심이 사라진다. '공평하면 이에 왕이 되고'는 삶과 죽음을 분별하지 않으면 삶과 죽음의 노예가 아닌 주인으로 살 수 있다는 말이다. '왕이 되면 이에 천天과 같게 되고, 천天과 같으면 이에 도道를 얻게 되고'는 삶과 죽음을 분별하는 마음으로부터 자유로워지면 주인이 되어서 사는 것이며, 그것이 곧 도道이다. '도道를 얻으면 오래갈 수 있으니, 죽을 때까지 위태롭지 않게 된다'고 했듯이, 삶과 죽음을 분별하지 않는 주인으로서 삶을 살게 되면 삶이 불안하지 않다.

삶과 죽음의 경계가 없는 대자유의 경지는 어떤 모양을 하고 있을까? 노자는 그 모습이 '골짜기의 냇물이 강이나 바다에 흐르는 것'처럼 자연스럽고 평범한 모양을 하고 있다고 한다.

도道는 항상 이름이 없으니, 질박해서 별게 아닌 듯하지만 천하가 신하로 부리지 못한다. 제후나 왕이 만약 도道를 지킬 수 있으면 만물이 저절로 장차 찾아들 것이다. 천지가 서로 만나서 단 이슬이 내리듯이, 백성들은 시키지 않아도 저절로 고르게 된다. 짓기 시작하면 이름이 생기고, 이름이 이미 있으면 마땅히 멈출 줄 알아야 하니, 멈출 줄을 알아야 위태롭지 않다. 비유컨대 도道가 천

20. 『老子』, 第16章, "… 知常容, 容乃公, 公乃王, 王乃天, 天乃道, 道乃久, 沒身不殆."

> 하에 있는 것은 마치 골짜기의 냇물이 강이나 바다에 흐르는 것과 같다.[21]

도道는 질박하여 도道가 아닌 것처럼 보이지만, 그 어느 것도 도道를 부릴 수 없다. 도道는 존재 전체이다. 삶 전체가 도道이다. 삶과 죽음이 공존한다는 것은 도道이다. 죽음이 있는 것은 도道가 아닌 것처럼 보이지만, 삶과 죽음이 공존한다는 것은 무엇에 의해서도 바뀔 수 없는 진리이다. '천지가 서로 만나서 단 이슬이 내린다'고 한다. 하늘과 땅은 대립되고 분리된 것이라고 생각하기 쉽지만, 이것이 서로 합쳐져야 감로甘露가 내린다. 삶과 죽음도 마찬가지다. 삶과 죽음이 하나가 되어야 감로, 즉 대자유의 삶이 가능하다.

> 천하에 도道가 있으면 달리던 말을 되돌려 일구고, 천하에 도道가 없으면 군마가 성 밖에서 자란다. 화禍는 만족할 줄 모르는 것보다 큰 것이 없고, 허물은 얻으려고 욕심내는 것보다 큰 것이 없다. 그러므로 만족할 줄 알아서 얻은 만족이 항상 만족스러운 것이다.[22]

노자는 '만족할 줄 알아서 얻은 만족이 항상 만족스러운 것'이라고 한다. 사람은 만족을 위해서는 바깥 대상의 변화가 필요하다고 생각한다. 그러나 진정한 만족은 만족할 줄 아는 것에서 온다. 이 관점으로 삶과 죽음을 보면, 삶에서 죽음을 없애고서야 삶에 만족하며 살고자 하는 것은 불가능하다. 삶을 제대로 사는 것은 현재의 이 순간을 생생하게 사는 것이며, 이 순간의 삶에 만족할 줄 알면 죽음으로부터 자유를

---

21. 『老子』, 第32章, "道常無名, 樸雖小, 天下莫能臣也. 侯王若能守之, 萬物將自賓. 天地相合以降甘露, 民莫之令而自均. 始制有名, 名亦既有, 夫亦將知. 知止, 可以不殆. 譬道之在天下, 猶川谷之於江海."
22. 『老子』, 第46章, "天下有道, 卻走馬以糞, 天下無道, 戎馬生於郊, 禍莫大於不知足, 咎莫大於欲得, 故知足之足 常足矣."

얻을 수 있다. 현재의 순간에 충실한 삶을 사는 자에게 다가올 죽음에 대한 두려움은 존재하지 않는다. 위 구절의 '달리던 말'은 미래와 과거를 향하던 마음이다. 미래와 과거로 치닫던 마음을 되돌려 현재의 삶에 충실하도록 한다. 무위無爲로서의 죽음관을 가진다는 것은 매 순간의 삶을 온전하게 사는 것이며, 그런 삶에는 두려운 죽음이란 없다.

삶과 죽음에 대해 무위無爲하면, 나의 삶과 나의 죽음에 대한 집착이나 두려움이 사라진다. 노자는 이렇게 말한다.

> … 낳되 소유하지 않고 작위하되 의지하지 않으며, 길러 주되 주재하지 않으니, 이를 현묘한 덕이라고 한다.[23]

도道의 관점에서 보면, 무엇도 소유하지 않으므로 무엇도 소유하지 못하는 것이 없다. 소유하지 않으면 대상에 대한 집착이나 의지하는 마음이 사라진다. 어떤 일을 하더라도 했다는 생각이 사라지므로, 그것으로부터 자유로울 수 있다. 삶을 소유하려고 하지 않음으로써 삶을 열심히 살아도 무엇인가 했다는 생각이 사라지고 삶에 집착하지 않으며, 죽음으로부터 자유를 얻을 수도 있다. 나아가서 삶과 죽음의 경계가 없는 대자유의 삶을 살 수 있다.

마지막 성장 기회로서의 죽음

무위無爲로서의 죽음관은 죽음을 마지막 성장의 기회로 활용할 수 있도록 한다. 무위無爲로서의 죽음관은 도道와 부합하는 삶을 살도록 한

23. 『老子』, 第51章, "… 生而不有, 爲而不恃, 長而不宰, 是謂元德."

다. 도道와 부합하는 삶에서 죽음은 생에서 마지막으로 맞이하는 성장의 기회다. 우리는 삶에서 수많은 성장의 기회를 경험하게 된다. 인생에서 만나는 고통은 우리를 성숙하게 만들고 더 큰 존재로의 질적인 비약의 기회를 준다. 그 가운데 가장 큰 기회가 자신의 죽음이라고 할 수 있다.정재걸, 2007a: 208

노자에게는 죽음이 어떤 의미가 있을까? 다음 구절을 통해서 살펴보자.

> 총애를 받거나 욕을 당하는 데에 놀란 듯이 하고, 큰 환란을 제 몸처럼 귀하게 여기라. 무슨 총애를 받고 어떠한 욕을 당하는 데에 놀란 듯이 하라는 것인가? 총애가 변하여 아래가 되니 얻어도 놀란 듯이 하고 잃어도 놀란 듯이 하는 것을 일컬어 총애받음과 욕을 당함에 놀란 듯이 하라고 한 것이다. 큰 환란을 제 몸처럼 귀하게 여기라는 것이 무슨 말인가? 내게 큰 환란이 있는 까닭은 내가 몸을 가지고 있기 때문이다. 내게 몸이 없게 된다면, 내가 무슨 근심이 있겠는가! 그러므로 제 몸을 천하天下와 같이 귀하게 여기면 천하를 맡길 수 있고, 자기 몸을 천하와 같이 아낀다면 천하를 의탁할 수 있다.[24]

삶이나 죽음을 있는 그대로 받아들이면, 삶에 집착하지 않게 된다. 반면, 자아에 집착하면 삶에 집착하게 된다. 총애와 욕, 영화와 환란은 같이 오는 것이다. 삶과 죽음도 마찬가지다. 삶은 취하고 죽음은 없애려는 인위人爲는 고통을 낳을 뿐이다. 그것을 깨달으면 내 몸에 대한 집착

24. 『老子』, 第13章, "寵辱若驚, 貴大患若身. 何謂寵辱若驚? 寵, 爲下 得之若驚, 失之若驚, 是謂寵辱若驚. 何謂貴大患若身? 吾所以有大患者, 爲吾有身. 及吾無身, 吾有何患! 故貴以身爲天下, 若可寄天下; 愛以身爲天下, 若可託天下."

이 사라진다. 총애나 욕, 영화나 환란에 집착하지 않게 된다. 그렇게 되면 천하와 하나가 되고, 죽음으로부터 자유로워진다. 인생의 가장 큰 환란은 죽음이라고 할 수 있다. '환란을 제 몸같이 여기라'고 한 것은 죽음을 귀히 여기라고 한 것이다. 왜냐하면 죽음이야말로 존재의 깨어남을 위한 소중한 기회가 될 수 있기 때문이다.

> 되돌아가는 것이 도道의 움직임이고, 유약한 것은 도道의 쓰임이다. 천하의 만물은 유有에서 생겨나고, 유는 무無에서 생겨난다.[25]

'되돌아가는 것은 도道의 움직임'이라고 한 것은 태어남과 죽음이 반대로 대립하는 것으로 보이지만, 그 자체가 도道임을 말하고 있다. 현대의 관점에서는 삶과 역사를 앞으로 나아가기만 하는 것으로 본다. 따라서 죽음은 삶의 끝으로 생각하고 회피하려 하거나 두려워한다. 그러나 노자는 태어나고 죽음은 반복하고 순환하는 것으로 서로 의존하여 끝없이 되돌아가는 것이며, 그것이 도道의 움직이는 방식이라고 한다.

'천하의 만물은 유有에서 생겨나고, 유有는 무無에서 생겨난다.' 유有와 무無는 서로를 있게 해 준다. "천하의 사물은 모두 유有로써 생겨나지만, 유有는 무無를 근본으로 삼아 시작되므로, 유有를 온전히 하고 싶으면 반드시 무無로 돌아가야 한다."노자, 2001: 163 마찬가지로 삶과 죽음도 서로를 있게 하는 토대가 된다. 삶을 온전히 하고자 하면 죽음으로 돌아가야 한다. 죽음으로 돌아간다는 것은 죽음을 자기 성장을 위한 기회로 활용한다는 말이다.

노자는 죽음이 어떻게 자기 성장의 마지막 기회가 될 수 있다고 하는 것일까? 노자의 다음 구절을 보자.

---

25. 『老子』, 第40章, "反者, 道之動, 弱者, 道之用. 天下萬物生於有, 有生於無."

천하에 물보다 부드러운 것이 없으나 단단하고 강한 것을 공격하기로는 이보다 나은 것이 없으니, 그것은 바꾸지 않기 때문이다. 연약한 것이 강한 것을 이기고 부드러운 것이 단단한 것을 이긴다는 것은 천하가 다 알고 있으나 실천하지는 못한다. 그래서 성인은 말하기를, 나라의 온갖 더러운 것을 받아들이는 이를 일러 사직社稷의 주인이라 하고, 나라의 좋지 못한 일을 감수하는 이를 일러 천하의 왕王이라고 하나니, 바른 말은 마치 반대되는 것 같다.[26]

노자가 말하는 '나라의 온갖 더러운 것을 받아들이는 이'와 '나라의 좋지 못한 일을 감수하는 이'를 삶과 죽음에 적용해 보면, 삶이란 좋은 것만 취하지 않는 것이다. 우리의 삶에서 가장 좋지 않은 일이라면 죽음이라고 할 수 있다. 그 죽음을 받아들이고 감수하는 것이 삶의 온전한 주인이 될 수 있음을 말하고 있다.

모두가 피하려고 하는 죽음은 우리를 성장시켜 주는 마지막 기회가 될 수 있다. 왜냐하면 우리는 고통을 통해서 성장할 수 있고 성숙해지기 때문이다. 고통은 이유 없이 오는 것이 아니다. 고통을 그대로 인정하고 받아들이는 과정에서 나는 성장하고 자유를 누릴 수 있게 된다.

무위無爲로서의 삶

무위無爲로서의 죽음관은 무위無爲로서의 삶을 살 수 있도록 해 준다. 삶에서 죽음을 없애기 위한 인위人爲적인 노력이 멈춰지면, 삶을 무위無爲할 수 있다. 어떤 집착이나 욕심 없이 삶의 순간순간에 최선을 다하게

26. 『老子』, 第78章, "天下莫柔弱於水, 而功堅强者, 莫之能勝, 以其無以易之. 弱之勝强, 柔之勝剛, 天下莫不知, 莫能行. 是以聖人云, 受國之垢, 是謂社稷主; 受國不祥, 是謂天下王. 正言若反."

된다.

노자는 백성을 다스리는 왕의 유형을 통해서 삶을 어떻게 운영하는 것이 바람직할 것인지에 대한 지혜를 다음과 같이 말하고 있다.

> 가장 지극한 덕을 가진 왕은 아랫사람들이 있음을 알 뿐이요, 그 다음의 왕은 아랫사람들이 그를 친근하고 자랑스럽게 여기고, 그다음의 왕은 두려워하며, 그다음은 업신여긴다. 미더움이 부족하므로 믿지 않음이 생긴 것이다. 한가히 그 말을 귀하게 여기나니, 공功이 이루어지고 일이 다 되는 것을 백성들은 모두 자기가 스스로 그러한 것이라고 말한다.[27]

삶에서 경험하는 것은 무엇 하나 빼거나 더할 것이 없다. 죽음도 그렇다. 그대로 경험하면 된다. 삶을 지키려고 하고, 죽음을 없애려고 할 필요가 없다. 삶과 죽음에 대해 질서 잡으려고 하는 노력을 정지하는 순간, 내가 경험하는 삶의 진정한 빛과 만나게 된다.

무위無爲로서의 죽음관을 받아들이면, 죽음을 거부하려는 인위人爲를 멈추기 때문에 삶을 위한 인위人爲도 멈추게 된다. 이를 노자는 군사를 쓰는 일에 비유하여, 다음과 같이 설명하고 있다.

> 도道로써 임금을 보좌하는 이는 군사로 천하를 강압하지 않으니, 군사의 일은 바로 되돌아오게 된다. 군대가 머문 곳에는 가시덤불만 자라고, 큰 군사를 일으킨 후에는 반드시 흉년이 든다. 위난을 잘 구제해 줄 뿐 감히 강함을 취하지 않고, 구제해 주었다고 뽐내지 않고, 구제해 주었다고 자랑하지 않고, 구제해 주었다고 교만하

---

27. 『老子』, 第17章, "太上下知有之, 其次, 親而譽之, 其次, 畏之, 其次, 侮之. 信不足焉, 有不信焉. 悠兮其貴言, 功成事遂, 百姓皆謂我自然."

> 지 않는다. 구제하되 어쩔 수 없어서 그런 것이며, 구제한다고 강포해서는 안 된다. 사물은 장성하면 곧 노쇠하게 되니 이를 일러 도道에 맞지 않는다고 한다. 도道에 맞지 않으면 일찍 끝난다.[28]

군사를 쓴다는 것은 힘을 사용하여 자기의 뜻대로 움직이고자 하는 것이다. 삶을 마음대로 하려고 인위人爲한다는 것이다. 군사를 써서 천하를 지배하면 바로 돌아온다고 한 것은 삶에 대해 인위人爲를 가하면 삶이 평화롭지 못하고 힘들어진다는 말이다.

도道와 하나 되는 삶은 인위人爲하지 않는 것이다. 물리적인 어떤 노력을 기울여서 얻는 것은 일순간에 끝이 난다. '도道에 맞지 않으면 일찍 끝난다'고 하듯이, 삶에서 죽음을 완전히 제거하려고 하는 인위人爲는 도道와 맞지 않는다. 그런 삶을 추구하면 삶의 행복을 느낄 수 없으며 살아 있지만 온전히 살지 못한다. 왜냐하면 죽음의 두려움을 없애기 위해서 끊임없이 노력을 기울여야 하기 때문이다. 그러나 죽음으로부터 자유로워지는 길은 죽음을 없애려는 노력을 하는 것이 아니라, 현재의 순간을 생생하게 사는 것이다.

현재의 순간을 생생하게 사는 방법에 대해 노자는 다음과 같이 말한다.

> 대상大象을 잡고 천하에 나아가면, 나아가도 해를 끼치지 않으니 편안하고 태평하다.[29]

대상大象은 대도大道의 법상法象이다. 즉, 도道를 일컫는 것이며 도道와

---

28. 『老子』, 第30章, "以道佐人主者, 不以兵强天下, 其事好還. 師之所處, 荊棘生焉. 大軍之後, 必有凶年. 善有果 而已, 不敢以取强, 果而勿矜, 果而勿伐, 果而勿驕. 果而不得已, 果而勿强. 物壯則老, 是謂不道, 不道早已."
29. 『老子』, 第35章, "執大象, 天下往; 往而不害, 安平太."

하나 되는 삶을 말한다. 반면 소상小象은 도道와 어긋나는 것이며 작은 이익에 집착하는 것이라고 할 수 있다. '대상大象을 잡는다'는 것은 분별심 없이 모든 것을 받아들인다는 의미이다. 그런 삶은 편안하고 태평하다. 그러나 삶만을 취하려고 하는 소상小象을 잡으면, 삶은 불안하다. 도道를 사는 사람은 삶이 오면 삶을 살고 죽음이 오면 죽는다. 무위無爲로서의 삶을 산다.

도道와 하나 되는 삶은 어떤 인위人爲도 필요로 하지 않는다. 그런 삶의 모습을 노자는 다음과 같이 묘사하고 있다.

> 뛰어난 사람은 도道를 들으면 부지런히 행하고, 평범한 사람은 도道를 들으면 간수하고 있는 듯하기도 하고 잃어버린 듯하기도 하며, 못난 사람은 도道를 들으면 크게 비웃으니 비웃지 않으면 도道가 되기에 부족하다. 그러므로 말이 있게 되었다. 밝은 도道는 어두운 듯하고, 앞으로 나아가는 도道는 물러서는 듯하고, 큰 도道는 어그러진 것 같고, 높은 덕德은 골짜기 같고, 아주 흰 것은 더러운 것 같고, 넓은 덕德은 부족한 것 같고, 꿋꿋한 덕德은 구차한 것 같고, 솔직한 진식은 변한 것 같고, 큰 모는 모서리가 없고, 큰 그릇은 느지막이 이루어지고, 큰 소리는 들리지 않고, 큰 상象은 형체가 없으니, 도道는 이름 없는 데에 숨었으나 오직 도道만이 잘 빌려주고 잘 이룬다.[30]

도道는 매우 평범한 모양을 하고 있기 때문에 어리석은 자는 도道를 들으면 크게 비웃는다. 노자는 '밝은 도道는 어두운 듯하고, 밝지만 번

30. 『老子』, 第41章, "上士聞道, 勤而行之; 中士聞道, 若存若亡; 下士聞道, 大笑之, 不笑不足以爲道. 故建言有之; 明道若昧, 進道若退, 夷道若纇, 上德若谷, 大白若辱, 廣德若不足, 建德若偸, 質眞若渝, 大方無隅, 大器晩成, 大音希聲, 大象無形, 道隱無名, 夫唯道, 善貸且成."

쩍거리지 않는다. … 큰 상象은 형체가 없으니, 도道는 이름 없는 데에 숨었으나 오직 도道만이 잘 빌려주고 잘 이룬다'고 한다. 도道는 화려한 모습을 하고 있지 않다. 죽음에 대한 도道도 같다. 죽음을 없애거나 극복함으로써 죽음으로부터 자유를 얻는 것이 아니라, 죽음을 인정함으로써 얻을 수 있다. 삶과 죽음을 나누고 분별하는 것이 아니라, 삶과 죽음에 대한 이원성을 극복해야 한다. 삶과 죽음에 대한 분별의 마음이 떨어져 나갔을 때, 도道와 하나가 될 수 있다.

노자는 또 다음과 같이 말한다.

> 병사를 쓰는 데는 말이 있으니, 나는 감히 주인이 되지 못하고 손님이 되며, 감히 한 치를 나아가지 못하고 한 자를 물러선다 하니 이를 일러 행하지 않음을 행하고, 없는 팔뚝을 걷어붙이고 없는 적을 잡아들이고, 없는 병기를 잡으라고 하는 것이다. 적敵을 얕보는 것보다 더 큰 화는 없으니, 적을 얕보다가는 나의 보물을 거의 잃을 것이다. 그러므로 서로 대항하는 군사가 맞설 때는 자애스러운 자가 승리한다.[31]

병사를 쓰는 법과 삶의 도道는 하나이다. 삶을 소유하고 있다고 착각하고 인위人爲하려고 하면 할수록 삶의 노예가 된다. '없는 팔뚝을 걷어붙이고 없는 것을 잡아들이고, 없는 병기를 잡으라고 하는 것이다'는 삶에서 죽음과 관련된 요소들은 한 오라기도 남기지 않고 없애려고 노력하는 것이다.

그러나 그런 노력은 '나의 보물'인 내 삶을 잃는 결과를 가져올 뿐이다. 병사를 쓰는 법에서 배울 수 있듯이 삶에서 승리하기 위해서는 자

31. 『老子』, 第69章, "用兵有言, 吾不敢爲主而爲客, 不敢進寸而退尺. 是謂行無行, 攘無臂, 無敵. 執無兵. 禍莫大於輕敵, 輕敵幾喪吾寶. 故抗兵相加, 哀者勝矣."

애로써 임하는 것이다. 삶과 죽음을 분별하고, 죽음이 해로운 것이기 때문에 피하려고 하지 않는다. 자애로써 내 삶을 대한다면, 삶이든 죽음이든 차별 없이 그대로 포용할 수 있다. 그런 삶에는 사랑밖에 없으며, 피해야 할 것이 없다.

무위無爲로서의 죽음관을 따르면 무위無爲로서의 삶을 살 수 있음을 노자는 다음 구절에서 자세하게 설명하고 있다.

> 남은 태어나는 것이요, 들어감은 죽는 것이니, 삶의 무리가 열에 셋이요, 죽음의 무리가 열에 셋이며, 사람이 살다가 죽는 곳으로 움직이는 이들이 또한 열에 셋이 있다. 무슨 까닭인가? 삶으로써 삶을 더 두텁게 하려고 하기 때문이다. 듣건대 삶을 잘 사는 이는 뭍을 다녀도 맹수를 만나지 않고, 전쟁터에서도 병기에 다치지 않는다고 한다. 외뿔소는 그 뿔로 받을 곳이 없고, 호랑이는 그 발톱으로 할퀼 곳이 없으며, 병기는 그 칼날로 찌를 곳이 없다. 무슨 까닭인가? 죽는 곳이 없기 때문이다.[32]

노자는 태어나고 죽는 것은 모든 사람이 같지만, 진정한 삶을 사는 무리와 죽은 무리, 그리고 살아 있으면서 죽음으로 옮겨 가는 무리가 있다고 한다. 죽은 무리와 죽음으로 옮겨 가는 무리는 도道에 어긋난 삶을 살기 때문이다. 이들은 살고자만 하여 삶에 집착한다. 이런 삶에 대한 자세는 삶의 도道에 맞지 않는다. 인생에는 삶만 있을 수 없기 때문이다.

반면, 삶을 잘 사는 이는 '뭍을 다녀도 맹수를 만나지 않고, 전쟁터에

---

32. 『老子』, 第50章, "出生入死, 生之徒十有三, 死之徒十有三, 人之生, 動之死地, 亦十有三, 夫何故, 以其生生之厚, 蓋聞善攝生者, 陸行不遇시虎, 入軍不被甲兵, 兕無所投其角, 虎無所措其爪, 兵無所容其刃, 夫何故, 以其無死地."

서도 병기에 다치지 않는다고 한다. 외뿔소는 그 뿔로 받을 곳이 없고, 호랑이는 그 발톱으로 할퀼 곳이 없으며, 병기는 그 칼날로 찌를 곳이 없다'고 한다. 도道에 부합하는 삶을 살면 어떤 어려움이 와도 걸리거나 넘어지지 않는다. 보통 사람이 삶에서 가장 쉽게 걸리는 문제가 바로 죽음이다. 그러나 삶을 잘 사는 이는 죽음이 와도 걸려 넘어지지 않는다. 왜냐하면 삶을 잘 사는 이의 삶에는 분리된 자아는 떨어져 나가고, 도道로서 영원한 나만이 남게 되기 때문이다. 그런 나에게 죽음이란 없다. 그러므로 노자는 '죽는 곳이 없기 때문이다'라고 했다. 바로 무위無爲로서의 삶을 사는 것만 있을 뿐이다.

4.
삶과 죽음의 문화

대순大順

노자가 주장하는 무위無爲로서의 죽음관은 인위人爲로서의 죽음관이 안고 있는 문제를 해소할 수 있는 관점을 제공해 준다. 무위無爲로서의 죽음관이 갖는 의미를 살펴보면 다음과 같다.

첫째, 무위無爲로서의 죽음관은 현대인이 갖고 있는 삶과 죽음을 분별하려는 마음을 극복할 수 있는 대안을 제시한다. 삶과 죽음에 대한 분별심은 죽음으로 인해 삶을 상실할 것이라는 두려움을 만들어 낸다. 따라서 삶과 죽음에 대한 분별심을 가지게 되면, 삶을 위한 끊임없는 인위人爲의 노력을 기울이게 된다. 하지만 그런 노력의 결과는 삶을 더욱 힘들고 불행하게 만든다. 삶과 죽음에 대한 분별심을 쥐고 있는 동안 삶으로부터 털끝만큼의 자유도 경험할 수 없다.

반면 삶과 죽음에 대한 분별심을 내려놓는 순간, 삶을 온전히 살 수 있으며 삶과 죽음으로부터 자유로워질 수 있다. 그것이 바로 노자가 말하는 대순大順하는 삶이다. 도道에 순응하는 삶은 우리에게 오는 삶이나 죽음을 포함한 어떤 것에 대해서도 분별하는 마음을 가지지 않는다. 분별심은 어떤 대상에 대한 집착을 야기하고 우리를 그것의 노예로 만든다. 무위無爲로서의 죽음관은 삶과 죽음에 대한 분별심이 없는 자유의 삶을 가능하게 한다. 나아가 삶과 죽음을 분별하는 마음을 멈추면 죽음에 대한 두려움은 자연스럽게 사라진다. 삶과 죽음의 경계로부터 자유로운 자는 죽음의 두려움으로부터 해방된다.

죽음과 성장

무위無爲로서의 죽음관은 죽음을 마지막 성장의 기회로 활용할 수 있도록 도와준다. 현대 죽음관에 의하면, 죽음에 대한 공포 때문에 죽음을 마지막 성장의 기회로 활용할 수 없다. 현대인은 세속적인 부와 명예, 그리고 성취에 매몰되는 경향이 있다. 그런 삶은 인간 본래의 존재적 차원을 자각하지 못하게 한다. 현대인은 영원히 살 것처럼 생각하고 살아간다. 현대인은 영원한 삶을 위해서 치열하게 경쟁하고 자꾸 커지는 욕망을 채우기 위해서 삶을 낭비한다. 현대인의 삶은 소외되고 비인간화되기 십상이다. 아무리 채워도 채워지지 않는 것이 욕망의 그릇이다. 욕망의 그릇을 채워서 자신의 존재를 확인하려는 시도는 삶을 더욱 피폐하게 만들고 고통스럽게 한다.

이런 현대인의 삶은 분리된 자아로 자신을 인식하기 때문에 나타난다. 현대인이 죽음 때문에 고통을 받는 이유도 바로 여기에서 기인한다. 그들은 죽음을 모든 것의 소멸과 상실로 생각한다. 현대인이 인식하고 있는 죽음은 분리된 자아의 죽음이다. 반면, 노자는 통일체적 존재로서의 인간 존재를 말한다.홍승표, 2002: 80 통일체적 세계관에서 보면 태어남과 죽음은 없다. 어린 시절 어머니의 죽음으로 고통스러워하던 틱낫한 스님은 어느 날 꿈에서 어머니와 다정한 대화를 나누고 잠에서 깨어난 후, 어머니가 자신 속에 영원히 함께하고 있다는 것을 느꼈다고 한다.Thich Nhat Hanh, 2003: 25 우리 삶에서 가장 큰 고통이라고 할 수 있는 죽음은 우리를 성장할 수 있도록 하는 마지막 기회이기도 하다. 삶의 존재적 비약을 경험한 성인들은 고통이 이유 없이 오지 않는다고 말한다. 고통은 우리를 성장하게 하기 위해서 온다. 죽음이 우리에게 오는 이유도 마찬가지다.

무위無爲로서의 죽음관은 죽음이 소멸과 상실이 아니라, 마지막 성장 기회로 활용될 수 있는 사상적인 토대를 제공해 준다. 그리고 고통뿐인 죽음을 맞이할 수밖에 없었던 현대인을 죽음의 고통으로부터 구원하고 새로운 죽음관을 제시한다는 점에서 탈현대적인 함의를 가지고 있다.

지금 이 순간을 삶

무위無爲로서의 죽음관은 삶에 대한 집착을 내려놓고, 무위無爲로서의 삶이 가능하도록 기회를 준다. 현대인은 삶을 지키기 위한 힘들고 좁은 길을 선택하고 있다. 살고자만 하고 죽음이 없는 완전한 삶을 얻으려고 노력한다. 그런 현대인은 삶에 대해 집착한다. 하지만 삶에 집착할수록 삶은 불안정하고 위태롭다.

그러나 무위無爲로서의 죽음관을 따르면, 삶을 부여잡고 죽음을 떨쳐버리려던 노력을 멈출 수 있다. 삶에 대한 집착이 사라지는 순간, 삶은 경이로운 선물이 된다. 어디선가 날아와 머리카락을 쓸어 주는 바람, 키 큰 나무 틈에서 낮은 키로 하늘을 향하고 있는 이름 모를 풀, 어느새 나이를 보여 주는 얼굴의 주름과 흰 머리카락도 지금 이 순간의 선물일 뿐이다. 무위無爲로서의 죽음관을 받아들이면 무위無爲로서의 삶을 살 수 있다. 삶을 위한 어떤 인위人爲도 멈추는 순간, 과거나 미래가 아닌 지금 이 순간을 깊이 살 수 있다. 미래를 향하는 염려하는 마음과 과거에 집착하는 마음으로부터 자유로워질 수 있다. 이 순간이 주는 행복과 희망을 깊이 느끼는 감사하고 사랑하는 삶이 가능하다.

죽음은 인간이 삶에서 만나는 가장 큰 두려움이며, 복잡한 환란이고, 거대한 난관이다. 그러나 누구나 죽음을 맞이할 수밖에 없으며, 죽음을 피해 갈 수는 없다.김정우, 2002: 23-24 우리가 할 수 있는 일은 언젠가는 올 죽음을 어떤 관점으로 인식할 것인가의 선택뿐이다. 현대인은 현대 죽음관으로 인해서 많은 고통을 받고 있으며, 진정한 삶을 살 수 있는 기회도 상실하고 있다. 노자의 새로운 죽음관은 우리에게 어떻게 진정한 삶을 살 수 있는지 잘 보여 주고 있다.

제4장
통일체적 세계관과 가족문화

1. 현대 사회와 가족문화

현대 가족의 모습

1999년 〈아메리칸 뷰티〉라는 영화가 개봉되었다. 가장 미국적이고 전형적인 단란한 가족의 모습을 하고 있는 주인공의 가족은 실제로는 관계가 완전히 파괴되어 있다. 부부관계에서 상호 간의 존중과 신뢰는 무너졌고, 부모와 자녀 관계는 의례적이다. 함께 식사를 하고 출근과 등교를 같이 하지만, 그들은 서로에 대해 무관심하고 서로에 대한 불만으로 가득 차 있다.

그다음 해에 〈아메리칸 뷰티〉가 국내에 개봉되었을 때, 너무나 미국적인 가족문화를 그리고 있는 영화로 평가를 받았다. 관객들은 영화가 너무 서구적인 가족의 모습만을 묘사하고 있기 때문에 한국의 가족 현실을 이해하는 데는 거리가 있다고 평가했다. 하지만 한국 사회와 거리가 멀다고 했던 기혼자의 외도와 부모와 자녀 관계의 대화 부족과 관계 파괴 등은 오늘날 우리 사회의 가족에서도 쉽게 볼 수 있는 문제이다.

가족은 가장 오랜 역사를 가지고 있는 공동체이다. 현대 사회에서도 가족은 사람들의 삶에서 중요한 위치를 차지하고 있으며, 다양한 기능을 담당하고 있다. 사회가 변화하면서 가족이 담당하는 역할도 변화하였다. 오늘날 우리들은 가족의 정서적인 기능에 커다란 중요성을 부여하고 있다. 현대 사회가 복잡해지고 익명성이 커지면서, 개인들은 사회집단을 통해서 심리적인 소속감과 연대감을 경험하기가 점점 어려워졌다. 그러므로 가족에게 그러한 정서적인 측면에 대한 역할을 요구한다.

사회 변화와 가족 역할의 변화

현대 사회는 정보사회로서의 특징이 더욱더 강해지고 있다. 이러한 사회 변화는 개인의 삶에 큰 영향을 미친다. 노동집약의 사회에서 정보집약의 사회로의 변화, 이것이 변화의 가장 핵심적인 측면이다. 생산력은 노동력에 의해서 더 이상 결정되지 않으며, 지식이 점점 더 중요한 의미를 가지게 된다. 그러므로 산업사회와 달리 노동시장은 축소되고, 노동하지 않는 여가시간이 증가하게 된다. 즉 현대인들이 직면하게 될 미래사회는 지식을 바탕으로 한 생산의 증가와 노동의 감소로 인한 여가생활의 증가를 중요한 특징으로 하는 사회가 될 것이다.

이러한 여가생활의 확대는 가족의 역할 변화를 가져오고 있다. 이미 가족을 중심으로 한 문화체험과 외식산업의 확대가 두드러진 사회현상으로 나타나고 있다. 가족을 위한 공연이나 전시, 여행정보가 대중들의 관심을 끌고 있으며, 패밀리룩 브랜드가 개발되는 등 다양한 가족 관련 산업이 성장하고 있다. 특히 가족이 가지는 문화적인 기능은 더욱 강화되고 있으며, 가족문화는 사회문화의 가장 기본적인 바탕이 될 것이다. 따라서 현대 사회의 가족문화의 현주소를 파악하고 미래 사회에서 구성해야 할 가족문화에 대한 대안을 만드는 작업은 중요한 의미를 가진다.

가족에 대한 두 가지 관점

오늘날 한국 사회를 지배하는 가족문화는 상반된 두 가지의 세계관에 기초하고 있다. 극단적인 개인 중심주의의 양상인 Me-ism과 집단 중심주의를 바탕으로 하는 가족주의가 그것이다. 첫째, 개인 중심주의의 관점은 전통사회의 집단 중심주의의 관점을 비판하면서, 가족이라는 집단보다는 가족 구성원 개인의 욕구 충족에 더 많은 관심을 가지고 있다. 둘째, 집단 중심주의의 관점은 가족이라는 공동체를 잘 유지하는 데 관심을 가지므로, 가족을 위해서 때로는 가족 구성원들의 헌신이나 희생이 요구되기도 한다.

이 양자는 절대적인 가치를 부여하는 대상이 개인인가, 집단인가 하는 측면에서는 차이가 있지만, 개인과 집단을 분리된 존재로 인식하고 있다는 점에서는 공통점을 가지고 있다. 그러므로 집단 중심주의가 강조되는 사회에서는 자연스럽게 개인의 희생이 강요되고, 개인 중심주의가 지배하는 사회에서는 가족이 쉽게 붕괴되거나 해체되는 현상이 나타난다.

한국 사회는 급속한 경제성장과 발전을 추구하면서 다양한 사회 변화를 경험하였다. 그러한 변화는 가족문화에도 큰 영향을 미쳤다. 전통사회에서 가족을 지배했던 집단 중심주의의 관점은 약화되고, 점점 서구의 근대적 이념인 개인 중심주의의 관점이 가족을 지배하는 경향이 심화되고 있다.

가족을 개인 중심주의와 집단 중심주의의 관점으로 보는 시각은 동시대 속에서 혹은 한 가족 내에서 혼재해서 나타나는 경향이 있다. 즉 현대 사회의 가족문화를 분석해 보면, 이혼율의 급증과 자녀 방기 및 저출산의 현상은 개인 중심주의의 결과라고 볼 수 있다. 그런가 하면 가족 동반자살이나 자신의 가족의 이익만 생각하는 가족 이기주의는 집단 중심주의의 영향을 받은 결과이다.

현대 사회의 가족문화를 지배하는 세계관의 아노미에 직면하고 있는 우리들은 끊임없이 개인이냐 가족이냐의 줄다리기에서 갈등하게 된다.[1] 그러나 이러한 갈등의 근본적인 원인은 가족문화를 이해하는 세계관의 한계이다. 왜냐하면 오늘날 가족문화를 지배하는 개인 중심주의의 관점과 집단 중심주의의 관점은 우리가 실제로 경험하는 가족문화를 설명하는 데 근본적인 한계를 가지고 있기 때문이다.이현지, 2004: 97-119

우리는 삶의 많은 영역에서 개인과 가족의 이해관계가 분리되거나 대립하는 것이 아니라는 경험을 하고 있다. 나의 행복이나 이득이 가족의 전체적인 행복이나 이득이 되고, 가족이 발전하면 나 자신이 발전하는 경험을 우리는 일상적으로 하고 있기 때문이다. 그러나 이러한 가족문화를 설명할 수 있는 관점이 근대적인 개인 중심주의나 전통적인 집단 중심주의의 관점 속에는 결여되어 있다. 우리는 이러한 새로운 가족문화를 바라보는 관점을 동양사상의 통일체적인 세계관에서 찾아볼 수 있다.

1. 가족연구에서 개인 중심주의와 집단 중심주의의 관점은 팽팽한 대립의 구도를 전제로 하고 있다. 이현송(2003). "여성의 개인주의 확대와 가족 변화-미국사회를 중심으로." 『가족과 문화』 제15집 3: 112쪽은 "여성의 개인주의 확대와 가족 변화"에서 "개인을 세계의 중심으로 인식하고 개인의 선택과 개인의 복리를 우선으로 생각하는 개인주의가 인간의 의식과 사회에 영향력을 확장시킬 때, 필연적으로 가족을 단위로 한 사회의 기본 틀과 부딪치게 된다"고 설명하고 있다.

2.
개인 중심주의와 가족문화

개인 중심주의

개인 중심주의는 이원론적 세계관에 기초하고 있다. 그러므로 개인과 집단을 이해관계가 대립되는 관계로 인식한다. 결국 가족을 잘 유지하고 가족의 이익을 추구하는 것보다는 나의 욕구가 충족되느냐 아니냐가 더 중요한 의미를 가지게 된다.

개인 중심주의의 관점에서 가족을 보면, 가족은 단순히 가족 구성원들의 합에 불과하고, 가족 구성원들은 서로 분리·독립된 존재이다. 개인 중심주의 관점에서의 주된 관심은 가족 구성원 개인이 얼마나 자신의 욕망을 잘 충족시킬 수 있는지, 가족이 그러한 욕망 충족의 걸림돌은 아닌지에 대한 것이다.

개인 중심주의의 관점으로 개인과 집단을 이해하면 다음과 같다. "개인 중심적 관점에서 보았을 때, 인간이란 고립적 존재로서 합리적으로 자신의 욕망의 극대화를 추구하는 존재이며 사회는 개인들의 단순한 집합체에 불과하다. 즉, 이 관점에서 볼 때, 인간은 자기 바깥에 있는 모든 존재들과 근원적으로 분리·독립된 존재이다. 이와 같은 존재론적 특징을 갖고 있는 개인은, 더 이상 자신이 속한 집단이나 친밀한 사람들과의 관계를 통해서 자신의 정체성을 파악하고 삶의 의미를 발견하고 자신의

삶을 헌신할 수 없다."홍승표, 2002: 29

그러므로 개인 중심주의의 관점이 강조되는 사회에서 가족은 개인을 억압하는 집단으로 비판을 받는다. 특히 가족을 위해서 필요한 가사노동을 여성의 몫으로 규정하고, 어머니와 아내로서 여성의 삶을 강조하는 과정에서 여성은 가족을 위한 희생을 강요받기도 하는 것이다. 이러한 관점은 가족을 바라보는 기능주의의 관점을 근본적으로 비판한다. 즉 이들은 가족의 기능 및 성역할 분업을 강조하는 기능주의적 고정 관념은 가족 내부에 존재하는 권력, 갈등, 변화를 인식하지 못한다고 주장한다.우리사회문화학회, 2003

기능주의의 관점에서 가족을 이해하면, 가족에 대한 전형적인 모델을 전제로 하게 된다. 즉 정상적인 가족에 대한 모델을 가정하게 되면, 현대사회에 나타나는 다양한 형태의 가족들을 비정상적인 가족으로 규정하는 오류를 범하게 된다. 그러나 현실 속에서 우리는 너무나 다양한 가족들과 만나고 있음을 간과할 수 없다. 부부와 자녀를 중심으로 하는 전형적인 가족 모델은 이제 더 이상 가족의 대명사가 될 수 없는 것이 현실이다. 편부모 가족, 독신 가구, 소년소녀가장 가족, 무자녀 가족 등 다양한 가족이 공존하고 있다.

근대화의 과정에서 가족을 위해서 개인의 희생이 강요되는 전통적 가족관의 집단 중심적인 측면이 비판을 받았다.함재봉, 2000: 73-114 그 결과 서구의 개인 중심주의적 관점이 수용되었고 가족관계는 크게 변화하였다. 새로운 가족관에서는 가족 구성원의 개인적인 욕구나 개성의 존중에 높은 가치를 부여하였다. 이제 누구도 가족의 이름으로 헌신을 요구하지도 요구받을 필요도 없게된 것이다. 그러나 가족은 또 다른 문제에 부딪치게 되었다. 가족은 해체의 위기에 놓여 있고, 가족 구성원들은 정서적인 지원을 받던 가족으로부터 불안을 경험하고 있다.

개인 중심주의 가족문화의 문제

한국 사회에는 강한 가족주의 문화가 존재하고 있었다. 즉 한국 사회는 강한 가족의식과 공동체의 연대의식을 가지고 있는 사회였다. 그러나 최근 한국 사회에서는 급격하게 이혼율이 증가하면서 가족 위기와 붕괴에 대한 우려의 목소리가 높아지고 있다. 흔들리는 가족에 대해서 두 가지의 진단이 내려지고 있다. 하나는 가족의 위기에 대한 우려를 드러내는 입장이다. 가족을 통해서 개인들은 삶의 안정을 경험할 수 있는데, 그런 안정적인 삶의 기반이 위협받고 있다는 생각이다. 그러므로 가족 위기의 원인을 분석하고, 다시 가족이 권좌를 찾아야 한다는 주장이다.

다른 하나는 가족이 위기를 맞이하는 것은 자연스러운 사회 변화의 과정이라는 입장이다. 지금까지 가족의 중요성이 지나치게 강조되면서 가족을 위한 가족의 유지가 이루어졌다고 이들은 비판한다. 가족을 잘 유지하고 운용하기 위해서 가족 구성원들의 욕구는 억압되기도 했고, 희생을 강요하기도 했다. 이러한 가족을 중심으로 한 불합리한 구조를 더 이상 받아들일 수 없기 때문에 가족의 붕괴와 해체는 자연스러운 과정이라고 생각한다.

가족의 붕괴와 해체를 어떤 관점에서 보더라도 한국 사회의 가족이 직면하고 있는 현실이 변화함에 따라서, 가족 구성원들은 오늘날 가족의 현실 속에서 위기감을 느끼고 있다는 것이다. 최근 이혼율의 증가와 가족 해체 현상은 가족을 인식하는 개인 중심적 관점에 의해서 더욱 강화된다. 개인 중심적 관점은 인간을 욕망 충족을 추구하는 존재로 규정하고 있다. 따라서 가족관계는 가족 구성원의 욕망 충족에 대한 기대로 구성된다. 부부관계에서는 부부의 친밀성을 중요한 가치로 받아들이게 되고, 종족보존을 위한 성관계는 약화되는가 하면 성적인 욕구를 충족시키는 대상으로 상대편을 인식하게 된다. 그리고 부모와 자녀의 관계는 친구 같은 친밀한 관계를 모델로 하면서, 부모는 자녀의 욕구를 충족시켜 줄 수 있는 사회경제적 조건의 제공자로, 자녀는 부모의 기대와 욕심을 충족시켜 주어야 하는 관계가 된다.

그러므로 자신의 욕망이 충족되지 않으면 가족관계는 쉽게 파괴되고, 그 결과 우리는 사회관계 가운데 가장 안정적인 관계로 인식했던 가족관계에서도 잠재적인 불안과 빈번한 해체를 경험하게 된다.

3. 가족 중심주의와 가족문화

집단 중심주의

집단 중심적 관점에서 가족을 보면, 가족 구성원들은 서로 간에 밀접한 연관관계를 맺고 있다. 개개의 가족 구성원은 독자적인 의미를 갖지 못하며, 가족이라는 집단의 구성원으로서만 존재의 의미를 가질 수 있다. 이들의 주된 관심은 가족의 이익과 발전을 위해서 무엇을 할 수 있는지, 가족을 잘 유지하기 위해서는 어떻게 해야 하는지 등이다. 그러므로 가족을 위해서 가족 구성원인 개인은 희생과 헌신을 강요받기도 한다.

이러한 가족문화의 세계관이 지배적이었던 사회에서 부모들은 자녀들을 위하여 헌신하였다. 특히 어머니이며 아내인 여성들은 가족을 위해서, 자신의 욕구를 억누르고 희생하는 것을 가장 여성적인 삶으로 여겼다.

가족을 위해서 가족 구성원의 희생을 요구하는 것에서 집단 중심적 관점의 특징이 잘 드러난다. 집단 중심적 관점에서 볼 때, 가족은 가족 구성원의 단순한 합을 넘어서는 객관적 실재이다. 그러므로 가족을 구성하고 있는 구성원들 간에는 유기적인 연관관계가 형성된다. 따라서 가족을 떠나서 가족 구성원인 개인의 존재는 있을 수 없다.

가족에 대해 절대적인 가치를 부여하는 이러한 관점을 갖고 있는 사람들은 현대 사회의 가족이 경험하고 있는 다양한 변화에 대해서 회의적이다. 그들은 굳건한 가족의식이 있었던 과거에 대한 향수를 가지고 있다. 그리고 가정생활의 가치가 높이 평가되던 과거가 인간적이며 편안함을 제공해 주었다고 생각한다.David Cheal, 1999

하지만 당위적인 가족 중심주의는 근본적인 문제를 초래한다. 가족의 형태, 기능, 역할 등의 변화를 수용하지 않고, 마치 가족은 전형적인 모델을 끊임없이 반복 재생산할 뿐이라고 인식하는 것이다. 그리고 가족을 가치의 중심에 둠으로써 비윤리적이고 무규범적인 가족주의의 경향이 나타나게 된다. 가족을 위해서 희생하는 개인, 나의 가족만 잘되면 된다는 이기적 발상이 당연시되기도 한다.

이러한 가족이라는 공동체 속에서 개인의 개성과 욕구를 존중하기는 힘들다. 특히 가족 중심주의의 관점에서는 부모와 자녀의 관계가 가족 관계의 중심이 되고, 부모와 자녀는 상호 사회적인 책임을 가짐으로써, 소유의 관계로 인식하기도 한다. 따라서 가족은 하나의 공동 운명체로 인식되고, 가족의 생사는 하나로 받아들여진다. 이러한 인식이 근대화에 의해 집단 중심주의의 관점이 약화된 현대 사회에서의 한국 사회에도 여전히 잔존하고 있다.

집단 중심주의 가족문화의 문제

최근 들어, 경제적 상황을 비관하거나 카드 빚 등을 이유로 가족 동반자살 사건이 사회문제가 되고 있다. 왜 한국 사회에서 가족 동반자살 현상이 빈번하게 나타나는 것일까? 가족 동반자살을 선택하게 되는 인식의 근거에는 무엇이 있을까? 첫 번째 의문에 대한 답은 한국 사회가 가지고 있는 강한 가족 중심주의의 관점에서 찾을 수 있을 것이다. 두 번째 질문에 대한 답은 가족을 하나의 운명 공동체로 인식하고, 자녀들을 부모의 소유물로 생각하기 때문에 초래되는 결과이다.

가족 동반자살은 가족에 대한 지나친 공동 운명의식과 부모들이 자녀의 인권의 존엄성을 무시한 결과라고 할 수 있다. 가족 동반자살은 가족주의와 혈연 집단주의가 강한 우리나라와 아시아 유교 문화권에서 유독 많이 발생하는 사회현상이다. 특히 한국 사회는 공적 영역에서의 가족복지의 수준이 낮기 때문에 자녀양육, 노인부양 등에 대한 가족의 책임이 무겁다. 또한 가족복지를 책임지지 못하는 가족에 대해서는 사회적인 차별이 심하다. 그러므로 부모들은 자녀를 사회에 맡기는 것보다 살해하는 것이 낫다는 무서운 판단을 하는 것이다.

한편으로 보자면, 비정한 부모들이 출현하게 된 데에는 가족을 인식하는 사회문화적인 환경의 영향을 받은 탓도 크다. 가족에 대한 책임감이 요구되는 사회이지만, 현대인들을 지배하는 가치관은 개인 중심주의이기 때문에 가족과 자녀를 위한 희생을 수용할 수 있는 능력은 약화되었다. 따라서 자신에게 불행을 안겨다 주고, 무거운 책임감만 요구하는 부양해야 할 자녀들이 짐스럽게 느껴질 수 있는 것이다. 다시 말해서, 개인들이 가족에 대해서 지니는 책임감과 헌신성은 약해짐에도 불구하고, 사회는 여전히 가족문제는 가족이 해결해야 한다는 가족 책임론을 주장하기 때문에 비인륜적인 사건이 발생하는 것으로 보인다. 특히 현대사회를 지배하는 경제주의는 개인을 무력하게 만들고, 빈곤이 원인이 되어 모든 것을 잃어버릴 수 있게 하는 결과를 낳는다. 그만큼 현대 사회에 대한 물질주의의 지배력이 강하다는 것을 반영하고 있는 사실이다.

집단 중심주의의 관점에서 가족을 보면, 가족주의에 빠지게 된다. 요즈음 한국 사회에는 가족 이기주의 현상이 팽배하다. 내 가족만 잘 살면 된다는 가족 이기주의적인 발상은 함께 살아가는 건강한 사회를 만들어 가는 데 커다란 장애가 되고 있다. 얼마 전 미국, 캐나다, 호주 등지로 원정 출산을 떠나는 산모들이 언론을 시끄럽게 하였다. 원정 출산을 위해 미국을 방문했던 산모가 출생 자녀의 미국여권을 신청하는 과정에서 미국무부에 구금되면서 문제가 부각되었다.

'병역 면제', '교육비 면제', '이민 용이' 등의 목적으로 경제적인 부담과 의료사고 등의 위험을 무릅쓰고 원정 출산을 선택한 산모들이 눈살을 찌푸리게 했다. 게다가 이런 선택을 한 산모들의 대부분이 자신들의 선택이 왜 사회적인 문제가 되는지에 대해서 전혀 인식하지 못하고 있다는 점은 가족 이기주의의 극단적인 단면을 보여 준다.

가족 이기주의는 한국 사회의 유교적인 전통의 영향을 받으면서 더욱 심각한 양상을 보이고 있다. 그런데 유교에서 가家를 중심으로 하는 문화는 현대 사회의 가족 이기주의와는 구별되어야 할 점이 있다. 세상을 인식하고 질서 짓는 기본적인 뿌리를 가家에 두고 있다. 하지만 궁극적으로는 가家의 실현은 건강하고 질서 있는 사회를 목표로 하고 있다. 따라서 전체 사회의 발전과 안위에 무관심한 가족 이기주의와는 구분되는 지향이라고 할 수 있다.

4. 새로운 가족문화

새로운 가족문화의 필요성

가족의 몰락에 대한 문제제기는 1859년 "보스턴 쿼털리 리뷰Boston Quarterly Review"에 한 기고가에 의해 시작되었다. 그는 고전적 의미에서의 가족은 사라져 가고 있으며, 유지되기 어려운 사회제도라고 주장했다.Anthony Giddens, 1998

가족이 이상화되면서 가족은 마치 보살핌, 분담 및 공유, 그리고 강한 애정 및 개인의 자율성이 인정되는 곳으로 여겨졌다. 누구에게나 보편적으로 적합하고 만족을 주는 가족생활을 제공하는 가족에 대한 기대가 형성되었다. 그러나 그런 이상적인 가족형태는 없다.여성한국사회연구회 편, 1994 현대 사회의 가족은 맞벌이 가족, 편부모 가족, 소년소녀가장 가족, 무자녀 가족, 공동체가구 가족 등 다양한 형태가 있다. 최근에는 1인 가구의 비율이 급격하게 증가하고 있다.

오늘날 가족은 외적으로 많은 변화를 경험하였다. 한국 사회의 가족은 가구 규모의 축소와 형태의 단순화 및 다양화라는 변화를 경험하였다.함인희, 2002: 163-184 동시에 가족관계와 가족의 기능 등 내적인 변화도 예측할 수 있다.

첫째, 생계형 경제활동에서 벗어나 물질적인 풍요의 기반을 획득한 가족은 새로운 가족문화를 형성하고자 하는 요구가 있다. 삶의 질 변화와 가족이 생계 공동체로서의 기대를 넘어서 문화적인 삶의 경험의 장으로서 의미가 커지고 있다. 부부관계에서는 남편의 경제적 부양과 아내의 가사노동을 통한 내조라는 성별 분업구조는 약화되고, 인생을 공유하며 함께 즐기는 동반자로서의 기대가 커지고 있다. 부모와 자녀 관계도 마찬가지로 단순한 경제적 부양자로서의 부모 역할에서 다양한 문화체험의 제공자 및 공유자의 의미가 확대되고 있다.

둘째, 가족을 유지하는 중심 관계가 변화하였다. 전통사회에서 가족은 아버지와 아들을 연결하는 세대전승의 기능이 중요하였고, 가족관계의 중심도 아버지와 아들에게 있었다. 그러나 오늘날 가족은 종족보존의 기능이 약화되고 부부가 가족관계의 중심으로 변화하였다. 가족의 정서적인 기능이 중요시되고 있다. 그래서 가족을 단위로 하는 문화생활에 대한 욕구가 커지고 있다.

근대 세계관과 가족문화

근대화 이후 가족은 다양한 심판대에 올랐다. 성의 관점에서 볼 때, 가족은 여성들의 희생을 전제로 한 공동체로 평가되었다. 여성학의 영역에서는 가족문화의 많은 영역이 여성에게 희생을 강요하는 것들이라고 평가하고 있다. 가족을 지탱시켜 주는 가사노동은 노동의 전담자인 주부들의 노동의 혜택을 그 외의 가족 구성원들이 누리는 것으로 해석되었다. 가사노동의 많은 측면이 기계화된 오늘날에도 가사노동의 성격이 변화되었을 뿐, 가사노동이 주는 부담감은 여전히 여성들의 몫으로 남아 있다.

근대 서구의 세계관을 토대로 하는 여성학은 출발에서부터 남성과 여성의 대립을 이해관계를 달리하는 지배와 피지배의 적대적 대립으로 인식하여 왔다. 이러한 적대적인 남녀관계에 대한 인식과 갈등을 통한 문제해결 방식은 여성들의 불평등한 처지를 개선하는 데 괄목할 만한 역사적 성취를 이루어 내었다. 그러나 오늘날에 이르러서는 이러한 고정된 관점이 오히려 여성의 진정한 삶의 해방을 방해하는 족쇄로 작용하고 있다. 남성을 적으로 하는 여성의 삶이 행복하거나 인간다울 수는 없기 때문이다. 여성의 희생과 남성의 이익이라는 이분법적인 구조를 통해서 현대 사회에서 경험하는 남녀관계를 설명하기에는 한계가 있다.

왜냐하면 남녀는 분리되어서 살아갈 수 없는 둘이면서 하나이고 하나이면서 둘인 통일체적인 존재이기 때문이다. 그리고 현대 사회의 절대적인 이념이었던 남녀평등을 추구하기 위해서 남녀가 경쟁하고 갈등하는 구조 속에서 여성들은 또 다른 억압을 경험하게 된다. 사회적으로 남자 못지않게 강한 여성에 대한 요구가 발생하고, 결국 여성의 삶은 이중의 짐을 지게 되었다.이현지, 2001: 255-275

통일체적 세계관과 가족문화

새로운 가족문화 속에서는 남녀관계를 인식하는 세계관적인 한계를 극복해야 할 것이다. 경쟁과 갈등의 관계는 남녀관계의 한 측면에 불과하다는 것을 이해하고, 가족 속에서 남녀가 진정으로 만나고 서로를 발전시키는 통일체적인 관점을 통해서 가족을 바라보아야 한다.

세대의 관점에서 볼 때, 가족은 불가능한 세대 간의 대화를 시도해야만 하는 노력의 장으로 볼 수 있다. 출생 시기에 따라서, 부모들은 자녀세대와는 다른 사회경제적인 경험을 하였기 때문에 세대 차이는 심각한 가족 갈등의 요인으로 작용하게 된다. 경제적인 어려움을 모르고 자란 자녀들은 부모 세대와 다른 생활 패턴을 형성하고 된다. 오늘날 젊은 세대는 부모 세대가 경험했던 사회적 변화와 지위 변화를 기대하기 힘들어졌고, 자연스럽게 부모의 경제적 기반에 의존하려는 경향이 커진다.

그러므로 부모와 자녀 세대는 공존을 위한 협력관계도 형성하지만, 보이지 않는 권력관계를 형성하면서 가족 안에서 부딪치고 상호 의존하게 된다. 현재 한국 사회의 노인들은 한 사람의 일생 동안 봉건사회와 근대사회 및 탈근대 사회의 가치관 변화를 경험하고 있다. 그러므로 자신이 노동과 경제의 주축을 이루었던 시기의 삶에 대한 가치관을 고수하게 되면, 자녀세대 혹은 손자녀세대의 삶의 방식과 가치관을 이해하기 힘들고 자연스럽게 갈등을 경험하게 된다.

가족은 구성원의 희생을 전제로 하는 공동체일 수 없으며, 대화할 수 없는 세대들의 원하지 않는 만남의 장이어서는 안 된다. 우리는 가족 속에서 성과 세대의 벽을 넘을 수 있어야 한다. 지식사회의 가족은 새로운 사회·경제적 환경을 형성하게 되며, 가족 안에서 성과 세대의 벽을 넘어서기 위한 노력이 필요하다.

새로운 가족문화의 세계관

우리가 삶 속에서 경험하게 되는 가족생활의 많은 부분을 통해서 볼 때, 나와 가족은 분리되어 있지 않다. 나의 발전이 가족 발전의 거름이 되고, 가족의 행복이 나의 행복의 근원이 되는 경험을 우리는 빈번하게 하고 있다. 그럼에도 불구하고 현대의 가족문화는 그러한 나와 가족의 통일체적인 관계를 연구의 대상에서 제외하고 제한된 틀만을 갖고서 가족문화를 이해하려고 한다는 한계를 가지고 있다. 즉 개인 중심주의의 세계관과 집단 중심주의의 세계관 두 관점을 통해서만 가족을 이해하고 설명하려는 한계를 가지고 있다. 그러므로 그러한 가족문화는 현대 가족의 위기를 해결하기 위한 대안을 제시할 수 없다.

통일체적인 관점에서 가족을 바라보면, 가족 구성원들의 개성을 억압하지 않으면서 이상적인 조화를 추구하는 새로운 가족 모델을 만들 수 있다. 홍승표는 "통일체적 세계관의 관점에서 보면, 개체는 자신의 독자성과 자율성을 갖고 있다. 그리고 독자성의 바탕 위에서 대립물들과의 조화를 이룬다. 그러므로 통일체적 세계관은 개인의 개성과 자유를 억압하지 않고도 현대 사회가 직면하고 있는 대립물들 간의 분리와 반목의 문제를 적절히 해결할 수 있는 세계관적 기초를 제공해 준다"고 한다.홍승표, 앞의 논문

지금까지 가족을 이해하는 관점은 가족 구성원인 개인과 가족이라는 집단을 대립적으로 인식하였다. 따라서 가족 구성원 개인의 욕구와 이익을 중시하면 가족이 무시되고, 가족의 이익을 중시하면 개인이 가족을 위해서 희생해야 하는 관계에 있다고 본다. 이러한 관점은 가족 구성원들의 관계에도 영향을 미친다. 부부관계와 부모-자녀 관계를 이러한 대립적인 관계로 바라보기 때문에 오늘날 우리가 직면한 가족의 위기가 더욱 심각해진다. 그러므로 실제 우리의 삶 속에서 경험하는 가족문화를 통해서 발견할 수 있는 통일체적인 세계관을 통해서 가족을 이해하고 건강한 가족 모델을 찾아볼 필요가 있다.

오늘날 현대 사회의 부부관계에서 가장 부족한 것이 무엇인가를 생각해 보면 바로 예의 정신이다. 친밀함만을 강조하면서 서로를 함부로 대하는 예의 정신의 부재가 현대 사회의 부부관계를 쉽게 파국으로 이끄는 원인이 되고 있다. 예의 정신은 상대를 존중하고 자신을 낮추며, 자세나 태도에서 공손한 마음가짐을 갖는 것이며, 사양하는 마음이다.홍승표, 앞의 논문: 119 그러므로 현대 부부관계의 문제를 극복하는 데 예의 정신이 크게 기여할 수 있다. 부부관계에서 친밀성만을 강조하는 현대의 부부관계는 친밀성을 형성하기 위해서 허물없이 지내게 되고, 허물없이 편하게

지내는 관계에서는 서로에 대한 존중감을 유지하기가 쉽지 않다. 결과적으로 쉽게 관계가 깨어지는 경향이 나타난다. 그러므로 새로운 부부관계를 위한 가치관이 필요하다. 바로 통일체적 세계관에서 그러한 지혜를 찾을 수 있다.

현대 사회에서는 인간을 욕망 충족을 추구하는 존재로 규정하고 있다. 그러므로 가족관계를 통해서 자신의 욕망을 충족시키려고 노력하고, 욕망이 충족되지 않으면 가족을 이탈하려고 한다. 현대인들이 공유하고 있는 이런 관점 자체가 다양한 가족문제를 야기하는 본질이라고 할 수 있다.

이러한 문제를 해결하기 위해서는 새로운 가족관계관을 모색해야만 한다. 본 연구자는 문제해결을 위한 지혜를 유교적 가족관계관에서 찾았다. 부부관계에서는 상호 존중을 유지시켜 줄 수 있는 경어의 사용, 거리 유지와 유별의 미학이 바로 그것이다.

부부관계에서 경어를 사용하고 거리를 유지하게 되면, 감정을 상하게 하는 경우에도 예를 잃지 않게 될 것이며, 예를 잃지 않으면 관계가 파국으로 치닫는 데 방패막이 되어 줄 수 있을 것이다. 그리고 오늘날과 같이 부부관계가 지나치게 친밀한 흉허물이 없는 사이가 되면 서로에 대한 신뢰도 쉽게 깨어지고 매력도 쉽게 상실하게 된다.

가족은 어떤 집단보다도 정서적으로는 친밀하고, 경제적으로는 하나의 공동체이다. 그러므로 서로 너무 친밀함만을 추구하게 되면 서로를 존중할 수 있는 미덕을 상실하게 된다. 부모가 자녀를 너무 사랑하다 보니까 자녀의 삶을 자기 맘대로 결정하고 따르기만을 기대하게 되는 것이다. 이러한 방식으로는 건강한 부모와 자녀 관계를 만들 수가 없다. 근본적으로 필요한 것은 서로 간의 존중, 즉 예의 정신이다. 이러한 예의 정신이 바로 유교적 세계관의 핵심이다. 그리고 그것은 통일체적 세계관으로 잘 드러나고 있다.

새로운 가족문화의 비전

오늘날 가족을 통해서 자녀들이 받는 지원이나 교육은 현대 사회의 가치관을 잘 받아들이고 사회에 잘 적응하는 개인이 되기 위한 것들이다. 부모들은 자녀가 경쟁을 이겨 내고 더 나은 기회를 획득하기 위해서 노력하는 대가로 그들의 욕구를 충족시켜 준다. 하지만 그러한 부모의 지원은 자녀가 문명의 억압을 받아들이게 하는 것이며, 근대 사회가 요구하는 가치관을 받아들이는 조건화된 인간을 만드는 것이다. 그 과정에서 부모들은 순종하는 자녀의 요구를 무조건적으로 들어준다. 이러한 방식의 자녀에 대한 지지는 오히려 자녀를 버릇없는 아이, 무책임한 아이, 자기밖에 모르는 아이로 자라게 하는 결과를 낳는다.

자녀들은 자유롭게 자신의 본성을 키울 수 있는 기회를 얻지 못하고, 저항하지 않으며 사회가 요구하는 삶을 살아가는 훈련을 가족 속에서 경험하게 된다. 그러나 지식사회의 가족이 담당해야 할 가장 중요한 역할은 자녀들이 자유롭게 자신의 본성을 키울 수 있는 기회를 제공하는 것이다. 자녀들의 저항과 반항을 자연스럽게 받아들이고 수용하는 부모들의 자세를 통해서 자녀들은 자신의 본성을 인식하게 된다.

부모는 자신들의 문제를 그대로 보여 줌으로써 자녀들이 스스로 판단할 수 있는 기회를 주어야 한다. 부모가 되면, 삶의 선험자로서 자신의 기준과 방식을 자녀에게 강요하려는 경향을 쉽게 가지게 된다. 그것을 흔히 사랑이라고 생각하지만 그러한 부모의 판단과 기대는 자녀들의 본성을 억압하는 것이고, 자녀들이 가질 수 있는 무한한 경험을 제한하는 결과를 초래한다.

공자의 지혜

논어에는 공자가 아들을 어떻게 가르쳤는가에 대한 다음과 같은 구절이 있다. 진강陳亢이라는 사람이 공자의 아들 백어佰魚에게 공자께서 특별한 가르침을 주지 않았는지 물었다. 백어는 한 번은 뜰을 지나다가 뵈었을 때 시詩를 공부하라고 하셨고, 또 한 번은 뜰을 지나다 뵈었을 때 예禮를 공부하라고 하셨다고 대답했다. 이 대답을 듣고 진강은 군자가 아들을 가르치는 것이 다른 사람을 가르치는 것과 다름이 없다는 점에서 크게 배웠다고 기뻐했다.

위의 짧은 구절을 통해서 알 수 있듯이, 부모가 되면 자녀를 특별히 여기고 사랑하는 것은 너무나 자연스러운 이치이다. 그러므로 좋은 부모가 된다는 것은 오히려 자녀를 지나치게 사랑하여 자녀를 망치지 않을까 하는 경계가 필요하다는 지혜이다. 오늘날 자녀들이 예의를 모르고 자기만 생각하게 되는 원인은 모두 부모의 의도와는 관계없이 지나친 사랑이 빚어낸 결과이다.

자녀들에게 무엇보다 중요한 것은 자신의 존재의 의미와 가치를 인식하는 것이다. 자녀들이 스스로 자신이 아름다운 존재라는 깨달음을 경험할 수 있게 해 주는 것이 부모가 해야 하는 몫이다. 그러한 과정을 통해서 자녀들은 성숙한 인간형으로 거듭나게 된다. 이러한 목표를 달성하기 위해서는 새로운 가족문화를 만들어야 한다.

지식사회에서 추구해야 할 가족문화는 가족에 의해서 개인이 억압받는 구조와 개인에 의해서 가족이 붕괴되는 구조를 극복하는 것이다. 가족이냐 개인이냐 이분법적인 논리를 극복해야 한다. 가족과 가족 구성원의 존재 가치가 함께 존중받는 가족문화를 형성하는 것이 목표가 되어야 할 것이다.

제4부
사회와 가족

제1장
동양사상과 가족이론

1. 현대 사회 가족이론의 쟁점

새로운 가족이론의 필요성

가족은 발생 초기부터 사회 구성의 기초단위라는 의미를 가져왔고, 오늘날까지 시대의 변천에 따라 가족의 목표와 기능, 역할 등은 변화하였다. 최근 급변하는 사회에서는 가족을 포함한 모든 영역의 근본적인 변화를 요구하고 있다. 특히 정보사회로의 구조적 변화는 가족이 역사적으로 해 왔던 여타의 기능보다 정서적 기능의 강화를 요구하고 있다.

이와 같이 사회 변화에 따라 가족 연구의 내용은 변화하고 있다. 그러나 지금까지의 가족 연구는 가족이 스스로의 정체성을 확립하고 어디로 나아가야 할 것인지 방향성을 제시하는 면에서는 부족하다. 이에 현상의 분석과 실태를 파악하는 것을 넘어서는 새로운 가족이론의 구성이 절실히 요구되고 있다. 왜냐하면 현대 가족이론을 토대로 하는 가족사회학은 사회 변화에 의한 가족의 변화 방향에 대해서 적극적으로 대안을 제공하지 못하고 있기 때문이다.

한국 사회학계에서도 가족 연구는 대표적인 연구주제로 다루어져 왔다. 가족사회학 연구동향을 분석한 논문이 그간의 성과를 잘 보여 주고 있다. 그 논문에서는 가족 연구를 11가지 연구주제로 범주화하여[1] 양적인 연구동향 분석과 개괄적인 내용 분석을 시도했다. 연구동향의 분석 결과를 보면, 35년간(1960년~1995년)의 가족 관련 논문 660편 가운데 82편이 가족이론 및 연구방법에 대한 것이었다. 가족이론 및 연구방법 논문 가운데 순수 가족이론에 대한 연구는 26편으로 조사되었다. 그리고 서양과 동양의 관점에서 비교연구를 수행한 논문이 31편으로 나타났다.이동원·함인희, 1995: 229-232

이를 통해서, 가족 연구에서 가족이론을 주제로 한 연구가 차지하는 비중이 그리 높지 않다는 것을 알 수 있다. 이는 가족 연구가 기존 가족이론의 틀을 유지하면서, 가족의 문제와 변화를 파악하고 분석하는 연구에 주력하기 때문에 나타난 결과이다. 기존 가족이론은 가족의 현실을 설명하고 이해하는 하나의 관점이다. 그러므로 이 관점이 현재의 가족이 직면한 문제를 설명하고 나아갈 실천적 비전을 제시하지 못한다면, 새로운 가족이론을 모색할 필요가 있다.

구조기능론의 한계

구조기능론은 가족이 사회에서 어떤 기능과 역할을 하는가와 개별 가족 구성원의 기능적 역할에 관심의 초점을 맞추고 있다. 구조기능론의 입장에서 보면, "가족은 사회의 가장 기본적인 단위로 사회의 존속과 질서 유지 및 문화 전달을 위해 필수적인 기능을 수행하는 제도"이다. 이들의 가족에 대한 주된 분석은 현대 산업사회의 핵가족을 중심으로 하는 것이다. 산업화는 일자리를 위해서 이동이 용이한 가족형태를

---

1. 가족사회학 연구동향을 ① 가족제도, ② 종족 및 동족, ③ 가족가치관, ④ 사랑과 결혼, ⑤ 가족관계, ⑥ 특정 집단별 가족 연구, ⑦ 가족문제 및 가족정책, ⑧ 사회구조와 가족, ⑨ 가족이론과 연구방법, ⑩ 전통가족 연구, ⑪ 북한가족 및 기타 등으로 범주화하였다.

요구하였고, 그 결과 빠른 속도로 핵가족화가 진전되었다. 핵가족에서는 가족을 부양하는 남편의 도구적 역할과 가족의 정서적 안정을 지원하는 아내의 표현적 역할이 얼마나 기능적으로 수행되는지가 중요한 관건이다.한국가족상담교육연구소, 2010: 24

구조기능론의 관점에 대해서 기존의 가족 연구에서도 몇 가지 한계점을 제기하고 있다. 첫째, 구조기능론이 가족의 기능적인 면에 초점을 맞추기 때문에 가족을 둘러싸고 발생하는 갈등구조에 대해 관심을 기울이지 않고 있다는 점이다. 둘째, 구조기능론은 산업화 초기 핵가족에서 나타나는 남성과 여성의 이분법적인 역할을 중심으로 부부관계를 제한하고 있다는 점이다. 셋째, 구조기능론에서는 현대 사회에서 나타나는 다양한 가족형태를 사회문제의 하나로 치부하는 경향이 있다는 점이다.

이상의 문제점 외에도 구조기능론은 가족의 기능적인 측면에 관심을 기울이는 친가족적인 이론이지만, 더 근본적인 한계가 있다. 먼저, 가족이 과연 기능적인 분업을 목적으로 형성되는가의 문제이다. 가족생활을 분석하면 가족 구성원 간의 기능적인 측면을 분석할 수 있지만, 가족 형성은 기능적인 분업만을 목적으로 하지는 않기 때문이다. 다음으로 제기되는 문제는 최근 나타나는 다양한 가족형태를 포섭할 수 있는 이론적 근거가 부족하다는 점이다. 오늘날 가족은 혈연·성별분업구조·이성애적 관계를 넘어서 다양한 형태로 구성되고 있다. 구조기능론은 이런 가족형태를 설명할 수 있는 이론적 틀을 가지고 있지 않다. 그것은 구조기능론이 핵가족을 모델로 이론적 출발점을 삼았기 때문에 발생하는 태생적 한계라고 할 수 있다.

갈등론의 한계

갈등론의 관점에서 보면, 가족은 외적으로는 사회체계에서 발생하는 갈등을 경험하고, 내적으로는 가족 구성원 간의 이해관계 대립으로 필연적인 갈등에 직면한다. 갈등론의 관심은 가족이 경험하는 사회적인 충돌을 분석하고 갈등관계의 양상을 파악하는 것이다. 가족이 외적으로 경험하는 갈등구조는 가족이 속한 사회계층 간의 갈등으로 나타난다. 사회계층에 따라 가족이 직면하는 문제가 달라지고 이해관계의 대립이 발생한다. 예를 들어, 가족의 계층에 따라서 개인이 경험하는 교육 기회와 질이 달라지고, 이에 따라서 지속적으로 불평등을 경험하게 된다. 갈등론의 관점에서 보면, 가족의 내적인 갈등 또한 희소 자원의 배분 과정에서 발생하는 필연적인 양상이다. 제한된 가족의 자원을 배분하는 과정에서 합의점을 찾지 못할 경우, 가족 구성원 간에는 첨예한 갈등이 나타나게 된다. 이런 현상이 심해지면 가족 해체나 붕괴와 같은 파국적인 양상을 경험하게 된다.

갈등론의 관점에서 갈등은 부정적인 것이 아니라 자연스러운 것이며, 상호 소통을 위한 기회를 제공해 주는 것으로 받아들여진다. 갈등론은 가족이 경험하는 충돌과 문제에 대해서는 설명력을 가진다. 하지만 가족과 사회의 관계에서 공공의 이익을 위한 복지와 화합의 측면 및 가족 내적으로 발생하는 헌신과 애정의 관계를 설명하는 데는 한계가 있다.

기존의 가족이론에서도 제기되고 있듯이, 갈등론은 가족 내외적으로 나타는 갈등 현상만을 관심의 대상으로 삼기 때문에, 사랑의 공동체로서 가족의 현실과 모습에 대한 설명력을 가지고 있지 못하다. 갈등론의 가장 근본적인 문제는 가족관계를 적대적 갈등의 관계로 전제하고 가족 현상을 설명하고 있다는 것이다.

상징적 상호작용론의 한계

상징적 상호작용론은 가족 내의 상호작용 체계에 주로 관심을 가진다. 상징적 상호작용론의 관점에서 보면, 가족은 고정된 실체가 아니라 가족 구성원 간에 통용되는 상징체계와 의미를 통해서 그들만의 문화를 형성한다. 따라서 가족생활에서 가족 구성원이 담당하는 역할은 구조기능주의자들이 인식하듯이 사회적 기능의 효율성에 따르거나, 갈등론자들이 주장하듯이 위계적인 권력관계에 의한 것이 아니다. 상징적 상호작용론자는 가족 내 역할은 가족 구성원 상호 간의 협상과 타협에 의존한다고 본다. 이들은 특히 가족 구성원들 간의 역동적인 거래 과정에 초점을 맞춘다.한국가족문화원, 2009: 11

상징적 상호작용론의 관점은 정형화된 가족이론으로 설명할 수 없는 특수한 가족의 경험과 현실을 설명하는 데 유용하다. 예를 들어, 이혼은 구조기능론의 관점에 의하면 가족의 역기능적인 측면으로 해석할 수밖에 없고, 갈등론의 관점에서 보면 부부의 이해관계 충돌 현상으로 해석될 뿐이다. 그러나 이혼과정에서 발생하는 부부관계의 변화와 그들이 경험하는 다양한 문제에 대해 두 입장은 설명할 수가 없다. 여기서 상징적 상호작용론의 의미가 부각된다. 상징적 상호작용론은 이혼을 둘러싼 가족의 제도적인 문제뿐만 아니라, 그 과정에서 드러나는 부부의 구체적인 경험에 대해 관심을 기울이고 설명할 수 있는 이론적인 틀을 제공한다.

그러나 상징적 상호작용론은 주관적인 경험과 해석에 초점을 맞추기 때문에 가족의 지향이나 보편적인 특징을 설명하는 데는 한계가 있다. 가족 구성원의 상호작용에 의해 만들어지는 문화는 가족생활의 부산물이다. 상징적 상호작용론은 이에 대해서는 명쾌한 설명을 할 수 있지만, 가족이 무엇을 목적으로 하고 바람직한 가족을 위해서는 어떻게 가족을 인식해야 하는가에 대한 답은 가지고 있지 않다는 한계가 있다.

교환론의 한계

교환론은 자신이 가진 자원과 상대가 가진 자원을 교환할 필요에 의해 결합된 가족관계를 주된 연구 대상으로 한다. 예를 들어, 교환론은 아내의 미모와 남편의 경제적 능력의 교환을 목적으로 하는 부부의 결합을 이론적으로 설명할 수 있다. 심지어 부모가 자녀를 보살피는 것 또한 노후에 자녀로부터 부양을 받기 위한 교환을 목적으로 한다고 본다.

교환론의 관점에서 볼 때, 가족관계는 자신이 가진 자원을 교환할 대상으로 의미를 가지며, 가족생활에서 행복이란 교환관계가 안정되고 공정한 교환이 이루어질수록 커지게 된다. 이에 자신의 결혼생활에서 불만을 느낀다고 하더라도 이혼 후에 상실이 더 클 것을 고려해서 현재의 결혼생활을 유지하거나, 자신과 유사한 조건의 친구가 처한 결혼생활과 비교하여 자신의 결혼에 대한 만족도가 달라지는 현상이 나타난다.

그러나 교환론은 가족이 보여 주는 헌신적인 사랑이나 희생에 대해서 설명할 수 있는 이론적인 근거를 가지고 있지 않다. 시대가 급변함에도 불구하고, 부모의 자녀에 대한 사랑이나 형제애 등은 양상은 달라졌어도 본질적으로는 변하지 않는 측면이 있다. 교환론의 관점에 서면, 근본적으로 이런 가족의 모습에 대해 설득력 있는 해석을 하지 못한다.

페미니즘의 한계

페미니즘은 가족을 여성 억압의 장場으로 인식하고 있다. 왜냐하면 페미니즘의 이론적인 출발점은 성불평등의 사회구조이며, 남성에 의한 여성의 예속이 가장 적나라하게 드러나는 곳이 가족이기 때문이다. 그러므로 페미니즘은 가족의 가부장제적인 요소와 불평등한 성별분업구조 분석에 초점을 맞추고 있다.

페미니즘의 관점에서 볼 때, 가족은 성별에 따른 이해관계가 첨예하게 대립한다. 이런 성별 불평등구조는 모성, 낭만적 사랑, 성애sexuality 등으로 은폐되고 신비화되어 여성의 삶을 억압한다고 주장한다. 이에 페미니즘은 가부장제적인 가족의 해체를 주장하기도 하고, 부부의 이성애를 기반으로 하는 부모와 자녀의 구성을 정상적인 가족으로 규정하는 논의를 비판하기도 한다.한국가족상담교육연구소, 2010: 33-34

가족을 바라보는 페미니즘의 관점은 극단적으로 부정적이라고 할 수 있다. 페미니즘은 가족을 남성들의 이해에 부응하기 위해 여성의 희생을 강요하는 집단으로 치부한다. 그러나 오늘날 가족이 많은 문제에 직면하고 있음에도 불구하고, 현대인은 가족 안에서의 행복을 꿈꾸는 경향이 강하다.이현지, 2009: 130 페미니즘은 이런 현대인의 가족에 대한 기대를 간과하고 있다는 점에서 명백한 한계를 가지고 있다.

현대 가족이론의 한계

첫째, 현대 가족이론은 현대 가족이 직면한 문제에 대한 해답을 제공해 주지 못한다. 현대 가족의 가장 심각한 문제는 가족이 불행하다는 것인데, 앞에서 살펴본 어떤 가족이론도 그에 대한 해결책을 주지 못한다. 불행을 해소하기보다는 완화할 수 있는 방법을 고민하는 데 그치고 있다. 현대 가족이론의 한계는 근본적으로 현대 가족이 토대로 하고 있는 세계관의 한계에서 기인하는 것이다. 따라서 현대 가족이 직면한 문제를 해소하기 위해서는 현대 가족이론의 세계관을 극복할 수 있는 새로운 관점에서 가족이론을 구성해야 할 필요가 있다.

둘째, 현대 가족이론은 변화하고 있는 가족의 현실을 포괄하는 이론적인 논의를 전개하지 못하고 있다. 현대 가족이론은 여전히 전현대 사회에서 현대 사회로의 전환기에 나타난 현대적 가족 목표, 가족관계, 가족형태 등을 전제로 논의를 전개하고 있다. 그러나 오늘날 가족은 급격하게 변화했다. 변화한 가족의 현실에 조응하기 위해서는 새로운 가족 목표, 가족관계, 가족형태 등에 대한 새로운 관점에서의 이론적 논의가 시도되어야 한다.

셋째, 현대 가족이론은 가족의 이상적 모델을 제시하지 못한다. 기존의 가족이론은 가족과 관련한 현상을 체계적으로 이론화하는 작업보다는 가족의 실태를 분석하고 해석하는 연구에 치중하기 때문에 가족의 현실에 대한 설명과 해석에 급급하다. 오늘날 가족은 가족의 정체성을 새롭게 하고 어떤 가족을 지향하는 것이 바람직한가에 대한 비전을 필요로 하고 있다.

이상의 기존 가족이론의 문제점을 해결하기 위해서, 이제 새로운 가족이론을 구상하기 위한 이론적 쟁점을 살펴보자.

2.
통일체적 세계관과 가족

이원적 세계관에 대한 비판

기존의 가족이론은 가족을 이원적 세계관으로 바라보고 있다. 구조기능론, 갈등론, 상징적 상호작용론, 교환론, 페미니즘의 관점에서 가족이란 분리·독립된 남성과 여성의 결합을 전제로 한다. 구조기능론은 남녀의 기능적 성별분업에 초점을 맞추고, 갈등론은 남녀의 성별분업으로 인한 갈등에 관심을 기울이고, 상징적 상호작용론은 남녀의 결합과정에서 형성되는 문화에 의미를 부여하며, 교환론은 남녀가 상호 필요로 하는 자원을 교환하는 방식에 주목하고, 페미니즘은 남녀의 대립에 대해 관심을 가지고 있다. 이와 같이 기존의 가족이론은 남녀관계를 이원적 세계관으로 인식하고 있다.

나아가서 기존의 가족이론은 개인과 사회의 관계도 이원적 세계관으로 인식한다. 개인과 사회의 분리는 개인의 자유를 강조할 때는 개인 중심주의의 입장으로 나타나고, 사회의 통합과 질서를 중시할 때는 집단 중심주의로 나타난다. 개인 중심주의와 집단 중심주의는 표면적으로는 매우 다른 주장을 하고 있지만, 양자는 개인과 사회를 분리된 것으로 인식한다는 점에서는 동일한 세계관을 가지고 있다.[홍승표, 2002: 39]

이원적 세계관을 바탕으로 하는 가족이론은 현상으로 드러나는 가족을 설명하는 데는 유용한 면이 있지만, 가족 내에서 경험하는 사랑의 존재로서의 본성 발현을 설명하고 이상적인 가족 모델을 제시하는 데는 한계가 있다. 특히 이원적 세계관의 관점으로 가족을 인식하면, 오늘날 현대 가족이 경험하는 문제의 해결을 위한 대안을 모색하는 것은 불가능하다. 분리·독립된 개별자들의 합으로서의 가족은 가족 구성원들의 이해관계가 대립되면 붕괴될 수밖에 없는 조직이기 때문이다.배리 쏘온·매릴린 얄롬, 1991: 33

통일체적 세계관

이원적 세계관은 세계를 인식하는 하나의 관점에 불과하다. 이에 본 연구에서는 현대 가족이론의 문제점을 극복할 수 있는 관점이며, 오래되었지만 미래 가족의 비전을 제시할 수 있는 새로운 관점으로 통일체적 세계관을 논점으로 제시하고자 한다. 통일체적 세계관은 유가·불가·도가를 포함한 다양한 사상에서 발견할 수 있다. 여기서는 『주역』에 나타나는 통일체적 세계관을 중심으로 가족이론의 이론적 쟁점을 재구성해 볼 것이다.

통일체적 세계관에 의하면, 가족은 이 세상을 생성하는 근본 원리인 남녀의 사랑으로 형성되는 것이다. 이때 남녀는 분리·독립된 개체가 아니라, 불이不二의 통일체적 존재이다. 남성이 없으면 여성이 있을 수 없고, 여성이 없으면 남성이 있을 수 없다.이현지, 2001: 268

『주역』의 64괘의 배열 근거를 밝히고 있는 「서괘전」 하편은 인간사를 상징적으로 기술하고 있다. 그 첫머리의 시작은 다음과 같다.

> 하늘과 땅이 있은 뒤에 만물이 있고, 만물이 있은 뒤에 남녀가

> 있고, 남녀가 있은 뒤에 부자가 있고, 부자가 있은 뒤에 군신이 있고, 군신이 있은 뒤에 위와 아래가 있고, 위와 아래가 있은 뒤에 예의를 둘 바가 있느니라.[2]

이 구절에서는 하늘과 땅, 만물, 남녀, 부자, 군신, 위와 아래, 예의는 유기적으로 연결되어 있음을 설명하고 있다. 이 세상을 지배하는 이치와 인간사의 질서가 따로 있지 않다는 것을 말하고 있다. 『주역』 풍화가인風火家人괘의 단전에서는 남녀를 출발로 하여 천하의 도道에까지 나아감에 대해 다음과 같이 말하고 있다.

> 가인은 여자가 안에서 자리를 바로 하고 남자가 밖에서 자리를 바로 하니, 남자와 여자가 바르게 하는 것이 하늘과 땅의 큰 뜻이다. 가인이 엄한 어른이 있으니 부모를 말한 것이다. 아비는 아비답고, 아들은 아들답고, 형은 형답고, 아우는 아우답고, 지아비는 지아비답고, 지어미는 지어미다워야 집안의 도가 바르게 되리니, 집안이 바르게 되면 천하가 정해지리라.[3]

여기서 남녀의 성역할을 안과 밖, 즉 가족과 사회의 영역으로 나눈 것은 오늘날의 남녀관계와는 맞지 않는 면이 있다. 그러나 우리는 『주역』의 구체적인 표현에 얽매일 필요는 없다. 이 구절에서 관심을 가져야 할 것은 자신의 자리에서 바르게 함이 중요하다는 정신이다. 부모는 부모답게, 자식은 자식답게, 남편은 남편답게, 아내는 아내답게 하는 것이 바르게 하는 것이다.

---

2. 『周易』, 「序卦傳」, "有天地然後 有萬物 有萬物然後 有男女 有男女然後 有夫婦 有夫婦然後 有父子 有父子然後 有君臣 有君臣然後 有上下 有上下然後 禮義有所錯."
3. 『周易』, 「風火家人」, "家人 女正位乎內 男正位乎外 男女正 天地之大義也. 家人有嚴君焉 父母之謂也. 父父 子子 兄兄 弟弟 夫夫 婦婦 而家道正 正家而天下定矣."

예를 들어, 부모답게 하는 것은 무엇인지 살펴보자. 가인괘의 단전에서 "가인이 엄한 어른이 있으니 부모를 말한다"[4]고 했다. 그러나 부모로서 자녀를 엄하게 대하기란 쉽지 않다. 현대 사회의 부모들은 사랑이라는 이름으로 자녀가 원하는 대로 해 주려고 한다. 그 결과 자녀는 다른 사람의 사랑을 받을 수 없는 이기적인 존재로 자랄 수밖에 없다. 오늘날 자녀에게 진정으로 필요한 것은 엄한 존재이다. 그러나 부모다움은 엄격한 것으로 충분하지 않다. 가족에게 가장 중요한 것은 서로 간의 사랑이므로, 엄격함의 밑바탕에는 부족한 면과 실수까지도 포용할 수 있는 넉넉한 사랑이 있어야 한다.

이와 같이 부모답게 하는 도道는 '자식답게', '남편답게', '아내답게' 하는 도와 합치하며 이 세상의 이치와도 통한다. 이에 대해 김충열은 "유가는 사람을 우주의 중심이자 만물 중에 가장 뛰어난 기氣이자 천지의 대성자大成者라고 정의한다. 그러한 개개 인간들을 유한함에서 무한으로 이어 주고 은미한 원초 단위에서 우주 전체로 현현하게 하는 폭주輻輳의 핵이 바로 부부요, 『주역』에서 말하는 '성성존존成性存存, 도의지문道義之門'의 공능을 지닌 것이 가정이다. 그런 까닭에 군자의 도, 즉 유가의 이상이 실현되는 도는 부부로부터 시작한다造端乎夫婦고 한 것이다"김충열, 2007: 179라고 설명하고 있다.

화풍정火風鼎괘의 지혜와 가족

이런 통일체적 세계관을 바탕으로 하는 가족의 지향을 화풍정火風鼎괘가 잘 보여 주고 있다. 정鼎은 다양한 음식 재료를 삶아서 한 가지 맛

4. 『周易』, 「風火家人」, "有嚴君焉 父母之謂也."

을 내는 요리를 만드는 도구이다. 정은 다양한 음식 재료를 삶고 푹 익히는 것이다.[5] 삶고 푹 익힌 것은 본래의 특징을 변화시켜 새롭게 재탄생한다. 이 재탄생은 각자의 개성을 완전히 상실해 버리는 것이 아니라, 전체 속에 각자의 개성을 잘 발현하게 하는 것이다. 솥에서 죽을 끓이면 사용한 재료에 따라 그 맛이 매우 다르다. 사용한 재료의 특징이 사라지는 것이 아니라, 재료가 서로 조화를 이루어서 좋은 맛을 낸다.

이 관점을 가족에 적용해 보면, 가족의 경우도 다양한 개성과 특징을 지닌 가족 구성원이 서로 조화를 이루어 사랑의 공동체를 이루는 것을 목표로 할 수 있다. 현대의 가족은 연령과 성별에서 다양성을 보이지만, 앞으로 가족은 혈연관계를 넘어서 더욱 다양한 구성원으로 형성될 것이다. 이런 다양한 개성을 지닌 가족 구성원이 사랑의 공동체로 성장하기 위해서는 솥에 온갖 재료를 넣어 삶고 익혀서 맛의 조화를 이룬 새로운 음식을 만들듯이, 각자의 개성을 존중하면서 서로를 성장하게 하는 통일체적인 가족을 추구해야 한다.

5. 『周易』, 「火風鼎」, "以木巽火 亨飪也. 聖人亨以享上帝 而大亨以養聖賢."

3.
시중時中과 가족

고정된 실체라는 가족에 대한 오해

기존의 가족이론은 가족을 고정된 실체로 규정하였다. 구조기능론의 관점에서 가족은 사회 질서와 유지를 위한 기초단위의 역할을 하는 집단이다. 그리고 구조기능론은 가족을 성별분업구조를 수행하는 지나치게 정태적인 실체로 바라보고 있다.[조은, 1986: 105] 갈등론 또한 가족 내외적으로 이해관계의 대립을 필연적으로 경험하는 가족을 고정된 실체로 전제했다. 교환론은 가족 내의 교환관계를, 페미니즘은 가족 내 여성의 억압을 가족의 고정된 실체로 인식했다. 예외적으로 상징적 상호작용론은 가족을 고정된 실체로 보기보다는 가족 간의 상호작용과 의미부여에 초점을 맞춘다. 하지만 상징적 상호작용론은 주관적인 의미에 해석의 초점을 맞추기 때문에, 객관적인 가족의 실체를 이론화하는 데는 한계가 있다.

이상의 기존 가족이론은 가족에 대한 고정된 실체를 전제로 하기 때문에, 정상 가족과 문제 가족을 나누며 가족의 다양성을 간과하고 편협한 이론적 잣대로 가족을 재단하는 오류를 범하고 있다.[박승희, 2007: 216] 이런 한계를 극복하기 위해서는 시중의 관점으로 가족을 인식할 필요가 있다. 시중의 관점으로 가족을 보면, 정형적인 가족 모델을 전제로 하는 가족의 목표와 기능 그리고 행복 등을 추구하거나 판단하지 않는다. 가족의 특수성을 인정하면서 가족 구성원리와 현실을 설명하는 이론적 기반을 구축하려고 시도하며, 가족이 처한 상황과 가족 구성원의 조건에 따라서 취해야 할 태도와 지향해야 할 바에 대해 적중하는 해답을 얻을 수 있다.

시중時中

시중이란 때를 알아서 적중하는 조치를 취하는 것을 말하고, 어떤 일에 대해 모자람이나 지나침이 없는 것이며, 전체적인 균형성이 유지되는 것이다. 이때 중中은 고정된 실체가 없다. 중은 산술적인 중간을 의미하는 것이 아니다. 이 중을 잡아서 자신이 처한 구체적인 시간과 공간의 상황에 맞게 하는 것이 시중이다.최영진, 2003: 55 『주역』에서는 시중할 수 있는 자를 군자라고 하여, 지향해야 할 인간상으로 제시하고 있다.

『주역』의 뇌풍항雷風恒괘에는 시중사상이 잘 나타나 있다. 항은 항상하고 오래하는 도를 말한다. 가족은 다양한 일을 경험하면서 행복과 불행을 함께한다. 그리고 삶의 국면에 따라 가족관계 또한 다양한 변화를 경험한다. 대부분의 가족은 항상 행복하기만을 바라고, 작은 변화조차도 일어나지 않기를 바란다. 그러나 항상함의 시중은 변화를 받아들이는 가운데 있다.

시중時中과 부부관계

부부의 사랑은 시간이 지나면서 열정적인 사랑과는 다른 서로에 대한 깊은 신뢰를 바탕으로 하는 사랑으로 거듭나게 된다. 그러나 현대 부부는 연인과 같은 관계를 이상으로 추구하기도 하며, 연애 시절 가졌던 열정적인 사랑을 부부관계의 척도로 삼는 오류를 범하기도 한다. 이런 현대 부부는 잘못된 척도 때문에 자신들의 사랑이 변했다고 생각하기도 한다. 항괘는 이런 현대 부부에게 고정된 것은 없다는 것을 받아들이라고 말하고 있다. 항상함이란 변화를 받아들임으로써 오래하는 것을 말한다. 뇌풍항雷風恒괘 상전에서는 다음과 같이 말하고 있다.

> 상에 말하기를 우레와 바람이 항이니, 군자가 본받아서 서서 방소를 바꾸지 않느니라.[6]

군자가 우레와 바람의 변화무쌍함 속에서 변하지 않는 진리를 발견하듯이, 인생 역정을 함께 겪으면서 변화하는 부부관계 속에서 변함없는 항상함을 발견하는 것이 바로 시중이다.

시중時中과 부모-자녀 관계

부부관계뿐만 아니라 부모와 자녀의 관계도 변화한다. 자녀가 완전히 장성했음에도 불구하고 부모가 자녀에게 자신의 방식을 주장하는 것은 시중이 아니다. 뇌풍항의 상육上六은 그런 부모를 위해 다음과 같이 경계하고 있다.

> 항상함을 떨침이니, 흉하니라. 상에 말하기를 항상함을 떨침으로

6. 『周易』, 「雷風恒」, "象曰 雷風 恒 君子以 立不易方."

위에 있으니, 크게 공이 없도다.[7]

상육은 가족관계에서 보면, 제일 윗자리에 있는 노인이라고 할 수 있다. 가족의 제일 어른으로서의 항상함이 없이 흔들리기 때문에 흉하다고 한다. 이때 시중을 하는 노인이라면, 변화하는 가족관계를 수용하면서 가족이 사랑의 공동체로 항상할 수 있도록 어른의 도리를 할 것이다. 즉, 가족생활에서 불변하고 항상해야 할 사랑은 지키고자 노력하지만, 가족관계의 변화된 양상을 거부하지는 않는 것이다.

시중時中과 가족관계

중산간重山艮괘의 단전彖傳은 시중사상의 핵심을 잘 보여 주고 있다.

단에 말하길 간은 그침이니, 때가 그칠 때면 그치고 때가 행할 때면 행하여, 움직이며 그침에 그 때를 잃지 아니함이 그 도가 빛나고 밝은 것이니, 그 그침에 그침은 그 그쳐야 할 곳에 그치기 때문이다.[8]

간괘에서는 그쳐야 할 곳에 그치는 것이 시중이라고 한다. 그렇다면 가족은 무엇에 그쳐야 하는 것일까? 그것은 바로 사랑이다. 오늘날 현대가족은 자녀를 좋은 대학에 진학시키는 것과 같은 사회적인 성취와 경제적인 부 등에 그치고자 하는 경향이 있다. 그러나 그곳은 가족이 머물러야 할 곳이 아니다. 왜냐하면 그것이 가족에게 행복을 가져다주지

7. 『周易』, 「雷風恒」, "上六 振恒 凶. 象曰 振恒在上 大无功也."
8. 『周易』, 「重山艮」, "彖曰 艮 止也 時止則止 時行則行 動靜不失其時 其道光明. 艮其止 止其所也."

못하기 때문이다. 간괘의 상전에서는 다음과 같이 말한다.

> 산이 아울러 있는 것이 간이니, 군자가 본받아서 생각이 그 위치를 벗어나지 아니하느니라.[9]

'그 위치를 벗어나지 않음'은 상황에 맞게 한다는 뜻이다. 상황에 맞게 하기 위해서, 우리는 가족이 사랑에 멈추어야 한다는 사실에 늘 깨어 있어야 한다. 현대 사회의 가치관을 따르다 보면, 가족은 '사랑'에 멈추어야 함에도 불구하고 넓은 평수의 아파트와 조기교육이 가족의 행복을 가져다줄 것으로 생각하고 그것에 머물려고 할 수 있다. 그러나 이런 마음이 일어나자마자 멈춘다면 큰 허물은 없을 것이다.

그래서 초육初六에서 "발꿈치에 그치기에 허물이 없다"[10]고 했다. 이는 마음이 일어나자마자 바로 멈춘다는 말이다. 중요한 것은 알아차리고 멈추어야 할 때 멈추는 지혜이다. 이것이 바로 멈추어야 할 때의 시중이다. 간괘의 육사六四에서는 지혜로운 멈춤의 방법을 다음과 같이 말하고 있다.

> 그 몸에서 멈춤이니 허물이 없느니라.[11]

지혜로운 멈춤이란 자신으로부터 변화가 일어나도록 하는 것을 말한다. 사랑은 자기 자신에서부터 시작되어야 한다. 자신의 잘난 점뿐만 아니라 부족한 면까지도 있는 그대로 인정하고, 그런 자신을 사랑할 수 있어야 한다. 그래야만 다른 가족의 부족한 점도 사랑할 수 있다. 자기 자

---

9. 『周易』, 「重山艮」, "兼山 艮 君子以 思不出其位."
10. 『周易』, 「重山艮」, "初六 艮其趾 无咎 利永貞."
11. 『周易』, 「重山艮」, "六四 艮其身 无咎."

신과 맞닿아 있지 못한 사람은 아무리 큰 사랑이 와도 그 사랑을 그대로 받아들이기 어렵다. 그러므로 우리가 가족생활에서 가장 먼저 해야 할 일은 자신을 사랑하는 능력을 키우는 것이다.

4.

대대적對待的 대립관과 가족

적대적 대립관과 가족

적대적 대립관은 세계의 모든 대립은 이해관계가 상반되는 것으로 인식한다. 다윈Charles Darwin은 진화론에서 자연생태계에 나타나는 적대적 대립으로 인한 양육강식의 현상을 지적하였다. 이후 맬서스Thomas R. Malthus의 모든 생명체 번식 속도와 먹이 양 증가 간의 불균형으로 인한 투쟁의 발생이라는 주장이 사회학에 도입되었다. 이런 적대적 대립관은 사회관계를 이해하는 근대적 세계관으로 자리 잡고 있다. 이현지, 2007: 280

기존의 가족이론 또한 적대적 대립관으로 가족관계를 이해한다. 구조기능론은 사회질서와 존속의 효과를 최대화하기 위해서, 가족 내 남성과 여성의 이분법적인 역할을 대립적으로 전제하고 있다. 갈등론은 가족의 적대적 대립과 갈등을 가장 잘 설명하는 관점이며, 제한된 자원을 대상으로 끊임없이 갈등하고 다툼을 벌이는 남녀관계를 상정하고 있다. 상징적 상호작용론은 협상과 타협에 초점을 맞추기는 하지만, 근본적인 관계의 저변에 깔린 적대적 대립을 간과하지 않는다. 교환론은 서로의 필요에 의한 자원 교환을 설명하지만, 가족관계를 역시 교환에서의 손해와 이익을 저울질하는 적대적 대립으로 보고 있다. 페미니즘은 갈등론과 함께 가족관계의 적대적 대립과 갈등 그리고 다툼을 핵심적인 연구의 대상으로 삼고 있다.

이상과 같이 적대적 대립관으로 가족을 이해하는 것은 현대 가족에 나타나는 갈등의 양상을 설명하고 해석하는 데는 유효하다. 하지만 가족이 어떤 비전을 가져야 할 것인가에 대한 해답은 주지 못한다. 가족을 적대적 대립관으로 보는 가족이론은 경쟁, 갈등, 투쟁을 통해서 가족이 직면한 대립과 불평등의 문제를 해소하고자 했다. 이런 노력의 결과는 상당 부분 가족 내 남녀의 불평등을 해결하는 데 기여했다. 그러나 궁극적으로 현대 가족이 직면한 대립의 문제를 해소하지는 못했으며, 건설적인 대안을 제시하지도 못하고 있다. 불평등을 해결하기 위한 투쟁이 강화될수록 가족이 행복해지는 것만은 아니라는 현실이 그 문제점을 잘 반증하고 있다. 이에 적대적 대립관의 문제를 극복하고 가족의 조화와 교감에 주목하여 가족현상을 바라보고 해석하는 이론적인 논의가 필요하다.

상생相生과 상성相成의 가족

대대적 대립관은 모든 대립물의 상생相生과 상성相成의 관계, 모든 존재의 연관성을 전제로 한다. 예를 들어, 음양은 서로의 존재가 없으면 스스로도 존재할 수 없으며, 서로를 이루어 주는 관계이고, 상호 긴밀하게 연관되어 있다. 남녀 또한 마찬가지다.홍승표, 2005: 398

이와 같은 대대적 대립관을 『주역』에서 풍부하게 발견할 수 있다. 중택태重澤兌괘의 상전에서는 대대적 대립관을 다음과 같이 말하고 있다.

> 상에 말하기를 걸린 못이 태니, 군자가 본받아서 벗들과 강습하

나니라.[12]

태는 기쁨을 말하는 괘이다. 상전에서 못이 연결된 것이 태니, 군자가 본받아서 벗과 더불어 강습한다고 했다. 기쁨이란 못이 서로 걸린 모양으로 '서로 걸려서 번갈아 침윤해서 서로 불어나고 유익해지는 상'김석진, 1997: 1241이다. 이것을 가족에 적용해 보면, 가족의 기쁨도 이처럼 서로 다른 가족 구성원 간의 차이를 통해서 상생과 상성을 경험하게 되는 것이다. 즉 나의 잣대를 기준으로 상대를 동화시키려고 하기보다는 상대를 존중하고 상호 간의 차이를 삶의 공부 재료로 삼을 수 있다는 것이다. 나와 다른 상대가 있기 때문에 내가 존재하는 의미가 커지는 대대적 대립관을 말하고 있다.

대대적 대립관과 사랑의 공동체

대대적 대립관에 의하면, 가족의 궁극적인 목적은 사랑의 공동체를 실현하는 것이다. 그것은 가족 구성원 간의 조화를 추구하고, 서로 교감하며 감응하는 방법으로 이루어질 수 있다. 택산함澤山咸괘는 감응에 대해 말하고 있다. 함은 느끼는 것으로, 서로 감응하는 것은 형통하다. 서로 감응한다는 것은 사랑한다는 것이다. 함괘의 괘사에서는 다음과 같이 말한다.

> 함은 형통하고 바르게 함이 이로우니 여자를 취하면 길할 것이다.[13]

12. 『周易』, 「重澤兌」, "象曰 麗澤兌 君子以 朋友講習."
13. 『周易』, 「澤山咸」, "咸 亨 利貞 取女 吉."

괘사에서 '여자를 취하면 길하다'고 한 것은 남녀의 교감만큼 감응을 잘 설명할 수 있는 것이 없기 때문이다. 감응 또한 바른 것을 추구해야 한다. 그래서 주자朱子는 음란한 부부간, 아첨하는 군신 간, 사특하고 편벽된 상하 간은 바르지 못한 감응의 사례라고 말하여 경계했다.김석진, 1997: 759 가족 또한 사랑의 공동체가 되어 바르게 교감해야 한다. 그런데 현대 가족은 열정적인 사랑을 토대로 하는 연인과 같은 부부, 친구 같은 부자관계, 욕구를 충족시켜 주는 가족을 목적으로 하는 경향이 있다. 이런 관계에 집착하면 바르게 교감할 수 없으므로 현대 가족은 깨지기 십상이다.

바르게 교감하기 위해서는 자기를 비우고 상대를 받아들여야 한다.[14] 가득 차면 아무것도 받아들일 수 없다. 가족은 관계가 친밀하므로 매우 견고한 관계로 보이기 때문에 가득 채워진 자신을 주장하는 경우가 많다. 자기만 주장하다 보면, 가장 견고한 것 같았던 가족도 파국을 맞이하게 된다. 우리는 사랑한다고 하면서 상대를 자기 마음대로 하려고 한다. 그러나 그것은 사랑이 아니다. 내 마음에 자기주장을 가득 담고서는 상대방을 받아들일 수 없기 때문이다. 즉 그렇게 해서는 교감이 불가능하다. 가족이기 때문에 사랑한다는 이유로 상대를 내 기준에 맞추려고 하는 것은 불행을 초래하는 지름길이다. 마음에서 나를 완전히 비워 내고 상대를 받아들일 자리를 마련해 두었을 때, 진정한 사랑을 시작할 수 있다는 것을 함괘는 말하고 있다.

아무리 가까운 가족관계에서도 자기만을 주장해서는 사랑을 공유할 수 없다. 자녀를 자기 소유물로 착각하고 자기의 기준대로 키우려는 부모는 자녀와 사랑을 나눌 준비가 되어 있지 않은 것이다. 함괘 괘상을 해석하면서 정자程子는 헤아려서 수용하고 합할 것을 가려서 받아들이

---

14. 『周易』, 「澤山咸」, "象曰 山上有澤 咸 君子以 虛受人."

는 것은 성인의 도가 아니라고 했다. 자기가 온통 분별심으로 가득 차 있다면 진정한 교감을 이룰 수 없다. 사랑은 분별심을 허용하지 않는다. 사랑은 있는 그대로의 상대를 인정하고 받아들이는 것이다.

받아들임과 감화

받아들임의 도道를 설명하고 있는 중풍손重風巽괘는 감화의 의미를 잘 설명하고 있다. 감화는 탈현대 사회에서 가족운영 원리로 활용될 수 있을 것이다. 전현대 사회의 가족운영 원리는 성별과 연령 등의 위계적인 질서에 복종하는 것이었으며, 현대 사회의 가족운영 원리는 가족 구성원 내의 평등을 지향하는 것이었다. 그러나 통일체적 세계관을 토대로 한 탈현대 사회의 가족운영 원리는 감화라고 할 수 있다. 중풍손괘 괘사에 다음과 같은 구절이 있다.

> 손은 조금 형통하니, 가는 바를 둠이 이로우며 대인을 봄이 이롭다.[15]

감화란 점진적으로 이루어지기 때문에 소형小亨이라고 한다. 가족 구성원이 서로 감화하면, 가는 바를 두어 변화를 추구하면 이롭다. 이때 변화의 의미를 먼저 자각한 대인이 가족 구성원 가운데 있으면 이롭다는 것이다. 중풍손괘 단전에서는 감화가 어떻게 이루어지는지에 대해 말하고 있다.

---

15. 『周易』, 「重風巽」, "巽 小亨 利有攸往 利見大人."

거듭된 바람으로 천명을 펼치니 강함이 부드럽게 중정하여 뜻이 행해진다. 부드러움이 모두 강에 순응한다. 이렇기 때문에 조금 형통하니, 가는 바를 둠이 이로우며 대인을 봄이 이로우니라.[16]

감화는 태풍과 같은 큰 바람으로 한 번에 이루어지는 것이 아니라, '거듭된 바람'으로 가능하다는 것을 말하고 있다. 그리고 구이九二에서는 "바람이 상 아래에 있음"[17]이라고 하여, 감화의 뜻은 세웠으되 지나치게 낮추고 수용적인 가족의 모습을 말한다. 감화는 맹목적인 수용을 말하는 것이 아니다. 부모의 권력이 세기 때문에 아첨하기 위해서 뜻을 따르거나, 자식이 사랑스러워서 어떤 행동을 해도 허용하거나, 갈등의 표출이 두려워서 배우자와 남처럼 냉랭하게 지내는 것은 현대 가족에 나타나는 맹목적인 수용의 사례이다. 이런 상황에서는 구이九二가 말하듯이, '점과 굿을 사용하는' 것과 같은 어떤 외적인 도움을 받아서 벗어나야 한다.

상구上九에서는 "바람이 상牀 아래 있고 그 자질을 잃으면 계속하여 흉하다"[18]라고 했다. 상구는 제일 윗자리에 있으면서 지나치게 수용적인 가족의 어른이다. 진정한 가족의 감화는 부모는 부모답게 자녀는 자녀답게 자신의 위치에서 충실할 때 이루어진다. 따라서 '바람이 상 아래에 있는 것'과 같이 그 위치를 상실하면 감화는 불가능하다.

16. 『周易』, 「重風巽」, "彖曰 重巽 以申命. 剛 巽乎中正而志行 柔皆順乎剛 是以小亨. 利有攸往 利見大人."
17. 『周易』, 「重風巽」, "九二 巽在牀下 用史巫紛若 吉 无咎."
18. 『周易』, 「重風巽」, "上九 巽在牀下 喪其資斧 貞 凶."

새로운 가족이론 구축의 의미

통일체적 세계관과 시중의 관점 그리고 대대적인 대립관으로 가족이론을 새롭게 구축하는 것은 다음과 같은 의미를 가진다.

첫째, 새로운 가족이론은 현대 가족이 직면한 문제를 해소할 수 있는 이론적 기반을 제공해 준다. 현대 가족이론은 가족을 이원적 세계관으로 인식하기 때문에 불평등한 성별분업구조와 그로 인한 갈등, 희소 자원을 대상으로 하는 이해관계의 대립 등에 주목한다. 하지만 이런 관점은 현대 가족이 직면한 불행을 해결하기 위한 방법을 제시하는 데는 무기력한 이론이다.

새로운 가족이론은 현대 가족이론의 한계를 극복할 수 있는 이론적인 대안을 토대로 가지고 있어야 한다. 새로운 가족이론은 행복한 가족을 위해서 통일체적 세계관, 시중, 대대적 대립관의 논점을 제공해 준다. 이 논점은 현대 가족이 직면한 불행한 가족의 문제를 해소할 수 있는 이론적인 기반을 제공한다는 점에서 새로운 가족이론을 구성하는 의미를 발견할 수 있다.

둘째, 새로운 가족이론은 변화하는 가족의 현실을 포괄하는 이론적인 논의를 전개한다는 점에서 의미가 있다. 기존의 가족이론은 현실 속에서 발생하는 가족현상 및 실태에 대한 해석과 이론화 작업에 급급하다는 한계를 가지고 있었다. 이런 점은 변화하는 가족의 모습을 이론에 포함시키지 못하거나 가족문제로 규정해 버리는 한계로 드러났다.

반면, 새로운 가족이론은 변화하는 가족의 현실과 상황의 논리에 적중하는 이론적인 기반을 가지고 있다. 새로운 가족이론은 가족 목표, 가족관계, 가족형태 등 가족을 둘러싸고 있는 어떤 것도 고정된 실체로 보지 않는다. 따라서 새로운 가족이론은 가족의 변화를 포착하여 이론화할 수 있으며, 변화하는 가족이 직면한 현실에 대한 적절한 대응 전략을 제시할 수 있다는 점에서 의미가 있다.

셋째, 새로운 가족이론은 이상적인 가족의 비전을 제시한다는 점에서 의미가 있다. 지금까지 가족이론은 가족의 실태와 현상을 설명하는 이론의 역할에 치중해 왔다. 하지만 정작 가족이 어떤 목표를 가져야 할 것인지, 어떻게 관계를 지향해야 할 것인지, 가족의 형태는 어떠해야 할 것인지에 대한 논의는 충실히 전개하지 않았다.

오늘날 가족 연구에서 가장 필요로 하는 것은 탈현대 사회에서 가족은 어떤 의미를 가질 것이며, 가족이 지향해야 할 바는 무엇인지, 그런 가족을 위해서 개인은 어떤 노력을 기울여야 할 것인지에 대한 비전을 제시하는 것이라고 할 수 있다. 그런 의미에서 새로운 가족이론은 사랑의 공동체로서의 가족이라는 비전과 방법을 제시한다는 점에서 의미가 있다.

제2장
유교와 행복한 가족

1. 현대 사회의 가족

현대 가족의 행복

현대인은 누구나 행복을 꿈꾼다. 현대인이 행복한 삶을 위해 노력한다는 것에 대해서 누구도 의문을 제기하지 않는다. 어떤 의미에서 현대인은 마치 행복의 노예처럼 살아가기도 한다. 행복하기 위해서 최선을 다하고 행복이라는 말을 지상 최대의 과제처럼 맹목적으로 추구한다. 그러나 그 행복이 무엇을 말하는지를 묻는 질문에는 제대로 된 해답을 가지고 있지 못하다. 바로 이 점이 현대인이 추구하는 행복의 문제점이다. 더욱 분명하게 이야기하면, 현대인이 추구하는 행복 자체가 많은 문제점을 안고 있다.

여기서는 현대인이 추구하는 행복한 가족을 조명해 보고 새로운 행복한 가족론을 구성해 보고자 한다. 오늘날 사회는 급변하고 있으며, 변화하는 사회의 영향으로 인해 가족의 기능과 역할 또한 변화했다. 최근에는 빈번하게 발생하는 가족의 해체 현상이 대표적인 현대 사회의 문제로 대두되고 있다. 반면에 오늘날 가족주의는 오히려 강화되고 있으며, 현대인은 가족을 통해서 삶의 행복을 누리기를 원한다. 하지만 오늘날 가족을 통해서 그 목적을 달성하기란 쉽지 않다.

현대 사회의 가족에 대한 기대와 가족의 기능은 현대적 세계관에 토대를 두고 있다. 이미 가족의 기능과 역할은 변화하고 있다. 가족을 위한 개인의 희생은 위험한 발상이 된 지 오래다. 그러나 개인적인 삶을 추구하기 위해서 가족을 포기하면 인간의 삶이 너무 외로워질 수도 있다. 오늘날 가족은 행복을 위해서 어떤 노력을 기울여야 할지 혼돈에 빠져 있다. 그러므로 현대 사회의 가족관은 전면적인 개혁이 요구된다. 사회가 변화하고 가족관계가 변화했음에도 불구하고 가족에 대한 이해와 관점은 구시대적인 발상을 벗어나지 못하고 있다. 오늘날 현대인은 가족을 통해서 어떤 목표를 추구하고, 어떤 관계를 형성해야 하며, 주어진 상황 속에서 어떻게 대처해야 하는가에 대한 해답을 가지고 있지 못하다.

가족의 변화

시대에 따라서 가족의 기능과 역할은 다양하게 변화해 왔고, 가족의 행복에 대한 기준도 달라졌다. 시대에 부합하는 행복한 가족론 정립에는 시대의 변화에 따른 가족의 변천사를 살펴보는 것이 도움이 될 것이다. 시대별 가족의 변천사는 행복한 가족에 대한 기대가 어떻게 변화해 왔는지 파악하기 위해서 유용하다.

전현대 사회와 현대 사회 그리고 탈현대 사회의 가족의 성격을 살펴보면, 현대 사회의 이념은 전현대 사회의 문제 극복을 위한 이념으로 변화의 방향이 설정되어 있다. 마찬가지로 탈현대 사회는 현대 사회의 문제를 넘어서기 위한 이념으로 구성되어야 한다. 하지만 전현대 사회에서 현대 사회로의 변화와 달리, 현대 사회에서 탈현대 사회로의 변화에는 방향을 어떻게 잡느냐에 따라서 전현대로의 후퇴라는 위험이 도사리고 있다. 그러므로 탈현대 사회의 행복한 가족론 정립이 중요한 의미를 가진다고 할 수 있다. 현대 사회가 전현대 사회를 극복하기 위해서 근본적인 변혁을 추구한 것처럼, 탈현대 사회의 가족은 자연스럽게 오는 것이 아니라, 현대 가족의 문제를 넘어서려는 근본적인 변혁을 추구할 때 가능하다.

가족의 기능을 중심으로 보면, 시대 변화와 함께 가족 기능은 점진적으로 약화되고 있다. 탈현대 사회에서 가족 기능은 정서적인 면으로 더욱 집중될 것으로 예측할 수 있다. 가족관계의 목표가 전현대 사회에서는 가족의 유지였다면, 현대 사회에서는 가족을 통한 구성원들의 욕구 충족이라고 할 수 있다. 탈현대 사회에 이르면, 가족의 목표는 가족 구성원들의 존재적 차원의 가치를 발견할 수 있는 수행공동체가 되어야 한다.이현지, 2005: 169-172

가족관계의 방식 또한 시대에 따라 변화한다. 전현대 사회에서는 가족관계가 권위적이고 위계적인 질서를 가지고 있었던 데 비해, 현대 사회에서는 수평적이고 평등한 관계를 추구했다. 탈현대 사회에 이르면 가족관계는 상호 조화와 균형을 추구하게 된다. 이런 변화가 남녀 관계의 변화에 직결된다.

시대에 따라 가족형태가 변화하고, 가족관계의 중심도 전현대 사회의 부자관계에서 현대 사회에는 부부관계로 변화한다. 탈현대 사회에는 다양한 가족의 형태가 나타나기 때문에 가족관계의 특별한 중심을 발견할 수 없다. 가족의 행복을 결정하는 요소도 시대에 따라 변화하여, 전현대 사회에서는 가족의 재생산과 확대가 원활한 것이 행복이었다면, 현대 사회에서는 가족 구성원과 가족의 사회·경제적 성공이 행복의 관건이다. 탈현대 사회에서는 가족이 진정한 사랑의 공동체가 되고, 여가를 공유하는 것이 행복의 결정 요소가 될 것이다.

현대 가족의 문제점

오늘날 현대 가족은 여러 가지 문제를 안고 있다. 현대 가족이 안고 있는 문제를 정확하게 분석하는 것은 탈현대 사회의 행복한 가족론을 구상하기 위한 출발점이 될 것이다.

현대 가족의 문제점은 첫째, 가족관이 토대로 하고 있는 세계관의 한계이다. 오늘날 현대인은 현대적 세계관을 전제로 가족을 이해하고 있다. 현대적 세계관은 모든 존재를 분리·독립된 존재로 인식한다. 이런 관점은 가족관에도 동일하게 영향을 미쳤다. 현대인은 가족과 가족 구성원의 관계를 분리·독립된 실체로 규정한다. 이런 관점에 의하면, 가족과 나는 분리되어 있고, 나의 이익과 가족의 이익은 합치할 때도 있고 대립할 때도 있다. 가족과 나의 이익이 대립할 때, 가족의 이익을 추구할 것인지 나의 이익을 추구할 것인지 혼란에 처하게 된다. 이런 충돌은 현대적 세계관으로 가족을 인식할 때 발생하는 문제이다.이현지, 2004: 102-103

우리는 가족생활을 하면서 가족과 내가 분리·독립된 존재가 아니며, 어떤 상황에서든 나와 가족의 이해관계가 대립하지 않는 경우를 경험한다. 그것은 가족과 나를 통일체적인 관점으로 인식할 때 만나게 되는 가족에 대한 이해이다. 이와 같은 가족에 대한 이해와 가족생활은 현대적 세계관을 전제로 할 때는 경험할 수 없다. 현대적 세계관을 토대로 하는 가족관은 가족을 이해하는 하나의 관점에 불과하다. 현대 가족의 문제점을 극복하기 위해서는 새로운 가족관이 요구된다.

둘째, 현대적 세계관을 토대로 하는 현대 가족의 목표는 가족 구성원들의 욕구와 욕망을 충족시키는 것이다. 따라서 그것을 충분히 채우지 못하면 가족은 쉽게 해체의 위기에 직면하게 된다. 현대적 세계관의 영향을 받은 현대인은 전현대인과 달리 가족 자체를 유지하고 발전시키는 데에는 큰 관심을 가지고 있지 않다. 현대인에게 가족은 나를 위해 존재하는 집단으로서의 의미를 가진다. 따라서 가족의 존속을 결정하는 기준은 나의 욕구와 욕망이 어느 정도 충족되느냐이다.이현지, 2005c: 426

하지만 가족생활은 여타 집단들과는 매우 다른 특징이 있다. 이익만을 기준으로 집단의 존폐를 결정할 수 없는 관계의 측면이 있다. 가족을 위해서 아무리 큰 희생을 하더라도 행복할 수 있는 부모의 경험, 가족들의 사랑이 힘이 되어 자신의 한계를 극복하는 경험, 어떤 실패가 다가와도 가족이 있기 때문에 재기하는 경험 등이 바로 그것이다. 현대 가족이 직면한 위기는 이와 같은 가족관계의 시너지 효과를 충분히 인정하지 않기 때문에 발생하는 문제라고 할 수 있다.

셋째, 개인의 욕구와 욕망 충족을 중요한 목표로 추구하는 현대 가족은 감각적인 쾌락의 가족관계를 기대한다.이현지, 2004: 104 예를 들어, 열정적인 사랑의 부부관계나 자녀의 욕구를 완전히 채워 주는 부모 및 부모의 현대적 기대에 부응하는 자녀와의 관계를 지향한다. 이런 것들은 가족의 목표로 삼아도 도달할 수 없으며, 도달한다고 해도 행복을 보장해 주지는 않는다. 또한 이것들을 가족의 목표라고 하기에는 본래 가족이 갖고 있는 가치를 다 담지 못하는 면이 많다.

가족이 무엇을 목표로 해야 하는가에 대한 바람직한 모델을 상실해 버린 현대 가족은 가족생활에서 실현할 수 없는 목표를 설정하고, 결국에는 파국으로 치닫게 된다. 현대인은 가족 존재의 궁극적인 목적을 상실했다. 이런 문제를 극복하고 해결하기 위해서 탈현대의 가족을 위해서 가족이 무엇을 목표로 할 것이며, 어떤 가족관계를 추구해야 할 것인지에 대한 심도 있는 논의가 필요하다.

2.
새로운 가족관과 행복한 가족

풍지관風地觀괘와 결혼관

관觀은 보는 것을 말한다. 보는 대상에 따라 그 도가 달라진다. "관觀은 손을 씻고 제사를 올리지 않은 듯이 믿음이 있고 우러러볼 것이다."[1] 관觀은 제사를 시작할 때 손을 씻고 향술을 땅에 붓는 것으로 신을 부르는 것이다. 천薦은 날것과 익은 것을 올리는 때를 말한다. 아직 제사를 다 마치지 않은 상황이므로 믿음을 가지고 정성으로 우러러본다. 그러므로 관觀은 어떤 일을 시작하는 단계에서 어떻게 해야 할까를 살피는 상황을 말한다.김상섭, 2006: 152

관觀괘에서 얻을 수 있는 지혜를 통해서, 결혼이라는 남녀의 새로운 시작을 위한 도道를 생각해 볼 수 있다. 결혼은 한 사람의 남자와 여자의 개인적인 결합이 아니다. 결혼제도를 통해서 가족의 범위가 확대된다. 관觀괘의 단전에서는 "대관大觀이 위에 있어 순하고 공손하며 중정中正으로서 천하에 보인다"[2]라고 한다. 대관大觀이란 어떤 것일까? 그것은 그 덕이 심히 크다는 것을 말한다. 결혼으로 새로운 가족관계가 시작될 때에 덕을 크게 한다는 것은 무슨 의미일까? 작은 것이 아니라 큰

1. 『周易』, 「風地觀」, "觀 盥而不薦 有孚 顒若."
2. 『周易』, 「風地觀」, "彖曰 大觀 在上 順以巽 中正 以觀天下."

것을 보라는 것은 새로운 가족의 경제적 조건, 사회적 성공, 능력 등을 보는 것이 아니라 그들의 가족에 대한 사랑과 신뢰 등을 보라는 말이다. 겉으로 드러나는 현실적인 실익을 따지는 것이 아니라, 가족의 화목을 위해서 궁극적으로 어떤 것이 도움이 될 것인지에 대한 바라봄이 필요하다.

관觀괘의 괘상전에서는 "상象에 이르기를 땅 위에 바람이 부는 것이 관이니 선왕이 본받아서 사방을 살피고 백성을 관찰하여 가르침을 베푼다"[3]고 한다. 이 구절은 실전 결혼을 위해서, 현실적인 지혜를 말하고 있다. 결혼으로 인해 배우자의 가족 또한 나의 가족이 된다. 결혼에서 발생하는 갈등의 많은 부분은 확대되는 가족에 대한 이해의 부재에서 발생하는 것이다. 가족 간의 문화 차이를 인정하고 존중하려는 자세가 필요하다. 문제와 차이 속에 매몰되어서는 조정의 능력을 발휘할 수 없다. 나의 가족 경험이나 문화를 토대로 상대를 보는 것은 평가를 위한 바라봄이며, 관계의 파괴를 초래할 수 있다. 진정한 바라봄은 시선을 나 자신에게로 돌리는 것이다. 나의 가족 경험과 문화가 어떻게 형성되었는지 대해서 관망하고, 나아가서 배우자의 가족생활과 경험을 그대로 인정하고 이해하려는 바라봄을 시도할 필요가 있다.

그것은 안으로부터 깊이 보아서 내가 바라보던 것과 내가 통일체임을 깨닫는 바라보기이다. 오늘날 가족에 대한 잘못된 접근은 객체로 대상화하여 가족을 보는 관점이다. 관觀괘 육삼六三의 괘사는 "나의 삶을 봄이니 나아가고 물러난다"[4]이다. 나의 삶을 보고 물러나고 나아갈 것을 결정한다는 것이다. 그렇게 하면 도道를 잃지 않는다. 나의 삶은 내가 만드는 것이다. 결혼을 통해서 형성되는 새로운 가족 또한 나에 의해 생겨난 것이며, 가족의 화목과 불행 또한 나에 의한 것임을 잊지 않아야 할

3. 『周易』, 「風地觀」, "象曰 風行地上 觀 先王以 省方觀民 設敎."
4. 『周易』, 「風地觀」, "觀我生 進退."

것이다.

화뢰서합火雷噬嗑괘와 가족 목표

서噬는 씹는 것이고, 합嗑은 합하는 것이다. 씹어서 합하는 것이다. 화합을 방해하는 것을 제거하고 진정한 화합으로 나아가는 도道를 말한다.김석진 역해, 1997: 584 서합噬嗑괘를 통해서 오늘날 가족이 안고 있는 문제를 파악하고 화합을 위한 방법을 모색해 보자.

"서합은 형통하니 옥을 씀이 이롭다"[5]고 한다. 옥獄을 씀이 이롭다는 것은 현대 가족을 둘러싸고 있는 문제를 극복하고 화합으로 나아가기 위한 구체적인 방법을 쓰는 것이 이롭다는 것이다. 이 방법은 현대 가족이 직면한 문제를 인식하고, 그 문제를 극복할 수 있는 대안을 마련하는 것이다. 현대 가족이 안고 있는 대표적인 문제점은 가족 이기주의라고 할 수 있다. 이를 극복하려면 가족 이기주의를 초래한 현대적 가족관을 벗어날 수 있는 새로운 가족론을 모색해야 한다.

먼저, 가족을 지배하고 있는 현대적 관계관의 문제를 극복해야 한다. 현대적 관계관은 가족을 내적으로는 분리·독립된 개체들의 합으로 이해하고, 외적으로는 다른 집단과 이해관계가 대립되는 것으로 인식하고 있다. 가족은 단순한 개인의 합으로는 설명할 수 없는 공동체적 특징을 가지고 있으며, 가족 이외의 다른 집단과 이해관계 때문에 적대적 대립만 하는 것도 아니다. 가족은 구성원들의 개성을 존중하면서 서로의 발전을 도모하는 상생相生과 상성相成의 관계이다. 가족 구성원의 발전이 가족의 발전을 가능하게 하며, 가족의 행복이 구성원의 행복을 좌우하

5.『周易』,「火雷噬嗑」, "噬嗑 亨 利用獄."

는 통일체적인 관계이다.

이 괘의 상象에서는 "우레와 번개가 서합이니, 선왕이 본받아서 벌을 밝히고 법령을 신칙했다"[6]고 한다. 법은 일의 이치를 밝혀서 방비하는 것이다.김석진 역해, 1997: 590 가족의 법이라면, 가족 구성원들이 공유하는 가법이나 가족운영의 원리를 생각해 볼 수 있다. 가족이 무엇이어야 하는지에 대한 가족마다의 가치관(법)이 분명해야 한다. 현대 가족은 다양한 역할을 담당해 왔다. 오늘날 현대 가족은 정서적·경제적 공동체의 역할을 주로 담당해 왔다. 탈현대의 가족은 무엇이어야 할까? 바로 수행공동체이다.

왜 수행공동체인가? 탈현대의 삶은 노동 중심에서 여가 중심의 삶으로 확대된다. 빠르게 돌아가는 현대 사회와 달리 탈현대는 느리고 여유로운 삶이 가능해진다. 이때 필요한 능력은 자신에게 주어진 시간을 창조적으로 활용하는 것이다. 현대적인 삶에서 추구하는 오락적인 여가활동과 바깥으로 향하는 시간 때우기 식의 여가는 진정한 자기 발견을 방해한다. 반면, 탈현대의 삶에서는 자기 자신을 만나고 진정으로 사랑할 수 있는 능력을 개발할 수 있는 수행이 요구된다. 가족은 이런 수행을 공유할 수 있는 적합한 공동체적 성격을 가지고 있다.이현지, 2005b: 172-174 가족생활의 일상성, 가족 구성원 연령대의 다양성, 가족 구성의 원리인 사랑이 바로 그것이다.이현지, 2005b: 175

인간의 삶에서 가장 중요한 것은 사랑하는 능력이다. 사랑의 능력은 수행을 통해서 확대된다. 수행공동체인 가족을 통해서 사랑의 능력을 발전시키고 사랑의 즐거움을 낙도하는 삶을 추구할 수 있다.

---

6. 『周易』, 「火雷噬嗑」, "象曰 雷電 噬嗑 先王以 明罰勅法."

산화비山火賁괘와 가족문화

비賁는 꾸민다는 뜻이다. "비賁는 형통하니 가는 바를 둠이 조금 이로우니라"[7]고 한다. 꾸밈은 근본에 앞서지는 않지만, 근본이 있으면서 꾸미면 형통할 수 있다. 무늬를 놓고 꾸미는 도道는 그 광채를 더할 수 있기 때문에 나아감에 조금 이로운 것이다.김석진 역해, 1997: 602 산화비괘를 통해서 가족문화를 생각해 보자. 비賁괘는 "문명해서 그치니 인문이니"[8]라고 한다. 비賁괘는 문명한 데 그쳐서 꾸밈을 이룬 것이다. 인문은 사람의 도리이며, 인문은 사람 이치의 조리와 차례이다.김석진 역해, 1997: 606

가족문화는 가족의 근본인 사랑이 바탕이 되는 가운데서 추구되어야 한다. 근본이 있는 가운데 꾸미려는 노력은 문채文彩를 더하는 것이다. 꾸미는 것을 통해서 근본인 사랑이 커지는 것은 아니다. 다만 꾸밈, 즉 가족문화를 다양하고 풍부하게 함으로써 가족생활의 경험을 윤택하게 할 수 있다.

"천문을 봐서 때의 변함을 살피며, 인문을 봐서 천하를 화하여 이루게 하나니라."[9] 꾸밈은 천문과 인문을 고루 살피는 가운데 이루어져야 한다. 하늘의 이치와 사람의 도리를 거스르는 지나친 꾸밈을 추구하는 것은 바람직하지 못하다.

"육오六五는 언덕과 동산에 꾸밈이니, 묶은 비단이 잔잔함이니 인색하나 마침내 길하리라"[10]고 한다. 주자의 해석대로 육오의 비단은 얇은 것이고, 잔잔戔戔은 얕고 작은 것이므로, 사치스럽지 않은 검소한 꾸밈, 즉 예禮를 말한다. 예절은 사치스럽기보다는 검소해야 하기 때문에 마침내 길하다고 할 수 있다. 이와 같이 가족 예절도 지나치게 겉모습에만 치중

---

7. 『周易』, 「山火賁」, "賁 亨 小利有攸往."
8. 『周易』, 「山火賁」, "文明以止 人文也."
9. 『周易』, 「山火賁」, "觀乎天文 以察時變. 觀乎人文 以化成天下."
10. 『周易』, 「山火賁」, "六五 賁于丘園 束帛戔戔 吝 終吉."

할 경우, 본질을 상실하고 근본이 파괴될 수 있다. 오히려 검소하고 질박하면서 근본에 충실한 가족 예절이 좋다. 이런 가족문화는 외적인 꾸밈보다는 가족 구성원의 내적 성장에 관심을 기울인다.이현지, 2005c: 446-447

또, "상구上九는 희게 꾸미면 허물이 없으리라"[11]고 한다. 꾸밈에 소박하고 질박하게 하면, 본질을 잃지 않으므로 허물이 없다. 지나친 꾸밈은 본질을 잃게 한다. 꾸미되 실질을 손상하지 않으면 허물이 없다. 가족문화를 경험하고 형성할 때도 외적으로만 추구하면[12] 본질인 가족의 사랑과 존중 그리고 신뢰 등을 잃어버릴 수도 있다. 가족문화의 핵심은 사랑의 실현을 위한 공동체의 역할을 하는 것이다. 그것은 수행공동체의 실현을 통해서 이루어질 수 있다.

---

11. 『周易』, 「山火賁」, "上九 白賁 无咎."
12. 근본적인 사랑의 실현에는 관심을 두지 않고, 가족여행이나 외식 등 밖으로 향하는 문화적 경험을 하는 것을 생각해 볼 수 있다.

3.
상생相生과 상성相成의 행복한 가족

산풍고山風蠱괘와 가족문제

고蠱괘는 문제가 발생한 상태를 말한다. 그러므로 문제를 해결하기 위한 새로운 일, 즉 어떤 다스림이 있어야 하는 때이다.정재걸, 2008b: 114 고蠱괘의 상황에 가족이 처하면 어떻게 해야 할까? 고蠱괘를 통해서 가족 운영의 지혜를 배워 보자.

고蠱괘에서는 "고蠱는 크게 착하고 형통하니 대천을 건넘이 이로우니 갑으로 먼저 사흘 하며 갑으로 뒤에 사흘이니라"[13]고 한다. 일이 발생하는 전후를 살펴서, 문제가 발생하지 않도록 근본적인 조치를 한다.김석진 역해, 1997: 535 가족은 다른 어떤 공동체보다 친밀한 관계이므로, 내부에 갈등이 발생한다고 하더라도 문제의식을 느끼지 못하고 쉽게 간과하고 지나칠 수 있다. 그러나 친밀한 관계일수록 서로를 배려하고 서로의 감정을 존중할 필요가 있다. 가족 내 역할만을 강조하면서 가족 구성원 개인이 경험하는 어려움을 간과해 버린다면, 언젠가는 곪아서 터지는 날이 올 것이다. '선갑삼일후갑삼일先甲三日後甲三日'의 지혜를 통해서, 문제가 발생한 까닭을 잘 헤아리고 일이 앞으로 어떻게 될 것인지를 생각하면

13. 『周易』, 「山風蠱」, "蠱 元亨 利涉大川 先甲三日後甲三日."

이롭다.

고蠱괘 상전에 "산 아래 바람이 있는 모양으로 군자가 이 모양을 보고 백성들을 진작시키고 덕을 길렀다"[14]고 한다. 고蠱괘의 모양은 산 아래 바람이 있어서, 바람이 산을 만나서 휘몰아치는 어지러운 상황을 말한다. 만약 가족운영에서 심각한 문제가 발생한다면, 가족관계를 더욱 돈독히 하여 서로를 위로하고 가족 구성원들이 서로 덕을 키울 수 있도록 도와주는 근본을 세우려는 노력을 기울여야 한다.

고蠱괘는 낮춤과 부드러움을 토대로 하는 다스림의 지혜를 제공해 준다. 정자程子는 "고蠱는 크게 착하고 형통해서 천하가 다스려진다"[15]고 했다. 정자의 해석은 봉건적인 존비와 상하, 남녀관계를 전제로 하고 있다. 현대 가족의 문제를 해결하기 위해서는 봉건적인 질서의 개념을 넘어서는 새로운 가족관계를 기획해야 한다. 즉 탈현대적 가족은 가족 구성원 간의 상호 존중을 토대로 상생相生과 상성相成을 목표로 한다. 상호 존중은 자신을 낮추고 부드러움으로 상대를 대하는 것으로 드러난다. 이와 같은 탈현대의 가족은 다스려지는 대상과 다스리는 주체가 분리되지 않는다. 가족 구성원 각자는 자신의 역할에 충실하면서, 가족 전체의 발전을 위해 노력한다.

지택림地澤臨괘와 부모-자녀 관계

림臨괘는 새로운 기운이 솟고, 일이 커지는 때에 임하는 바의 도道를 말한다.최영진·이기동, 1994: 218 다시 말해서, 일이 성하기 시작할 때 우리가 주의해야 할 내용이다. 일이 성하기 시작하고 새로운 기운이 솟을 때, 상

14. 『周易』, 「山風蠱」, "象曰 山下有風 蠱 君子以 振民 育德."
15. 『周易』, 「山風蠱」, "蠱元亨 而天下治也."

황이 쇠할 경우에 대비해야 한다. 일이 쇠한 후에 경계하면 이미 막을 수 없다.

림臨괘의 상황에서 아래에 위치한 자는 더욱 주의를 기울여야 한다. 자신이 잘나가고 일이 성하고 새로운 기운이 솟을 때에는 화합하고 순함으로 임해야 한다. 아래에 위치해 있으면서, 잘나가는 기세를 믿고 교만하게 굴면 곧 흉한 시기를 맞이하게 된다. 그러나 쇠할 때를 경계하면서 윗사람이 유약하더라도 화합하고 순응하면 위기를 극복할 수 있다.

림臨은 가장 가까운 사이에서의 임하는 도리를 말한다. 괘상卦象이 땅 위에 물이 있는 것을 말하는데, 서로 임하는 것 가운데 이만큼 가까운 것이 없다. 땅 위의 물처럼 서로 밀착된 것이 없기 때문이다. 따라서 림臨괘는 인간관계에서도 가장 가까운 관계인 가족관계를 이해하는 데 유용한 지혜를 제공해 준다.

림臨괘를 가족관계에 적용해 보면, 가족 내에 부모의 세력은 점점 약화되고 자식의 세력은 점점 커지는 경우로 볼 수 있다. 부모세대는 경제력과 가족 내 권위가 약화되는 시점이며, 자녀세대는 성장하여 경제력을 토대로 가족운영에 직접적으로 참여하기 시작하는 상황이다.

이런 상황에서 자녀들은 어떻게 임하는 것이 가장 슬기로울까? 자녀들은 자신들의 성장을 믿고 기세등등하게 굴 가능성이 있다. 부모세대의 경험과 의견을 무시하고 자신들의 입장을 주장한다. 자녀들이 이런 태도를 가지면 가족관계는 파괴된다. 그러므로 가족 내 세력이 점점 강해지는 자녀들은 세력이 약한 부모세대에 대해 자세를 부드럽게 하여 조화를 추구해 나가야 한다.

그런가 하면, 부모세대는 육오六五[16]와 같은 지혜로 임한다. 자신의 경험이나 입장을 고수하려고 하지 말고, 바르고 능력 있는 자녀九二를 믿

16. 『周易』, 「地澤臨」, "知臨 大君之宜 吉."

고 지지해 준다. 모든 일을 자신이 해야 한다는 생각을 버리고, 자신만이 옳다는 생각을 버리면 형통할 수 있다고 『주역』은 말한다.

4.
존중과 사랑의 행복한 가족

지리복地雷復괘와 가족의 재탄생

복復은 사회로 보면 혼란기로 새로운 사회사상과 기틀이 마련되는 문명 창조의 시기이며김석진 역해, 1997: 637, 가족으로 보면 위기와 문제에 직면했던 가족이 새로운 가족으로 거듭나야 하는 시기이다. "복復은 형亨하니 출입에 병이 없다. 친구들이 찾아오면 허물이 없다."[17] 복復은 가족의 새로운 시작을 말하므로, 형亨하다. "출입에 병이 없다"고 한 것은 많은 사람의 의견을 수합하고 반영하여 옳은 방향을 선택해야 한다는 것이다.김석진 역해, 1997: 638 다양한 가족문제의 이면에는 언제나 대화의 부재, 가부장적인 독단 등이 있다. 이런 문제를 극복하기 위한 노력의 시작은 대화와 다양한 의견을 수렴하는 자세이다.

"상象에 말하기를 우레가 땅속에 있는 것이 복이니 선왕들이 본받아 동짓달에는 성문을 닫아 상인과 여객들이 다니지 못했고, 제후들도 지방을 순시하지 않았다."[18] 복復괘의 모양을 보면 양陽이 처음 회복하려는 상을 말한다. 처음 생기는 것은 모두 미미하므로 자랄 수 있도록 안정적인 상황을 만들어 주어야 한다. 새로운 가족의 탄생을 위해서는 가족의

17. 『周易』, 「地雷復」, "復 亨 出入无疾 朋來无咎."
18. 『周易』, 「地雷復」, "象曰 雷在地中 復 先王 以至日閉關 商旅不行 后不省方."

근본을 회복하려는 노력을 기울여야 한다. 새로운 가족을 위해서 키워야 할 것은 가족 간의 존중, 신뢰, 사랑 등이다. 이것들이 잘 길러질 수 있도록 마음을 모으고 정성을 기울여야 한다.

복復괘의 초구初九 상象에서 '불원지복不遠之復'은 자신을 닦기 때문[19]이라고 한다. 어떤 관계든 문제에 직면할 수 있다. 가족도 예외는 아니다. 중요한 것은 발생한 문제를 얼마나 슬기롭고 빨리 해결하고 관계를 회복하느냐이다. 초구初九에서는 회복이 빨리 이루어지는 것은 수신修身을 하기 때문이라고 한다. 수신을 한다는 것은 문제의 원인을 밖에서 찾는 것이 아니라 나에게서 찾고자 하는 것이다. 나에게로 시선을 돌리는 사람은 어떤 문제에 부딪치더라도 문제에 오래 빠져 있지 않을 수 있다. 바람이 그물을 지나가듯이 문제가 있을 뿐인 경지가 된다. 진정한 수행자는 가족 내에 문제가 발생하면, 그 문제를 해결하는 데만 노력을 기울인다. 그 문제로 인한 고통의 바다에 빠지지 않는다. 그러므로 문제를 빠르고 쉽게 해결할 수 있다.

육이六二[20]는 아름다운 회복을 말한다. 그러므로 길하다. 길할 수 있는 이유는 어진 이에게 낮추기 때문이다. 가족에게 있어서 인의 실현은 가족 간의 사랑이다. 가족의 사랑을 실현하면서, 가족 구성원이 모두 서로 낮추면 쉽게 사랑의 공동체를 이룰 수 있다.

근본을 회복하려는 노력은 아무리 반복되어도 지나침이 없다. 육삼六三[21]에서는 가족이 새롭게 거듭나고자 하는 회복의 노력이 반복되면 위태롭지만 무구하다고 말한다. 왜냐하면 뜻에 허물이 없기 때문이다. 즉 가족의 사랑과 존중, 신뢰를 회복하려는 뜻이 지켜진다면, 회복의 과정에서 발생하는 혼란은 슬기롭게 극복할 수 있다.

---

19. 『周易』, 「地雷復」, "初九象曰 不遠之復 以脩身也."
20. 『周易』, 「地雷復」, "六二 休復吉. 象曰 休復之吉 以下仁也."
21. 『周易』, 「地雷復」, "六三 頻復厲无咎. 象曰 頻復之厲 義无咎也."

복復괘의 상황에서도 지나침은 허물이 된다. 육사六四는 "중도로 행하여 홀로 회복한다. 중행독복中行獨復은 도로써 따르기 때문이다"[22]라고 한다. 어떤 상황이건 지나쳐서 얻을 수 있는 것은 없다. 육사六四와 같이 중도를 행한다면, 홀로 회복하게 되더라도 그것이 도를 따르는 것이 된다. 새로운 변화를 시도하다 보면, 극단에 치우치기 쉽다. 가족 내의 폐단을 몰아내고 새로운 변화의 기운을 일으킬 때에는 중도를 지키려는 균형 감각이 필요하다. 그렇게 하지 않으면, 폐단을 야기했던 가족 구성원과 회복할 수 없도록 관계가 파괴되기도 하고, 서로 씻을 수 없는 상처를 입히기도 한다. 그러므로 중도를 지키는 것이 중요하다.

육오六五[23]는 돈독하게 회복하려 함은 후회가 없고, 그것은 중도로서 스스로 이루기 때문이라고 한다. 새로운 가족으로 다시 재탄생하고자 하는 회복의 노력은 스스로의 고민과 노력에 의해 이루어져야 한다. 가족의 사랑이나 존중, 신뢰를 회복하기 위해서는 가족의 새로운 재탄생이 절실히 필요하다는 가족 구성원의 자각이 더 중요하다.

근본을 회복하는 일에서도 그 자체에 집착해서는 안 된다. 상육上六[24]에서 미복迷復은 회복 자체에 미혹된 것으로 흉하다. 가족 내에 사랑과 신뢰, 존중감이 바탕이 되어야 한다는 것은 누구나 동의할 수 있다. 억지로 그런 가족으로의 회복만을 강제하려 한다고 해서, 가족의 근본을 회복할 수는 없다. 오히려 더 큰 상처와 파괴를 가져올 수 있다. 회복의 때에 직면한 사람은 회복해야 한다는 생각을 잡고 집착할 수 있다. 그렇게 하면 모든 것을 잃게 된다. 옳은 것, 해야 하는 것 등의 집착으로 회복이 이루어지는 것은 아니다. 도道에 따라서, 즉 가족 구성원들의 상황과 그들의 필요를 잘 살펴서 회복을 도모해야지만 진정한 가족의 재탄

22. 『周易』, 「地雷復」, "六四 中行獨復. 象曰 中行獨復 以從道也."
23. 『周易』, 「地雷復」, "六五 敦復无悔. 象曰 敦復无悔 中以自考也."
24. 『周易』, 「地雷復」, "上六 迷復 凶. 有災眚 用行師 終有大敗 以其國 君凶 至于十年 不克征. 象曰 迷復之凶 反君道也."

생을 이룰 수 있다.

천뢰무망天雷无妄괘와 가족관

무망无妄은 하늘의 이치로 움직이므로 망령됨이 없는 것을 말한다. 사람의 도道로 말하면, 무망无妄의 도道를 따르는 것이다.김석진 역해, 1997: 654 가족이 무망无妄의 도道를 추구한다면 어떤 모습일까? 하늘의 이치를 따르는 가족은 통일체적 세계관을 바탕으로 하는 공동체라고 할 수 있다. 가족을 위해서 가족 구성원의 희생이 요구되는 일이 없으며, 가족 속에서 가족 구성원은 저마다의 개성을 발휘하고 온전한 개체로 인정을 받는다. 가족은 가족 구성원들이 자기 색깔을 마음껏 발휘할 수 있는 소통하는 공간이 된다.

이런 가족의 경험에는 부부간의 갈등도 있고, 부모-자녀 간의 기대와 실망도 있을 수 있다. 그것은 자연스러운 것이다. 가족 내에서 발생하는 이런 다양한 경험들을 자연스러운 것으로 받아들이고, 가족관계의 신뢰를 바탕으로 지나가는 것, 즉 헤쳐 나가는 것이 하늘의 이치를 따르는 것이다. 갈등이 있는 가족을 갈등이 없는 것처럼 포장하거나, 갈등 자체를 두려워하여 작위적으로 문제를 해결하는 데만 급급해서는 안 된다. 오히려 부작용이 일어날 수 있다. 무망无妄의 도는 어떤 목표를 두고 행하는 것이 아니라 가는 것이다.

그렇게 하기 위해서 부모는 부모답고, 자식은 자식다워야 한다. 부모는 자녀가 사회의 건강한 구성원이 되도록 지원해 주고, 자녀는 부모를 본으로 하여 좋은 어른으로 살아가기 위해 노력해야 한다.

현대 사회의 가족은 무망无妄의 도를 추구하고 있는가? 그렇지 못하다. 현대 사회의 왜곡된 부모-자녀 관계는 친구 같은 부모에 대한 기대와 자신의 욕망을 해결해 주는 부모-자녀 관계가 혼재해 있다. 부모는 경제적으로 헌신적인 지원을 하면서 좋은 대학에 입학한 자녀의 부모가 되고자 하는 욕망을 추구하고, 자녀는 자신을 절대적으로 지원해 줄 수 있는 경제력 있는 부모를 기대한다. 이 관계는 이치에 맞는 부모-자녀 관계라고 할 수 없다. 그러므로 망령됨이 있다. 즉 이런 가족은 쉽게 와해되고 해체될 가능성이 있다. "무망无妄은 크게 형하므로 바르게 하면 이롭다. 바르게 하지 않으면 재앙이 생길 것이니 가는 바를 둠이 이롭지 않다."[25] 정도正道를 벗어나면 재앙이 생긴다. 나아감에 불리하다. 무망无妄은 자연 그대로 살아가는 것이다.김석진 역해, 1997: 654-655 그런데 현대 사회의 가족은 자연스럽지 못한 것을 추구하기 때문에 파괴를 경험한다.

25. 『周易』, 「天雷无妄」, "无妄 元亨 利貞 其匪正 有眚 不利有攸往."

제3장

『노자』와 자녀교육

1. 현대 사회의 자녀교육

한국 사회와 자녀교육

한국 사회의 높은 교육열은 정평이 나 있다. 이에 대해서는 긍정적인 평가와 부정적인 평가가 공존한다. 높은 교육열이 오늘날 한국 사회가 이룬 발전의 원동력이라고 평가하는 입장이 있는가 하면, 한국 사회의 높은 교육열이 교육의 본질을 파괴하고 사교육 시장을 비정상적으로 확대했다는 부정적인 평가도 있다. 지나친 자녀교육에 대한 관심은 부모의 삶과 자녀의 삶을 동시에 파괴하는 문제로 가시화되기도 한다.

새벽까지 아이를 공부시키느라 잠을 재우지 않고 폭언을 하는 아내와의 불화 때문에 이혼한 남편의 이야기가 화제가 된 적이 있다.세계일보, 2016년 2월 19일 이 사례와 같이, 극단적인 문제로 표출되지 않는다고 하더라도 한국 사회에서 자녀교육이란 언제나 중요한 이슈로 다루어지고 있다. 20세기 한국 사회의 '자녀교육'과 관련한 신문기사를 분석한 결과, 근대화 과정에서도 자녀교육에 대한 관심은 높은 것으로 나타났으며, 시대적인 영향을 반영하여 '자녀교육'의 주된 이슈가 변화한 것을 알 수 있다.한용진·최정희, 2011: 198-199

위의 연구에서는 20세기 한국 사회 자녀교육의 특징을 네 가지로 결론 내리고 있다. 첫째, 부모-자녀의 권위 관계가 부모의 권위는 약화되는 반면, 한국 특유의 자녀 중심주의가 입시 위주의 교육과 결합하여 역수직의 부모-자녀 관계로 나타나고 있다. 둘째, 전통적인 엄부자모嚴父慈母라는 자녀교육의 모델은 사라지고, 과학적이고 전문적인 모성에 대한 기대와 자녀교육에 참여하는 부성에 대한 기대가 높아지는 변화가 있다. 셋째, 산업화 이후 정보화와 글로벌화로 인한 사회적 변화에 의해 교육정책이 변화하고, 교육 정보가 넘쳐나고 있다. 이로 인해서 자녀교육에 대한 부모의 올바른 교육관의 필요성이 대두되고 있다. 넷째, 20세기를 지나오면서 한국 사회에서 자녀교육은 사적인 문제가 아니라 공적인 문제로 인식되고 있다.

자녀교육에 대한 관심이 매우 높은 한국 사회에서 커지는 사교육 시장의 규모는 교육의 본질을 위태롭게 하는 주된 요인으로 주목받고 있다. 최근에는 영유아를 대상으로 하는 사교육 시장이 확대되어 우려의 목소리가 높다.베이비뉴스, 2017년 1월 20일 생후 6개월이 갓 지난 영아부터 사교육 시장으로 내몰리는 현실은 한국 사회의 높은 교육열의 폐단을 적나라하게 보여 준다. 사교육 시장의 범위도 지속적으로 확대되고 있는데, 선행학습을 포함해서 영어교육과 예체능교육, 제4차 산업혁명으로 부각되고 있는 코딩교육, 그리고 심지어 인성교육과 연애에까지 사교육 시장이 확대되고 있다.MBC 뉴스데스크, 2016년 10월 20일

한국 사회는 자녀교육에 대한 사회적 관심이 높을 뿐만 아니라, 부모들이 자녀교육을 위해서 자신의 삶을 희생하는 것에 대해서 주저하지 않을 만큼 헌신적이다. 그 결과 기형적으로 사교육 시장이 확대되고, 자녀교육을 삶의 중심에 두는 선택이 자의 반 타의 반으로 나타나고 있다. 이러한 교육 현실 속에서 학부모, 학생, 교육자는 모두 행복하기가 어렵다.김경년·김안나, 2015: 31 오늘날 한국 사회 교육문제의 원인이 여기에 있다고 해도 과언이 아니다.

한국 사회에서 저출산이 사회적인 문제로 대두된 지는 꽤 되었다. 저

출산의 원인에는 여러 가지 이유가 있겠지만, 가장 대표적으로 꼽히는 요인은 자녀양육에 대한 경제적인 부담이다. 실제로 한국 사회에서 좋은 교육이란 부모의 재력이 뒷받침되어야만 가능하다는 생각이 팽배해 있다. 그만큼 한국 사회의 부모들은 경제적인 부담을 심각하게 느끼고 있다.

영어교육 전문기업 '윤선생'이 학부모 616명을 대상으로 한 설문조사에서 학부모 2명 가운데 1명은 자녀교육에 가장 큰 영향을 미치는 것은 '부모의 재력'이라고 응답했다.『연합뉴스』, 2017년 1월 6일 이 조사 결과는 자녀교육의 성공 여부가 마치 사교육에 대한 지원을 얼마나 잘하느냐에 따라 결정되는 것으로 인식하는 입장을 보여 준다. 이런 입장이 만연한 현실을 부정할 수는 없지만, 이와 같은 사회적 인식이 자녀교육의 근간을 흔들고 있다는 점을 간과해서는 안 될 것이다.

한국 사회의 교육열

현대 한국 사회의 높은 교육열은 두 가지 극단적인 결과로 영향을 미치고 있다. 긍정적인 측면에서 살펴보면, 오늘날 한국 사회가 이룬 물질적인 풍요의 바탕은 교육열의 결과라고 할 수 있다. 공교육이 지원하지 못하는 영역에 대해서는 사회 구성원들이 조건 없이 자녀의 교육비를 부담함으로써, 결과적으로 높은 교육 수준과 삶의 질적 수준을 향상시키는 바탕을 마련했다.

반면, 높은 교육열은 지나친 경쟁을 부추기고 교육의 본질을 망각한 채 교육의 상품화를 확대하는 데 영향을 미치기도 했다. 그 결과 교육 혜택의 빈익빈 부익부 현상이 심각한 사회문제로 대두되었으며, 극단적으로 이기적인 자녀사랑과 집착으로 인해 내 아이는 특별한 존재라는 착각으로 아이를 망치기도 하고, 남발하는 영재교육 시장의 상업적 폐단 등을 초래했다. 이러한 자녀교육은 오히려 아이들이 공동체의 일원이 되는 데 걸림돌이 되고, 사랑의 존재가 될 수 없도록 만들어 버리기도 한다.

높은 교육열의 영향 아래에서 현대 한국 사회 자녀교육의 현주소는 어떠한지, 다음의 세 가지 측면에서 살펴보도록 하자.

첫째, 현대 한국 사회의 부모들은 자녀교육에 대한 비전을 가지고 있지 못하다. 자녀교육의 실태는 자녀교육에 대한 무관심 혹은 과잉된 관심의 상반된 두 가지 모습으로 나타난다. 이 둘은 매우 다르게 보이지만, 직면하고 있는 문제는 동일하다. 즉, 자녀에 대한 진정한 사랑이 결여되어 있고, 자녀의 삶을 완전히 파괴할 만큼 폭력적인 결과를 초래한다는 점이다. 자녀교육에 대한 무관심은 부모의 관심과 사랑으로 성장해야 하는 아이들에게 파괴적인 영향을 미친다는 것에는 쉽게 동의할 수 있으므로 부언할 필요가 없을 것이다.

무관심 못지않게 과잉된 관심으로 인한 부모의 집착이 얼마나 자녀의 삶을 파괴하는지, 그 문제를 심각하게 인식할 필요가 있다. 과잉된 관심으로 자녀를 자기 기준에 맞게 키우려는 생각과 자녀교육에 무관심한 것은 모두 자녀교육에 대한 제대로 된 비전이 부재하기 때문에 나타나는 결과이다. 그런 의미에서 현대 한국 사회의 부모들은 자녀교육에 대한 비전을 가지고 있지 못하다고 해도 과언이 아니다.

자녀를 사랑하지 않는 부모를 찾기는 쉽지 않지만, 자녀를 제대로 사랑하는 부모를 찾기는 더욱 쉽지 않다. 자녀교육에 관심이 없는 부모를 찾기는 쉽지 않지만, 자녀교육을 제대로 하고 있는 부모를 찾기는 더욱 쉽지 않다. 자녀를 사랑한다고 하지만 제대로 사랑하지 못하고, 자녀교육에 관심은 많지만 제대로 교육을 하지 못하는 이유는 현대적인 교육관의 한계에 기인한다.

현대 사회를 지배하고 있는 자녀교육의 방법과 목표는 현대적인 교육을 잘 수행하는 데에는 맞는 방법일지 모르지만, 변화하는 미래 사회의 자녀교육을 위한 진정한 비전을 제시하지는 못하기 때문이다. 현대적인 교육이 지향하는 경쟁력 있고 능력을 갖춘 자녀로 기르는 것도 쉬운 일은 아니다. 그런데 지금 이 시점에서 부모들이 직시해야 할 점은 그런 현대적인 교육 목표에 충실한 인간상이 요구되지 않는 사회가 이미 시작되었다는 것이다. 오늘날 부모들은 새로운 시대에 맞는 자녀교육을 위한 비전을 모색해야 하는 시대적인 요구에 직면해 있다.

둘째, 현대 한국 사회의 부모들은 자녀를 진정으로 사랑하는 것이 무엇인지에 대한 해답을 가지고 있지 않다. 과열된 교육열과 자녀교육을 위한 부모의 헌신은 자녀에 대한 사랑을 보여 주는 한국적인 방식이다. 이것은 긍정적인 결과 못지않게 부정적인 결과로 사회문제가 되기도 한다. 부모의 과열된 교육열과 헌신은 자녀에 대한 기대감으로 드러나고, 이로 인해서 부모와 자녀 간의 갈등을 초래하기도 한다.

부모의 자녀에 대한 높은 기대감은 자녀의 건강한 성장을 방해하는 결정적인 요소로 작용하기도 하고, 부모와 자녀의 관계를 파괴하는 치명적인 요인이 되기도 한다.[이영미, 2013: 5] 자녀에 대한 기대감을 대부분의 부모들은 사랑이라고 착각하지만, 과도한 기대감은 사랑으로 결실을 맺기보다는 자녀가 부모의 기대에 의존하도록 하고 그것을 충족시키기 위해서 맹목적으로 노력하는 삶을 살도록 하는 부정적인 결과를 초래하기도 한다.[스포츠조선, 2016년 4월 20일] 물론 부모의 사랑을 바탕으로 하는 자녀에 대한 믿음과 성취에 대한 건강한 기대감은 자녀가 건강하게 성장하는 자양분이 되는 것을 완전히 부정하는 것은 아니다.

한국 사회의 부모들은 자녀를 위한 헌신을 기꺼이 받아들이는 경향이 강하다. 2016년 육아정책연구소의 '한국인 자녀양육관 연구' 결과, '부모가 자녀에게 경제적 지원을 언제까지 해 줘야 하는지'에 대한 부모의 생각은 2008년의 조사와 비교할 때 상당히 변화한 것으로 나타났다. '대학 졸업할 때까지'라는 응답은 62.6%에서 49.3%로 줄어들고, '취업할 때까지'는 14.7%에서 23.6%, '결혼할 때까지'는 10.2%에서 12.0%, '결혼 후 기반이 마련될 때까지'는 0.6%에서 3.0%, '평생 언제라도'는 0.6%에서 2.3%로 증가했다.조선일보, 2016년 12월 13일

이 조사를 통해서, 청년세대의 취업이 어렵고 결혼을 통한 독립 시기가 늦춰지는 등의 변화하는 사회 세태에 따라 부모의 자녀에 대한 경제적 지원이 더욱 장기화될 것으로 예측할 수 있다. 이와 같이 한국 사회의 부모세대는 자녀를 위해서 아낌없이 자신의 삶을 희생하고자 하는 경향이 강하다. 이 또한 부모들이 자녀를 사랑하는 하나의 방법이다. 그러나 무조건적인 지원과 자녀의 상황을 고려하지 않는 큰 기대감은 엄밀히 말해서 진정한 사랑이라고 할 수 없다. 그렇다면 자녀를 진정으로 사랑하는 방법은 무엇일까? 현대 한국 사회의 부모들은 진정으로 자녀를 사랑하는 방법이 무엇인지에 대한 답을 모색해야 하는 시대적 요구에 직면해 있다.

셋째, 현대 한국 사회의 부모들은 자녀교육을 위해서 부모가 어떤 역할을 담당해야 할 것인지에 대한 모델을 가지고 있지 않다. 우리 사회는 자녀교육에 대한 부모들의 관심은 매우 높은 편이지만, 자녀교육에서 부모가 어떤 역할을 담당해야 할 것인지에 대해서 선명한 지향점을 공유하고 있지 못하다.이현지, 2010b: 156-157 그것은 한국 사회가 경험한 급격한 경제성장의 과정에서 부모가 담당할 자녀교육에서의 역할은 교육비를 부담하는 것이 첫 번째였기 때문일 것이다. 경제성장을 어느 정도 이룬 오늘날에도 공교육보다는 사교육의 부담이 큰 교육환경의 특징으로 인하여 자녀교육에서 부모가 담당할 역할은 교육비를 부담하는 것으로 인식되는 경향이 강하다.

육아정책연구소의 '한국인 자녀양육관 연구'에서 우리나라 부모들이

자녀양육을 위해 쓰고 있는 비용은 가구소득의 25% 수준으로 나타났다. 또 부모의 60% 정도는 이런 자녀양육 비용을 부담으로 느끼는 것으로 조사됐다. 한국의 부모는 좋은 부모의 우선적 조건과 좋은 부모가 되는 데 가장 걸림돌이 되는 것, 부모로서 부족하다고 느끼는 점에서 모두 '경제력'을 꼽고 있다.한겨레신문, 2016년 12월 13일

실제로 자본주의사회에서는 부모의 경제력이 부모와 자녀가 함께하는 시간을 얼마나 확보할 수 있는가의 중요한 요소가 되기 때문에 자녀교육에서 무시할 수 없는 요소로 작용하고 있다. 그러나 경제적으로 부족함 없이 지원하는 교육의 기회가 성공적인 자녀교육과 반드시 직결되지 않는다는 점도 잊어서는 안 될 것이다.김세직·류근관·손석준: 378 특히 부모가 재력을 바탕으로 자녀에게 다양한 교육의 기회만을 제공하는 것으로 그 역할을 다 했다고 생각하거나, 자녀를 독립적인 인격체로 존중하지 않고 자신의 소유물로 착각하면 부모와 자녀 관계는 파괴되기 십상이다.

다음 장에서는 이상에서 살펴본 현대 한국 사회의 자녀교육이 직면하고 있는 문제에 대한 해결책을 노자사상에서 찾아보고자 한다. 노자는 자녀교육을 위해서 특별히 논의를 전개한 바는 없으나, 그의 사상에 내재된 탈현대적인 비전홍승표, 2015: 100은 자녀교육을 위한 새로운 지혜를 제공하기에 충분하다.

2.

천지불인天地不仁과 자녀교육

천지불인의 의미

이 글에서는 노자의 천지불인天地不仁에서 현대 한국 사회의 자녀교육의 해법을 모색해 보고자 한다. 먼저, 노자가 말하는 천지불인의 경지는 무엇인지 살펴보자. 노자는 다음과 같이 말한다.

> 천지는 사사로운 사랑을 베풀지 않아 만물을 짚으로 만든 개처럼 여긴다. 성인은 사사로운 사랑을 베풀지 않아 백성을 짚으로 만든 개처럼 여긴다. 천지는 풀무나 피리와 같아서 비어 있음으로 다함이 없고, 움직일수록 더욱 나온다. 말이 많으면 자주 막히니 그 중심을 지키느니만 못하다.[1]

노자는 '자연은 사사로운 정을 품지 않는다'고 한다. 그래서 만물에 대해 공평무사하다고 한다. 자연, 즉 천지는 도道를 말한다. 왜 사사롭게 사랑을 베풀지 않음을 도의 진리라고 말했을까? 흔히 사랑이라면 특별히 아끼고 무엇인가 차별하여 베푸는 것이라고 생각하기 십상이다. 그러

1. 『老子』, 第5章, "天地 不仁 以萬物 爲芻狗. 聖人 不仁 以百姓 爲芻狗. 天地之間 其猶橐籥乎 虛而不屈 動而愈出. 多言數窮 不如守中."

나 노자는 단호히 진정한 사랑은 '사사로운 사랑을 베풀지 않는 것'이라고 한다.

현대인의 자녀사랑

현대인들은 자신이 사랑하는 무엇인가 있다면, 그것을 특별히 여기고 잘 지키고 발전시키기 위해서 기획하고, 사람들이 가치 있다고 생각하는 것을 추구하며, 좋은 것들로 가득 채워야 한다고 생각한다. 사랑하는 것을 애지중지하면서 작은 아픔이나 상처라도 생기지 않도록 하고, 불미스러운 일은 완전히 제거함으로써 사랑을 실현할 수 있다고 믿는다.

그러나 누구도 삶을 원하는 대로, 나쁜 것은 빼고 좋은 것만 채우면서 살 수 없다. 그런 방법으로 사랑하고, 사랑하는 상대에 집착하고 좋게만 꾸미겠다고 생각하는 순간부터 사랑은 망가지기 시작한다. 사랑한다고 착각하지만 자기 자신을 포함해서 사랑하는 대상을 파괴할 뿐이다. 사랑이란 꽉 움켜쥐고 집착하며 마음대로 어떻게 하려고 하는 것이 아니기 때문이다.

자녀에 대한 사랑이란, 태풍이 오면 바다가 뒤집히고 많은 것이 파괴되지만 바다가 그것을 온전히 받아들여 정화되듯이, 자녀의 삶을 어떻게 하려고 하지 않음으로써 자녀가 자신의 삶을 온전히 살 수 있도록 돕는 것이다. 진정한 사랑은 무위의 사랑이다. 집착이 없는 사랑, 빛을 부드럽게 하여 티끌과 하나 된[和光同塵] 사랑, 말이 아니라 온몸으로 드러나는 사랑이 진정한 사랑이다. 그 사랑은 인위적인 도덕적 선의지가 아니라 우리의 본성김태훈, 2007: 229-235 그 자체이다.

오늘날의 현대 교육은 본성을 발현하도록 하는 데에는 취약하다. 왜냐하면 오늘날의 도덕교육은 도덕적 판단력을 길러 주고, 그를 통해 도덕적 선의지를 키우는 것에 집중되어 있기 때문이다. 도덕적 판단력은 지금 여기에서 온전히 경험할 수 있는 기회를 빼앗고 무엇보다 본성과 맞닿는 능력을 빼앗기 때문이다. 본성은 작위적 노력에 의해서는 결코 발현될 수 없다. 그래서 본성을 발현시키는 교육을 '무위無爲의 교육'이라고 할 수 있다.

위에서 노자가 '천지는 풀무나 피리와 같아서 아무것도 하지 않아도 다함이 없다'고 했다. '허이불굴虛而不屈'에서 굴屈은 '다할 굴'로 풀이하면 그런 의미가 된다. '움직일수록 더욱 나온다'는 말은 풀무와 피리의 가운데가 텅 비어 있기 때문이다. 노자에게 있어서, 비움이란 개체의 지극함을 말한다.서경, 2014: 176 노자가 '중심을 지키느니만 못하다'고 한 말을 자녀교육에 적용하면, 자녀교육에서의 중심을 지키는 것으로 바로 자녀의 본성을 발현하도록 하는 근본을 지키는 것이며, 자녀교육에서 자녀가 본성을 발현하도록 하는 것이 가장 중요하다는 말이다.

이와 같이 노자의 천지불인은 현대 한국 사회의 자녀교육이 처한 문제를 해결하기 위한 지혜를 구체적으로 말하고 있다. 첫째, 자녀교육의 비전을 본성교육으로 제시하고 있다. 둘째, 자녀를 진정으로 사랑하는 방법으로 불인不仁의 지혜를 말하고 있다. 셋째, 자녀교육을 위한 부모의 역할은 중심을 지키는 것이라고 한다.

3. 본성발현을 돕는 자녀교육

본성발현

노자사상에서 자녀교육을 위한 첫 번째 지혜를 살펴보면, 바로 본성을 발현하도록 교육하라는 것이다.정재걸, 2016: 212 본성교육이란 무엇을 말하는 것일까? 『노자』의 아래 구절에서 그 지혜를 잘 보여 준다.

> 큰 도가 무너져 인과 의가 생겨나고, 지혜가 생겨나 큰 거짓이 있으며, 가족이 화목하지 못하여 효孝와 자慈가 생기고, 나라가 어지러워져 충성스러운 신하가 생겨난다.[2]

위의 구절에서 말하는 인의와 충효는 모두 도가 사라졌기 때문에 나타난 덕목이다. 도가 사라지지 않았다면, 굳이 인의와 충효를 강조하지 않아도 저절로 그것이 실현되기 때문에 언급할 필요가 없는 것이다. 어디 인의와 충효만 그렇겠는가? 오늘날 현대 사회에서 가치를 부여하고 있는 인권과 자유와 평등도 마찬가지다. 큰 도를 바로 하면, 이념이나 주의를 통해서 그것을 주창하지 않아도 진리대로, 그리고 순리대로 살아

---

2. 『老子』, 第18章, "大道 廢 有仁義 慧智 出 有大僞 六親 不和 有孝慈 國家 昏亂 有忠臣."

갈 수 있을 것이다.

이 구절을 통해서 현대 한국 사회의 자녀교육 문제도 직시할 수 있다. 교육에서 가장 근본이 되어야 할 것이 흔들림으로 인해서, 교육의 목표와 방법을 바로 세우기 위한 논란이 있다. 오늘날 자녀교육의 근본적인 문제는 자녀교육에서 근본이 되어야 할 본성을 발현할 수 있도록 돕는 교육이 와해되었다는 점이다. 그것은 현대 교육에서 이성교육이 중심이 되고, 그로 인해서 도덕적 선의지가 이타적 사랑을 대신하게 되었기 때문에 나타난 결과이다.

이성에 의한 도덕적 선의지는 에고가 지배하는 사회에서는 매우 중요한 것이다. 그렇지만 이성교육은 결국 이기적 본능에 지배될 수밖에 없는 무기력한 것이다. 따라서 자녀교육도 본성을 회복하도록 하는 교육이 우선되어야 한다. 본성교육이란 어떻게 가능할까? 그것은 끊임없이 굴러가는 생각의 수레바퀴를 쉬게 하는 것이다. 즉, 끊임없이 굴러가는 생각의 수레바퀴를 바라봄으로써 본성을 자각하는 것이다. 자각이란 일어나는 마음을 깨어서 지켜보는 것이다.

그리고 자각과 함께 그 마음을 온전히 있는 그대로 경험한다. 일어나는 마음을 온전히 경험하는 것을 '현존'이라고 한다. 예를 들어 내 마음에서 불안이 느껴진다면 그 불안이라는 느낌을 거부하거나 동일시하지 않고, 그 불안을 온전히 경험하는 것이 현존이다. 마음이 항상 '지금 여기에' 있다는 것은 자각과 현존이 동시에 경험하는 것이다.홍승표, 2011: 161

경쟁으로 인한 현대 교육의 문제점

현대 교육은 본성을 회복할 수 있는 기회를 제공하지 않는다. 왜냐하면 현대 교육에서는 경쟁을 가장 효율적인 방법으로 사용하고 있기 때문이다. 경쟁은 교육의 본래의 목표에 부합할 수 없다. 경쟁은 결코 나뉠 수 없는 것을 나누어 피교육자로 하여금 저것을 버리고 이것을 취하도록 한다. 그리고 그러한 분별심은 이성의 함양을 통해 점점 더 첨예화된다.

자녀교육에서도 마찬가지다. 부모들은 자신의 자녀가 행복하고 좋은 사람이 되기를 바라지만, 현대 교육의 가치를 추구하기 때문에 자녀가 경쟁에서 이기기를 바라고 더 이성적으로 삶에 대처하기를 바란다. 설령 현대 교육에서 지향하는 이성적이고 경쟁에 강한 존재가 되지 않기를 바라더라도 그 방법을 알지 못한다. 그렇다면, 어떤 방법으로 현대 교육에서 부추기는 경쟁에서 자유로운 자녀교육을 할 수 있을까? 노자는 부모가 자녀들이 정말 가치를 부여할 만한 것을 제대로 보여 준다면, 자녀가 본성을 발현하는 삶을 살 수 있을 것이라고 한다.

진정한 자녀교육은 아이들에게 이성의 한계를 자각하도록 하여 본성이 자연스럽게 드러나도록 하는 것이다. 이성이 쉬는 곳에서 본성이 발현될 수 있다. 자녀에게 많이 아는 것이 좋고[尙賢], 많이 가지는 것이 좋은 것[貴難得之貨]이 아님을 깨닫도록 하면, 인위적인 노력을 통해서가 아니라 저절로 자기 안에 있는 사랑의 본성을 깨우치도록 할 수 있다.정재걸, 2012: 272

자녀교육의 근본은 자녀가 스스로 자신의 본성을 발현할 수 있도록 돕는 것이다. 이것은 결국 자녀가 사랑의 존재가 될 수 있도록 하는 교육이며, 그 사랑은 자기 자신에서 출발하여 이 세상으로 확대될 수 있다. 즉, 자신이 경험하는 지금 이 순간을 온전히 이해하고 받아들이는 과정에서 본성이 스스로 펼쳐져 발현되는 것이다. 자신의 경험과 그 경험을 통해 일어나는 마음을 자각하고, 일어나는 마음을 그대로 경험하는 것이 바로 본성교육이다.

4.
자녀교육의 사랑법

친하게 여기지 않음

노자가 자녀교육을 위한 사랑방법에 대한 지혜로 말하는 것은 바로 불인不仁이다. '불인'이란 '어질고 착하게 하지 않음'을 말한다. 너그럽고 착하게 하지 말라는 말은 사랑으로만 대하지 말라는 말이다. 부모에게 있어서 가장 사랑스러운 존재인 자녀를 너그럽게 사랑하지 말라는 것은 무슨 의미일까? 노자의 다음 구절을 보자.

> 큰 원망을 풀어 준다 해도 찌꺼기 원망이 남아 있으니 어찌 일을 잘했다고 할 수 있겠는가? 이런 까닭에 성인은 빚 문서를 지니고 있으면서 독촉을 하지 않는다. 덕이 있는 사람은 문서를 맡고, 덕이 없는 사람은 어떻게든지 빚을 받아 낸다. 하늘의 도는 누구를 골라서 친하지 않기에 언제나 착한 사람과 함께한다.[3]

위의 구절에서 핵심적인 내용은 '하늘의 도란 친소親疎를 구별하지 않는다'는 것이다. 친소를 구별하지 않는 것은 심지어 선악의 구별에까지

---

3. 『老子』, 第79章, "和大怨 必有餘怨 安可以爲善 是以 聖人 執左契而不責於人. 有德 司契 無德 司徹. 天道 無親 常與善人."

확대된다. 왜 누구나 친소를 인정할 수 있는 선악에까지 친소를 구별하지 말라고 했을까? 노자는 악한 것과 선한 것을 구별하여, 선한 것을 가깝게 여기고 특별히 친하게 하지 않아도 결국 선한 것은 도의 뜻과 부합하기 때문에 함께할 수 있다고 한다. 여기서 '누구를 골라서 친하지 않았다'는 것은 아끼고 소중히 여기는 것이라고 해서, 더 가까이하고 더 큰 도움을 주고 더 사랑하지 않는다는 뜻이다. 바로 노자가 말하는 진정한 사랑의 모습이다.

진정한 사랑을 일상에서 실현할 때는 어떻게 해야 하는 것일까? 그것은 사랑으로 도울 때 어떻게 해야 하는지를 통해서 알 수 있다. 위에서 인용한 『노자』 79장에서는 빚을 주었을 때 어떻게 해야 진정한 도움이 되는지를 예시로 말하고 있다. '빚 독촉을 하지 않는다'는 것은 무위로써 덕을 베푼다는 뜻이다. 즉 받을 생각을 하지 않고 돈을 빌려준다는 뜻이다.

이를 통해서 보면, 진정한 사랑이란 아무것도 기대하지 않는 것이며, 사랑의 대가를 생각하지 않고 사랑하는 것이다. 자녀에 대한 사랑도 마찬가지의 원리가 적용될 수 있다. 이 구절에서 노자가 말하고자 한 것은 진정한 도움을 주고자 한다면, 덕으로 베풀어야 한다는 점이다. 돕지만 돕는다는 생각 없이 도움을 주면 진정으로 도울 수 있다. 반면 돕는다는 생각으로 기대하는 마음으로 도울 경우에는 관계는 오히려 파괴될 수 있다.

이러한 지혜를 현대인의 자녀교육에 적용해 보면, 자녀를 사랑하되 그 사랑에 대해서 무엇인가 기대감을 가져서는 안 된다. 동시에 자녀가 부모의 칭찬이나 격려에 의지하는 마음을 가지게 하는 것도 경계하고 있다. 삶을 어렵게 만드는 한 가지 요소는 사람에게 기대는 것이다. 기대감은 항상 현재를 놓치게 하고 자신 또한 놓치게 만들기 때문이다.

자녀교육의 대도大道

부모의 자녀에 대한 과도한 기대감은 자녀의 삶을 파괴할 수 있다. 부모의 지나친 기대감 때문에 스트레스를 받거나 기대에 부합하지 못하는 자신에게 좌절하는 경우가 빈번하게 발생한다. 사랑을 바탕으로 하는 부모의 자녀에 대한 관심은 자녀의 성취동기를 키우는 좋은 거름이 될 수 있지만, 부모의 일방적이고 과도한 기대감은 자녀가 그것에 부응하기에 급급한 삶을 살도록 하거나 칭찬의 노예로 전락시킬 수 있다. 진정으로 자녀를 사랑한다면, 노자는 다음과 같은 방법으로 사랑하라고 말한다.

> 아는 사람은 말을 하지 않고 말을 하는 사람은 알지 못한다. 구멍을 막고 문을 닫으며, 날카로움을 무디게 하고 엉클어진 것을 풀며, 그 빛을 부드럽게 하여 티끌과 하나가 되면 이를 현묘하게 대도와 하나가 된다고 한다. 가까이할 수도 없고 멀리할 수도 없으며, 이롭게 할 수도 없고 해롭게 할 수도 없으며, 귀하게 해 줄 수도 없고 천하게 해 줄 수도 없으니 그런 까닭에 천하에서 가장 귀한 존재가 된다.[4]

위의 구절에서 대도大道가 무엇인지를 설명하고, 그다음에서는 대도가 귀한 것이 되는 원리를 설명하고 있다. 도道란 가까이할 수도 없고 멀리할 수도 없고, 이롭게 해 줄 수도 없고 해롭게 해 줄 수도 없으며, 귀하게 해 줄 수도 없고 천하게 해 줄 수도 없으니, 그래서 가장 귀한 존재가 된다고 한다.

---

4. 『老子』, 第56章, "知者 不言 言者 不知 塞其兌 閉其門 挫其銳 解其分 和其光 同其塵 是謂玄同 故不可得而親 不可得而疏 不可得而利 不可得而害 不可得而貴 不可得而賤 故 爲天下貴."

여기서 말하는 사랑방법을 자녀교육에 적용해 보면, 자녀가 귀한 존재이기 때문에 특별히 가까이하고, 이롭게 해 주며, 귀하게 하는 것을 통해서 귀한 존재가 되는 것이 아니라는 점이다. 부모에게 자녀는 귀하고 사랑스러운 존재이지만, 그렇기 때문에 가까이하지 않고, 이롭게 해 주지 않으며, 귀하게 여기지 않음으로써 가장 귀한 존재가 된다는 가르침을 말하고 있다. 부모가 자녀와 같이 귀하고 사랑스러운 존재에게 특별히 가까이하고 이롭게 하며 귀하게 대하는 것은 쉽지만, 그렇게 하지 않으려면 자녀교육에 대한 철학이 분명해야 한다. 노자는 그런 용기 있는 선택이 바른 자녀교육에서의 사랑방법이라고 주장하고 있다.

있는 그대로 수용

현대 한국 사회의 자녀교육에서 부모의 역할은 마치 자녀를 경제적으로 충분히 지원해 주는 것으로 인식하는 경향이 강하다는 것을 앞에서 살펴보았다. 부모로서 자녀를 경제적으로 잘 지원하는 것이 자본주의사회에서 매우 중요한 역할임을 부정할 수는 없다. 그러나 경제적인 지원만으로 자녀교육이 성공할 수 없다는 것에 대부분이 동의할 것이다. 그렇다면 자녀교육에서 부모가 해야 할 역할은 무엇일까? 노자는 자녀를 있는 그대로 인정하고 수용하는 것이라고 말한다.

> 곡신은 죽지 않는다. 이를 현묘한 암컷이라고 부른다. 현묘한 암컷의 문을 천지의 뿌리라고 이름한다. 면면하게 이어져 존재하는 듯하여 아무리 작용해도 번거롭게 여기지 않는다.[5]

---

5. 『老子』, 第6章, "谷神不死 是謂玄牝 玄牝之門 是謂天地根 綿綿若存 用之不勤."

위의 구절은 수용의 지혜를 잘 설명하고 있다. 여기서 '곡신谷神'이란 텅 비어 무엇이든지 수용할 수 있는 것이다. 텅 비어 있는 존재란 나는 내가 아닌 모든 것으로 구성되어 있다는 우주적 자아를 가진 자를 말한다. 무엇이든 수용할 수 있는 것은 곧 여성성이기도 하다.홍승표, 2012: 64 무엇이든 수용할 수 있기 때문에 또 그곳에서 모든 것이 만들어지기도 한다. 모든 것을 수용하고 또 모든 것을 창조하는 생명의 순환은 끊임없이 이어진다. 억지로 노력하여 그렇게 되는 것이 아니라 스스로 그러하기 때문이다.송도선, 2013: 101

현대적인 관점에서 볼 때, 자녀교육에서 부모의 역할은 자녀를 능력있고 특별한 존재로 키우기 위해서 노력하고 투자하는 것이라고 생각할 수 있다. 그러나 노자는 오히려 정반대의 역할을 제안하고 있다. 그것이 바로 자녀를 있는 그대로 인정하고 수용하는 것이다.이현지, 2015: 14 『노자』의 다음 구절에서 그 의미를 더욱 구체적으로 살펴볼 수 있다.

> 큰 나라 다스리기를 작은 물고기 조리듯이 하라. 도로써 천하를 다스리면 귀신도 신통력을 부리지 못하니, 그 귀신에게 신통력이 없어서가 아니라 그 신통력이 사람을 상하게 하지 못하기 때문이다. 그 신통력이 사람을 상하게 하지 못하기 때문이 아니라, 성인 또한 사람을 상하게 하지 않기 때문이다. 그 둘이 서로 상하게 하지 아니하니 그러므로 덕이 차례로 백성에게 돌아간다.[6]

'큰 나라 다스리기'는 그만큼 중요한 일을 말한다. 한 사람을 좋은 사람으로 키우는 교육으로 비유해서 그 지혜를 적용해도 충분히 의미가 있다. 작은 물고기를 조릴 때 그대로 가만히 두지 않고 자주 뒤집으면

6. 『老子』, 第6章, "治大國 若烹小鮮 以道莅天下 其鬼不神 非其鬼不神 其神不傷人 非其神不傷人 聖人亦不傷人 夫兩不相傷 故 德交歸焉."

모양이 일그러지기 십상이다. 이와 마찬가지로 나라를 다스릴 때도 제도나 법을 치밀하게 만들거나 자주 바꾸는 것을 통해서 잘 다스릴 수는 없다. 자녀교육을 할 때도 자녀의 삶을 통제하고 목표를 설정해 주면서 잘하고 있는지 간섭하고 잔소리하는 것으로는 궁극적인 자녀교육의 목표에 도달할 수 없다.

자녀교육이 중요하다는 생각에 사로잡혀서 조급한 마음으로 어떻게 하려고 인위人爲하는 순간 삶은 망가질 수 있다.[이현지, 2010a: 284] 자녀교육을 잘하려면 한없이 느긋한 태도로 있는 그대로의 자녀를 인정하고 수용해야 한다. 귀한 자식일수록 잘 키우기가 쉽지 않다. 아이를 있는 그대로 두고 지켜보기가 힘들기 때문이다. 소중하고 애틋함에 압도되면, 바로잡고 잘되도록 하기 위해서 조바심을 부리기가 십상이기 때문이다. 『노자』의 다음 구절은 수용성이 가지는 의미를 잘 보여 주고 있다.

> 세상에 물보다 더 부드럽고 약한 게 없지만 단단하고 강한 것을 치는 데는 물을 이길 만한 것이 없다. 무엇으로도 물의 성질을 바꿔 놓을 수 없기 때문이다. 약한 것이 강한 것을 이기고, 부드러운 것이 단단한 것을 이긴다는 사실을 모르는 사람이 없지만 능히 그대로 하지는 못한다. 이런 까닭에 성인이 이르기를 나라의 허물을 받아들이는 사람을 일러 사직의 주인이라 하였고, 나라의 상서롭지 못한 일을 받아들이는 사람을 일러 천하의 왕이라 하였으니 바른 말은 거꾸로 하는 말처럼 들린다.[7]

노자는 수용의 지혜가 가지는 의미를 설득력 있게 말하고 있다. 수용의 지혜는 그 무엇보다도 강한 힘을 발휘하지만, 무엇이든 있는 그대

7. 『老子』, 第78章, "天下 莫柔弱於水 而功堅强者 莫之能勝 以其無以易之 弱之勝强 柔之勝剛 天下莫不知 莫能行 是以 聖人 云 受國之垢 是謂社稷主 受國之不祥 是謂天下王 正言 若反."

로 인정하고 수용하는 것은 어려운 선택이라고 한다. 자녀교육을 할 때도 가장 힘든 것이 자녀를 있는 그대로 인정하는 것이다. 자녀가 잘되기를 바라는 마음은 모든 부모의 동일한 입장이지만, 자녀가 잘되게 하기 위해서는 자신이 무엇인가 방향을 정해 주고 결정해 줘야 한다고 생각한다. 그러나 노자는 단호하게 부모의 역할은 자녀를 있는 그대로 인정하고 수용하는 것이지, 자녀의 삶의 방향을 결정해 주는 것이 아니라고 말한다.

제4장
『주역』과 가정교육

1.
현대 사회의 가정교육

사회 변화와 교육

오늘날 사회구조는 급격하게 변화하고 있다. 사회구조의 변화는 교육의 내용 및 목적의 변화와 직결되어 있다. 학교의 성립 초기에 교육의 중심은 종교였지만, 이후 산업화와 현대화가 진행되면서 교육의 목적은 유용한 노동력을 갖춘 노동자를 양성하는 것이었다. 이에 대부분의 교육과정은 노동현장이 필요로 하는 노동자를 배출하는 것에 초점이 맞추어졌다. 그러나 최근 사회구조는 급격하게 지각변동을 일으키고 있으며, 우리가 앞으로 맞이하게 될 탈현대 사회에서는 노동에 대한 수요는 감소할 것으로 예견되고 있다. 이런 상황을 고려하면, 탈현대 사회에서 교육의 목적은 더 이상 노동자를 배출하는 것이 될 수 없다.정재걸, 2008b: 116

그럼에도 불구하고 탈현대 사회로의 전환점에 서 있는 현재에도 우리의 교육은 더욱더 노동자 배출에 초점을 맞추고 있다. 각 대학은 직업교육장으로 적극적인 변화를 시도하고 있으며, 산학협력체제를 도입한 지 오래되었다. 초중등 교육과정에서 국어, 영어, 수학, 사회, 과학을 제외한 교과목의 시수는 축소되고, 학력평가 대상이 되는 과목의 비중은 더욱 커질 것으로 보고되고 있다. 이와 같이 현대 교육은 사회구조의 변화에 부응하지 못하는 면이 있다. 이에 정재걸2008b은 교육뿐만 아니라 현대 인류는 새로운 존재로 다시 태어나거나 멸망할 문턱에 서 있다고 지적한다. 탈현대 사회에서 교육은 새롭게 태어날 것을 요청받고 있다. 가정교육 또한 같은 시대적 운명에 직면해 있다.

사회구조가 변화하면서 가족의 역할 또한 변화하고 있다. 전현대 사회에서 가족은 가정교육을 통한 자녀들의 사회화와 교육적 기능을 담당했다. 현대 사회에 이르러 가족은 경제적·교육적·종교적·정치적 기능을 각 전문기관으로 양도하고 기능적으로 약화되었다. 그러나 여전히 가족의 주요한 역할 가운데 하나는 가정교육이며, 오늘날과 같이 급변하는 사회구조에서 제대로 된 가정교육은 더욱 중요한 의미를 가진다.

현대 가정교육의 목표 상실

현대 가정교육은 어떤 목적을 추구해야 하며, 어떤 내용으로 이루어져야 하는지에 대한 방향을 상실했다. 가족의 규모가 컸던 전현대 사회는 현대 사회와 달리, 확대가족 구성원 간의 가족 내 역할 구분에 의해 비교적 용이하게 가정교육이 이루어졌다. 그러나 오늘날 현대 가족은 핵가족화되었고 자녀 수가 적기 때문에 부모의 자녀에 대한 사랑과 관심은 집중되지만 오히려 가정교육의 본질은 흔들리고 있다.

현대 가정교육은 마치 자녀가 더 높은 성적을 얻을 수 있도록 지원하는 것으로 치부되는 경향이 있다.정미선, 2008 오늘날 부모의 자녀교육관이라고 하면, 자녀의 학업에 부모가 어느 정도 개입할 것인가에 대한 관점으로 해석되기도 한다.김경숙, 2009 그런데 가정교육에는 학업에 대한 지도뿐만 아니라, 가족의 일상생활을 통해서 자녀가 삶을 어떻게 인식하고 어떤 태도를 가져야 할 것인지에 대한 성찰이 포함되어야 한다. 그런 의미에서 현대 가정교육은 본질이 흔들리고 있다고 해도 과언이 아니다.

자녀의 현대적인 성공을 추구하는 가정교육

현대 가정교육의 목표는 자녀가 현대적인 성공을 이룰 수 있도록 돕는 데 초점을 맞추고 있다.강충열, 2006 부모는 자녀의 행복을 원한다. 그래서 물심양면으로 자녀가 행복을 얻을 수 있도록 돕고자 한다. 현대 사회의 부모는 자녀가 부, 명예, 지위, 존경 등을 얻을 수 있도록 돕는 가정교육을 제공하려고 한다. 현대적인 관점에서 볼 때 부, 명예, 지위, 존경 등은 현대 사회를 행복하게 살아갈 수 있도록 하는 요소이다. 현대인들은 제한된 부, 명예, 지위, 존경 등을 얻기 위해서 경쟁한다.

이에 현대 가정교육은 자녀가 치열한 경쟁에서 이길 수 있도록 돕는 것들로 구성된다. 부, 명예, 지위 등의 현대적인 성공을 위해서 사교육을 하고, 조기교육을 실시한다. 최근 조기교육의 시작 연령은 놀라울 정도로 낮아져서, 한국어를 제대로 구사하지 못하는 유아 때부터 영어 조기교육을 하는 것이 트렌드가 되었다. 이런 가정교육에 대한 태도를 가지고 있는 부모들은 자녀에게 현대적인 성공 모델이 되어서, 성공의 노하우를 전수해 주는 것이 부모의 역할인 것처럼 인식하고 있다. 이에 오늘날 가정교육에 대한 지침서김영수, 2005; 최효찬, 2006와 연구의 주된 주제는 자녀의 성공을 돕는 부모의 역할에 대해 다루고 있다.박진국, 2003; 김문자, 2004; 이정희, 2008; 김익수, 2009; 박만구 외, 2009

자녀의 자아확장을 추구하는 가정교육

현대 가정교육은 자녀가 안고 있는 문제를 극복하고 해결하도록 돕는 것에 초점을 맞추고 있다. 현대 가정교육은 자녀를 현대적 의미에서 더 나은 존재, 완전한 존재가 되도록 돕는 데 주력하고 있다.안경식, 2003; 임영택, 2008 현대 가정교육에서 부모는 언제나 자녀가 부족하고 문제가 있는 존재로 생각하고, 자녀가 가지고 있는 문제를 없애도록 돕고자 하는 경향이 있다. 따라서 현대 가정교육은 자녀를 있는 그대로 인정하고 존중하는 데 한계가 있다.

현대적인 가치와 기준으로 자녀를 평가하고 판단하여, 기준에 맞추기 위한 가정교육을 하려고 한다. 현대 사회는 경쟁이 심한 사회이다. 따라서 현대인에게는 악착스럽고 적극적인 성향을 요구한다. 이에 부모들은 자녀에게 이런 면이 부족하다고 생각하면, 사교육이나 가정교육을 통해서 그 부분을 보완해 주려고 애쓴다. 그것이 바람직한 가정교육이라고 생각한다.

이상의 현대 가정교육이 추구하고 있는 더 나은 성적, 부, 명예, 지위, 존경, 현대적인 인간형 등은 자녀의 자아ego를 확장하는 데 기여하는 것이다. 현대인들은 자아의 확장을 통해서 존재의 의미를 확인하려는 경향이 있다. 그러나 자아의 확장을 통해서 우리는 궁극적인 행복에 도달할 수 없다. 왜냐하면 자아의 확장에 관심을 기울이면, 우리는 삶을 끊임없이 새로운 욕망과 욕구를 충족시키기 위해서 살아야 한다. 그런 삶에서 우리는 만족을 얻을 수 없고 마치 욕망과 욕구의 노예와 같이 살게 된다.

2.
탈현대 가정교육의 목적

탈현대 사회

탈현대 가정교육의 목적을 논의하기 전에 탈현대 사회가 어떤 사회인지에 대해서 살펴보자. 오늘날 탈현대 사회에 대해 다양한 관점이 제기되고 있다. 여기서 다루는 탈현대 사회란 현대 사회의 물질적 풍요와 과학기술의 발전, 제도적 합리화를 토대로 하면서, 현대 사회의 문제를 극복한 새로운 사회를 의미한다.[이현지, 2010: 47] 탈현대 사회는 다음 두 가지 측면에서 사회구조적으로 현대 사회와 현격한 차이가 드러날 것이다.

첫째, 탈현대 사회는 노동 시간의 감소로 인해 여가시간이 확대될 것이다. 탈현대의 삶은 노동 중심에서 여가 중심의 삶으로 질적으로 변화된다. 현대인에게 가장 중요한 능력은 어떤 수준의 노동력을 소유하고 있느냐 하는 것이었다. 반면, 탈현대 사회를 살아가는 데 가장 중요한 능력은 자신의 여가시간을 어떻게 보내느냐 하는 것이다. 빠르게 돌아가는 현대 사회와 달리 탈현대는 느리고 여유로운 삶이 가능해진다. 이때 필요한 능력은 자신에게 주어져 있는 시간을 창조적으로 활용하는 것이다.

현대적인 여가는 오락적인 여가활동이나 바깥으로 향하는 배움을 추구하는 것으로 채워지고 있다. 이런 현대적인 시간 때우기 식의 여가활동은 진정한 자기 발견을 방해한다. 그러므로 탈현대의 삶에서는 자기 자신을 만나고 진정으로 사랑할 수 있는 능력을 개발할 수 있는 수행이 요구된다. 가족은 이런 수행을 공유할 수 있는 적합한 공동체적 성격을 가지고 있다. 가족의 일상성, 가족 구성원의 연령대의 다양성, 가족 구성의 원리인 사랑이 바로 그것이다.이현지, 2009 인간의 삶에서 가장 중요한 것은 사랑하는 능력이다. 사랑의 능력은 수행을 통해서 확대된다. 수행 공동체인 가족을 통해서 사랑의 능력을 발전시키고 사랑의 즐거움을 만끽하는 삶을 추구할 수 있다.

둘째, 탈현대 사회는 통일체적 세계관과 인간관이 지배하는 사회라는 특징이 있다. 이런 사회에서는 조화와 감응이 중요한 요소로 작용한다. 조화와 감응은 어떻게 이루는 것일까? 중풍손重風巽괘는 감화의 도道를 말하고 있다. 손괘 괘사卦辭에서 감화는 일시적이고 일회적인 변화로 얻을 수 있는 것이 아니라, 점진적으로 이루어진다고 한다.

이와 마찬가지로 사랑의 공동체가 되고자 하는 가정교육의 목적도 한순간에 달성되는 것이 아니라, 점진적인 노력을 통해서 이루어지는 것이다. 손괘의 초육初六효는 '나아가고 물러남進退'으로 뜻이 분명하지 못한 상황을 설명하고 있다. 초육효는 목적을 분명하게 잡지 못한 가정교육의 상황을 말한다. 여기서 가정교육의 목적을 사랑의 공동체가 되는 것으로 분명하게 하고, 추진하는 데 주춤해서는 안 된다는 지혜를 얻을 수 있다. 이때 감화는 무조건적인 수용을 의미하는 것은 아니다. 손괘의 구이九二효는 '바람이 상 아래에 있다巽在牀下'고 하여, 감화의 뜻은 세웠으되 지나치게 수용적인 가족의 모습을 설명하고 있다. 자녀가 사랑스러워서 어떻게 행동해도 기뻐하는 무조건적인 수용은 바람직하지 못하다. 진정한 감화를 위해서는 분명한 목적을 세우고 과감하게 추구하는 노력이 있어야 한다.

새로운 가정교육의 목적

여가시간이 확대되고 통일체적인 세계관이 지배하는 탈현대 사회에서의 가정교육의 목적을 정리하면 다음과 같다.

첫째, 탈현대 사회의 가정교육의 목적은 자녀가 우주와 통일체적 존재로서의 자기 존재를 인식하도록 돕는 것이다. 교육의 궁극적인 목적은 자신이 어떤 존재인지를 인식하도록 돕는 것이라고 할 수 있다. 이에 가정교육의 목적도 자녀가 통일체적인 자기 존재를 이해하고 경험할 수 있도록 돕는 것이 된다.

통일체적인 존재를 인식하도록 하기 위한 가정교육은 어떻게 할 수 있을까? 그 해답은 화합을 방해하는 것을 제거하고 화합으로 나아가는 도道를 말하는 화뢰서합火雷噬嗑괘에서 찾을 수 있다. 화뢰서합괘의 괘사에서 '옥을 씀이 이롭다[噬嗑 亨 利用獄]'고 한다. 이는 현대 가족을 둘러싸고 있는 문제를 극복하고 화합으로 나아가기 위한 구체적인 방법을 사용해야 한다는 것을 말한다.

현대 가정교육의 문제는 현대 가족의 가족관과 세계관으로 인해 야기되는 문제이다. 현대적 세계관은 가족을 내적으로는 분리·독립된 개체들의 합으로 이해하고, 외적으로는 다른 집단과 이해관계가 대립되는 것으로 인식하고 있다. 하지만 가족은 단순한 개인의 합으로는 설명할 수 없는 공동체적 특징을 가지고 있으며, 가족이 다른 집단과 이해관계 때문에 적대적 대립만 하는 것도 아니다. 그러므로 가정교육을 바로잡기 위해서는 먼저, 가족을 지배하고 있는 현대적 세계관을 극복해야 한다. 가족은 구성원들의 개성을 존중하면서 서로의 발전을 도모하는 상생相生과 상성相成의 관계이다. 가족 구성원의 발전이 가족의 발전을 가능하게 하며, 가족의 행복이 구성원의 행복을 좌우하는 통일체적인 관계임을 자각하도록 돕고 교육하는 것이 가정교육의 주된 내용이 될 수 있다.

둘째, 탈현대 사회의 가정교육의 목적은 자녀의 자기self가 성장할 수 있는 기회를 제공하는 것이다. 자녀의 자기 성장을 위한 가정교육이란 무엇일까? 『주역』에서 아동교육의 도道를 설명하는 대표적인 괘는 산수몽山水蒙괘이다. 산수몽괘의 괘사에서 몽은 "개발하는 이치가 있으니 형통한 뜻"김석진, 1997: 280이라고 한다. 이는 아동교육의 중요성을 지적하고 있다. 이를 통해서 우리가 추구해야 할 가정교육의 목적을 분명하게 확인할 수 있다.

몽괘는 교육자의 요구보다는 피교육자의 필요에 의한 아동교육이 중요하다고 말한다. 몽괘 괘사는 '내가 어린아이를 구함이 아니라 어린아이가 나를 구한다[匪我求童蒙 童蒙求我]'고 한다. 이는 가정교육의 핵심은 아이가 필요로 하는 것을 얻을 수 있도록 도와주는 것임을 말한다. 아무리 훌륭한 교육이라도 스스로 배우고자 하는 마음이 없는 사람을 변화시키는 것은 불가능하다. 마찬가지로 가정교육의 핵심도 자녀가 필요로 하는 것을 구하도록 돕는 것이다. 현대 가정교육이 제 빛을 발휘하지 못하는 이유는 대부분 현대 사회에서 필요로 하는 능력을 쌓는 데, 즉 자녀의 자아ego를 확장하는 교육에 치중하기 때문이다. 가정교육의 핵심은 자녀 스스로가 자기self를 발견하고 성장시키도록 돕는 것이어야 한다.

자녀의 자기self가 성장할 수 있도록 돕는 것은 사랑의 존재가 되도록 교육하는 것이다. 나아가서 성대해지는 때의 도道를 말하는 뇌천대장雷天大壯괘에서 구체적인 해답을 확인할 수 있다. 가족에게 있어서 '나아가서 성대해진 때'는 가족이 사랑의 공동체가 된 상황이다. 사랑의 공동체가 되기 위해서 가장 필요한 것은 무엇일까? '나'라는 '아我, ego'를 극복하는 것이다. 상대방을 있는 그대로 인정하고 이해하는 능력이 사랑이다. 그런 능력을 교육받고 실현하는 장場이 바로 가족이다. 사랑을 실현하고, 사랑을 실현하기 위한 노력을 기울이는 것이 수행의 과정이며, 바로 가정교육의 대장大壯이라고 할 수 있다.

장大壯괘는 가족이 서로 사랑하고 삶의 차원을 높일 수 있는 사랑의 공동체가 되는 데는 쉬운 방법이 없다고 한다. 그래서 대장大壯괘에서는 '대장大壯은 바르게 함이 이롭다大壯 利貞'고 한다. 쉬운 길은 남들이 추구하는 것을 따라 하는 것이다. 남들처럼 할 때, 용기는 필요 없다. 옆 집 아이가 학원을 몇 곳을 다니므로, 우리 집 아이도 학원을 몇 곳을 보내는 것은 쉬운 길이다. 현대적 성공의 잣대 혹은 삶의 기준으로 가족을 평가하는 것 또한 쉬운 길이다. 그러나 그런 길을 선택하면 절대로 대장大壯의 경지를 경험하지 못한다. 가족의 근본인 대장大壯에 대한 신뢰와 믿음을 가지고 묵묵히 추구하지 않으면, 진정한 대장大壯에 도달할 수 없다. 현대적인 성취와 사사로운 욕구에 집착하고, 세상과 타협하고자 하면 대장大壯을 이룰 수는 없다. 그러므로 자녀의 자기self 성장 기회를 목적으로 하는 가정교육을 위해서는 부모의 결단력과 용기가 필요하다.

셋째, 탈현대 사회의 가정교육의 목적은 자녀가 사랑의 존재가 되도록 돕는 것이다. 사랑의 존재는 사랑받는 존재이면서 동시에 사랑할 줄 아는 존재이다. 정재걸2008a: 150은 '교육의 원리는 내 안에 있는 밝은 덕을 밝히는 것'이라고 한다. '밝은 덕'이란 '인仁', 즉 '사랑'을 말한다. 이런 교육의 원리에 의하면 가정교육의 목적은 자녀가 사랑의 존재가 되도록 교육하는 것이다.

『주역』 산수몽山水蒙괘의 상전象傳에서는 '산 아래 샘이 솟아나는 것이 몽이므로, 군자가 본받아서 과감히 행하며 덕을 기른다[山下出泉 蒙 君子以 果行育德]'고 한다.김석진, 1997: 287 몽괘 상전에서 말하듯이 우리 안에서 사랑이 솟아나므로, 그것을 행하고 기르기만 하면 된다. 그러므로 부모는 자녀가 자기 안에 있는 사랑을 키울 수 있도록 돕는 가정교육을 해야 한다.

기르는 도道, 즉 양육의 지혜를 말하고 있는 산뢰이山雷頤괘도 같은 주장을 한다. "움직이고 쉼을 적절하게 베풂은 생명을 기르는 것이고, 음식과 의복은 형체를 기르는 것이며, 거동을 위엄 있게 하고 옳은 일을 행하는 것은 덕을 기르는 것이고, 자기를 미루어 남에게 미침은 사람을 기르는 것이다."김석진, 1997: 688-689 '이頤는 바르게 하면 길하니 기르는 것을 보면 스스로 입안이 가득함을 구하게 될 것이다[頤 貞吉 觀頤 自求口實]'라고 한다. 양육의 도道가 바르면 길하다는 것이다. 그렇다면 가정교육에서 바른 기름이란 무엇일까? 그것은 가족 간의 사랑과 존중, 구성원들 각자가 자기를 실현할 수 있도록 돕는 것이다. 이때 이괘의 초구初九처럼 대의를 버리고 자기만 보고 욕심에 빠지면 흉하다[舍爾靈龜 觀我朶頤 凶]. 가정교육에서 기름의 도를 바로 실현하기 위해서는 가족이 무엇을 기르고자 하는지에 대한 끊임없는 성찰이 필요하다. 가정교육의 목적은 자녀가 사랑의 존재가 되도록 돕는 것이어야 한다.

현대 가정교육에서 부모는 자녀가 부, 명예, 지위 등을 얻을 수 있도록 더 좋은 교육 여건을 지원해 주고, 현대적인 성취를 얻을 수 있도록 도와준다. 그러나 그런 것들이 자녀에게 진정한 행복을 준다고 보장할 수 없다. 오히려 치열한 경쟁에서 적응하지 못하고 낙오하거나 경쟁에서 반드시 발생하게 되는 실패로 불행해질 가능성이 크다. 만약 경쟁에서 이겼다고 하더라도 상대를 경쟁 대상으로만 보게 된다면 결코 행복한 존재가 될 수 없을 것이다.

수풍정水風井괘는 쓰임이 두루 있는 도道를 말하고 있다. 정井은 끝없이 솟아나는 물을 두루 쓰는 것이다. 가정교육으로 보자면, 그 물은 사랑이다. 우물의 물은 끊임없이 솟아나므로 '잃는 것도 없고 얻는 것도 없기에 오고가는 사람이 우물을 쓴다[无喪无得 往來井井].' 마찬가지로 가족의 사랑도 아무리 퍼내고 베풀어도 끝없이 무궁무진하다. 사랑이 크고 깊을수록 더 위대한 사랑을 경험할 수 있다. 가정교육의 목적은 바로 이런 사랑의 속성을 이해하고 체득하도록 돕는 것이다.

수풍정괘의 상전象傳에서 '상에 이르기를 나무 위에 물이 있는 것이 정이니 군자가 본받아서 백성들이 서로 권하도록 힘쓴다[象曰 木上有水井 君子以 勞民勸相]'고 한다. 정井의 도를 본받는 군자가 '노민권상勞民勸相'한다는 말은 샘솟는 사랑을 스스로 실천하는 것만이 아니라, 백성들이 사랑을 서로 권하도록 힘쓴다는 말이다. 마찬가지로 가정교육에서도 부모가 자녀를 사랑하는 것보다 자녀가 사랑을 나눌 수 있도록 북돋우고 사랑이 무엇인지 알게 해 주는 것이 더 큰 사랑이다. 이런 큰 사랑을 가질 수 있도록 돕는 것이 가정교육의 목적이라고 할 수 있다.

3.
탈현대 가정교육의 내용

나와 세계 이해

탈현대적 가정교육의 주된 내용은 나와 세계를 깊이 이해할 수 있도록 자기와의 만남을 위한 기회를 제공하는 것이다. 이런 가정교육의 내용은 탈현대 사회 가족의 목표와 직결된다. 탈현대 사회 가족의 목표는 수행과 낙도의 공동체라고 할 수 있다. 탈현대 사회 가족의 목표에 대한 논의는 필자의 졸고이현지, 2010에서 이미 다룬 바가 있으므로 여기서는 가정교육과 관련된 논의만 언급하겠다.

그렇다면, 어떻게 하면 가족이 수행과 낙도의 공동체가 될 수 있을까? 가족 구성원이 한순간에 모두 동참하기는 쉽지 않으므로 수행과 낙도의 공동체로서 가족이 되기까지, 먼저 자각한 사람이 기다려 줄 수 있어야 한다. 기다림에 대해 수천수水天需괘는 다음과 같은 지혜를 말하고 있다. 수천수水天需 단전彖傳에서 '큰 내를 건너면 가서 공이 있다[利涉大川 往有功也]'고 한다. '큰 내를 건너면 공이 있다'고 했듯이, 가족이 수행과 낙도의 공동체가 되기를 원한다면 자신이 먼저 변화하는 적극적인 노력이 있어야 한다. 한 송이 꽃이 골짜기를 향기로 물들이듯이 깨달은 한 사람의 존재가 온 가족을 새로 태어나도록 도울 수 있다.

이런 수행과 낙도의 공동체에서 가정교육의 내용은 어떤 것이어야 할까? 쌓음의 도道를 말하는 풍뢰익風雷益괘는 가정교육을 통해서 가족이 무엇을 쌓아야 할지에 대해 설명하고 있다. 뭔가를 쌓을 때에는 중정中正한 도道로 행해야 한다. 가정교육에서 중정中正한 도道란 무엇일까? 부모의 자녀사랑에 대한 중정한 도를 생각해 보자. 부모는 자녀를 사랑한다. 그러므로 자녀가 원하는 것은 무엇이든 원하는 대로 해 주려고 한다. 그러나 이것은 중정하지 못한 사랑이다. 부모가 진정으로 자녀를 사랑한다면 사랑받는 존재가 될 수 있도록 도와주어야 한다. 자신의 마음대로 하고자 하고 원하는 대로 일이 되지 않으면 적응을 못하는 자녀로 만들어 버리는 것은 사랑이 아니다. 부모는 자녀를 위해서 옳고 그름을 분명하게 판단하고 옳은 길에 대해서는 용기를 발휘하는 중정의 사랑을 가져야 한다.

풍뢰익괘 상전象傳에서는 '익은 가는 바를 둠이 이로우니 큰 내를 건너는 것이 이롭다[象曰 風雷 益 君子 以 見善則遷 有過則改]'고 한다. '익益'의 때에는 좋은 일은 장려하고, 허물은 고치는 자세가 도道이다. 가정교육에서 장려해야 할 것은 서로 사랑하고, 행복을 느낄 수 있는 존재가 되도록 하는 것이다. 부모들은 자녀들에게 물질적으로 풍요로운 삶을 물려주려고 노력하기보다는 자녀가 자신이 가진 것에 감사할 줄 아는 능력을 가질 수 있도록 교육해야 한다. 현대 사회에서 자녀들은 물질적인 풍요와 내가 가진 것이 영원할 것으로 착각하거나 그것이 자신이라고 오해하기 쉽다. 이런 허물을 버릴 수 있도록 가정교육을 해야 한다. 도움의 방법은 가족이 수행공동체가 되는 것이다. 가족의 일상적인 생활이 자녀가 나를 만나는 길이 되어야 한다.

사랑스럽지 않은 자아ego에 대한 사랑

사랑스럽지 않은 자아ego를 사랑하도록 하는 가정교육이다. 진정한 가정교육은 자녀가 가진 문제점이나 상처를 그대로 인정해 주고, 그것을 통해서 성장하도록 돕는 것이다. 그것은 자녀가 가진 문제의 해결이 아닌, 해소를 목적으로 하는 가정교육을 말한다. 이런 가정교육의 내용을 잘 보여 주는 것은 『주역』의 중지곤重地坤괘이다. 곤은 땅의 도道인 수용성을 말하고 있다. 곤괘의 상전象傳에서 곤의 도를 본받는 군자는 '두터운 덕으로 만물을 싣는다[厚德 載物]'고 한다.김석진, 1997: 227 수용이란 분별하는 마음을 내려놓고 있는 그대로 받아들이는 것이다. 대지는 풀과 나무를 가려서 자라도록 하지 않으며, 모든 것을 그 모양 그대로 수용한다. 이런 곤괘의 지혜를 가정교육에 적용해 보면, 자녀를 어떻게 교육하는 것이 바람직한지에 대한 지혜를 얻을 수 있다. 부모가 자녀를 사랑하는 것은 자녀의 잘난 면과 마음에 드는 면만 사랑하는 것이 아니다. 자녀의 있는 그대로의 모습을 인정하고 받아들이는 것이 진정한 사랑이다.

현대 가정교육에서 부모들은 자녀가 현대적인 기준에서 성공할 수 있도록 돕고자 하고, 현대적인 기준에 미치지 못하는 부분을 채워 주기 위해서 노력한다. 자녀의 문제점이나 부족한 면을 발견하고 그것을 해결하는 과정이 가정교육의 내용이었다. 이런 가정교육은 자녀에게서 문제를 발견하고 그 문제를 극복하기 위한 지속적인 노력을 기울이게 한다.

반면, 탈현대 사회에서 가정교육은 자녀가 안고 있는 문제점을 극복하도록 하기보다는 문제 자체를 그대로 인정함으로써 해소하는 과정을 선택한다. 수용이란 전면적인 인정이며, 수용하고 있는 자신을 자각함으로써 완성된다. 부모가 자녀를 그대로 볼 수 있다면, 지나친 기대로 자녀의 삶을 틀 지으려고 하지 않을 것이며 현대적 기준에 맞추려고 하지 않을 것이다.

아동교육의 지혜를 말하고 있는 『주역』 산수몽山水蒙괘의 구이九二 효사爻辭는 이런 내용을 잘 표현하고 있다. 구이효는 '포몽包蒙과 납부納婦면 길하다'고 한다.김석진, 1997: 290 '포몽'의 '포包'와 '납부'의 '납納'은 수용을 의미한다. 가정교육에서 수용해야 할 것은 자녀의 자질과 능력이다. 부모가 자신의 욕심만 생각해서 자녀에게 무리한 기대를 하면 자녀는 행복한 존재가 될 수 없다. 부모의 기대에 미치지 못하는 자녀는 늘 부족하고 스스로 불만을 가지는 존재로 전락할 수 있다. 부모는 자녀를 있는 그대로 볼 수 있어야 한다.

자녀에게 허물이 있을 때, 있는 그대로 본다는 것은 어떤 가정교육을 의미할까? 뇌산소과雷山小過괘는 허물에 대처하는 도道를 말하고 있다. 소과괘 초육初六은 '허물을 이미 폭로해 버렸으므로 흉하다[飛鳥以凶]'고 한다. 자녀가 가진 허물 때문에 불행하다고 폭로하는 것으로는 가정교육의 효과를 거둘 수 없다. 자녀가 진정으로 변화하기를 기대한다면 자녀의 마음을 움직일 수 있는 사랑에서 우러나는 진심으로 다가가야 한다. 그리고 자녀의 허물이 커지기 전에 방지하기 위한 노력은 반드시 필요하다. 방관하거나 원래 그런 사람이라고 포기하는 것은 사랑이 아니다.

4. 탈현대 가정교육의 방법

탈현대 가정교육에서 교육자인 부모와 조부모의 존재는 중요하다. 이들은 삶을 사랑하고 즐길 줄 아는 사람이어야 하며, 깨달음을 삶의 목적으로 하는 사람이어야 한다. 그들은 자신의 경험을 토대로 아이들을 교육할 것이다. 그러므로 삶의 경험이 풍부한 조부모가 가정교육에서 더 효과적인 교육자의 역할을 담당할 수 있다. 이때 가정교육의 방법은 무엇일까?

감응의 방법

탈현대적 가정교육의 방법은 감응이다. 즉 사랑의 방법이다. 사랑이란 감응을 통해서 드러난다. 감응의 도道를 설명하고 있는 택산함澤山咸괘는 이렇게 말한다. 함咸은 느끼는 것이다. 서로 감응하는 것을 말하며, 서로 감응한다는 것은 사랑한다는 것이다. 함괘의 괘사에서 '함은 형통하니 바르게 함이 이롭다[咸 亨 利貞]'고 한다. 감응하는 도道는 바르게 함으로써 이로움이 있다. 바르게 감응하지 못하면 나쁘다. 현대 사회에서 이상적인 부자관계의 모델인 친구 같은 부자관계는 지나칠 경우 감응의 나쁜 사례가 될 수도 있다.

함괘의 상전象傳은 '산 위에 못이 있는 것이 함이니 군자가 본받아서 비워서 사람을 받아들인다[象 山上有澤 咸 君子ㅣ以虛 受人]'고 한다. 감응을 위해서는 자기를 비우고 상대를 받아들여야 한다. 가득 차면 아무것도 받아들일 수 없다. 가정교육을 할 때, 부모가 자신만을 주장하면 실패할 가능성이 커진다. 부모가 자녀를 사랑한다고 하면서 자녀를 자기 마음대로 움직이려고 하는 것이 그런 경우이다. 그러나 그것은 사랑이 아니다. 자녀를 사랑한다는 이유로 부모의 기준에 맞추려고 하는 것은 불행을 초래하는 지름길이다. 부모가 자신을 완전히 비워 내고 자녀를 받아들일 자리를 마련해 두었을 때, 진정한 사랑을 시작할 수 있다. 자식을 자기 소유물로 착각하고 자신의 기준대로 키우려는 부모는 자녀와 사랑을 나눌 준비가 되어 있지 않은 것이다. 자녀에게서 어떤 부분이 부족하다고 느껴지고 마음에 들지 않는다면, 부모는 자신을 바라보아야 한다.

믿음의 방법

탈현대적 가정교육의 방법은 믿음이다. 믿음을 통해서 자녀를 있는 그대로 인정할 수 있고 자녀가 가진 문제점이나 상처를 통해서 성장하도록 교육할 수 있다. 수지비水地比괘는 돕는 도道를 말한다. 비괘의 초육初六에서는 '믿음 있게 도와야 허물이 없으리니, 믿음을 둠이 질그릇에 가득하듯 하면, 끝에 가서 다른 길함이 있음을 오게 한다[有孚比之 无咎 有孚盈缶 終 來有他吉]'고 한다.김석진, 1997: 362 초육은 한마음으로 서로 돕는 가족의 상황을 말한다. 이런 가족에서 가정교육은 자녀에 대한 믿음이 전제가 된다.

우리는 부모의 자녀에 대한 깊은 믿음이 기적과 같은 삶의 변화를 가져오는 예를 만날 수 있다. 선천성 기능장애와 자폐를 안고 있던 『아들

일어나다』의 주인공인 라운은 불행한 자폐아로 전락하지 않고 도전하는 삶을 살아갈 수 있었다.[Barry Neil Kaufman, 2003] 그것은 라운이 할 수 있을 것이라는 믿음으로 도와준 부모의 가정교육이 있었기 때문에 가능했다.

수용의 방법

탈현대적 가정교육의 방법은 자녀를 있는 그대로 인정하는 것이다. 자녀를 있는 그대로 인정하기 위해서는 어떻게 해야 할까? 산수몽山水蒙 육사六四효는 '곤한 몽이니 인색하다[困蒙 吝]'고 한다.[김석진, 1997: 295] 정재걸[2008a: 159]은 곤몽困蒙은 배움의 목표에 도달하기 전의 단계, 즉 아침이 오기 전 여명의 단계라고 한다. 어떤 교육에서든 그 목표에 도달하기까지 학습자는 암중모색의 고비를 넘겨야 한다. 부모가 아무리 자녀를 사랑하더라도 자녀가 넘어서야 할 고비를 대신해 줄 수는 없다. 부모는 자녀가 교육의 목표에 도달할 수 있도록 발판을 제공해 주어야 한다. 이를 위해서 부모가 해 줄 수 있는 유일한 방법은 자녀를 그 상태에 놓아두는 것이라고 한다. 이는 곤몽困蒙의 상태에서 빌헬름이 학습자에게 교사가 해 줄 수 있는 유일한 방법이 그 상태에 놓아두는 것[정재걸, 2008a: 159]이라고 한 것과 상통한다.

또, 택산함澤山咸괘 상전象傳에서 정자程子는 헤아려서 수용하고 합할 것을 가려서 받아들이는 것은 성인의 도가 아니라고 했다.[김석진, 1997: 762-763] 부모의 마음이 분별심으로 가득 차서 자녀를 그대로 받아들이지 못한다면 진정한 교감을 이룰 수 없다. 분별심을 가지면 사랑을 이룰 수 없다. 사랑이란 그대로를 인정하고 받아들이는 것이다. 탈현대적 가정교육은 자녀가 가지고 있는 문제 자체를 그대로 인정함으로써, 극복해야 할 대상이 사라지게 하는 문제 해소의 방법이다.

감성 발달의 방법

탈현대적 가정교육의 방법은 자연과의 만남을 통해 감성을 발달시키는 방법이다. 생태과학 영역에서 높이 평가받고 있는 『침묵의 봄』의 저자인 레이첼 카슨Rachel Carson은 짧지만 분명한 철학을 담고 있는 『센서 오브 원더』에서 자연을 느끼도록 하는 가정교육의 중요성을 강조하고 있다. 레이첼 카슨은 자연의 아름다움과 경이로움에 대해 자각한 사람은 생명이 다하는 날까지 활기 넘치는 정신을 유지할 수 있을 것이라고 한다. 그녀는 자연과의 만남이 인간을 넘어선 존재에 대해 '이해하고, 두려워하고, 감탄하는' 감성을 키울 수 있도록 도와주며, 이런 경험은 인생에서 어떤 어려움을 만나더라도 '내면적인 만족감과 살아 있다는 것에 대한 새로운 기쁨'을 발견하도록 도울 것이라고 한다.Rachel Carson, 2010: 611-612

이런 가정교육에서 부모 또한 자녀와 함께 자연과의 만남에 동참해야 한다. 자연에 대한 지식이 부족하고 경험이 없는 것은 전혀 문제가 되지 않는다. 다만 억누르고 있던 감수성을 깨우고 온몸의 감각기관을 이용하여 자연을 느끼고 그 느낌을 자녀와 나누기만 하면 된다. 레이첼 카슨은 "아름다운 것을 아름답다고 느끼는 감각, 새로운 것과 미지의 것을 접했을 때의 감격, 배려, 연민, 찬탄과 애정 등의 다양한 형태의 감정이 일단 한 번 일깨워지면, 다음에는 그 대상이 되는 것에 대해 좀 더 잘 알고 싶다는 생각을 하게 됩니다. 그렇게 해서 발견한 지식은 완전한 자기 것이 됩니다"Rachel Carson, 2010: 604라고 한다.

자연과의 만남을 위한 구체적인 방법은 주변의 자연을 활용하는 것이다. 함께 산책하거나, 지는 해를 함께 바라보는 것, 새벽녘의 동트는 장면을 함께 보는 것, 까만 밤하늘의 달을 지켜보는 것, 바람소리를 함께 듣는 것, 비오는 날 빗방울을 함께 바라보는 것, 작은 화분에 씨를 뿌리고 자라는 모습을 지켜보는 것, 언제라도 고개를 들고 흘러가는 구름을 함께 보는 것, 밤하늘의 별을 보는 것 등이다. 이것들은 도시생활에서도 충분히 시도할 수 있다.

수행과 낙도의 방법

탈현대적 가정교육의 방법은 자녀에게 수행과 낙도를 체험할 수 있는 기회를 제공하는 것이다. 이것은 앞에서 언급한 자연과의 만남에서 한 걸음 더 나아가 생활의 모든 국면에서 자기 자신을 만날 수 있도록 하는 교육이다. 틱낫한Thich Nhat Hanh은 아침에 일어나고, 커튼을 열며, 거울을 보고, 화장실을 이용하고, 물을 틀고, 손을 씻고, 양치질을 하고, 세수를 하고, 발을 씻고, 옷을 입는 순간에 깨어서 나를 만날 수 있다고 한다. 이것은 전화를 이용할 때, 식사할 때, 차를 마실 때, 걸을 때, 청소할 때, 운전할 때, 채소를 씻을 때 등 일상생활의 모든 순간에서 가능하다.[Thich Nhat Hanh, 1990]

지금까지 수행과 낙도는 일상생활과 단절된 것으로 여겨졌지만, 탈현대 사회에 이르면 수행과 낙도가 일상생활로 영입될 수 있는 사회구조적인 변화가 나타날 것이다. 그것은 노동 중심에서 여가 중심으로의 사회구조 변화에 의해 야기된다. 이에 가정교육에서도 수행과 낙도의 체험이 핵심적인 요소가 된다. 여기서는 수행과 낙도 공동체로서의 가족에 대한 논의보다는 탈현대적 가정교육의 핵심적인 방법이 수행과 낙도임을 강조하고자 한다. 수행과 낙도의 가정교육은 자녀가 사랑스러운 자기self를 깊이 느낄 수 있도록 도울 것이다. 또한 자녀가 자기의 삶의 순간을 깨어서 현재를 살아가도록 하는 가정교육이다.

참고 문헌

『擊蒙要訣』.

『노자』.

『논어』.

『성경』.

『순자』.

『呂氏春秋』

『주역』.

『黃帝內經 素問』.

강봉수. 2013. "노자 인성론의 수양론적 재해석: 지성과 본능의 소유론적 욕망 내려놓기." 『도덕윤리과교육연구』 39: 101-129.

강석후. 1999. "성역할 이론과 Scanzoni의 척도." 『산업경영연구』 11: 157-169.

강정구. 1990. "성역할 형성 요인에 관한 연구-부모의 성역할 양육 태도와 성역할 발달과정을 중심으로." 『논문집』 30: 9-40.

강준모. 1993. "에밀에 나타난 가정교육론." 『한국초등교육』 제6집: 153-174.

강충열. 2006. "자녀를 영재로 키우는 가정교육 '10訓'." 『아동교육』 16(1): 31-48.

고명석·김효순·이재경·정상민·이승명. 2014. 『노인복지론』. 대왕사.

고영복. 1978. 『현대 사회심리학』. 법문사.

구광현. 2001. "유아기 자녀를 둔 어머니의 성역할 정체성과 성역할에 관한 자녀양육 태도." 『인문과학연구』 9: 197-218.

구본권. 2016. 『로봇시대, 인간의 일』. 에크로스.

김경년·김안나. 2015. "사교육, 교육만의 문제인가?: 복지국가의 위험 분담과 사교육 선택의 대응 원리." 『교육사회학연구』 25권 1호(통권74호): 29-50.

김경숙. 2009. "강남 학부모의 자녀 학업지원 활동 특성과 자녀교육에 대한 신념." 동국대학교 박사학위논문.

김기태. 2007. 『지금 이대로 완전하다』. 침묵의 향기.

김나연. 2011. "다문화가족의 사회통합정책에 관한 연구." 동아대학교 사회복지대학원 석사학위논문(미간행).

김대근. 2007. "『老子』의 '無爲'에 관한 연구." 동국대학교 철학과 석사학위논문(미간행).

김동일. 1996. "남녀 차이(3): 사회심리학적 측면." 김동일 편저. 『성의 사회학』. 문음사: 57-102.
김문자. 1994. "가정교육과 부모의 역할에 관한 연구." 『청주대학교 대학원 수료논문집』 1(1): 255-264.
김미라. 2014. "어린이 덕성확충을 위한 인성교육 학습모형 도출 연구." 『유교사상문화연구』 58: 115-148.
김병옥. 1990. 『사회학』. 도서출판 교서관.
김병호. 1999. 『亞山의 周易講義』. 소강.
김상섭. 2006. 『내 눈으로 읽은 주역』. 지호.
김석진 역해. 1997. 『周易轉義大全譯解』. 대유학당.
김선욱. 2005. "웰빙 라이프의 정치적 구조." 『철학연구』 95집: 1-20.
김성기. 2007. "경로효친사상에 기초한 통세대적 사회통합: 유교문화의 초안정적 문화·심리구조의 이해를 중심으로." 『유교사상문화연구』 30.
김세직·류근관·손석준. 2015. "학생 잠재력인가? 부모 경제력인가?." 『경제논집』 54(2): 356-383.
김수청. 2004. "죽음에의 접근방법: 유·불·도교를 중심으로." 『석당논총』 34.
김승동 편저. 1996. 『도교사상사전』. 부산대학교출판부.
김승동 편저. 1998. 『역사상사전』. 부산대학교출판부.
김영수. 2005. 『명문가의 자식교육』. 아이필드.
김용수. 2005. "'웰빙'(Wellbeing)과 도교 '양생'(道敎 養生)." 『대한철학회 2005 봄 학술대회』: 33-49.
김익수. 2009. "동방의 인류사회를 지향한 사임당의 가정교육관." 『한국사상과 문화』 47: 133-164.
김인호. 2003. "옛 중국인들의 죽음 극복 현상 연구." 『중국문학』 39.
김재범. 2001. 『주역사회학』. 예문서원.
김정우. 2002. "삶과 죽음에 관한 이해." 『인간연구』 3.
김정욱·박봉권·노영우·임성현. 2016. 『2016 다보스 리포트』. 매일경제신문사.
김정희. 2008. "부부관계와 자녀교육." 『상담과 지도』 43: 45-60.
김태훈. 2007. "『노자』의 '선인(善人)'에 함축된 인간의 본성(本性)에 관한 연구." 『초등도덕교육』 23: 225-246.
김혜영. 1996. "한국 가족문화의 계급별 특성에 관한 경험적 연구." 『경제와 사회』 제31호: 240-262.
김혜진. 2010. "다문화 시대에 따른 가족윤리 연구." 『윤리문화연구』 6: 109-136.
김효섭·노명화. 2015. "사회화 전략이 조직성과에 미치는 효과에 대한 연구: 지식공유의 매개효과를 중심으로."『리더십연구』 6(2): 1-29.
노상우·박은희. 2008. "Rousseau의 자녀교육관 연구."『교육의 이론과 실천』 13(2): 41-61.
노성숙. 2005. "포스트모더니티와 여성주의에서 본 젠더와 정체성."『인간연구』 8: 5-39.
데이비드 칠(David Cheal). 1999.『가족학 이론의 현황과 쟁점: 근대성 논의를 중심으로』. 최연실·유계숙 역. 도서출판 하우.
뒤르켐 에밀. 2008.『자살론』. 황보종우 역. 청아출판사.
루소(Jean Jacques Rousseau). 1992.『에밀』. 정봉구 역. 범우사.
리우샤오간(劉笑敢). 1998.『장자철학』. 최진석 역. 조합공동체 소나무.
맹제영. 2000. "장자의「소요유」라는 행위에 대한 의미분석."『인간연구』 제1권 1호: 108-158.
문성원. 2005. "웰빙에서 윤리로-잘 있음과 있음 넘어서기."『철학연구』 95집: 93-110.
문혜옥. 2000. "성역할 고정관념에 관한 고찰."『논문집』 18: 205-222.
박만구 외. 2009. "자녀교육 지침서에서 제시하고 있는 자녀교육관 및 부모의 역할 탐구."『한국초등교육』 20권 1호: 79-104.
박만희. 2004. "인성교육교재로서『격몽요결』 연구." 경인교육대학교 석사학위논문.
박문현. 2002. "중국인의 죽음에 대한 사유."『인문연구논집』 7.
박병기. 2008. "도덕교육의 목표로서의 군자(君子)와 시민."『윤리교육연구』 15: 1-18.
박부진. 2001. "정보사회의 가족문화."『여성·가족생활연구논총』 제6집: 47-69.
박의경. 2004. "여성학적 인식론의 발견과 그 사상사적 지평."『동아시아와 근대, 여성의 발견』. 청어람미디어: 65-86.
박정근. 2009. "『道德經』이 들려주는 삶의 길."『하이데거 연구』 21: 167-191.
박진국. 2003. "자녀교육을 위한 부모역할에 관한 연구." 안양대학교 석사학위논문.
박형신·정수남. 2013. "고도 경쟁 사회 노동자의 감정과 행위 양식-공포의 감정동학을 중심으로."『사회와 이론』 23: 205-252.
박호강. 1999. "젠더 정체성의 사회적 구성과 젠더 이데올로기."『사회과학연구』 7(1): 83-109.
박홍식. 2009. "국제화 시대에 있어 한국가정의 문제-다문화 가정을 중심으로."『유교문화연구』 14: 219-233.
배리 쏘온·매릴린 얄롬. 1991.『페미니즘의 시각에서 본 가족』. 권오주 외 역. 한울아카데미.

배주영. 2005. "웰빙 제품에 대한 소비자 만족이 소비자 삶의 질에 미치는 영향." 연세대학교 대학원 경영학과 석사학위논문(미간행).
백영경. 2014. "사회과학적 개념과 실천으로서의 위기: 위기 개념에 대한 인류학적 접근의 모색." 『한국문화인류학』 47(1): 251-288.
보건복지부 저출산고령사회정책실 고령사회정책과. 2009. 『저출산·고령화 국민인식 개선』. 보건복지부.
보건사회연구원. 2000. 『전국 출산력 및 가족 보건실태조사』. 보건사회연구원.
부위훈(傅偉勳). 2001. 『죽음, 그 마지막 성장』. 전병술 역. 청계.
서경. 2014. "老子의 自然主義 教育觀 研究." 『동서인문』 통합 창간호: 167-220.
서대원. 2008. 『주역 강의』. 을유문화사.
서명자. 2014. "栗谷의 孝 思想 研究: 『盛學輯要』 「孝敬章」을 中心으로." 성균관대학교 유학대학원 석사학위논문.
서일윤. 2004. "G-웰빙족의 발견." 『웰빙과 여가문화』. 2004년도 한국여가문화학회·조선일보 공동주최 산학협동 학술대회.
성백효 역주. 1998. 『논어』. 전통문화연구회.
성홍근. 1995. "신세대와 기성세대의 가족문화의 비교연구." 『포항1대학 산업기술연구소 논문집』 제21집 1호: 5-21.
송도선. 2013. "노자의 『도덕경』에 담긴 '무(無)'의 교육적 함의." 『교육사상연구』 27(2): 95-122.
송명자·박충일. 1993. "성역할 관련 상황판단에 반영된 성역할 정형성 분석." 『학생연구』 제21집: 1-20.
송인자·김경혜. 1999. "한국 가족문화교육 프로그램의 방향 탐색." 『대한가정학회지』 제37권 10호: 11-25.
쉬푸관(徐復觀). 1997. "중국예술정신 주체의 정현-장자의 재발견." 『중국예술정신』. 권덕주외 역. 동문선.
스베냐 플라스푈러(Svenja Flasspöhler). 2013. 『우리의 노동은 왜 우울한가-경쟁사회에서 자유와 행복을 찾아서』. 로도스.
신남순. 2001. "노자의 이상적 삶." 안동대학교 대학원 동양철학과 석사학위논문(미간행).
신철호·한지연. 2004. "웰빙과 웰빙산업." 『웰빙과 여가문화』. 2004년도 한국여가문화학회·조선일보 공동주최 산학협동 학술대회.
심귀득. 2004. "주역에서 음양의 조화에 관한 연구: 음의 관점에서." 한국여성철학회. 『한국여성철학』 4: 1-21.
심민수 외. 2018. "4차 산업혁명 시대 사회과의 목표와 내용." 『학습자중심교과교육연구』 18(20): 377-398.
안경식. 2003. "우리 조상들의 아이 키우기: '집안'에서의 유아교육." 한국생태유아교육학회, 생태유아교육연구, 2권 1호, 21-39.
안관수. 2000. "문명의 위기와 노자의 생태학적 환경윤리." 『教育研究』 19: 219-236.
안동림. 2001. 『莊子』. 현암사.
안정화. 2005. "한국 사회에서 웰빙(Well-Being) 현상의 실태와 사회적 의의." 부산대학교 대학원 사회학과 석사학위논문(미간행).
안토니 기든스(Anthony Giddens). 1998. "친족, 결혼 그리고 가족." 『현대 사회학』. 김미숙 외 역. 을유문화사.
안혁근. 2010. "국격제고를 위한 사회적 소수자정책 조정체계 연구." 이영범 외. 『기본연구과제 2010』. 한국행정연구원.
여성가족부. 2005. 『가족실태조사』. 여성가족부.
여성한국사회연구회 편. 1994. "가족과 여성의 위치." 『여성과 한국 사회』. 사회문화연구소.
오병무. 1984. "장자의 「소요유」에 관하여-천인합일이 어떻게 가능한가?" 『순천대학교 논문집』 제3집: 491-504.
오성근. 2005. "노자의 무위사상에 기반한 교육적 실천원리 고찰." 『교육종합연구』 3(1): 97-118.
오혜진. 2003. "유치원아 부모의 사회계층에 따른 자녀교육관에 대한 세대간 비교연구." 세종대학교, 석사학위논문.
왕필(王弼). 1998. 『周易 王弼註』. 임채우 역. 도서출판 길.
왕필(王弼). 2001. 『왕필의 노자』. 임채우 역. 예문서원.
우리사회문화학회. 2001. 『탈근대세계의 사회학』. 정림사.
우리사회문화학회. 2001. 『알기 쉬운 사회학』. 정림사.
우리사회문화학회. 2003. "여성과 가족." 『현대 사회와 여성』. 정림사.
우리사회문화학회. 2003. 『현대 사회와 여성』. 정림사.
유교문화연구소. 2005. 『논어』. 성균관대학교 출판부.
유발 하라리. 2017. 『호모데우스 미래의 역사』. 김명주 역. 김영사.
유승무. 2009. "동양 사상 속의 행복 개념과 한국 사회의 '행복' 현상." 『사회와 이론』 15(2): 267-295.
유장림(劉長林). 2007. 『주역의 건강철학』. 김학권 역. 정보와 사람.
육소영. 2003. "성역할 사회화와 사회제도에서의 남녀평등." 『학생생활연구』 29: 96-107.

윤병오. 2010.「도덕 교육의 입장에서『격몽요결』읽기」.『윤리철학교육』제14집: 109-122.
윤영화. 2008. "기독교 가정교육에 관한 고찰." 목원대학교, 석사학위논문.
윤원근. 1999. "사회학, 질서의 문제 그리고 세계관(1)."『현상과 인식』가을: 35-54.
윤은기. 2004. "웰빙시대의 時테크."『웰빙과 여가문화』. 2004년도 한국여가문화학회·조선일보 공동주최 산학협동 학술대회.
이강수. 1995.『도가사상의 연구』. 고려대학교 민족문화연구소.
이강수. 1997.『노자와 장자』. 길.
이동수. 2004. "포스트모던 페미니즘에서 여성의 정체성과 차이."『아세아여성연구』43(2): 47-73.
이동인. 2013.『이율곡의 격몽요결 읽기』. 세창미디어.
이동인. 2014. "『격몽요결(擊蒙要訣)』을 통해 본 율곡의 사상과 생애."『사회사상과 문화』29: 23-60.
이동일. 2015. "현대 사회의 위기와 대안공동체."『사회사상과 문화』18(4): 95-126.
이미숙. 1986. "일생주기를 통해 본 성역할 변화(번역)."『생활과학연구논총』6(1): 53-76.
이미숙. 2004. "생활양식으로서의 웰빙(Well-Being): 이론과 적용의 뿌리 찾기."『한국생활과학회지』제13권 제3호: 477-484.
이봉재. 2005. "인공지능과 인간중심주의-인공지능의 연구방법론에 대한 철학적 해석."『대동철학』31: 81-98.
이송호. 2015. "토마스 홉스의 사회질서관에 관한 분석 평가."『경찰학연구』15(4): 141-177.
이순연. 2011. "노자(老子)의 "상선약수(上善若水)" 사상에서 얻은 삶의 지혜(智慧)."『인문과학연구』11: 339-363.
이승연. 2006. "유가의 여가관: 배움(學)고 즐거움(樂)."『동양사상과 탈현대의 여가』. 홍승표 외. 계명대학교 출판부.
이승연. 2013. "유가에 있어서 '노인': 늙음에 대한 인식과 대처." 홍승표 외. 집문당.
이영미. 2013. "부모 기대로 인한 부모-자녀 간 갈등극복 연구." 백석대학교 기독전문대학원 박사학위논문.
이정우. 2006. "탈북 청소년의 사회화 과정에 대한 질적 연구."『사회과 교육』45(1): 195-219.
이정주. 2004. "웰빙 라이프스타일이 패션상품에 미치는 영향."『혜전대학 논문집』2004: 261-276.
이정희. 2008. "율곡의 가정윤리교육에 관한 연구." 경인교육대학교 석사학위논문.

이태수. 2004. “웰빙의 철학적 의미.” 『웰빙과 여가문화』. 2004년도 한국여가문화학회·조선일보 공동주최 산학협동 학술대회.
이현송. 2003. “여성의 개인주의 확대와 가족 변화-미국사회를 중심으로.” 『가족과 문화』 제15집 3: 111-134.
이현지. 2001. “음양론의 여성학적 함의.” 『동양사회사상』 4: 256-275.
이현지. 2002. “장자 평등사상의 여성학적 함의.” 『철학논총』 30: 79-94.
이현지. 2004. “유교적 가족관계관, 현대 가족 위기의 대안인가.” 『유교사상연구』 20: 97-119.
이현지. 2004. 『성, 가족, 문화: 다르게 읽기』. 한국문화사.
이현지. 2005. “남녀 속의 유교.” 『오늘의 동양사상』 12: 155-170.
이현지. 2005. “성·사랑·결혼문화 읽기.” 김영순 외. 『문화와 인간』. 인하대학교 출판부.
이현지. 2005. “탈현대적 가족 여가를 위한 구상.” 『동양사회사상』 12: 161-181.
이현지. 2005. “한국 사회의 가족문화의 실태와 새로운 가족문화에 대한 모색.” 『한국학논집』 32: 421-450.
이현지. 2006. “음양, 남녀 그리고 탈현대.” 『동양사회사상』 13: 93-112.
이현지. 2006. “탈현대적 성역할 담론 구성을 위한 음양론적 접근.” 『동양사회사상』 14: 37-58.
이현지. 2009. “주역과 행복한 가족론.” 『동양사회사상』 제20집: 129-154.
이현지. 2010. “노자 죽음관의 탈현대적 함의.” 『원불교사상과 종교문화』 44: 279-316.
이현지. 2010. “『주역』과 탈현대 가족 여가의 ‘즐거움’-뇌지예괘의 즐거움에 대한 도를 중심으로.” 『동양사회사상』 제21집: 45-69.
이현지. 2010. “탈현대적 가정교육을 위한 제언-『주역』을 바탕으로.” 『교육철학』 41: 155-177.
이현지. 2010. “동양사상의 관점에서 본 한국 노인복지의 현주소.” 『동양사회사상』 22: 145-174.
이현지. 2011. “새로운 가족이론 구성을 위한 시론-『주역』을 바탕으로.” 『동양사회사상』 24: 97-127.
이현지. 2011. “한국 사회의 가족문제와 『주역』의 해법.” 『한국학논집』 42: 207-226.
이현지. 2012. “동양사상과 한국 노인복지의 새로운 패러다임 모색.” 한국학논집 46집.
이현지. 2013. “儒家的 삶의 脫現代的 含意.” 『유교사상문화연구』 54: 317-338.

이현지. 2014. “유교문화와 새로운 노인복지 패러다임 모색.” 『국학연구』 25: 573-606.

이현지. 2014. “현대 한국인의 삶의 양식과 『노자』의 해법.” 『한국학논집』 54: 247-264.

이현지. 2015. “공자 마음공부의 탈현대적 함의.” 『철학논총』 82(4): 477-497.

이현지. 2015. “율곡 사회사상의 탈현대적 함의.” 『율곡학연구』 30: 119-142.

이현지. 2015. “노자사상과 ‘잘 사는 삶’.” 『사회사상과 문화』 18(1): 1-28.

이현지. 2015. “현대 사회 노인 위기의 진상과 극복 방안.” 『사회사상과 문화』 18(4): 127-149.

이현지. 2017. “노자사상의 탈현대적 함의.” 『사회사상과 문화』 20(2): 63-92.

이현지. 2017. “사회사상가로서 율곡에 대한 연구.” 『한국학논집』 68: 7-28.

이현지. 2019. 『인공지능 시대와 초등사회과 교육』. 살림터.

이현지·박수호. 2014. “공자의 교육적 인간상과 탈현대적 함의.” 『사회사상과 문화』 29: 169-196.

이희재. 2002. “동(東)아시아 사회에 있어서 예(禮)의 의미.” 『대동철학』 19: 283-301.

임영택. 2008. “기독교 가정과 부모의 역할 유아교육 중심.” 협성대학교 석사학위논문.

임인숙. 1997. “성역할과 부부권력관계의 재구성-재미교포 맞벌이 부부를 중심으로.” 『한국사회학』 제31집: 817-844.

임형백. 2009. “한국과 서구의 다문화 사회의 차이와 정책 비교.” 『다문화 사회연구』 Vol. 2 No. 1: 161-192.

장영희. 2017. “孔子의 君子論과 ‘仁’의 리더십- 『논어』의 君子論을 중심으로.” 『동악어문학』 70: 125-158.

장윤수. 2000. “자유의 스승 장자.” 『동양사회사상』 제3집: 265-291.

장윤수. 2012. “周易思想에 있어서 陰陽論과 吉凶論의 다문화적 가치.” 『2012 동양사회사상학회 중국 국제학술대회 논문집』: 29-40.

장자(莊子). 2001. 『莊子』. 안동림 역주. 현암사.

장정호. 2018. “아동교육서로서의 『격몽요결』의 성격과 의의.” 『교육사학연구』 28(2): 81-106.

장현근. 2011. “한국의 다문화 사회 통합을 위한 유교적 제언- 화이론(華夷論)의 극복과 군자교육.” 『다문화 사회연구』 4: 55-84.

전병재. 1989. 『사회심리학』. 경문사.

전영옥·윤종언. 2005. 『웰빙문화의 등장과 향후 전망』. 삼성경제연구소.

전영자. 2000. “성역할 특성과 남녀평등의식에 관한 조사연구.” 『인문사회과학논총』 7(1): 227-248.

정경량. 1991. “노자와 장자의 도교사상.” 『현대사상연구』 6.

정미선. 2008. “어머니 자녀교육관에 따른 조기 사교육 실태.” 공주대학교 석사학위논문.

정승안. 2011. “일상생활의 위기와 운세산업의 사회적 의미.” 『문화경제연구』 14(1): 211-230.

정승희. 2008. “유교에서 본 다문화교육 시론.” 『유교사상연구』 34: 103-128.

정재걸. 2001. 『만두모형의 교육관』. 교육신문사.

정재걸. 2006. “죽음교육에 대한 일 연구-화엄의 사사무애법계를 중심으로.” 『동양사회사상』 13.

정재걸. 2007. “노인을 위한 죽음준비 교육프로그램 개발 연구.” 『동양사회사상』 16.

정재걸. 2007. “나는 누구인가.” 『교육철학』 32: 245-273.

정재걸. 2008. “불교와 죽음 그리고 죽음교육.” 『동양철학연구』 55.

정재걸. 2008. “‘산수몽山水蒙’괘의 재해석.” 『동양사회사상』 17: 141-172.

정재걸. 2012. “우리 안의 미래교육을 위한 시론.” 『동양사회사상』 26: 263-287.

정재걸. 2016. “『노자』와 탈현대 교육의 설계.” 『사회사상과 문화』 19(3): 191-221.

정재걸·이현지. 2014. “유학의 본성과 탈현대 교육.” 『초등도덕교육』 44: 407-432.

정재걸·홍승표·이승연·이현지·백진호. 2014. 『동양사상과 마음교육』. 살림터.

정재걸·홍승표·이현지·백진호. 2014. 『주역과 탈현대 1』. 도서출판 문사철.

정재철. 2004. “국내패션 산업에 나타난 웰빙 문화현상의 특성에 관한 연구.” 국민대학교 테크노디자인 전문대학원 석사학위논문(미간행).

정지우. 2014. 『분노사회』. 도서출판 이경.

정학섭. 2010. “유가사상 공부론과 수양론의 탐색-퇴계의 논의를 중심으로.” 『동양사회사상』 21: 231-260.

제러미 리프킨(Jeremy Rifkin). 2014. 『한계비용 제로 사회』. 안진환 역. 민음사.

조동성. 2004. “웰빙의 경영학.” 『웰빙과 여가문화』. 2004년도 한국여가문화학회·조선일보 공동주최 산학협동 학술대회.

천치아오잉(陳敲應). 1997. “「소요유」: 정신 세계의 개방과 가치 전환.” 『노장신론』. 최진석 역. 조합공동체 소나무.

최석만. 2002. “공(公)과 사(私)-유교와 서구 근대사상의 생활영역 비교.” 『동양사회사상』 5: 5-21.

최석만. 2006. “보편적 세계인식 원리로서의 가(家).” 『동양사회사상』 13: 5-52.

최영진. 2001. "유교와 페미니즘, 그 접점의 모색." 한국유교학회 편. 『유교와 페미니즘』. 철학과현실사: 64-81.
최영진·이기동. 1994. 『周易』. 동아출판사.
최임숙. 2005. "대학생이 지각한 아동기의 성역할 비전 형성과 성인기 성역할 정체감의 관계." 『교육연구논총』 26(1): 265-280.
최재목. 2008. "儒教에서 '老'의 의미와 기능." 『유교사상문화연구』 33.
최진석. 2006. "도교의 생사관." 『철학연구』 75.
최효찬. 2006. 『세계 명문가의 자녀교육』. 예담.
케빈 켈리. 2017. 『인에비터블 미래의 정체』. 청림출판.
클라우스 슈밥(Klaus Schwab). 2016. 『제4차 산업혁명』. 송경진 역. 새로운현재.
통계청 사회통계국 사회통계기획과. 1998-2010. 『사회조사보고서』. 통계청.
통계청. 2003. 『한국의 사회지표』. 통계청.
통계청. 2006. 『2006 통계로 보는 여성의 삶』. 통계청 고용복지통계과.
통계청. 2009. 『이혼통계』. 통계청.
통계청. 2009. 『혼인통계』. 통계청.
통계청. 2010. 『2009년 사망원인 통계 결과』 보도자료. 통계청.
통계청. 2015. 『한국의 사회지표 2014』. 통계청.
프란츠 카프카(Kafka Franz). 2012. 『변신 외』. 김시오 역. 브라운힐.
피터 노왁(Peter Nowak). 2015. 『휴먼 3.0: 미래 사회를 지배할 새로운 인류의 탄생』. 새로운현재.
한영호. 2004. "현대 소비사회에서 웰빙 트렌드의 개념과 소비성향 분석." 중앙대학교 신문방송대학원 신문학과 석사학위논문(미간행).
한용진·최정희. 2011. "신문기사에 나타난 자녀교육 인식 변천-1920년대~1990년대 조선일보와 동아일보를 중심으로." 『한국교육학연구』 17(3): 175-204.
한자경. 2002. 『일심의 철학』. 서광사.
함인희. 2002. "한국 가족의 위기: 해체인가, 재구조화인가." 『가족과 문화』 제14집 3: 163-184.
함재봉. 2000. "'家'의 이념과 체제." 『전통과 현대』 14: 73-114.
홍승표. 2002. 『깨달음의 사회학』. 예문서원.
홍승표. 2002. "장자사상의 탈현대적 의미." 『철학연구』 제84집: 405-422.
홍승표. 2002. "도가사상과 새로운 사회이론의 구성." 『동아시아 문화와 사상』 제8호.
홍승표. 2005. 『동양사상과 탈현대』. 예문서원.
홍승표. 2006. "유가 인간관의 탈현대적 함의." 『동양사회사상』 13: 113-131.

홍승표. 2007. 『노인혁명』. 예문서원.

홍승표. 2008. "동양사상과 탈현대 대안사회의 구상." 『동양사회사상』 17: 59~84.

홍승표. 2008. "유교사상을 통해 본 다문화 사회." 『철학연구』 107: 69-89.

홍승표. 2008. "동양사상과 새로운 다문화 사회의 비전." 『동양사회사상』 18: 5-28.

홍승표. 2009. "동양사상과 복지 주체로서의 노인." 『사회과학논총』 28(1).

홍승표. 2010. 『동양사상과 새로운 유토피아』. 계명대학교 출판부.

홍승표. 2011. "노자(老子)의 이상적인 인간상과 새로운 노인상." 『동양철학연구』 66: 155-177.

홍승표. 2011. 『동양사상과 탈현대적 삶』. 계명대학교 출판부.

홍승표. 2012. "『주역』과 한국 다문화 사회 문제의 해결 방안." 『한국학논집』 47: 369-397.

홍승표. 2012. "노자(老子)의 도(道)와 마음공부." 『동양사회사상』 26: 59-80.

홍승표. 2012. 『탈현대와 동양사상의 재발견』. 계명대학교 출판부.

홍승표. 2014. "탈현대 교육으로서의 유교교육." 『사회사상과 문화』 30: 187-208.

홍승표. 2014. 『주역과 탈현대 문명』. 도서출판 문사철.

홍승표. 2015. "유교 마음공부의 탈현대적 함의." 『한국학논집』 60: 189-208.

홍승표. 2015. "노자와 탈현대 사회의 비전." 『사회사상과 문화』 18(2): 97-115.

홍승표. 2016 "효(孝)와 자(慈), 탈현대 세대윤리, 그리고 노인복지." 『사회사상과 문화』 19(3): 255-283.

홍승표. 2016. "동양사상, 탈현대 세계관, 탈현대 사회." 『사회사상과 문화』 19(1): 1-26.

홍승표 외. 2013. 『동양사상과 노인복지』. 집문당.

홍승표·정재걸·이승연·백진호·이현지. 2017. 『동양사상에게 인공지능 시대를 묻다』. 살림터.

황갑연. 2005. "유가의 조화지향적인 삶의 방식을 통해서 본 현대 웰빙문화의 반성-선진유학을 중심으로." 『철학연구』 95집: 417-436.

劉長林. 1997. 『中國系統思惟』. 中國社會科學出版社.

劉長林. 2007. 『中國象科學觀』. 社會科學文獻出版社.

Barry Neil Kaufman. 2003. 『아들 일어나다』. 최영희 역. 열린.

Beers, G. 2006. "가정에서의 영성교육." 한국상담선교연구원. 『상담과 선교』 제51권: 90-106.

Butler, J. 1990. Gender Trouble: Feminism and the Subversion of Identity.

New York: Routledge.

Eckhart Tolle. 2008. 『NOW 행성의 미래를 상상하는 사람들에게』. 류시화 역. 조화로운삶.

Gibbons, J. L., C. A. Rufener, S. L. Wilson. 2006. Sex differences in adoption attitudes: The mediating effects of gender role attitudes. Adoption Quarterly9(2-3): 105-119.

John W. Kinch. 1982. 『사회심리학』. 이동원 역. 삼일당.

Osho Rajineesh. 2005. 『삶의 길 흰구름의 길』. 류시화 역. 청아출판사.

Rachel Carson. 2009. 센스 오브 원더(The Sence of Wonder). 오정환 역. 동서문화사.

Sandra, Harding. 1986. The Science Question in Feminism. Cornell University.

Sczesny, S., J. Bosak, D. Neff, and B. Schyns. 2004. Gender stereotypes and the attribution of leadership traits: A cross-cultural comparison. Sex Roles 51(11-12): 631-645.

Stockard, Jean and Miriam M. John. 1980. Sex Roles. University of Oregon.

Thich Nhat Hanh. 1990. Present moment wonderful moment. Parallax Press.

Thich, Nhat Hanh. 2003. 『죽음도 없이 두려움도 없이』. 허문명 역. 나무심는사람.

Toller, P.W., E.A.Suter, and T.C. Trautman. 2004. Gender role identity and attitudes toward feminism. Sex Roles51(1-2): 85-90.

뉴스1. 2016년 10월 2일. "노인 자살률 OECD 1위, 2명 중 1명 빈곤."

디지털타임스. 2017년 3월 8일. "4차 산업혁명, 오픈소스SW에 답 있다."

베이비뉴스. 2017년 1월 20일. "0세부터 사교육行."

사이언스타임즈. 2016년 10월 6일. "인간 수명 최대치에 도달했다-절대 한계 수명은 125세."

사이언스타임즈. 2016년 11월 24일. "'머신러닝'은 치밀한 선거전략가."

사이언스타임즈. 2016년 12월 14일. "로봇으로 인한 사회격차 심화될 것."

사이언스타임즈. 2016년 12월 6일. "복제로봇인가, 상상 속 로봇인가-히로시 교수 '수년 내 개인 로봇 시대 온다'."

사이언스타임즈. 2016년 6월 4일. "인간은 결정하고 로봇은 행동한다-정재승 교수가 본 '인공지능사회'."

사이언스타임즈. 2017년 11월 14일. "협력하는 '괴짜'가 필요해-글로벌 교육전문가들이 본 미래 인재상."

서울경제. 2019년 8월 7일. "6년 뒤엔 초고령 사회… 다양한 연령대 '공존' 노동환경 조성을."
세계일보. 2019년 8월 6일. "건강한 다문화 사회로 가는 길."
세계일보. 2016년 2월 19일. "지나친 교육열로 아이 고통·부부 갈등은 '이혼사유'."
스포츠조선. 2016년 4월 20일. "부모의 지나친 기대가 아이를 좌절과 우울로 몬다!"
연합뉴스. 2017년 1월 6일. "학부모 2명 중 1명 '부모 재력, 자녀교육에 가장 큰 영향'."
연합뉴스. 2017년 11월 8일. "직장인 76% "직장 내 갑질 경험"… '갑질 차단' 움직임 꿈틀."
조선일보. 2016년 12월 13일. "'아들은 사회성·딸은 외모'… 부모의 경제적 지원 더 길어질 것."
전자신문. 2010년 7월 5일. "휴넷, 가정교육 사업 여름 특수 노린다."
한겨레신문. 2012년 6월 15일. "할리우드 영화 개봉, 왜 한국이 일등 먹을까?"
한겨레신문. 2016년 12월 13일. "자녀양육비, 가구소득 25% 쓴다… "부모 덕목 1순위 경제력."
한국대학신문. 2017년 9월 27일. "더불어 사는 공간으로서의 '진보도시'를 꿈꾼다."
헤드라인 제주. 2014년 10월 15일. "초등학생 스트레스 1위… 학원, 과외, 숙제, 너무 많아요."
헤럴드경제. 2016년 10월 26일. "한국 사회의 부끄러운 민낯, 노인 빈곤율 50%."

MBC 뉴스데스크. 2016년 10월 20일. "연애도 과외시대? '연애 사교육 시장' 성황."
KBS 제작국. 2004. "신데렐라는 있다-결혼에 인생을 건 사람들." 〈그것이 알고 싶다〉.
SBS 뉴스. 2017년 1월 9일. "유아에게 이래도 되나… '5세 84%·2세 36% 사교육 받아'."
YTN 사이언스. 2019년 6월 12일. "자살률이 줄었다… 여전한 씁쓸함."

네이버 지식백과. Digital Nomad-디지털 유목민, 디지털 노마드. 지형 공간정보체계 용어사전.
한국보건사회연구원. http://www.kihasa.re.kr
한국교육학술정보원. http://kiss.kstudy.com/.
(선생님과 함께하는 공교육 파트너)i-Scream. http://www.i-scream.co.kr

삶의 행복을 꿈꾸는 교육은 어디에서 오는가?

미래 100년을 향한 새로운 교육 **혁신교육을 실천하는 교사들의 필독서**

▶ 교육혁명을 앞당기는 배움책 이야기

혁신교육의 철학과 잉걸진 미래를 만나다!

한국교육연구네트워크 총서

01 핀란드 교육혁명
한국교육연구네트워크 엮음 | 320쪽 | 값 15,000원

02 일제고사를 넘어서
한국교육연구네트워크 엮음 | 284쪽 | 값 13,000원

03 새로운 사회를 여는 교육혁명
한국교육연구네트워크 엮음 | 380쪽 | 값 17,000원

04 교장제도 혁명
한국교육연구네트워크 엮음 | 268쪽 | 값 14,000원

05 새로운 사회를 여는 교육자치 혁명
한국교육연구네트워크 엮음 | 312쪽 | 값 15,000원

06 혁신학교에 대한 교육학적 성찰
한국교육연구네트워크 엮음| 308쪽 | 값 15,000원

07 진보주의 교육의 세계적 동향
한국교육연구네트워크 엮음 | 324쪽 | 값 17,000원
2018 세종도서 학술부문

08 더 나은 세상을 위한 학교혁명
한국교육연구네트워크 엮음 | 404쪽 | 값 21,000원
2018 세종도서 교양부문

09 비판적 실천을 위한 교육학
이윤미 외 지음 | 448쪽 | 값 23,000원

10 마을교육공동체운동:
세계적 동향과 전망
심성보 외 지음 | 376쪽 | 값 18,000원

한국교육연구네트워크 번역 총서

01 프레이리와 교육
존 엘리아스 지음 | 한국교육연구네트워크 옮김
276쪽 | 값 14,000원

02 교육은 사회를 바꿀 수 있을까?
마이클 애플 지음 | 강희룡 · 김선우 · 박원순 · 이형빈 옮김
356쪽 | 값 16,000원

03 비판적 페다고지는
세상을 변화시킬 수 있는가?
Seewha Cho 지음 | 심성보 · 조시화 옮김 | 280쪽 | 값 14,000원

04 마이클 애플의 민주학교
마이클 애플 · 제임스 빈 엮음 | 강희룡 옮김 | 276쪽 | 값 14,000원

05 21세기 교육과 민주주의
넬 나딩스 지음 | 심성보 옮김 | 392쪽 | 값 18,000원

06 세계교육개혁:
민영화 우선인가 공적 투자 강화인가?
린다 달링-해먼드 외 지음 | 심성보 외 옮김 | 408쪽 | 값 21,000원

07 콩도르세, 공교육에 관한 다섯 논문
니콜라 드 콩도르세 지음 | 이주환 옮김 | 300쪽 | 값 16,000원

혁신학교
성열관 · 이순철 지음 | 224쪽 | 값 12,000원

행복한 혁신학교 만들기
초등교육과정연구모임 지음 | 264쪽 | 값 13,000원

서울형 혁신학교 이야기
이부영 지음 | 320쪽 | 값 15,000원

혁신교육, 철학을 만나다
브렌트 데이비스 · 데니스 수마라 지음
현인철 · 서용선 옮김 | 304쪽 | 값 15,000원

대한민국 교사, 어떻게 가르칠 것인가?
윤성관 지음 | 320쪽 | 값 15,000원

아이들을 어떻게 가르칠 것인가
사토 마나부 지음 | 박찬영 옮김 | 232쪽 | 값 13,000원

모두를 위한 국제이해교육
한국국제이해교육학회 지음 | 364쪽 | 값 16,000원

경쟁을 넘어 발달 교육으로
현광일 지음 | 288쪽 | 값 14,000원

혁신교육 존 듀이에게 묻다
서용선 지음 | 292쪽 | 값 14,000원

다시 읽는 조선 교육사
이만규 지음 | 750쪽 | 값 33,000원

대한민국 교육혁명
교육혁명공동행동 연구위원회 지음 | 224쪽 | 값 12,000원

독일 교육, 왜 강한가?
박성희 지음 | 324쪽 | 값 15,000원

핀란드 교육의 기적
한넬레 니에미 외 엮음 | 장수명 외 옮김 | 456쪽 | 값 23,000

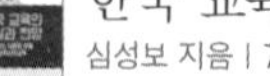

한국 교육의 현실과 전망
심성보 지음 | 724쪽 | 값 35,000원

▶ 비고츠키 선집 시리즈

발달과 협력의 교육학 어떻게 읽을 것인가?

생각과 말
레프 세묘노비치 비고츠키 지음
배희철·김용호·D. 켈로그 옮김 | 690쪽 | 값 33,000원

도구와 기호
비고츠키·루리야 지음 | 비고츠키 연구회 옮김
336쪽 | 값 16,000원

어린이 자기행동숙달의 역사와 발달 I
L.S. 비고츠키 지음 | 비고츠키 연구회 옮김
564쪽 | 값 28,000원

어린이 자기행동숙달의 역사와 발달 II
L.S. 비고츠키 지음 | 비고츠키 연구회 옮김
552쪽 | 값 28,000원

어린이의 상상과 창조
L.S. 비고츠키 지음 | 비고츠키 연구회 옮김
280쪽 | 값 15,000원

비고츠키와 인지 발달의 비밀
A.R. 루리야 지음 | 배희철 옮김 | 280쪽 | 값 15,000원

수업과 수업 사이
비고츠키 연구회 지음 | 196쪽 | 값 12,000원

비고츠키의 발달교육이란 무엇인가?
비고츠키교육학실천연구모임 지음 | 412쪽 | 값 21,000원

비고츠키 철학으로 본 핀란드 교육과정
배희철 지음 | 456쪽 | 값 23,000원

성장과 분화
L.S. 비고츠키 지음 | 비고츠키 연구회 옮김
308쪽 | 값 15,000원

연령과 위기
L.S. 비고츠키 지음 | 비고츠키 연구회 옮김
336쪽 | 값 17,000원

의식과 숙달
L.S 비고츠키 | 비고츠키 연구회 옮김
348쪽 | 값 17,000원

분열과 사랑
L.S. 비고츠키 지음 | 비고츠키 연구회 옮김
260쪽 | 값 16,000원

성애와 갈등
L.S. 비고츠키 지음 | 비고츠키 연구회 옮김
268쪽 | 값 17,000원

관계의 교육학, 비고츠키
진보교육연구소 비고츠키교육학실천연구모임 지음
300쪽 | 값 15,000원

비고츠키 생각과 말 쉽게 읽기
진보교육연구소 비고츠키교육학실천연구모임 지음
316쪽 | 값 15,000원

교사와 부모를 위한 비고츠키 교육학
카르포프 지음 | 실천교사번역팀 옮김 | 308쪽 | 값 15,000

▶ 살림터 참교육 문예 시리즈

영혼이 있는 삶을 가르치는 온 선생님을 만나다!

꽃보다 귀한 우리 아이는
조재도 지음 | 244쪽 | 값 12,000원

성깔 있는 나무들
최은숙 지음 | 244쪽 | 값 12,000원

선생님이 먼저 때렸는데요
강병철 지음 | 248쪽 | 값 12,000원

서울 여자, 시골 선생님 되다
조경선 지음 | 252쪽 | 값 12,000원

아이들에게 세상을 배웠네
명혜정 지음 | 240쪽 | 값 12,000원

밥상에서 세상으로
김흥숙 지음 | 280쪽 | 값 13,000원

우물쭈물하다 끝난 교사 이야기
유기창 지음 | 380쪽 | 값 17,000원

행복한 창의 교육
최창의 지음 | 328쪽 | 값 15,000원

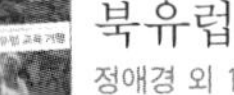
북유럽 교육 기행
정애경 외 14인 지음 | 288쪽 | 값 14,000원

▶ 4·16, 질문이 있는 교실 마주이야기
통합수업으로 혁신교육과정을 재구성하다!

통하는 공부
김태호·김형우·이경석·심우근·허진만 지음
324쪽 | 값 15,000원

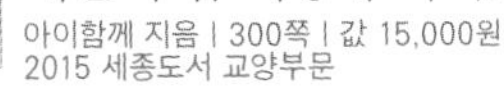
내일 수업 어떻게 하지?
아이함께 지음 | 300쪽 | 값 15,000원
2015 세종도서 교양부문

인간 회복의 교육
성래운 지음 | 260쪽 | 값 13,000원

교과서 너머 교육과정 마주하기
이윤미 외 지음 | 368쪽 | 값 17,000원

수업 고수들 수업·교육과정·평가를 말하다
박현숙 외 지음 | 368쪽 | 값 17,000원

도덕 수업, 책으로 묻고 윤리로 답하다
울산도덕교사모임 지음 | 320쪽 | 값 15,000원

체육 교사, 수업을 말하다
전용진 지음 | 304쪽 | 값 15,000원

교실을 위한 프레이리
아이러 쇼어 엮음 | 사람대사람 옮김 | 412쪽 | 값 18,000원

마을교육공동체란 무엇인가?
서용선 외 지음 | 360쪽 | 값 17,000원

교사, 학교를 바꾸다
정진화 지음 | 372쪽 | 값 17,000원

함께 배움
학생 주도 배움 중심 수업 이렇게 한다
니시카와 준 지음 | 백경석 옮김 | 280쪽 | 값 15,000원

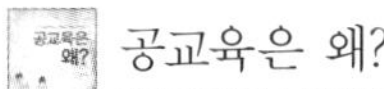

공교육은 왜?
홍섭근 지음 | 352쪽 | 값 16,000원

자기혁신과 공동의 성장을 위한
교사들의 필리버스터
윤양수·원종희·장군·조경삼 지음 | 280쪽 | 값 14,000원

미래교육의 열쇠, 창의적 문화교육
심광현·노명우·강정석 지음 | 368쪽 | 값 16,000원

주제통합수업, 아이들을 수업의 주인공으로!
이윤미 외 지음 | 392쪽 | 값 17,000원

수업과 교육의 지평을 확장하는 수업 비평
윤양수 지음 | 316쪽 | 값 15,000원
2014 문화체육관광부 우수교양도서

교사, 선생이 되다
김태은 외 지음 | 260쪽 | 값 13,000원

교사의 전문성, 어떻게 만들어지나
국제교원노조연맹 보고서 | 김석규 옮김 392쪽 | 값 17,000원

수업의 정치
윤양수·원종희·장군 지음 | 280쪽 | 값 14,000원

학교협동조합,
현장체험학습과 마을교육공동체를 잇다
주수원 외 지음 | 296쪽 | 값 15,000원

거꾸로 교실,
잠자는 아이들을 깨우는 수업의 비밀
이민경 지음 | 280쪽 | 값 14,000원

교사는 무엇으로 사는가
정은균 지음 | 292쪽 | 값 15,000원

마음의 힘을 기르는 감성수업
조선미 외 지음 | 300쪽 | 값 15,000원

작은 학교 아이들
지경준 엮음 | 376쪽 | 값 17,000원

아이들의 배움은 어떻게 깊어지는가
이시이 쥰지 지음 | 방지현·이창희 옮김 | 200쪽 | 값 11,000원

대한민국 입시혁명
참교육연구소 입시연구팀 지음 | 220쪽 | 값 12,000원

함께 배움 이렇게 시작한다
니시카와 준 지음 | 백경석 옮김 | 196쪽 | 값 12,000원

함께 배움 교사의 말하기
니시카와 준 지음 | 백경석 옮김 | 188쪽 | 값 12,000원

교육과정 통합, 어떻게 할 것인가?
성열관 외 지음 | 192쪽 | 값 13,000원

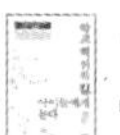

학교 혁신의 길, 아이들에게 묻다
남궁상운 외 지음 | 272쪽 | 값 15,000원

프레이리의 사상과 실천
사람대사람 지음 | 352쪽 | 값 18,000원
2018 세종도서 학술부문

혁신학교, 한국 교육의 미래를 열다
송순재 외 지음 | 608쪽 | 값 30,000원

페다고지를 위하여
프레네의 『페다고지 불변요소』 읽기
박찬영 지음 | 296쪽 | 값 15,000원

노자와 탈현대 문명
홍승표 지음 | 284쪽 | 값 15,000원

선생님, 민주시민교육이 뭐예요?
염경미 지음 | 244쪽 | 값 15,000원

어쩌다 혁신학교
유우석 외 지음 | 380쪽 | 값 17,000원

미래, 교육을 묻다
정광필 지음 | 232쪽 | 값 15,000원

대학, 협동조합으로 교육하라
박주희 외 지음 | 252쪽 | 값 15,000원

입시, 어떻게 바꿀 것인가?
노기원 지음 | 306쪽 | 값 15,000원

촛불시대, 혁신교육을 말하다
이용관 지음 | 240쪽 | 값 15,000원

라운드 스터디
이시이 데루마사 외 엮음 | 224쪽 | 값 15,000원

미래교육을 디자인하는 학교교육과정
박승열 외 지음 | 348쪽 | 값 18,000원

흥미진진한 아일랜드 전환학년 이야기
제리 제퍼스 지음 | 최상덕·김호원 옮김 | 508쪽 | 값 27,000원

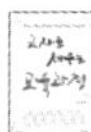

교사를 세우는 교육과정
박승열 지음 | 312쪽 | 값 15,000원

전국 17명 교육감들과 나눈
교육 대담
최창의 대담·기록 | 272쪽 | 값 15,000원

들뢰즈와 가타리를 통해
유아교육 읽기
리세롯 마리엣 올슨 지음 | 이연선 외 옮김 | 328쪽 | 값 17,000

학교 민주주의의 불한당들
정은균 지음 | 276쪽 | 값 14,000원

교육과정, 수업, 평가의 일체화
리사 카터 지음 | 박승열 외 옮김 | 196쪽 | 값 13,000원

학교를 개선하는 교장
지속가능한 학교 혁신을 위한 실천 전략
마이클 풀란 지음 | 서동연·정효준 옮김 | 216쪽 | 값 13,000

공자뎐, 논어는 이것이다
유문상 지음 | 392쪽 | 값 18,000원

교사와 부모를 위한
발달교육이란 무엇인가?
현광일 지음 | 380쪽 | 값 18,000원

교사, 이오덕에게 길을 묻다
이무완 지음 | 328쪽 | 값 15,000원

낙오자 없는 스웨덴 교육
레이프 스트란드베리 지음 | 변광수 옮김 | 208쪽 | 값 13,000

끝나지 않은 마지막 수업
장석웅 지음 | 328쪽 | 값 20,000원

경기꿈의학교
진흥섭 외 지음 | 360쪽 | 값 17,000원

학교를 말한다
이성우 지음 | 292쪽 | 값 15,000원

행복도시 세종, 혁신교육으로 디자인하다
곽순일 외 지음 | 392쪽 | 값 18,000원

나는 거꾸로 교실 거꾸로 교사
류광모·임정훈 지음 | 212쪽 | 값 13,000원

교실 속으로 간 이해중심 교육과정
온정덕 외 지음 | 224쪽 | 값 13,000원

교실, 평화를 말하다
따돌림사회연구모임 초등우정팀 지음 | 268쪽 | 값 15,000

폭력 교실에 맞서는 용기
따돌림사회연구모임 학급운영팀 지음 | 272쪽 | 값 15,000원

그래도 혁신학교
박은혜 외 지음 | 248쪽 | 값 15,000원

학교는 어떤 공동체인가?
성열관 외 지음 | 228쪽 | 값 15,000원

교사 전쟁
다나 골드스타인 지음 | 유성상 외 옮김 | 468쪽 | 값 23,000원

인공지능 시대의 사회학적 상상력
홍승표 지음 | 260쪽 | 값 15,000원

시민, 학교에 가다
최형규 지음 | 260쪽 | 값 15,000원

학교자율운영 2.0
김용 지음 | 240쪽 | 값 15,000원

학교자치를 부탁해
유우석 외 지음 | 252쪽 | 값 15,000원

국제이해교육 페다고지
강순원 외 지음 | 256쪽 | 값 15,000원

미래교육, 어떻게 만들어갈 것인가?
송기상·김성천 지음 | 300쪽 | 값 16,000원

선생님, 페미니즘이 뭐예요?
염경미 지음 | 280쪽 | 값 15,000원

혁신교육지구와 마을교육공동체는 어떻게 만들어지는가?
김태정 지음 | 376쪽 | 값 18,000원

▶ 교과서 밖에서 만나는 역사 교실
상식이 통하는 살아 있는 역사를 만나다

전봉준과 동학농민혁명
조광환 지음 | 336쪽 | 값 15,000원

남도의 기억을 걷다
노성태 지음 | 344쪽 | 값 14,000원

응답하라 한국사 1·2
김은석 지음 | 356쪽·368쪽 | 각권 값 15,000원

즐거운 국사수업 32강
김남선 지음 | 280쪽 | 값 11,000원

즐거운 세계사 수업
김은석 지음 | 328쪽 | 값 13,000원

강화도의 기억을 걷다
최보길 지음 | 276쪽 | 값 14,000원

광주의 기억을 걷다
노성태 지음 | 348쪽 | 값 15,000원

선생님도 궁금해하는 한국사의 비밀 20가지
김은석 지음 | 312쪽 | 값 15,000원

걸림돌
키르스텐 세룹-빌펠트 지음 | 문봉애 옮김
248쪽 | 값 13,000원

역사수업을 부탁해
열 사람의 한 걸음 지음 | 388쪽 | 값 18,000원

교과서 밖에서 배우는 역사 공부
정은교 지음 | 292쪽 | 값 14,000원

팔만대장경도 모르면 빨래판이다
전병철 지음 | 360쪽 | 값 16,000원

빨래판도 잘 보면 팔만대장경이다
전병철 지음 | 360쪽 | 값 16,000원

영화는 역사다
강성률 지음 | 288쪽 | 값 13,000원

친일 영화의 해부학
강성률 지음 | 264쪽 | 값 15,000원

한국 고대사의 비밀
김은석 지음 | 304쪽 | 값 13,000원

조선족 근현대 교육사
정미량 지음 | 320쪽 | 값 15,000원

다시 읽는 조선근대 교육의 사상과 운동
윤건차 지음 | 이명실·심성보 옮김 | 516쪽 | 값 25,000원

음악과 함께 떠나는 세계의 혁명 이야기
조광환 지음 | 292쪽 | 값 15,000원

논쟁으로 보는 일본 근대 교육의 역사
이명실 지음 | 324쪽 | 값 17,000원

진실과 거짓, 인물 한국사
하성환 지음 | 400쪽 | 값 18,000원

우리 역사에서 사라진 근현대 인물 한국사
하성환 지음 | 296쪽 | 값 18,000원

꼬물꼬물 거꾸로 역사수업
역모자들 지음 | 436쪽 | 값 23,000원

다시, 독립의 기억을 걷다
노성태 지음 | 320쪽 | 값 16,000원

한국사 리뷰
김은석 지음 | 244쪽 | 값 15,000원

경남의 기억을 걷다
류형진 외 지음 | 564쪽 | 값 28,000원

▶ 더불어 사는 정의로운 세상을 여는 인문사회과학
사람의 존엄과 평등의 가치를 배운다

밥상혁명
강양구·강이현 지음 | 298쪽 | 값 13,800원

도덕 교과서 무엇이 문제인가?
김대용 지음 | 272쪽 | 값 14,000원

자율주의와 진보교육
조엘 스프링 지음 | 심성보 옮김 | 320쪽 | 값 15,000원

민주화 이후의 공동체 교육
심성보 지음 | 392쪽 | 값 15,000원
2009 문화체육관광부 우수학술도서

갈등을 넘어 협력 사회로
이창언·오수길·유문종·신윤관 지음 | 280쪽 | 값 15,000원

동양사상과 마음교육
정재걸 외 지음 | 356쪽 | 값 16,000원
2015 세종도서 학술부문

교과서 밖에서 배우는 철학 공부
정은교 지음 | 280쪽 | 값 14,000원

교과서 밖에서 배우는 사회 공부
정은교 지음 | 304쪽 | 값 15,000원

교과서 밖에서 배우는 윤리 공부
정은교 지음 | 292쪽 | 값 15,000원

한글 혁명
김슬옹 지음 | 388쪽 | 값 18,000원

우리 안의 미래교육
정재걸 지음 | 484쪽 | 값 25,000원

왜 그는 한국으로 돌아왔는가?
황선준 지음 | 364쪽 | 값 17,000원

좌우지간 인권이다
안경환 지음 | 288쪽 | 값 13,000원

민주시민교육
심성보 지음 | 544쪽 | 값 25,000원

민주시민을 위한 도덕교육
심성보 지음 | 500쪽 | 값 25,000원
2015 세종도서 학술부문

교과서 밖에서 배우는 인문학 공부
정은교 지음 | 280쪽 | 값 13,000원

오래된 미래교육
정재걸 지음 | 392쪽 | 값 18,000원

대한민국 의료혁명
전국보건의료산업노동조합 엮음 | 548쪽 | 값 25,000원

교과서 밖에서 배우는 고전 공부
정은교 지음 | 288쪽 | 값 14,000원

전체 안의 전체 사고 속의 사고
김우창의 인문학을 읽다
현광일 지음 | 320쪽 | 값 15,000원

카스트로, 종교를 말하다
피델 카스트로·프레이 베토 대담 | 조세종 옮김
420쪽 | 값 21,000원

일제강점기 한국철학
이태우 지음 | 448쪽 | 값 25,000원

한국 교육 제4의 길을 찾다
이길상 지음 | 400쪽 | 값 21,000원

마을교육공동체 생태적 의미와 실천
김용련 지음 | 256쪽 | 값 15,000원

▶ 평화샘 프로젝트 매뉴얼 시리즈

학교폭력에 대한 근본적인 예방과 대책을 찾는다

학교폭력 어떻게 만들어지는가
문재현 외 지음 | 300쪽 | 값 14,000원

학교폭력, 멈춰!
문재현 외 지음 | 348쪽 | 값 15,000원

왕따, 이렇게 해결할 수 있다
문재현 외 지음 | 236쪽 | 값 12,000원

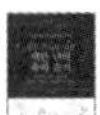
젊은 부모를 위한 백만 년의 육아 슬기
문재현 지음 | 248쪽 | 값 13,000원

우리는 마을에 산다
유양우·신동명·김수동·문재현 지음 | 312쪽 | 값 15,000원

누가, 학교폭력 해결을 가로막는가?
문재현 외 지음 | 312쪽 | 값 15,000원

아이들을 살리는 동네
문재현·신동명·김수동 지음 | 204쪽 | 값 10,000원

평화! 행복한 학교의 시작
문재현 외 지음 | 252쪽 | 값 12,000원

마을에 배움의 길이 있다
문재현 지음 | 208쪽 | 값 10,000원

별자리, 인류의 이야기 주머니
문재현·문한뫼 지음 | 444쪽 | 값 20,000원

동생아, 우리 뭐 하고 놀까?
문재현 외 지음 | 280쪽 | 값 15,000원

▶ 남북이 하나 되는 두물머리 평화교육

분단 극복을 위한 치열한 배움과 실천을 만나다

10년 후 통일
정동영·지승호 지음 | 328쪽 | 값 15,000원

분단시대의 통일교육
성래운 지음 | 428쪽 | 값 18,000원

한반도 평화교육 어떻게 할 것인가
이기범 외 지음 | 252쪽 | 값 15,000원

선생님, 통일이 뭐예요?
정경호 지음 | 252쪽 | 값 13,000원

김창환 교수의 DMZ 지리 이야기
김창환 지음 | 264쪽 | 값 15,000원

▶ 창의적인 협력 수업을 지향하는 삶이 있는 국어 교실

우리말 글을 배우며 세상을 배운다

중학교 국어 수업 어떻게 할 것인가?
김미경 지음 | 340쪽 | 값 15,000원

토닥토닥 토론해요

명혜정·이명선·조선미 엮음 | 288쪽 | 값 15,000원

어린이와 시
오인태 지음 | 192쪽 | 값 12,000원

언어던
정은균 지음 | 268쪽 | 값 15,000원

토론의 숲에서 나를 만나다
명혜정 엮음 | 312쪽 | 값 15,000원

인문학의 숲을 거니는 토론 수업
순천국어교사모임 엮음 | 308쪽 | 값 15,000원

수업, 슬로리딩과 함께
박경숙 외 지음 | 268쪽 | 값 15,000원

민촌 이기영 평전
이성렬 지음 | 508쪽 | 값 20,000원

참된 삶과 교육에 관한 생각 줍기